Peter Trachtenberg · Der Casanova-Komplex

Peter Trachtenberg

Der Casanova-Komplex

Vom Zwang, lieben zu müssen

Goldmann Verlag

Aus dem Amerikanischen von Annette Charpentier
Die Originalausgabe erschien unter dem Titel
The Casanova-Complex – Compulsive Lovers and Their Women
bei Poseidon Press. A Division of Simon & Schuster, Inc., New York

Der Goldmann Verlag
ist ein Unternehmen der Verlagsgruppe Bertelsmann

2. Auflage

Umschlaggestaltung: Design Team München
Printed in Germany · May + Co., Darmstadt
ISBN 3-442-30520-9

Für all die Männer, mit denen ich gesprochen habe,
und die Frauen, die sie liebten – und für
die Zwölfstufenprogramme der Genesung.

Ich hatte vorgehabt, sie zu heiraten, wenn ich sie mehr liebte als mich selbst, aber sobald ich mich von ihrer Seite entfernte, merkte ich, daß die Selbstliebe stärker war als die Zuneigung, welche sie in mir wachgerufen hatte.

Jacques Casanova de Seingalt, *Memoiren*

Casanova hat viele Frauen geliebt, aber nur wenige Herzen gebrochen... Daß er sich selbst gut genug kannte, um niemals eine Geliebte oder Ehefrau zu nehmen, muß ihm als Tugend angerechnet werden.

Havelock Ellis

Die beste / Art, Euch zu beschreiben, Herr, wäre / als Heuschrecke – wenn die Mädchen das Laub sind... / Wenn immer Ihr im Anzug seid, / sollte man die Städte warnen: Jetzt kommt die Pest / der Frauen – ein einziger Mann, / der sie betrügt und prellt! / Der Betrüger in ganz Spanien!

Tirso de Molina, *Der Spötter von Sevilla*

Er ist
bezaubernd,
daher
sei sicher,
daß du
ihn wie das Feuer
von dir fernhältst.

Diane Wakoski, *The Catalogue of Charms*

Casanova will nur im Glanz der Verführung gesehen werden; er schätzt es nicht, erkannt zu werden... (Seine) unpassende Art zu flirten wird durch die Weisheit des Sprichwortes »Wen man nicht sieht, den kann man auch nicht fangen« gedämpft.

Chantal Thomas, *Casanova: Un Voyage Libertin*

O Verlangen! Es ist kalt wie Eis,
Und dann ist es heiß wie Feuer.
O Verlangen! Zuerst ist es rot,
Und dann ist es blau,
Und jedesmal sehe ich einen Eisberg,
Er erinnert mich an dich.

Laurie Anderson, *Smoke Rings*

Inhalt

Einführung

Mit neunzehn hatte ich zwei Freundinnen. Geplant war das nicht. In meinem ersten Jahr auf der Universität schlief ich mit einem Mädchen, das ich aus einem Seminar kannte. Dann, am nächsten Abend, schlief ich mit einer anderen Frau, die ich gerade bei einer Party im Wohnheim kennengelernt hatte. Ich war vor Dankbarkeit überwältigt, denn ich war schüchtern und sexuell sehr unsicher. Bisher hatte ich mich in Sehnsucht nach auch nur der geringsten Anerkennung durch das andere Geschlecht verzehrt, und so beschloß ich, daß ich in beide verliebt sei.

So verliebte ich mich damals. Und weil ich überzeugt war, sie zu lieben, und, was noch wichtiger war, mir verzweifelt wünschte, geliebt zu werden, habe ich Iris nie von Cathy und Cathy nie von Iris erzählt und traf mich heimlich mit beiden. Das war Anfang der siebziger Jahre ungewöhnlich, denn Sex galt doch als öffentlicher Spaß, und die meisten Leute trugen nicht ihr Herz, sondern ihre Genitalien auf der Zunge. Ich habe immer noch keine Ahnung, welche Gefühle Iris und Cathy mir gegenüber hegten. Ich reduzierte sie von Anfang an auf die Rolle, die sie in meinem Liebesleben spielten: Sie waren die Frauen, mit denen ich schlief, die Frauen, die ich liebte, die Frauen, von denen ich mir Liebe wünschte, die Frauen, die ich betrog, die Objekte, mit denen ich verfuhr.

Sie sahen sehr verschieden aus und waren auf höchst unterschiedliche Weise anziehend (eine war klein, pummelig, dunkelhaarig und eine begabte Schriftstellerin, die andere eine hochgewachsene Künstlerin mit dem goldenen Haar und der schimmernden Haut einer Löwin), doch sie riefen bei mir die gleichen Gefühle von Erregung, Triumph, Macht und Schuld hervor. Und sie bewirkten bei mir die gleiche euphorische, panikartige Geschäftigkeit – wie

Kokain bei einem Süchtigen. Ein halbes Jahr lang traf ich mich mit beiden abwechselnd jeden Abend. Ich schoß wie ein gehetzter Großstadtpendler zwischen ihren Zimmern hin und her und wußte nie genau, wo ich herkam oder hinwollte. Im Bett trieb ich mich zu heroischen Leistungen in Phantasie und Ausdauer. Doch trotz aller Aufmerksamkeit, die ich ihren Körperteilen angedeihen ließ, die ich küßte oder streichelte, wußte ich kaum jemals, zu wem diese Teile nun gerade gehörten. Je hektischer ich versuchte, mich in die Fleischeslust zu stürzen, um so abstrakter wurde dieses Fleisch für mich. Jeder der beiden Frauen präsentierte ich eine zurechtgelegte Version von mir. Bei Iris spielte ich den ernsten, scharfzüngigen Intellektuellen, den Typus, der schon Schulhofkämpfe gewann, indem er Nietzsche zitierte. Bei Cathy gab ich mich dünnhäutig und verletzlich und floß über von Poesie und Tränen. Und trotz aller Zuneigung und sexueller Befriedigung, die mir beide Frauen schenkten, fühlte ich mich mit beiden unbefriedigt – als bliebe ein wichtiger Teil meines Ich unerkannt und unberührt.

Nie kam es mir in den Sinn, daß dies etwas mit mir selbst zu tun haben könnte: daß das, was mir fehlte, genau das war, was ich zurückhielt. Statt dessen suchte ich die Erfüllung durch mehr Sex, mehr Intrigen und emotionales Feuerwerk. Ich traf mich nun jeden Abend innerhalb weniger Stunden mit beiden Frauen. Ich dachte mir kompliziertere Pläne aus, um sie zu betrügen. Schließlich erzählte ich ihnen nicht nur Lügen darüber, wo ich den vorangegangenen Abend verbracht hatte; ich erfand auch Geschichten über angebliche Freunde, Seminare, die zu besuchen ich vorgab, oder Besuche bei meiner Familie. Ich entwickelte für jede Freundin einen anderen Tagesablauf und wagte es nicht, mich mit einer an einem Ort blicken zu lassen, wo die andere vielleicht aufkreuzen konnte. Mit gesenktem Kopf und hängenden Schultern lief ich zwischen meinen Rendezvous' hin und her, wie ein Schmuggler, der das nächste Flugzeug nach Rio bekommen muß. Ans Telefon ging ich nur noch, wenn ich allein im Zimmer war. Ich war in einer perversen Weise überzeugt, daß eine Entdeckung das Ende beider Affären bedeuten und für mich eine stärkere Einsamkeit als je zuvor zur Folge haben würde. Ich tat daher alles, um meine Geliebten an mich zu binden. Cathy gegenüber behauptete ich, ich würde im nächsten Jahr mit ihr zusammenziehen, und Iris schlug ich vor, daß wir die Frühjahrsferien gemeinsam in Montreal verbringen sollten. Und immer wieder erzählte ich beiden Frauen, wie sehr ich sie liebte, in der Hoffnung, daß sie dieses Gefühl erwiderten – und mich vielleicht so sehr liebten, daß sie bei mir blieben, gleichgültig, was ich ihnen antat.

Ihre Liebeserklärungen klangen für mich immer hohl; stets hatte ich den Eindruck, daß sie an Bedingungen geknüpft seien. Die Tatsache, daß meine beiden Freundinnen mich nicht so liebten, wie es sich gehörte, nahm ich als Rechtfertigung, zwei zu haben, denn ich sah mich zu einer bestimmten Menge an Zärtlichkeiten berechtigt, die die Frauen mir gegenüber aufzubringen hatten. Außerdem empfand ich beiden gegenüber immer stärkere Vorwürfe. Sie konnten mich einfach nicht genug lieben, daß ich mich wirklich geliebt fühlte. Und deshalb »zwangen« sie mich, sie anzulügen, mich stundenlang mit ihren sexuellen Vorlieben zu beschäftigen – die ich voraussah, noch ehe sie in Erscheinung traten – und (dies war das schlimmste) zu *erbitten*, auf was ich rechtmäßigen Anspruch zu haben glaubte. Wenn ich hohlwangig, unausgeschlafen und starr vor Schuldgefühlen war, so war es ihre Schuld, und ich zahlte es ihnen mit Untreue heim. Es war eine strapaziöse und schizoide Rache.

Ohne Zweifel war ich irgendwie erleichtert, als die Sache endlich aufflog. Ich weiß nicht mehr, wer an wessen Tür klopfte, mit wem ich gerade im Bett lag und wie ich mich herauszureden versuchte. Ich weiß nur noch, daß mir das Herz ins scheinbar Bodenlose sank, doch einen Moment später auf festem Grund aufzutreffen schien. Ich empfand eine Sicherheit, wie ich sie in den letzten sechs Monaten immer vermißt hatte. Zum ersten Mal verspürte ich keine Schuld, sondern nur Verlegenheit – als mir nämlich klar wurde, daß mein Leben einer Boulevardkomödie geähnelt hatte, die heutzutage niemand reizvoll oder komisch findet. Und wer will sich schon in einem altmodischen Theaterstück sehen? Als Iris mich fragte, was ich nun vorhätte, antwortete ich: »Ist mir egal. Tu, was du willst.« Als Cathy sagte: »Ich will keinen Freund, der mich anlügt«, erwiderte ich: »Dazu zwingt dich auch niemand.« Da gaben mich beide Frauen als hoffnungslosen Fall auf, und ich verbrachte meine

Abende wieder allein in meinem Zimmer, mit Arbeit oder Alkohol. Und ich war überzeugt, daß ich mir so etwas die ganze Zeit über gewünscht hatte.

Nur wenige Wochen später hatte ich ein Verhältnis mit einer anderen Frau, mit der ich mich regelmäßig und ausschließlich traf, doch ich betrog sie jedesmal, wenn sich eine fand, die sich auf eine unverbindliche Nummer mit mir einließ. Als ich mich durch die Beziehung zu sehr eingeengt fühlte, beendete ich sie – gemäß der Theorie, daß es besser ist, selbst zu gehen, als verlassen zu werden. Ich fand andere: sogenannte einmalige Gastspiele mit Frauen, deren Namen ich vergaß, sobald sie am nächsten Morgen mein Haus verließen, dreiwöchige Affären, die mit einer Verabredung begannen und zu Liebeserklärungen und Zukunftsplänen eskalierten – Zukunftsplänen, die gut und gern Science Fiction hätten sein können, so wenig hatten sie mit der Wirklichkeit zu tun. Es gab längere Phasen des Zusammenlebens mit Frauen, deren sich herausschälende Uneigennützigkeit mir jeden Monat mehr aufstieß, bis sie mir schließlich wie Monster vorkamen. Es gab Dreiecks- und Vierecksbeziehungen, eine zerrissene Geometrie aus Lust, Zärtlichkeit und Haß. So verbrachte ich die nächsten vierzehn Jahre, und nur wenige Wochen vergingen ohne verzehrende sexuelle und romantische Bindung.

Mein Verhalten wechselte. Drei Jahre lang war ich einer einzigen Frau treu. Nach der Trennung schlief ich zwei Jahre lang jede Woche mit mindestens zwei verschiedenen Partnerinnen. Ich war verheiratet und wurde geschieden. Meine Vision vom erotischen Leben schwankte zwischen pikareskem Abenteuer und Seifenoper. Mein Bild von mir selbst oszillierte manchmal in einer einzigen Nacht zwischen aufgeklärtem Libertin und verabscheuungswürdigem Kriecher, zwischen Opfer und Quäler, Herzensbrecher und Mann mit gebrochenem Herzen.

In meiner Erinnerung an diese Jahre fällt für mich weniger die Art meines Verhaltens oder die Anzahl meiner Geliebten ins Gewicht. Schließlich entsprach mein Verhalten ja in verschiedener Hinsicht den herrschenden Trends jener Zeit: den Forderungen nach freier Liebe, sexueller Freizügigkeit, Abgeklärtheit und Flexibilität. Bemerkenswert war vielmehr der unvermeidliche Kreislauf der Gefühle, die eine jede Beziehung begleiteten. Wenn ich eine Frau kennenlernte, war meine Begierde unmittelbar und ungeheuer – sie traf mich mitten ins Herz. Ob ich nun mit ihr schlafen, sie heiraten oder Kinder mit ihr haben wollte, spielte dabei keine Rolle: Es dauerte gewöhnlich eine Weile, bis ich herausfand, was ich wollte. Am Anfang standen nur diese Begierde und das Gefühl, als sei ich ein ausgehungertes Waisenkind, das durch ein Fenster in einen Raum starrt, in dem sich gerade eine glückliche Familie zu Tisch setzt. Um dieses Glücksgefühl zu erreichen, würde ich alles tun und sagen und mich in jeden beliebigen Typ Mann verwandeln – wenn sie mich nur erhören würde.

Im gleichen Moment, in dem ich merkte, daß sie mit mir schlafen würde, spürte ich einen Triumph, der ebenso galvanisierend wirkte wie ein Kokainrausch. Dieses grandiose Gefühl von Lebendigkeit war viel intensiver als der Sex selbst. Mit der Zeit wurde dieses Gefühl für mich zum entscheidenden Stimulans für den Geschlechtsverkehr, denn mein Penis war in zunehmendem Maße nur ein Hilfsmittel, das das Vergnügen meiner Partnerin und meine weitere Herrschaft über sie garantierte. Wenn ich überhaupt zum Orgasmus kam, dann war dies bloß die Unterbrechung einer ständigen Belagerung. Ich betrachtete meinen Triumph nicht eher als vollständig, bis mich meine Partnerin anflehte aufzuhören.

Doch im nächsten Augenblick verwandelte sich der Triumph in etwas anderes. Manchmal wurde er unmittelbar durch die alte Begierde abgelöst, nur noch heftiger und verbunden mit dem Verdacht, daß meine Liebespartnerin nur mit mir gespielt hatte, daß sie nur vorgab, mich zu begehren, die Orgasmen nur vortäuschte und mich nun als einen Idioten abschreiben würde, den sie sich in einer schwachen Stunde ins Bett geholt hatte, den loszuwerden sie nun aber kaum erwarten konnte. Um diese Furcht zu besänftigen, mußte ich sie wieder und wieder treffen und sie auf verschiedene Weisen erobern, mußte ihr Herz, ihren Geist oder ihre Hand erringen. Das Ganze dauerte manchmal wenige Tage und manchmal mehrere Jahre – eine Beziehung, die auf Hunger und Frustration beruhte.

Oder aber der Triumph wurde durch ein Gefühl des Ausgelaugtseins abgelöst, während ich mich paradoxerweise zugleich bis zur Übelkeit übersättigt fühlte. Ich blickte dann auf die Frau neben mir herab, als habe sie mich geschändet – in der Gewißheit, daß sie mir im nächsten Moment noch mehr abfordern würde. Sie würde bestimmt mehr verlangen, aber ich hätte dann nichts mehr zu geben. Sie hatte mir alles abverlangt und mich so schrumpelig wie ein benutztes Kondom zurückgelassen. Wenn dieses Gefühl eintrat, mühte ich mich aus dem Bett, zog mich an und versuchte, höflich zu bleiben, während ich innerlich vor Panik und Wut zitterte: Es war die Wut eines Menschen, der sich schrecklich betrogen fühlt.

Das also war die Summe meines Liebeslebens. Es entwickelte sich derart, daß sich dieser Kreislauf der Begierde, des Triumphes und der Furcht immer schneller drehte, auch als sich mein Leben verlangsamte und nach außen hin stabiler wirkte. Wenn ich die Anzahl meiner Sexpartnerinnen herabschraubte und versuchte, ihnen so lange wie möglich treu zu sein, dann geschah dies auch in der Hoffnung, die Mühle, die sich in meinem Innern drehte, zu verlangsamen. In den letzten Monaten dieses Lebens brauchte ich nur einer attraktiven Frau zu begegnen, um in wenigen Minuten den gesamten Zyklus zu durchleben: von der Sehnsucht nach Erfüllung bis zu Unsicherheit, Panik und Abscheu. Alles tanzte vor meinem inneren Auge vorbei wie ein schnell gemischtes Kartenspiel, während ich in diesem Moment noch mit dem Kennenlernen beschäftigt war. Diese Gefühle wurden nun von einem zunehmenden Gefühl von Wahnsinn begleitet, denn ich wußte, daß ich sie alle selbst produzierte. Es gab in dem Wirbel meiner Zwänge keinen Platz für eine richtige Frau. Ich sehnte mich nach etwas, das keine Frau mir geben konnte. Ich rächte mich für Verletzungen, die mir keine Frau jemals zugefügt hatte. Ich führte ein Leben, dessen einzige Attraktion in der Tatsache bestand, daß es mir so vertraut war, wie das Gefängnis dem Gefangenen vertraut ist. Schließlich stand ich vor der Wahl, ob ich diesen Kreislauf beenden oder mich umbringen sollte.

Als ich einem Bekannten zum ersten Mal von diesem Buch erzählte, erwiderte er: »Da beschreibst du neunzig Prozent der amerikanischen Männer!« Doch dies war nicht meine Intention (zumindest nicht bewußt). War jeder Mann ein »Casanova«, der jemals für eine Nacht mit einer Frau geschlafen, seine Frau oder Freundin betrogen hatte? Fiel jeder unter diese Kategorie, der sich einmal mit einer Frau verabredet und dann befunden hatte, daß sie nicht sein Typ sei? Bezog ich damit auch jeden Besucher von Single-Bars, Sexclubs oder Prostituierten ein? Würde ich so auch jeden Mann verdammen, der zufällig lieber allein lebte?

Am Anfang ließ ich mich ausschließlich von meiner eigenen Erfahrung leiten, und ich war ziemlich sicher, daß das, was ich getan und empfunden hatte, nicht normal war – unabhängig davon, was gängigerweise als normal gilt. Daher definierte ich den Mann als Casanova, der eine Reihe einmaliger sexueller Begegnungen, gescheiterter Liebesbeziehungen und geschiedener Ehen hinter sich hat, der chronisch polygam oder untreu ist – einen Mann wie mich. Am Anfang meiner Untersuchung definierte ich die Begriffe »wiederholt«, »ständig« und »chronisch« nur vage und zog es vor, sie mit Hilfe von praktischen Beobachtungen zu konkretisieren. Als ich mit diesem Buch anfing, war ich nicht der Ansicht, daß es sich hier um etwas ganz »Normales«, also Alltägliches handelte; ich glaubte, ich hätte es mit extremen Verhaltensweisen zu tun, die sich zuweilen »normal« gerierten. Die meisten Männer träumen vermutlich zu irgendeinem Zeitpunkt ihres Lebens davon, ein Casanova zu sein, und viele haben versucht, sich so zu verhalten, doch die hier beschriebenen Männer sind viel seltener, als mein Freund annahm, und weitaus gestörter, als er oder anfänglich auch ich vermutete.

Aus ähnlichen Gründen beschloß ich, Frauen und Homosexuelle aus meiner Untersuchung auszuschließen. Es gibt zwar Frauen, die sich aus Gewohnheit verführerisch, untreu und flatterhaft verhalten und von denen man vielleicht sagen könnte, sie litten unter einem »Katharina-die-Große-Komplex«, aber solche Frauen sind viel seltener als ihre männlichen Pendants. In unserer Gesellschaft werden Frauen immer noch stärker von den ungeschriebenen Gesetzen gegen Promiskuität und Untreue in Schach gehalten als Männer. Eine Frau mit vielen Liebhabern riskiert es, als Nymphomanin bezeichnet zu werden. Eine Frau, die ihren Mann betrügt, muß mit gesellschaftlicher Ächtung rechnen, vor der ein untreuer Gatte verschont bliebe. Vor allem aber konnte ich mich mit Frauen nicht so identifizieren wie mit den männlichen Casanovas und glaubte, ihnen nicht gerecht werden zu können.

Ich fühlte mich auch nicht befähigt, objektiv über die Sexualität von Homosexuellen zu diskutieren: Sexuelle Empfindungen gegenüber dem eigenen Geschlecht erschienen mir zugleich fremdartig und bedrohlich. Außerdem müßte ich dazu die Homosexuellenkultur untersuchen, deren Sexualmoral oftmals wie eine Überspitzung der Haltung heterosexueller Männer erscheint. Bis zum Auftauchen von AIDS schien ein Großteil der Homosexuellengemeinde Promiskuität als öffentliche und hochpolitische Form der Kommunikation zu betrachten. War dieses Verhalten eine kollektive Reaktion auf die jahrhundertelange Unterdrückung der männlichen Sexualität in ihrer reinsten und ungehindertsten Form? Mir schien, daß ich sowohl den schwulen Casanova als auch die »Katharinas« aus einem zu engen Blickwinkel und durch zu viele psychologische und kulturelle Brillen betrachten würde und daher nur einen diffusen und ungenauen Eindruck erhalten konnte.

Per Anzeige in mehreren Zeitungen suchte ich heterosexuelle – oder überwiegend heterosexuelle – Männer, bei deren Beziehungen Kurzlebigkeit, Instabilität und häufige Untreue symptomatisch waren. Ich unterhielt mich mit zahlreichen Männern: Jedes Gespräch dauerte mehrere Stunden. Anfangs befragte ich sie nach ihrem Verhalten: mit wie vielen Frauen sie in einem bestimmten Jahr geschlafen hatten, wo, wann und wie sie ihre Partnerinnen kennengelernt hatten, wie ihr Liebesleben aussah und wie die Beziehungen endeten. Am wichtigsten war mir jedoch, wie sie sich mit ihrem Verhalten gefühlt hatten. Welche Eigenschaften zogen sie an einer Frau an, und welche stießen sie ab? Wie veränderten sich ihre Gefühle im Verlaufe einer Beziehung, und waren es bestimmte äußere Ereignisse, die diese Veränderungen auslösten? Verhielten sich diese Männer bewußt so, oder fühlten sie sich unter Zwang? Ich fragte sie nach ihrer Kindheit, ihrer Familie, ihrer Gesundheit, ihren Arbeitsgewohnheiten, ihren Phantasien und Träumen. Aus jedem Interview ergab sich detailliertes psychosexuelles Porträt, das oft viel mehr enthüllte, als mein Partner beabsichtigte.

Ich interpretierte diese Unterhaltungen auf der Grundlage eines ausgedehnten Studiums von psychiatrischer und psychoanalytischer Literatur und diskutierte meine Hypothesen mit Psychiatern, Psychoanalytikern, Sexualwissenschaftlern und Sozialarbeitern.

Was ich über Casanovas erfuhr, stellte viele meiner früheren Annahmen in Frage. Die von mir interviewten Männer waren überwiegend keine eleganten Playboys, sondern Buchhalter, Ärzte, Geschäftsleute und Schreiner. Die meisten waren in den Dreißigern oder Anfang vierzig. Einige waren über sechzig, doch sie setzten ihre Liebschaften trotz der Klagen ihrer Familie oder der Warnungen der Ärzte fort. Sie sahen keineswegs immer gut aus; viele klagten über Gewichtsprobleme, Haarausfall, Körpergeruch oder Rückenschmerzen. Trotz all ihrer Eroberungen (einige hatten mit Hunderten von Frauen geschlafen) und des offensichtlichen Vergnügens, das sie dabei fanden, empfanden ich und meine Berater keinen dieser Casanovas als beneidenswert. Ihr Glück wirkte angestrengt und künstlich. Es war, als würde jemand einen anderen Menschen dauernd in die Rippen stoßen und beharren: »Ist das nicht komisch?«

Zugleich fiel mir auf, wie groß die Übereinstimmung zwischen den einzelnen Aussagen war. Ich fand unter den interviewten Männern vier Hauptthemen, instinktive Verhaltenweisen gegenüber Frauen und Sexualität, die ich »Jagd nach dem Kitzel«, »Spielerei«, »Eskapismus« und »Verschlingen« nannte. Diese Motivationen unterscheiden sich voneinander: Die Eroberung von Frauen ist für denjenigen, der auf den »Kitzel« aus ist, ein Versuch, einem öden Leben Bedeutung zu verleihen; für den Eskapisten ist es eine Flucht vor dem Leben selbst, der Versuch, sich im wörtlichen Sinne »totzuvögeln«, wie es ein Mann formulierte. Doch bei allen vier Themen stößt man auf einen unterschwelligen Hunger, eine Verarmung des Geistes und die unbewußte Einstufung der Frau als gesichtsloses Instrument der Lust zur Stärkung des Ego und zum Abreagieren. Alle Frauen sind austauschbar und werden in zwei starre Kategorien unterteilt: jene, die man verfolgt, und jene, vor denen man davonrennt.

In den folgenden Kapiteln werden sechs typische Verhaltensmuster des Casanova beschrieben, von der Promiskuität des Eroberers bis zur routinierten Untreue des streunenden Katers, der besessen zwischen Frauen und Geliebten hin- und herrast. Dazwischen gibt es die Typen, die ich die Mitmacher, Romantiker, Nestsucher und Jongleure nenne. Die Verhaltensweisen überlappen sich zum Teil und wechseln: Aus einem Casanova kann im Verlauf eines Lebens ein Eroberer, ein Romantiker oder ein streunender Kater werden, doch jeder Typ von Casanova kennt spezifische – unbewußte wie bewußte – Motive und Präferenzen, die ich in diesen Kapiteln zu beschreiben versuche.

Bei all diesen Typen entdeckte ich jedoch ein ständig wiederkehrendes Kindheitsmuster, gekennzeichnet durch einen abwesenden oder entfernt lebenden Vater und eine egozentrische Mutter, die zugleich aufdringlich und narzißtisch war. Es gibt anscheinend einen Typ von Familie, der den Casanova hervorbringt. Diesen Typus sowie die Parallelen zwischen dem Casanova-Komplex, Fetischismus und Suchtverhalten werden in einem späteren Kapitel untersucht.

Es ist schwer, Casanovas in einer Gesellschaft herauszufiltern, in der Untreue und Promiskuität oftmals als typisch männliche Normen betrachtet werden. Auch auf dieses Dilemma werde ich eingehen.

Es gibt Hinweise, daß die westliche Kultur von Anfang an den Männern sexuelle Optionen einräumte, die sie Frauen vorenthielt, und daß unsere gesellschaftlichen Institutionen starke und durchsetzungsfähige Männlichkeit immer noch mit dem Junggesellen oder dem polygynen Mann identifizieren. Männliche Monogamie hingegen wird seit langem als etwas Absonderliches und Fragwürdiges behandelt, als ein Merkmal von Schwächlingen. Von Chaucers ländlichen Schürzenjägern bis zu Warren Beatty oder Mick Jagger ist das Ideal von Männlichkeit vorwiegend von Libertinage und sexueller Benutzung des Partners geprägt. Zudem ist unsere Kultur in den letzten Jahren insgesamt in eine Phase des triumphierenden Narzißmus getreten, in der Sexualität eine Ware und Art der Selbstdarstellung ist und alle Beziehungen – romantische, ökonomische und politische – durch Zynismus und Zweckdienlichkeit gekennzeichnet sind. Solche Zeiten mögen die Casanovas nicht zwangsläufig hervorbringen, doch sie bieten zumindest günstige Außenbedingungen für das Auftreten dieses Typus.

Ich unterhielt mich auch mit zahlreichen Frauen, die ich mit Hilfe von Zeitungsanzeigen aussuchte, um festzustellen, welche Züge einen Casanova für das andere Geschlecht anziehend machen und welche Rolle die Frauen in den Beziehungen zu ihnen spielen. Es kann als feste Regel gelten, daß die Frauen nicht auf das Aussehen oder die Ausstrahlung reagieren, sondern auf eine ihnen eigene Anziehungskraft – ihr Drängen, die besessene Konzentration auf die Partnerin im Frühstadium der Beziehung und die unerschöpfliche sexuelle Virtuosität. Darüber hinaus scheinen bestimmte Frauen besonders empfänglich gegenüber Casanovas zu sein: Sie verlieben sich heftig und ohne Vorbehalte in sie und warten, wenn sie verlassen werden, voller Hoffnung auf ihre Rückkehr. Die Ladies des Ladykillers stammen oft aus Familien, die eine bemerkenswerte Ähnlichkeit mit jenen besitzen, die die Casanovas produzieren – sie scheinen unter den gleichen Zwängen zu leiden. Ein grotesker Tanz – ein Herzensbrecher-Tango – bindet diese Männer und Frauen trotz wiederholter Trennungen und Betrügereien aneinander – mit festgelegter, unveränderlicher Schrittkombination.

Im letzten Kapitel werden Behandlung und Heilung des Casanova-Komplexes erörtert. Es umreißt die Möglichkeiten, die dem Casanova offenstehen, wenn er »sexuelle Nüchternheit« anstrebt, und gibt Hinweise, wie Frauen eine Beziehung mit ihnen vermeiden oder eine bestehende Beziehung erträglicher gestalten können. Allerdings finden sich hier keine Tips für Frauen, wie sie ihre Partner ändern können, und keine Ratschläge für Casanovas, wie sie ihr Liebesleben »managen« sollen. Das käme mir nur so vor, als wolle man den Kuchen aufbewahren und gleichzeitig essen.

Wenn Sie sich selbst oder jemanden, den Sie lieben, in diesem Buch wiedererkennen, haben Sie bereits einen bedeutenden Schritt nach vorne getan. Ich kann Ihnen dann nur noch viel Erfolg für den Rest des Weges wünschen.

Erster Teil

»Verrückt, gemein und sehr gefährlich.«

(Lady Caroline Lamb über Lord Byron)

1. Die Sucht nach Sex

Das Beispiel Gary Hart

Er war Senator der Vereinigten Staaten von Amerika und hätte gute Chancen gehabt, der nächste Präsident dieses Landes werden zu können. Doch als *Kandidat* können wir uns Gary Hart am besten vorstellen. Ein Kandidat ist jemand, der sich um ein Amt bewirbt, ein Bittsteller um die öffentliche Gunst. Heutzutage braucht man zu dieser Rolle Instinkte, die ebenso persönlich wie politisch, ebenso verführerisch wie überzeugend sind. In der Wahlkampfkampagne von 1984 für die demokratische Kandidatur erwähnte Hart seine Vergangenheit in der Verwaltung kaum. Sein Wahlprogramm bestand weniger aus Überzeugungen als aus vage dargelegten »neuen Ideen«. Das Schlüsselwort war »neu«. Das erinnerte uns daran, daß Hart jung war und der selbsternannte Sprecher für eine Generation, die immer noch nostalgisch von den sechziger Jahren träumte, jener Dekade, als Jungsein alles bedeutete. Im Gegensatz dazu erschien uns Walter Mondale, sein Hauptgegner, als alter Mann – viel älter, als er in Wirklichkeit war. Wie vor ihm Jimmy Carter und Ronald Reagan stellte sich der Kandidat als politischer Außenseiter dar. Das Szenario war altbekannt wie der »Ödipus«: Der männliche Junghengst tritt die Türen der Washingtoner Gerontokratie ein. Gary Harts Wahlprogramm war er selbst, sein Charme, sein gutes Aussehen und sein messianischer Glaube, daß er für das Präsidentenamt geeignet sei.

1987 lag Hart im Rennen wieder vorn. Er schien seinen Status kaum verändert zu haben – es war, als sei er nur in den Hintergrund getreten, um sein Make-up aufzufrischen. Walter Mondale und mit ihm die alten Ideale der Demokraten waren 1984 wirksam ausgelöscht worden. Neue Rivalen wie Albert Gore und Michael Dukakis stellten nur weniger attraktive Versionen von Hart selbst dar; sie waren Technokraten ohne Charisma. Im April, als sich sein Wahlkampf auf einen frühen Sieg in Iowa ausrichtete, ergab eine Meinungsumfrage, daß auf Hart fünfundsechzig Prozent der demokratischen Stimmen entfallen würden.

Analog dazu, wie Hart seine Kampagne zum Schaufenster für seine Persönlichkeit machte, hatten auch die Fragen, die sie aufwarf, weniger mit seiner Ideologie als mit seinem Charakter zu tun. 1984 kam ans Licht, daß er über sein Alter die Unwahrheit gesagt und fälschlicherweise abgestritten hatte, seinen Namen geändert zu haben. Wie Jay Gatsby hatte er sich eine neue Vergangenheit zugelegt, hatte sich als aufmüpfiger junger Spund dargestellt, der in der Kleinstadt, in der er aufgewachsen war, überall aneckte.[1] In Wirklichkeit war er jedoch völlig angepaßt gewesen – unter dem Einfluß einer fundamentalistischen Mutter und der Furcht, sich schmutzig zu machen, die ihn am Spielen im Freien hinderte. Damals legten diese Tatsachen den Schluß nahe, daß der Kandidat mehr als nur ein wenig eitel und sehr freizügig mit der Wahrheit umging. Erst später erkannte man darin den Beweis dafür, daß hier ein Mann mit gespaltenem Ich heftig gegen eine persönliche Vergangenheit rebellierte.

Aus dem furchtsamen Jungen war ein blendend aussehender Mann geworden, der die Gesellschaft von Frauen genoß und dessen sexuelles Verhalten nun Gegenstand ängstlicher Fragen wurde. Wenn sich Hart an John F. Kennedy und Warren Beatty ausgerichtet hatte, zwei berüchtigten Frauenhelden, wie weit ging seine Identifikation mit ihnen, was diesen Aspekt betraf? Genoß er die elegante Welt von Hollywood und Turnberry Isle nur als Zuschauer? Als er Anfang der siebziger Jahre für George McGovern arbeitete, war er bekannt dafür, Studentinnen zu verführen, sie für den Wahlkampf zu rekrutieren und sie fallenzulassen, sobald sie in irgendeinem Hinterzimmer Wahlbriefe in Umschläge stopften. »Er hat einen ausgeprägten Don-Juan-Komplex«, erinnerte sich ein damaliger Kollege. »Frauen waren einfach keine Menschen für ihn.«[2] In der Zwischenzeit hatten sich Hart und seine Frau Lee zweimal getrennt. Es gab Gerüchte, daß er ihr immer noch untreu war.

Lee Hart ignorierte diese Gerüchte diplomatisch. Doch der Kandidat regte sich sehr darüber auf, als sei er eine Privatperson, die man willkürlich zu einer moralischen Inquisition herausgegriffen hatte. Gegenüber seinen Mitarbeitern protestierte er: »Schließlich bin ich noch nicht Präsident! Ich lasse mir mein Privatleben nicht nehmen!«[3] Zugleich schien er sich sicher zu sein, daß ihm niemand etwas anhaben konnte. Bei einem Interview mit dem *New York Times Sunday Magazine* forderte Hart die Reporter heraus: »Folgen Sie mir doch auf Schritt und Tritt. Mir ist das egal... wenn mir jemand etwas anhängen will, nur zu.«

Der Artikel erschien am dritten Mai 1987. Am gleichen Tag enthüllte ein Reporter des *Miami Herald*, der das Stadthaus des Kandidaten in Washington beobachtet hatte, daß eine junge Frau dort offensichtlich allein mit ihm die Nacht zugebracht habe. Obwohl Hart und sein Gast, das Model Donna Rice, beteuerten, ihre Beziehung sei unschuldiger Natur, wurde bald bekannt, daß sie die vorangegangene Nacht an Bord einer Jacht in Bimini verbracht hatten. Es gab ein Foto, das die beiden in intimer Haltung zeigte. Das Gesicht des Kandidaten wirkt auf diesem Bild angestrengt und sonnenverbrannt. Hart versuchte, jeden, der es hören wollte, davon zu überzeugen, daß Donna Rice lediglich seine politische Vertraute sei – doch diese Frau war die Geliebte eines verurteilten Drogenhändlers und gehörte zum weiblichen Anhang des saudiarabischen Waffenmagnaten Adnan Kashoggi. Sie hatte mit ihrer Beziehung zu Hart vor Freunden geprahlt, und einer der Reporter vom *Herald* war ihr zu dem Treffen gefolgt. Dies alles reichte natürlich nicht als Beweis für einen Ehebruch, wie der Kandidat immer wieder betonte, doch innerhalb weniger Tage verkündete die *Washington Post*, sie habe Beweise für eine längere romantische Beziehung zu einer anderen Frau in Washington.

Hart legte die Kandidatur nieder; er hatte in dieser Situation keine andere Wahl. Doch erst nach Monaten gab er zu, daß sein Verhalten nicht korrekt gewesen sei. Er stellte sich jedoch weiterhin als naiver, aber moralisch makelloser Mann dar und verwandelte seinen Rückzug aus dem öffentlichen Leben in einen Angriff auf jene, die ihm vorwiegend dazu verholfen hatten. Die Presse, so meinte er, habe aus purer Laune seine Popularität ruiniert. Sie habe ihn gejagt und verleumdet. Es war die Wut eines Mannes, den man um seinen rechtmäßigen Anteil betrogen hat. Sein Selbstvertrauen war immer noch fast ungebrochen, und das vermittelte den Eindruck, als stünde er immer noch über allen Regeln. Mit dieser Haltung stand er schließlich allein da. Ein politischer Berater, der ihn seit zehn Jahren kannte, bemerkte dazu: »Gary Hart schreibt seit Jahren nur mit Lippenstift. Sein Motto lautet: ›Haltet mich zurück, sonst ficke ich wieder.‹«[4]

Im Mittelpunkt jeder Sucht herrscht wie bei einem Wirbelsturm ein Vakuum, ein ruhiger Punkt der Leere, der die wie panisch rotierenden Kreise an seiner Peripherie auslöst. Mit »Sucht« meine ich nicht die körperliche Notwendigkeit, die den Junkie an Heroin oder einen Raucher an Nikotin fesselt. Ich benutze das Wort im metaphorischen Sinne, um einen seelischen Zustand zu beschreiben, der oft der ersten Begegnung des Süchtigen mit seiner Droge vorausgeht und im Verlauf seiner Suchtkarriere unverändert bleibt. Dieser Zustand ist nicht nur durch das Gefühl von Wertlosigkeit charakterisiert (die Überzeugung, daß man nichts weiter verdient als das Schicksal eines Alkoholikers oder Junkies), sondern durch ein verschwommenes und bruchstückhaftes Selbstwertgefühl – eine grundsätzliche Unsicherheit über die eigene Existenz. Aus dieser Unsicherheit entsteht Hunger, ein wildes Bedürfnis, erfüllt und geliebt zu werden, »ganz« zu sein. Wenn der Süchtige zur Spritze oder der Alkoholiker zur Flasche greift, erfährt er nicht so sehr Lust, sondern ein Gefühl der »Ganzheit«, das ihm bis zu jenem Augenblick gefehlt hat. Seine Droge verleiht ihm kurzfristig eine Gewißheit sich selbst gegenüber, die ihm zuvor fehlte. Sie gibt ihm das Gefühl der eigenen Identität. Die Leere schreit nach Erfüllung, einer Erfüllung, die sich endlos wiederholen muß, da das Vakuum per definitionem unerfüllbar ist – so daß dieser Kreislauf aus Hunger, momentaner Ganzheit und erneuter Leere zum beherrschenden Ritual im Leben des Süchtigen wird.

Die Erfahrung, daß Süchtige, die dem Heroin entsagen, anschließend Alkoholiker werden, legt den Schluß nahe, daß Sucht nicht von einer bestimmten Droge abhängt. Die Droge erfüllt vielmehr ein Bedürfnis in dem Szenarium aus Hunger, Befriedigung und Leere.

Für einen bestimmten Zeitraum wird sie zum Zentrum der Suche des Süchtigen, zur Quelle seiner momentanen Befriedigung. Doch nicht nur Substanzen, auch Handlungen können diesen Zweck erfüllen: Spielen, Essen, Arbeit. »Sucht«, schreibt Stanton Peele, »ist keine chemische Reaktion. Sie ist eine *Erfahrung*, die aus der routinemäßigen subjektiven Reaktion des Individuums auf etwas erwächst, das eine besondere Bedeutung für es hat – irgend etwas, das es so sicher und beruhigend findet, daß es nicht mehr ohne es sein will.«[5]

Für die Männer dieses Buches ist die Frau das vornehmliche Objekt der Sucht. Für Casanovas sind Frauen abwechselnd Objekte wahnsinniger Begierde, Quellen sexueller Lust und Selbstbestätigung – und einer überwältigenden Furcht. Trotz ihrer äußerlichen Unbekümmertheit – sie gerieren sich oft wie Männer, die bei einer Cocktailparty das Tablett mit den Kanapees genüßlich betrachten – verfolgen sie Frauen mit einem Drang und einer Zielstrebigkeit, die normale Werbung oberflächlich und flüchtig erscheinen läßt, mit einer Rücksichtslosigkeit, die oftmals ihre Ehe, Karriere und Gesundheit bedroht. Seit dem Auftauchen von AIDS riskieren manche von ihnen ohne Zweifel ihr Leben. Einige dieser Männer sind wahllose Vernascher, andere haben starre Auswahlkriterien. Doch alle scheinen in gewissem Maße machtlos bei ihrer panischen Suche nach einer Gelegenheit zum Sex.

Machtlosigkeit ist nicht das gleiche wie Hilflosigkeit. Viele Süchtige und Alkoholiker wirken zumindest äußerlich als erfolgreiche und durchsetzungsfähige Individuen. Man braucht nur auf die Beispiele Scott Fitzgerald und Betty Ford zu verweisen, um festzustellen, daß solche Menschen Macht und Autorität ausstrahlen können, während ihr Leiden sie voll im Griff hält. Die Beispiele in diesem Buch lassen den Schluß zu, daß das gleiche für Casanovas wie Lord Byron und Gary Hart, Frank Sinatra und Ernest Hemingway gilt. Was in der Tat jeden beeindruckt, der solche Persönlichkeitsbilder untersucht, ist die radikale Trennung zwischen dem äußeren und dem inneren Ich: Das eine erscheint selbstsicher, flexibel und bewußt, das andere zerbrechlich, unsicher und ängstlich.

Paradoxerweise verleihen der Zwang und seine psychischen Begleiterscheinungen dem Casanova eine gewaltige Macht über Frauen. Hartnäckigkeit, Dringlichkeit, Überredungskunst und sexuelle Autorität sind für viele Frauen beeindruckend. Diese Männer finden ihre Sexualpartnerinnen mit der traumhaften Sicherheit, mit der Alkoholiker »Stoff« aufspüren, wenn die Kneipen geschlossen sind. Und sie sind ebenso geschickt bei der Verführung wie ein Süchtiger beim Auftreiben des Geldes für den nächsten Schuß. Da ein Casanova Frauen unbewußt als Objekte betrachtet, deren einziger Zweck darin besteht, sie zu befriedigen und anzubeten, verfügt er zumeist über die unglückliche Fähigkeit, Frauen dazu zu bringen, sich seinen Szenarien anzupassen – und diejenigen auszuwählen, die dazu vermutlich am ehesten bereit sind. Casanovas sind auf der einen Seite sicherlich Opfer ihrer Zwanghaftigkeit, doch sie sind zugleich auch die Folterer, und die Ausbeutung der Frauen, die sie praktizieren, ist nicht weniger schändlich, bloß weil sie im Namen der Liebe geschieht.

Ich beschreibe diesen Zustand als Zwang, das heißt, ich betrachte den Casanova als Kranken. Heutzutage ist Krankheit zu einer modischen Erklärung für das geworden, was man früher Verderbtheit nannte; manchmal wird der Begriff als Entschuldigung herangezogen. Ich will diese Männer jedoch nicht entschuldigen. Meine Erklärungen für ihr Verhalten stellen grundsätzlich nur begründete Hypothesen dar, die jeder, der die menschliche Natur studiert, aufstellen muß, wenn es ihm an einer eindeutigeren Definition mangelt. Der Zustand, den ich den Casanova-Komplex nenne – zwanghafte Eroberung von Frauen und Flüchtigkeit der Beziehung zu ihnen –, beinhaltet ebenso wie eine Sucht eine Reihe von psychischen Störungen. Man erlebt hier das neurotische Bedürfnis, die Mutter zu besitzen und den Vater vom Thron zu werfen, als Erwachsenenspiel; man erkennt die abwechselnde Großspurigkeit und Unsicherheit des Narziß und die primitiven Seelenzustände, die die Borderline-Persönlichkeit kennzeichnen: Größenwahn, Paranoia und die Neigung, andere Menschen, besonders Frauen, als ausschließlich gut oder schlecht zu betrachten. Ein neurotischer Casanova kann Zärtlichkeit und Mitleid für Frauen, die er liebt, empfinden und wird oft von Schuldgefühlen gequält, wenn er sie verliert. Ein Casanova mit einer Borderline-Persönlichkeit erkennt Frauen kaum als eigenständige Wesen an.

Es ist nicht schwer, jemanden als emotional krank oder neurotisch zu bezeichnen. Freud würde sagen, dies sei der Preis, den wir für das Leben in der Industriegesellschaft zahlen. Der Psychoanalytiker Jaime Nos hat mehrere Männer in diesem Buch als mutmaßliche Borderline-Fälle bezeichnet. Bei der Diagnose laufen wir allerdings immer Gefahr, Menschen auf Fälle zu reduzieren. Zuvor haben wir sie vielleicht ablehnend oder vorwurfsvoll betrachtet; und nun ermöglicht es uns der Akt der Diagnose, sie klinisch objektiv zu sehen, als lebendige Beispiele für einen bestimmten Zustand. Doch bei der moralischen wie der klinischen Sichtweise handelt es sich um Vereinfachungen, um eine Abwehr gegenüber Komplexität und Vielschichtigkeit. Anstatt die Casanovas – zu denen ich mich ja selbst zähle – einer solchen »endgültigen« Diagnose zu unterziehen, möchte ich sie lieber in ihrer ganzen Komplexität – ihrem Anderssein, ihren unerfreulichen und ihren menschlicheren Zügen – betrachten. Seht sie an. Seht mich an.

2. Die Geburt eines Schurken

Der historische Prototyp ist Jacques Casanova de Seingalt, der im achtzehnten Jahrhundert als Verführer Karriere machte. In seinen *Memoiren* beschrieb er sich selbst als »Junggeselle, dessen Hauptanliegen im Leben die Kultivierung der Sinne war«[6]. Diese Beschreibung trifft den Kern. Im Verlauf seiner dreiundsiebzig Jahre unternahm Casanova Ausflüge in die Kirche, das Theater und das Militär, hielt sich als Spieler und Schwindler über Wasser, und in keinem Bereich zeigte er Beständigkeit – nur in der Verfolgung und Verführung des anderen Geschlechts.

Dabei war er phänomenal erfolgreich. Seinen eigenen Berichten nach schlief er in neununddreißig Jahren mit hundertzweiundzwanzig Frauen. Er hatte Liebesbeziehungen in seiner Heimatstadt Venedig, in Rom, Neapel, London, Paris, Madrid, Berlin, Wien, auf Korfu, in Konstantinopel und Sankt Petersburg. Sein Geschmack war eklektisch, unter seinen Geliebten befanden sich verheiratete Frauen und Mädchen, die kaum die Pubertät erreicht hatten, Aristokratinnen wie Wirtstöchter. Einmal hatte er eine *ménage à trois* mit zwei Nonnen und wiederholte so den Fall eines Ahnen, der eine Braut Christi an dem Tag entführte, als sie ihre Gelübde ablegte. Auf einer griechischen Insel versammelte er einen Harem aus »Nymphen« um sich. Wenn er erregt war, hielt ihn nichts zurück. Er näherte sich dann sogar einer Frau, die von ihrem Onkel bewacht wurde, und schmeichelte sich so erfolgreich ein, daß der Pate sie freiwillig allein ließ. Die Gegenwart von Verlobten und Ehemännern inspirierte ihn nur zu größerer Hartnäckigkeit. Für Casanova war jede Frau eine potentielle Geliebte.

Die Frauen reagierten mit dem gleichen Interesse auf ihn. Nur selten wurde er zurückgewiesen. Im Alter von siebzehn Jahren zögerte Casanova einmal, mit einer freundlichen Kammerzofe ins Bett zu gehen, und verlor sie so an einen draufgängerischeren Rivalen. Danach legte er alle Furchtsamkeit ab und betrachtete weiblichen Widerstand mit Mißtrauen. »Wenn sie die Prüde spielt«, schwor er einmal, »dann will ich nicht ihr Opfer sein.«[7] Nur wenige Liebhaber waren mit einem solchen Selbstbewußtsein gesegnet. Wir wissen nicht, ob Casanova gut aussah, obwohl er offensichtlich seiner Kleidung viel Aufmerksamkeit widmete und elegante militärische Uniformen und Dekorationen bevorzugte, die man zu jener Zeit überall kaufen konnte. Über seine sexuellen Techniken hinterließ er keine Aufzeichnungen; auch in seinen Memoiren findet man nichts darüber. Gewiß aber war Casanova eine romantische Figur, weit gereist, belesen und draufgängerisch, ein Mann, der sich nie vor einem Duell drückte. Er war großzügig und kaufte einer Frau etwa eine komplette Garderobe, noch ehe sie eine Nacht miteinander verbracht hatten. Vor allem aber können wir seinen Erfolg bei Frauen auf die zielstrebige Intensität zurückführen, mit der er sie verfolgte. »Ich bin weder zärtlich noch galant oder theatralisch«, bemerkte er einmal. »Ich bin leidenschaftlich.«[8]

Aber seine Leidenschaft war immer kurzlebig. Casanova war stolz darauf, seine Natur zu kennen und sich nach ihren Befehlen zu richten. Zu seiner Natur gehörte es, eine Bindung zu meiden und immer frei zu bleiben für die nächste Liebschaft. Ein paar Male verlobte er sich, doch es kam stets wieder zur Trennung. Am Ende einer solchen Verlobung erinnerte er sich: »Ich hatte vorgehabt, sie zu heiraten, wenn ich sie mehr liebte als mich selbst, aber sobald ich mich von ihrer Seite entfernte, merkte ich, daß die Selbstliebe stärker war als die Zuneigung, welche sie in mir wachgerufen hatte.«[9] Trotzdem war er nicht einfach ein Mann, der immer wieder seine Verlobten sitzenließ. Er war sogar beim Rückzug ritterlich und fand oft neue und passendere Ehemänner für die zurückgebliebenen Frauen. »Casanova hat viele Frauen geliebt, aber nur wenige Herzen gebrochen«, schrieb Havelock Ellis. »Daß er sich selbst gut genug kannte, um niemals eine Geliebte oder Ehefrau zu nehmen, muß ihm als Tugend angerechnet werden.«[10]

Trotz der gutmütigen Prahlerei der *Memoiren* war Casanova eine komplexe und sehr deformierte Persönlichkeit. Seine Bemerkung über den Triumph der Selbstliebe deutet auf einen ungesunden Narzißmus hin, eine Selbstversunkenheit, mit der keine Frau jemals konkurrieren konnte. Er scheint von Frauen fasziniert gewesen zu sein, die sich als Männer oder Jungen verkleideten, was nahelegt, daß Frauen vielleicht niemals das wahre Objekt seiner Begierde waren. Im Alter vergewaltigte er ein Mädchen, das sich als seine Tochter entpuppte und vielleicht von ihm ein Kind empfing. Obwohl ihn nie das Gewissen plagte, bedrückte es ihn zuweilen, daß es seiner Begierde an Tiefe und Durchhaltevermögen mangelte. In den Dreißigern erkannte er: »Ich kann immer noch leidenschaftlich lieben, aber es mangelt mir mittlerweile ein wenig an Empfindsamkeit und der Kraft zur Überhöhung des Gefühls – an Eigenschaften also, die allein die Exzesse der Leidenschaft rechtfertigen.«[11]

Wir müssen im Zusammenhang mit Casanova auch den Archetypus des Don Juan oder Don Giovanni betrachten. Dieser tauchte zuerst in einem Stück des siebzehnten Jahrhunderts auf: in dem Drama *Der Spieler von Sevilla* von Tirso de Molina. Ein Jahr später wurde der Stoff von Molière aufgegriffen. Es folgten Mozarts *Don Giovanni* und Theaterstücke von Goldoni, Puschkin und Montherlant sowie ein Poem von Byron. In der frühesten Version verführt Don Juan vier Frauen, Mozart stattet ihn mit wesentlich mehr Eroberungen aus – allein in Spanien sind es tausend!

Don Juan ist eine dunklere Gestalt als Casanova, ein Lügner und Libertin, ein Vergewaltiger und Frauenheld. Er macht einer Frau einen Heiratsantrag und verschwindet, sobald er sie verführt hat, und er ist sich nicht zu schade, sich als der Verlobte einer Frau zu verkleiden, um Zugang zu ihrem Zimmer zu finden. Seine Besessenheit gilt nicht so sehr dem Sex, sondern der Täuschung und Demütigung. Er empfindet ein wenig ritterliches Vergnügen daran, Unschuldige zugrunde zu richten und Bräute zu schänden. Nur Byron, selbst ein geschäftiger Frauenheld, stellte ihn als naiv dar, als einen Mann, der sich immer wieder verliebt, um durch ein launisches Schicksal von seinen Geliebten getrennt zu werden. In den meisten Versionen wird Don Juan am Ende gestraft. Anders als Casanova stirbt er jung, von dem Geist eines Mannes in die Hölle gezogen, den er einst ermordete, dem Vater einer seiner verlassenen Geliebten. Die Literatur ist eben gerechter als das Leben.

Der befreite Sklave

Um diese unermüdlichen Verführer hat sich ein noch verführerischerer Mythos gerankt. Es handelt sich um den Mythos des ewigen Frauenhelden, der unersättlich und unwiderstehlich ist. Seine Liebe zu Frauen ist so stark, daß er sich niemals nur auf eine einzige beschränken kann. Wir können von diesem Mann ebensowenig erwarten, treu zu sein, wie vom Wind, nur in einer Richtung zu wehen. Man sieht den Casanova oft sogar als eine Art Urgewalt. Vielleicht ist er ein Abkömmling von Zeus, der einst Göttinnen wie sterbliche Frauen liebte und so hartnäckig sein Ziel verfolgte, daß er sich dafür sogar in einen Stier, einen Schwan oder einen Goldregen verwandelte. Der Casanova hat die Widerstandskraft, das quecksilbrige Temperament und den anarchischen Humor des Gauners, des Kojoten, von dem die Indianerlegenden erzählen. Für den Sexualwissenschaftler Havelock Ellis verkörpert der ständig wechselnde Appetit des Casanova »die Instabilität, die nur höchst vitale Organismen auszeichnet«.[12]

Auch wenn wir uns mit solch pompöser Rhetorik nicht anfreunden können – wir können nicht abstreiten, daß der Casanova oft wie der Archetyp des Mannes wirkt – oder zumindest wie der Mann, der dem Wunschbild vieler von sich selbst entspricht. Die Männlichkeit des Casanova ist unerreicht: Ein Mann, der so viele Frauen liebt, muß vor Testosteron geradezu überströmen. Und es ist in der Tat seine Männlichkeit, die die Frauen so anzieht. Sie erkennen das instinktiv. Wenn wir Männer nach ihrer Anziehungskraft auf das andere Geschlecht einstufen – wie es das Magazin *People* mit der Wahl zum »attraktivsten Mann des Jahres« versucht –, steht der Casanova an der Spitze. Wir betrachten seine Polygamie (oder Polygynie, da er nicht zu der Sorte von Männern gehört, die gleich heiraten) als Ausfluß der angeborenen Neigung des Mannes, seinen Samen so weit wie möglich zu verstreuen. Es gibt einen alten Vers:

Hogamus, higamus,
Männer sind polygamus.
Higamus, hogamus,
Frauen monogamus.

Aus seiner eigenen Sicht repräsentiert der Casanova den Mann in seiner wahren Gestalt: Er ist der edle Wilde, der sich mit seinem Harem vergnügt. »Der Name Casanova wird nicht wie der de Sades oder Sacher-Masochs benutzt, um eine Perversion zu bezeichnen«, meint die französische Autorin Chantal Thomas. »Im Gegenteil, er bedeutet eine Art stillschweigende Anerkennung dessen, was als normal gilt.«[13]

Da der Casanova seiner Natur folgt, ähnelt er manchmal einem Produkt der romantischen Phantasie Rousseaus. Oft erscheint er auch als Exponent von revolutionärem oder anarchischem Individualismus, wie ihn der Marquis de Sade vertrat. Wir vergessen leicht, daß de Sade ebensosehr Ideologe wie sexueller Abweichler war, dessen Manifeste eine Republik der Sinne verlangten, in der jeder das Recht auf jeden hat und Sex sowohl ein Gebot als auch ein Mittel der Kommunikation ist. In einem solchen Staat, meint Christopher Lasch, »wird die Lust zum einzigen Lebenszweck ... Alle Freiheiten ... zielen am Ende auf die eine universelle Verpflichtung, zu genießen und genossen zu werden.«[14] Ähnliche Ideale schwebten den Propagandisten der sexuellen Revolution der sechziger und siebziger Jahre im zwanzigsten Jahrhundert vor. Man kann den apolitischen Casanova durchaus als frühen Guerillero des Lustprinzips betrachten.

Die Bereitschaft des Casanova, eine eigene Moral zu verfolgen, läßt auf einen naiven Existentialismus schließen. Wenn wir ihm die Perücke und seine italienischen Höflichkeiten nähmen, könnte er ein Antiheld bei Henry Miller oder Norman Mailer werden. Denn für diese Schriftsteller ist die sexuelle Freizügigkeit mehr als nur brutale Lust. Sexualität hat einen *Sinn*; sie ist ein Weg zur Selbstfindung und Selbstbestimmung, der aufgrund der zweitausendjährigen judaisch-christlichen Gebote, die sie unterdrückten, nur um so wichtiger ist. Jedesmal, wenn der Casanova eine neue Partnerin umarmt, erlebt er sich selbst, seine Kreatürlichkeit. Und wenn er der Zähmung entgeht, dann flieht er auch vor den Einschränkungen, die mit einer Ehe einhergehen. Er erinnert sehnsüchtige Ehemänner, die sich von den Ansprüchen ihrer Frauen, Kinder und Gläubiger belagert fühlen, daran, daß die lateinische Wurzel von Libertinage *libertus* ist – der befreite Sklave.

Die Schnulzen-Ideologie

Ein Teil der Anziehungskraft des Casanova beruht auf der Bedrohung, die er ausstrahlt. Lady Caroline Lamb schrieb über Lord Byron: »Er ist verrückt, gemein und sehr gefährlich.« In den romantischen Romanen des achtzehnten und neunzehnten Jahrhunderts – ich denke an *Romola* von George Eliot und *Les liaisons dangereuses* von de Laclos – stellte er eine Bedrohung der Tugenden der Heldin dar. Mit seiner blendenden und eleganten Erscheinung wirkte er in jeder Hinsicht als idealer Ehekandidat – nur daß er kein Interesse an der Ehe hatte und wie Don Juan darauf aus war, das zu rauben, ohne das kein junges Mädchen heiraten konnte. Seine Absichten waren oft deutlich erkennbar, doch seine sexuelle Anziehungskraft war so stark, daß seine Opfer ihm nur selten widerstehen konnten.

Die Heldinnen der heutigen Romane sind keine Jungfrauen mehr und haben auch nichts gegen eine Affäre mit dem richtigen Mann. Das Problem ist nur, daß Casanova so offensichtlich der Falsche ist. Die Gefahr für die heutigen Frauen, im Roman wie im wirklichen Leben, ist, daß er sie verläßt. Doch die Tatsache, daß er sich davonmachen wird – nach einer Nacht, einem Wochenende oder ein paar wunderbaren Monaten –, verstärkt nur noch die Faszination dieses Mannes. Die Frau, die einen Casanova liebt, weiß, daß sie niemals mit der Sportschau konkurrieren wird, niemals mit ihm über Rechnungen streiten oder seinen sauren Atem ertragen muß. Dies gehört zu den Nachteilen von Ehemännern und festen Partnern. Der Casanova hat nichts mit dieser niederen Sphäre gemein. Wenn er geht, sucht er seine Geliebten noch lange heim, wie ein Vampir, der im Blut seiner Opfer verweilt.

Die unterschiedlichen Formen der Bedrohung, die der Casanova in verschiedenen populären Romanen verkörpert, hängen zu einem großen Teil mit dem kulturellen Klima der Entstehungszeit zusammen. Für den bürgerlichen Leser des achtzehnten und neunzehnten Jahrhunderts war das Schlimmste, was einer Frau zustoßen konnte, die Entehrung, weil sie ihre Chancen auf eheliches Glück vernichtete und sie aus ihrer Klasse verbannte. Für die sexuell aufgeklärten, aber emotional verletzlichen Leserinnen von Judith Krantz und Janet Dailey ist dagegen nichts schlimmer als eine Abweisung. Denn eine Zurückweisung ist nicht nur schmerzhaft, sie ist die schlimmste Demütigung in einer Gesellschaft, die einen Fetisch aus dem Erfolg macht. Wenn der Casanova seine Freundin verläßt, bedeutet das nicht, daß der Mann ein Schurke ist, sondern daß die Frau irgendwie versagt hat, entweder auf intellektuellem oder sexuellem Gebiet. Vor zweihundert Jahren gefährdete der Casanova lediglich den Klassenstatus einer Frau, heute stellt er ihre Weiblichkeit insgesamt in Frage.

Doch die sexuelle Bedrohung, die von ihm ausgeht, wirkt auch hypnotisierend. Die Heldinnen romantischer Romane – und ihre Leserinnen – fühlen sich oft auf perverse Weise zu Männern hingezogen, die »verrückt, gemein und sehr gefährlich« sind. Wenn sie in seine brennenden Augen starren, blinken alle roten Warnlichter auf. Doch anstatt auf dem Absatz kehrtzumachen, stürzen sie auf ihn zu, auch wenn dies den Verlust ihrer Tugend und Selbstachtung bedeutet. Teilweise beruht dies auf der Schnulzen-Ideologie, wo Leidenschaft notwendigerweise zu einem gebrochenen Herzen führt. Denn wenn dies nicht so wäre, wäre Leidenschaft ja pure Lust – und bloße Lust gilt schließlich auch in unserem freizügigen Jahrzehnt noch als Tabu. Eine Frau braucht keine Heilige zu sein, um einen Casanova zu lieben oder durch ihn zu leiden, doch vergebliche Liebe und Leid adeln und erheben sie. Die Liebe zu einem Casanova bietet ihr die Chance eines säkularen Märtyrertums.

Weiblicher Masochismus hingegen spielt dabei nur eine geringe Rolle. Weiblicher Stolz ist vielmehr für einen Großteil des Zaubers verantwortlich, den er auf sie ausübt. So wird er für viele Frauen zu einer Herausforderung, der sich nur wenige verweigern. Wenn manche Frauen seinen sehnsüchtigen Blick sehen und seine lange

Liste von gebrochenen Herzen studieren, betrachten sie ihn mit dem gleichen Interesse, das manche Männer Jungfrauen entgegenbringen: als seltene und reizvolle Beute, deren Fang der eigenen Eitelkeit schmeichelt. Oscar Wilde bemerkte einmal, daß alle Männer danach streben, die erste Liebe im Leben einer Frau zu sein, während Frauen, eher praktisch veranlagt, lieber seine letzte sein wollen. Seine Vergangenheit verschweigt der Casanova nur selten. Oft prahlt er sogar damit, als fordere er jede neue Frau heraus, zu siegen, wo ihre Vorgängerin scheiterte. Alles an ihm scheint zu sagen: »Fang mich doch, wenn du kannst.« Ist es da ein Wunder, wenn so viele Frauen ihn beim Wort nehmen?

Das Baby und die Bestie

In unserem Jahrhundert ist der Casanova allerdings dank der Psychoanalyse und des Feminismus zu einem Feindbild, einem negativen Mythos geworden.

Nur wenige der frühen Psychoanalytiker schenkten dem aus Zwang verführerischen und untreuen Mann Beachtung. Eine Ausnahme stellt Otto Rank dar, dessen *Legende des Don Juan* eine große Hilfe bei der Formulierung meiner Ideen über den Casanova-Komplex darstellte. Freud war zu stark mit der gegenteiligen Wirkung der Repression beschäftigt, um über jene nachzudenken, die ihre Sexualität scheinbar ungehindert auslebten. Er meinte, daß ein Mann, der aus welchen Gründen auch immer seinem starken sexuellen Instinkt Zügel auferlege, auch in anderen Lebensbereichen eine resignierende Haltung einnehmen würde.[15]

Freud gab der Repression die Schuld an zwei verblüffenden Charakteristika der männlichen Sexualität: dem Bedürfnis, das Liebesobjekt zu degradieren, und der Unfähigkeit, mit einer Partnerin zufrieden zu sein. Unterdrückt sei hier die inzestuöse Bindung an die Mutter, die das erste Liebesobjekt des männlichen Kindes darstellt. Bei normaler Entwicklung löse sich diese Bindung allmählich auf, und nach einer Latenzperiode übertrage der Knabe seine Lust auf andere Frauen, die in ihm jene Zärtlichkeit und Leidenschaft wachriefen, die er ursprünglich für seine Mutter empfand.

Manche Männer, meint Freud, blieben jedoch auf die Mutter fixiert. Sie seien unfähig, ihre inzestuösen Wünsche zu akzeptieren, und leugneten daher ihre Sexualität insgesamt ab. In weniger extremen Fällen trennten sie die sinnlichen Empfindungen von ihren Gefühlen der Zuneigung. Die Folge sei, daß jede Frau, die bei ihnen Zärtlichkeit oder Wertschätzung hervorriefe, sexuell tabu würde. Diese Männer könnten Leidenschaft nur für Frauen empfinden, die sie verachteten. »Wo sie lieben, begehren sie nicht, und wo sie begehren, können sie nicht lieben.« [16]

Die Unterdrückung der inzestuösen Begierde zog auch andere Strafen nach sich. Sowohl Freud als auch Jung zufolge können Männer, denen es nicht gelang, ihre Mutter als Sexualobjekt aufzugeben, niemals einen befriedigenden Ersatz finden. Die ursprüngliche Lust wird unterdrückt und verhindert die Schaffung neuer Bindungen. Solche Männer sind dazu verdammt, auf immerdar zwischen vielen Frauen zu pendeln, aber unfähig, die »eine« zu finden, die in ihnen in ausgewogenem Verhältnis sinnliche Begierde und Zuneigung hervorruft wie die Mutter. Unter dem wütenden Blick Freuds erlitt das Image des Casanova eine Herabsetzung. In jedem Frauenhelden schien nun das Muttersöhnchen um die Freiheit zu kämpfen.

In jüngster Zeit haben Feministinnen den Casanova als einen Agenten des Patriarchats gekennzeichnet, das die Frauen seit Jahrtausenden unterdrückt. Er ist der Unterdrücker, der seine Frau als unbezahlte Hure, Zeugungsmaschine und Köchin mißbraucht. Er ist um so schlimmer, weil er seinen Partnerinnen manchmal nicht einmal die emotionale und finanzielle Sicherheit der Ehe gibt. Nach diesem Gedankengang benutzt der Casanova Frauen nur als sexuelle Stationen, die austauschbar erscheinen. Die Verführung gilt nur als eine sanftere Form der Vergewaltigung. Und ebenso, wie Vergewaltigung mehr mit Macht als mit Sexualität zu tun hat, ist der erotische Sport des Casanova eigentlich eine endlos wiederholte Bestätigung patriarchalischer Machtstrukturen.

Mythen brauchen weder logisch noch konsistent zu sein. Die Figur des Casanova kann daher viele widersprüchliche Rollen spielen. Er ist der Weiberheld und der Mann schlechthin, das maskuline Paradigma und das Muttersöhnchen, Befreier und Unterdrücker, weltgewandter Kavalier und sexueller Außenseiter. Als mythische Figur ist er alles dies – und noch viel mehr.

Unterscheiden sich diese Männer von anderen?

Doch genau wie der Mythos des Casanova aus dem Leben eines wirklichen Mannes entstand, wird er im Leben wirklicher Männer immer wieder lebendig. Auch die Casanovas von heute haben einen unersättlichen Appetit auf Frauen und scheinen auf sie unwiderstehlich zu wirken. Nur selten mangelt es ihnen an weiblicher Begleitung. Einige bleiben ewig freischwebend, haben jeden Abend eine andere Frau und Hunderte von Namen in ihrem Adreßbuch. Eine dauerhafte Beziehung dauert bei ihnen vielleicht einen Monat, eine ungewöhnlich lange vielleicht drei, aber immer warten schon die nächsten Frauen auf ihren Auftritt. Sosehr die Casanovas Frauen begehren, so heftig ist ihre Abneigung gegen jede Verpflichtung, und sie verfügen über ein ungeheures Talent, jegliche Verbindlichkeit zu vermeiden.

Natürlich heiraten einige Casanovas. Manche Männer werden sogar erst nach einer festen Bindung zu Casanovas, als bräuchten sie eine sichere Basis, ehe sie ihr riskantes Spiel beginnen. Viele verlieben sich dann heftig in andere Frauen, mit denen sie jahrelang eine Beziehung haben. Andere beschränken sich auf einmalige Gastspiele oder kurze Affären. Doch für alle diese Männer ist ein Ehebruch weder das traumatische Symptom der Midlife-crisis noch der obligate Seitensprung nach dem verflixten siebenten Jahr: Er ist für sie gewohnheitsmäßige Praxis.

Wer sind denn nun diese Männer? Wie gehen sie mit Frauen um, und warum wirken sie so anziehend auf sie? Warum können sie sich nicht auf eine Partnerin einlassen und der Frau treu bleiben, die zu lieben sie vorgeben? Wie sehen Casanovas sich selbst?

Wir könnten beginnen, indem wir Casanovas von anderen Männern abgrenzen – doch dies ist schwierig, denn sie scheinen manchmal alle Stereotype des polygamen, untreuen und sexgetriebenen Mannes zu vereinen. In den verschiedenen Kulturen der Welt ist die Polygynie, die Verbindung eines Mannes mit mehreren Frauen, weitaus üblicher als Monogamie oder Polyandrie, bei der einer Frau mehrere Männer zugestanden werden. In den Industrienationen des Westens werden Männer gewöhnlich früher sexuell aktiv als Frauen und haben im Verlauf ihres Lebens mehr Sexualpartner. In den Vereinigten Staaten haben viel mehr verheiratete Männer als Frauen außerehelichen Verkehr. Das Muster scheint fast überall gleich. Inwieweit unterscheiden sich hier also die Casanovas?

Die Dekade der Abschwächung

Wir mußten in den vergangenen Jahren unsere Ideen von konventionellem Sexualverhalten revidieren. Zum einen haben heute mehr Frauen früher, häufiger und mit mehr Partnern Geschlechtsverkehr als früher. Einigen Untersuchungen zufolge neigen Frauen eher als Männer dazu, eine unbefriedigende Ehe oder Beziehung aufzugeben. Die Frauen holen also auf.

Zugleich scheinen die Männer das Tempo zu verlangsamen. Im heutigen Amerika neigen nur wenige Männer zur Polygamie oder zum regelmäßigen Seitensprung. In den Achtzigern haben Epidemien von sexuell übertragbaren Krankheiten wie Herpes und AIDS unseren sexuellen Appetit gezügelt; wir sind verunsichert, da wir wissen, daß schon das flüchtigste Vergnügen das Leben kosten kann. Unsere Gesellschaft ist insgesamt in ein Zeitalter der sexuellen Einschränkung getreten, eine Dekade der Abschwächung. Die Kinder des Babybooms werden langsam grau. Und ob wir nun Jerry Falwell oder dem fallenden Testosteronspiegel die Schuld geben – die meisten Männer schätzen mittlerweile jedenfalls die Stabilität mehr als die Abwechslung und ziehen die Sicherheit dem Wechsel vor. Während der Traum der siebziger Jahre eine unaufhörliche Orgie in einem türkischen Dampfbad war, ist das Ideal der achtziger die Ehe und ein großes Haus.

In dieser Dekade der Abschwächung stellen Casanovas einen Anachronismus dar, und sie handeln nach den Prämissen einer früheren Generation. Verglichen mit anderen Männern haben sie mehr sexuelle Kontakte mit einer größeren Anzahl von Partnerinnen, manchmal über einen längeren Zeitraum hinweg mit mehr als drei verschiedenen Partnerinnen pro Woche. Wenn sie verheiratet sind, begehen sie häufig Ehebruch. Dies betrachten sie nicht als Vergehen, sondern als Norm, als ständigen Kontrapunkt zum Leitmotiv Ehe. So meinte einer der von mir interviewten Männer: »Die Ehe war für mich wie eine Vorspeise, aber wo blieb das Dessert?«

Wir erkennen Casanovas an der Zerbrechlichkeit ihrer Beziehungen: Sie gehören einer Bruderschaft von getrennt lebenden Einzelgängern und geschiedenen Ehemännern an. Wir erkennen sie an ihrem umfangreichen und ständig wechselnden Troß von Geliebten und Freundinnen.

Casanovas haben niemals nur eine Frau, und jene, die sich eine Partnerin suchen, erweisen sich immer wieder als unfähig, die Beziehung aufrechtzuerhalten. Gewöhnlich ist es der Casanova, der die Trennung herbeiführt. Manchmal verliebt er sich in eine andere Frau, manchmal empfindet er wohl auch seine gegenwärtige Partnerin als zu langweilig oder zu besitzergreifend. Und dann geht er, wie er es in solchen Situationen immer getan hat und immer wieder tun wird. Wir erkennen diese Männer an den Erklärungen, die sie beim Abschied von sich geben:

»Es hat einfach nicht geklappt.«

»Ich habe eine andere kennengelernt.«

»Ich war noch nicht reif für eine enge Bindung.«

»Sie war zu besitzergreifend.«

»Ich brauchte mehr Freiraum.«

3. Verhaltensmuster der Lust

»Baby,

ich habe immer noch ein schlechtes Gefühl wegen Freitag. Ich hätte nie gedacht, daß ich Dich einfach zur Tür hinausgehen lasse oder daß ich Dich am Morgen ansehe, ohne Dich zu begehren. Ich dachte, Du hättest mich vor mir selbst bewahrt, daß es Dir gelungen wäre, die innere Schranke in mir aufzuheben, die den Weizen von der Spreu trennt, Lust von Schmerz, Stärke von Grausamkeit, Liebe von Bedürfnis. Ich hätte wissen müssen, daß manche Urteilssprüche nicht aufgehoben werden können. Man kann seine Strafe nur absitzen – oder man muß ausbrechen. Ich hätte es wissen müssen, aber ich habe es nicht erkannt, und jetzt bin ich wütend, weil Du mich betrogen hast. Du hast mich glauben lassen, daß die Liebe zu Dir mich zu einem anderen Menschen, zu einem ›Ganzen‹ machen würde.

Ich gebe zu, daß ich auf Dich und Deine Bedürfnisse nicht in der gleichen Weise Rücksicht genommen habe wie auf mich selbst und die meinen. Ich kann nicht lieben, ohne meinen Egoismus zu übertreiben und mich dann dafür fast zu Tode zu strafen. Ich kann nicht lieben, ohne mich in etwas Schreckliches zu verwandeln und die Frau anzugreifen, die Zeugin dieser Verwandlung geworden ist. Ich kann nicht lieben ... aber vielleicht will ich das auch gar nicht ...«

(Aus einem Brief des Autors an eine ehemalige Freundin 1978.)

Die Erscheinungsformen des Casanova sind äußerst unterschiedlich. Hier einige seiner Inkarnationen: Er ist der urbane Junggeselle, der schöne Frauen wie Kunstobjekte sammelt, doch ihrer überdrüssig wird, sobald der Reiz des Neuen verflogen ist. Er ist der geschiedene Ehemann, der in seiner Verbitterung jede neue Partnerin als mögliche Gegnerin betrachtet und ihr nur unwillig ein wenig Nähe zugesteht, ehe er sie wieder verbannt. Er ist der alternde Ehemann, der sich auf sexuelle Trips begibt und sich mit jeder Frau einläßt, die ihn nur haben will. Er ist der nette italienische Junge, der immer noch bei seinen Eltern wohnt, doch seine Nächte mit panischer und endlos frustrierender Suche nach Liebe verbringt.

Allen diesen Männern gemeinsam sind bestimmte unbewußte Haltungen gegenüber Frauen und Sex – Haltungen, die ihr Verhalten bestimmen und vielleicht unvermeidlich machen. Für Casanovas sind Frauen keine Individuen. Sie stellen vielmehr eine Spezies notwendiger und dennoch bedrohlicher Wesen dar, die ein Niemandsland zwischen der Innenwelt der Psyche und der Außenwelt der Menschen und Dinge bevölkern. Beim Sex geht es nicht um sexuelle Lust oder ein paar angenehme Gefühle an den erogenen Zonen. Bei ihnen hat Sex kaum etwas mit Liebe zu tun – was immer man darunter verstehen mag. Sex ist ein Vehikel, ein Mittel, um das Gefühl von Ganzheitlichkeit und Vollständigkeit zu erreichen, das meist den Grundstein unserer Identität bildet. Dem Casanova aber fehlt diese Fähigkeit gewöhnlich. Sex ist für ihn die einzige Möglichkeit, um die Unruhe zu überdecken, die ansonsten allgegenwärtig ist.

Diese Haltungen lassen sich am besten durch Metaphern ausdrücken. Man kann die endlose und sich steigernde Suche des Casanova nach sexueller und emotioneller Erfahrung als »Jagd nach dem Kitzel« bezeichnen. Seine Zwangsvorstellung, andere beherrschen zu müssen, übersetzt sich in ein fortwährendes »Spiel«, in dem Frauen abwechselnd Preis oder Pfand sind. Erst wenn wir die Intensität seiner seelischen Unsicherheit erkannt haben, verstehen wir, daß seine Promiskuität eine Art von »Flucht« ist. Schon die Sprache, mit der er die Lust und deren Objekte beschreibt, legt den Schluß nahe, daß er Frauen nicht liebt, sondern eher verschlingen möchte und als zeitweilige Nahrungsquelle betrachtet, um sich ihrer anschließend mit einer Endgültigkeit und mit einem Abscheu zu entledigen, mit dem man sich der körpereigenen Abfälle entledigt.

Nicht jedem Casanova sind diese Haltungen in ihrer Gesamtheit eigen. Insbesondere das »Flüchten« und das »Verschlingen« sind

Zeichen einer ernsten psychischen Störung. Doch kann der Mann auch alle vier Haltungen zu verschiedenen Zeiten und in verschiedenem Maße aufweisen: Ein Mann, der Frauen wegen des Kitzels sucht, stellt sich bei näherem Hinschauen vielleicht als jemand heraus, der seinen fast schmerzhaften Hunger befriedigt. Seine Langeweile ist eine Metapher für seine Leere. Die augenscheinliche Selbstsicherheit eines Spielers kaschiert möglicherweise die Panik des Flüchtenden. Ich habe jedes Verhaltensmuster der Lust aus Gründen der besseren Veranschaulichung gesondert behandelt und mit einer Fallbeschreibung aufgeführt. Im Folgenden wurden die Namen verändert und die Geschichten leicht abgeändert, um die Beteiligten zu schützen.

Liebe ist eine Droge: Die Suche nach neuem Kitzel

Saul ist sechsunddreißig und entspricht wohl dem am besten, was wir uns unter einem Casanova vorstellen. Er wirkt kultiviert, beredt und trieft vor Dramatik. Er vermittelt gleichzeitig den Eindruck von Trägheit und Geschäftigkeit – unser Interview wurde mehrere Male durch Telefonanrufe unterbrochen. Zu mir sprach er mit moduliertem Schnurren, doch seine Stimme schien rascher zu werden, sobald er ans Telefon ging. Er bellte die Anrufer hektisch an, so als habe er gerade Helium eingeatmet. Ich fragte mich, wie seine Stimme wohl im Umgang mit seinen Freundinnen klang.

Saul ist Manager bei einem Modehersteller in New York. Er verbringt den größten Teil seines Arbeitstages in der Gesellschaft gutaussehender Frauen – Modelle, Designerinnen und reiche Kundinnen umgeben ihn. Er erzählte mir, in seinem Büro sähen sogar die Buchhalterinnen phantastisch aus. Er betrachtet Frauen immer noch als »zauberhafte Wesen«. »Sie sind Gottes beste Kreation. Und meine Aufgabe ist es, sie zu verherrlichen. In unseren Kleidern fühlen Frauen sich wohl. Doch da hört die Sache nicht auf. Manchmal meine ich, es ist der Sinn meiner Existenz, Frauen zu befriedigen und glücklich zu machen.«

Frauen bilden seit der Universität eine Konstante in seinem Leben. Saul hatte immer das, was er »Geliebte« nennt: Frauen, mit denen er sich mindestens dreimal die Woche trifft und denen er einen Großteil seiner Zeit und Aufmerksamkeit widmet. Er eskortiert sie in die schicksten Restaurants der Stadt. Er stellt sie stolz seiner Familie und seinen Freunden vor. Er verbringt mit ihnen Urlaube an Orten wie Muscat und St. Tropez. Manchmal überlegt er, ob er sie heiraten soll. Gewöhnlich zieht sie in sein üppiges Apartment ein.

Die meisten von Sauls Freundinnen waren Fotomodelle. »Die sehen natürlich am besten aus. Sie wissen, wie man sich anzieht und wie man sich benimmt. Sie bringen einen nicht in Verlegenheit. Und um ehrlich zu sein, Modelle lassen sich besonders gut dirigieren. Mir ist wichtig, daß die Frau sich meiner Leitung fügt. Sie muß meinen Anforderungen entsprechen und sollte nicht zu Hause bleiben und fernsehen wollen, wenn ich in die Philharmonie oder in einen Nachtclub will.« Saul hat zwar ziemlich strenge Kriterien, doch bislang hat er stets Frauen gefunden, die ihnen entsprechen – zumindest für eine Zeitlang. Drei seiner Lebensgefährtinnen hätte er fast geheiratet. Aber er ist immer noch Junggeselle. Zu seinem Bedauern und Erstaunen hat keine seiner Beziehungen länger als zwei Jahre gedauert. »Ich sage Ihnen«, meinte er, »ich würde alles tun, um die richtige Frau kennenzulernen. Ich bin doch schon fast vierzig. Um die Wahrheit zu sagen, die Einsamkeit ist manchmal schrecklich. Manchmal komme ich mir wie ein Versager vor. Ich denke bei mir: ›Ich bin doch keine Niete, ich sehe gut aus, ich bin ein guter Liebhaber . . . das höre ich oft von Frauen. Ich bin intelligent. Ich habe zwei Universitätsabschlüsse, und ich verdiene genug Geld.‹ Und wenn ich selbst finde, daß ich eigentlich ein anständiger Typ bin, warum kann ich dann niemanden finden, mit dem ich auf Dauer zusammenbleiben kann?«

Saul hat sich aus verschiedensten Gründen von seinen Partnerinnen getrennt. Von einigen fühlte er sich sexuell nicht befriedigt, andere waren ihm zu besitzergreifend. Einige schrieb er als »hoffnungslose Neurotikerinnen« ab. Doch das größte Problem ist die Langeweile, die sich bei ihm selbst einstellt: Wenn er mit einer Frau zusammenzieht, verwandelt sich die ursprüngliche Erregung – »dieses überzogene, superlebendige Gefühl, daß wir immer mit hundertachtzig unterwegs sind« – in Routine und Verpflichtung.

Durchtanzte Nächte in Clubs werden von Streitigkeiten über den Haushalt und das Essen abgelöst. Das heftige Pochen des Herzens wird zum regelmäßigen Ticken.

Die meisten Menschen beglückt es, einen anderen, den man liebt, näher kennenzulernen. Saul aber glaubt, daß Vertrautheit Enttäuschung mit sich bringt. »Am Anfang ist jede Frau ein Geheimnis. Ich weiß nicht, was sie tut, wenn sie allein ist. Ich weiß nicht, wie sie sich so schön machen kann. Ich weiß nicht, was sie denkt, wenn sie schweigt. Ich will alles über sie herausfinden. Doch dann lösen sich die Geheimnisse auf. Ich kann mich im Badezimmer kaum noch umdrehen, weil überall ihre Töpfchen herumstehen und ihre Strumpfhosen über dem Duschvorhang trocknen. Es stellt sich heraus, daß sie bloß deshalb schweigt, weil sie über ein Hochzeitsgeschenk für ihre Cousine in Iowa nachdenkt. Dann habe ich bald völlig die Nase voll. Ich frage mich: Ist das wirklich alles? Ich bekomme das Gefühl, daß sie mich betrogen hat.«

Mit dem Geheimnis verschwindet dann auch die Lust. »In den ersten Monaten ist Sex viermal am Tag angesagt. Dann wird es eher zur Kameraderie. Und dann kommt mir meine Geliebte wie eine Wohngenossin vor, mit der ich ab und an auch Sex habe.« Paradoxerweise liefert die Liebe, wenn die Leidenschaft daraus verschwindet, mehr Grund zu Streitereien. An einem Abend will Saul, doch seine Freundin will nicht; am nächsten Abend ist es umgekehrt. Saul betrachtet sich selbst als »allzeit bereit«, und das Abnehmen seiner Begierde ist ein schwerer Schlag für seinen Stolz. Eine Zeitlang versucht er, sie mit exotischen Szenarien und Positionen, Alkohol und Kokain wieder wachzurufen. Doch dann schiebt er der Partnerin die Schuld an seiner Gleichgültigkeit zu. Oft beklagt er sich, daß seine Freundinnen zu passiv seien.

»Meine letzte Geliebte tat alles, um was ich sie bat. Das Problem war nur, daß ich sie immer bitten mußte. Ich hatte immer das Gefühl, daß sie alles nur mir zuliebe tat. Sie hätte ebenso gern das Haus geputzt oder mir einen Kuchen gebacken, um mir zu gefallen. Sie merkte, daß ich enttäuscht war, und bat mich: ›Sag mir doch, was du willst.‹ Aber wie konnte ich ihr mitteilen, daß ich wollte, daß sie mich verzweifelt und wild begehrte? Sie war ganz einfach nicht der Typ dazu.«

Warum landet ein so maskuliner und sexuell fordernder Mann bei einer passiven Partnerin? Zum Teil liegt es sicherlich an dem Frauentyp, den er bevorzugt. Saul bevorzugt Fotomodelle, weil sie sich gern Anweisungen fügen, aber eine Frau, die willig über den Laufsteg hüpft, ist vermutlich auch im Bett nicht besonders selbständig. Außerdem wirken auf ihn anscheinend besonders Frauen attraktiv, die adrett und frisch wirken, deren Ausstrahlung eher gesund als erotisch ist. Vielleicht fühlt er sich von diesem Typ angezogen, weil von ihm keine sexuelle Bedrohung ausgeht – das letzte, das Saul will, ist eine Frau, die ihm vielleicht mehr abfordert, als er geben kann.

Wenn die Beziehung langsam zur Kameraderie abkühlt, beginnt Saul, sich nach anderen Frauen umzusehen. Bei seinem Beruf findet er leicht eine andere. »Nicht, daß ich nach einem Ersatz suche«, meinte er, »das letzte, was ich zu diesem Zeitpunkt suche, ist eine neue Beziehung. Ich will nur guten, unkomplizierten Sex, Sex, der unanständig und erregend ist, der mit einem Kitzel verbunden ist. Ich halte das nicht für Betrug. Ob ich es meiner Freundin erzähle? Sie machen wohl Witze! Was würde das denn nützen? Ich will sie doch nicht verletzen.«

Saul glaubt zwar, was er im Bett treibe, sei seine Sache, doch es kommt zwangsläufig zu Komplikationen. Er ist gezwungen zu lügen, und jede Lüge zieht weitere nach sich. Täuschung erzeugt Verachtung für den Betrogenen. Außerdem ruft sie Wut hervor, denn Saul lügt ja nur um seiner Partnerin willen. Nach einer Weile empfindet er diese unbelohnte Anstrengung als zu mühsam. Verachtung und Wut bringen ihre eigene fatale Logik hervor: Warum bleibst du eigentlich bei einer Frau, die du anlügen mußt?

Und so befindet Saul schließlich, daß seine Beziehung mehr Probleme als Annehmlichkeiten mit sich bringt, und trennt sich. »Gewöhnlich sage ich ihr: ›Es ist nicht deine Schuld. Wir kommen nur einfach nicht weiter miteinander. Es wird langweilig.‹ Ich hasse Szenen. Meistens bleiben wir Freunde. Bei einer guten Beziehung kann man sich mal ein Jahr später auf einen Drink treffen und über alles lachen. Es gibt nichts zu bedauern. Nur müssen sich beide einfach weiterentwickeln.«

Doch auch wenn Sauls Beziehungen gewöhnlich in versöhnlicher

Stimmung enden – die Bitterkeit, die sich in ihm ansammelt, ist bedrückend. Er sucht nach neuen Geliebten und spricht mit dem Mißmut eines Achtzigjährigen von Liebe: »Sich verlieben ist immer ein Reinfall. Es ist genauso wie mit Kokain. Zuerst ist man high, früher oder später läßt die Wirkung nach, und man kommt wieder auf die Erde zurück. Genauso geht es mit der Liebe: Der Rausch endet immer nach drei oder vier Monaten.«

Das Spiel mit der Phantasie

Howard ist zweiundfünfzig und seit acht Jahren geschieden. Er lebt in einem Vorort Chicagos. Man merkt sofort, daß er Rechtsanwalt ist: er hat ein Talent für semantische Akrobatik. In jedem Satz entdeckt er eine vermeintliche Falle und weicht ihr geschickt aus. »Ja, ich habe regelmäßig Ehebruch begangen«, gesteht er. »Aber das taten wohl die meisten Männer meiner Generation – all die Jungs, die zwischen dem Ende des Zweiten Weltkriegs und den sechziger Jahren heirateten. Damals standen den Leuten endlich andere Möglichkeiten offen. Uns hat man allerdings noch reingelegt. Verstehen Sie, als Linda und ich heirateten, hatten wir keine Ahnung von Sex, außer dem, was wir auf dem Rücksitz meines Autos gelernt hatten. Ich war einundzwanzig, so geil wie ein Hirsch und voller Schiß. Linda war das erste Mädchen, das ich aufs Kreuz gelegt hatte, und ich hatte keine andere Wahl, als sie zu heiraten. Was hätte ich denn sonst tun sollen? Aber ich fragte mich damals schon, ob das wohl alles war beim Sex. Ich war neugierig. Kinder in diesem Alter sind neugierig. Und bereits damals wußte ich, daß eine einzige Frau nicht genug für mich sein würde.«

In den nächsten zwanzig Jahren befriedigte Howard seine Neugierde bei Hunderten verschiedener Frauen. Manche hatte er sich gar nicht bewußt ausgesucht. Einige Male handelte es sich um bloße Zufälle. Er saß in einem Café, einem Flughafen oder bei einer Betriebsfeier und lernte eine Frau kennen, die er attraktiv fand und die willig war. Wie die meisten Casanovas entwickelte er rasch einen Blick für die Signale von Frauen, mit denen sie Interesse und Bereitwilligkeit deutlich machen. Er hat ihren Gang, ihre Blicke und ihre Haltung analysiert und kann genau beschreiben, was eine Frau meint, wenn sie sich in einer Schaufensterscheibe betrachtet, während gerade ein Mann vorbeigeht, oder wie viele offene Blusenknöpfe sexuelle Bereitwilligkeit signalisieren.

Ebenso wie den Sex genoß er das Ritual der Verführung. Ihm gefiel die »Doris-Day-und-Rock-Hudson-Masche«, leise Musik, guter Wein, ein Kuß genau zum richtigen Zeitpunkt. Howard ist stolz auf seine Gewandtheit. Er sieht zwar nicht besonders gut aus, kleidet sich aber sorgfältig und tanzt gut. Niemals drängte er seine Partnerinnen, mit ihm ins Bett zu gehen. Er ließ die Situation sich einfach entwickeln – so als würden sich beide einfach einer Gewalt ergeben, die außerhalb ihrer Kontrolle lag.

Vor allem aber war er entspannt und selbstbewußt. Denn zusätzlich zu seinen anderen Fähigkeiten verfügt Howard über eine Theorie der Verführung: »Es gab so viele willige Frauen, daß ich nicht alle zu haben brauchte. Ich glaube, ich habe mit etwa der Hälfte aller Frauen geschlafen, an denen ich interessiert war, mit einer von zweien. Das reicht doch für einen Meisterschaftstitel, oder?«

Sex war für ihn eine Art Sport. »Was man so Ehebruch nennt, war attraktiv, weil es eine Herausforderung darstellte. Es war ein Spiel mit der Phantasie. Die meisten Männer haben Phantasien und fangen nichts damit an. Bei mir ist das anders.«

Lange Zeit ging Howard äußerst vorsichtig vor. Er trennte das Spiel deutlich vom Leben mit seiner Frau und den Kindern. Er beschreibt sich zwar als Romantiker, doch es ist auffällig, mit welcher Geschäftsmäßigkeit er seine Beziehungen betrieben haben muß. Zu Beginn einer Affäre – ein Wort, das er nur zögernd benutzt – erzählte er seiner Partnerin, daß er verheiratet war, um spätere Mißverständnisse zu vermeiden. Er warnte sie auch, nicht zu viel zu erwarten. »Ich hatte ein sicheres, schönes Leben mit Frau und Haus und einem weißen Staketenzaun und Kindern und Katze und einem Hund und meinem Club – also alles, was man sich wünschen kann. Sobald daher eine andere Frau meine Ehe bedrohte, mußte ich die Sache beenden. Soviel war mir das Ficken nun auch nicht wert.«

Howards abgezirkelte Untreue ähnelte einem wagemutigen Spiel: Er verletzte ständig bestimmte Regeln, um zu sehen, wie weit er gehen konnte. Wie oft konnte er um Mitternacht nach Hause kommen, ohne das Mißtrauen seiner Frau zu erregen? Wie weit konnte er von seiner Rolle als anständiger Ehemann abweichen, ohne die Grenze des Anstands zu überschreiten? Wie lange konnte er sich mit einer Frau treffen, ehe sie sich an ihn (oder er sich an sie) klammerte? Wie weit konnte er seine Ehe strapazieren, ohne daß ein irreparabler Schaden entstand? Für dieses Spiel mußte er seine Zeit, sein Verhalten und seine Gefühle starr begrenzen. Seine Vorsichtsmaßnahmen wirken noch einschränkender als der Verhaltenscode manch einer Ehe. Howard verbot sich sogar Tagträume über andere Frauen: dies konnte schließlich zu einer Obsession ausarten.

Schließlich verliebte sich Howard trotz all seiner Regeln in eine seiner außerehelichen Partnerinnen. Annette war wie ein Magnet, eine völlig unvorhersehbare Erfahrung. Eine sexuell aktive Frau, die nichts zweimal ausprobierte. Sie spornte ihn zu noch größeren Risiken an: Er blieb bis zwei oder drei Uhr morgens bei ihr, rief sie von zu Hause aus an – und schließlich entdeckte Linda alles. Sie forderte, daß er die Affäre beendete. Er weigerte sich: Er konnte Annette nicht aufgeben. Bei der anschließenden Scheidung verlor er das Haus und den Großteil seines Vermögens. Seine Kinder brachen den Kontakt zu ihm ab. Um die Unterhaltszahlungen leisten und den extravaganten Lebensstil mit seiner Geliebten beibehalten zu können, mußte er Überstunden machen und zweiundsiebzig Stunden in der Woche arbeiten. Und dann kam ein schrecklicher Schlag für ihn: Er wurde neunundvierzig!

Jetzt war er völlig von Annette abhängig. Obwohl sie Howard liebte, lehnte sie eine ausschließliche Bindung an ihn ab und nahm sich Liebhaber, wann immer es ihr beliebte. »Plötzlich«, erinnert er sich, »war ich der Eifersüchtige, derjenige, der immer etwas von Verpflichtung faselte.« Nach Jahren des Kampfes und der Untreue beendete Annette die Beziehung.

Das Chaos und die Demütigung dieser Episode haben Howard sehr vorsichtig gemacht. Bei Beziehungen mit Frauen ähnelt er nun einem übervorsichtigen Boxer, der Hiebe und Püffe spielt und den Clinch vermeidet. Er ist immer noch höflich und aufmerksam und liebt weiterhin die Versatzstücke der Romanze. Doch ehe er mit jemandem zum ersten Mal ins Bett geht, legt er die Bedingungen für die Beziehung aufs genaueste fest: Er wird sich nur mit ihr treffen, wenn ihm danach zumute ist; er wird sich mit anderen Frauen verabreden; er wird sich nicht langfristig verpflichten. Er weigert sich, länger als zwei Wochen im voraus zu planen. Die Bekanntgabe seiner Absichten hat für ihn mit einer neuen Ehrlichkeit zu tun. Seine Affären sollen nun so ordentlich ablaufen wie Baseballspiele.

Doch nur wenige Frauen sind bereit, nach Howards Regeln zu spielen. Seine Beziehungen enden immer nach wenigen Monaten mit kleinlichen Streitigkeiten über unmäßige Ansprüche und gebrochene Versprechen. »Ich sage Ihnen, was heutzutage das Problem mit Frauen ist«, meinte Howard, »– wenigstens mit den Frauen meines Alters. Sie alle meinen, sie hätten ein Recht darauf, Ansprüche zu stellen. Alle diese Damen in den Vierzigern, die sich ›aufgeklärt‹ nennen – die spielen doch immer noch nach den alten Regeln: Wenn man ihre Gesellschaft und Sex mit ihnen will, muß man sein Privatleben und seine Unabhängigkeit aufgeben. Aber, meine Damen, die Regeln haben sich geändert!«

Der Flüchtende

Fred ist ein dreiundsechzigjähriger pensionierter Offizier und lebt heute in einem Vorort von Washington. Zu Beginn unseres Interviews war seine Sprache förmlich und präzise – die Sprache des Militärs. Er ist seit achtunddreißig Jahren und fünf Monaten verheiratet. Seine erste sexuelle Begegnung erlebte er mit fünfzehn. Seitdem hat er mit achthundertzweiundsechzig Frauen in fünf Ländern geschlafen. Alle diese Zahlen rasselte er ohne zu zögern herunter – so als habe er sie zusammen mit seiner Dienstnummer auswendig gelernt.

Während unseres Gesprächs schien er jedoch die Ränge abwärts zu steigen, bis seine Sprache so obszön wie die eines Feldwebels war. Zu Anfang bezeichnete er Frauen – auch Prostituierte – als Damen, am Ende aber nannte er sie bisweilen »Hündinnen« (bitches). Seine Beschreibungen des Liebesaktes waren nun von pornographischem Vokabular durchsetzt, ohne daß dies jedoch besonders stimulierend gewirkt hätte. Man fühlte sich eher an Schilderungen von Schlägereien erinnert. Phrasen wie: »Ich habe sie gefickt« und: »Da habe ich's ihr gegeben« hörte ich im Überfluß.

Grundsätzlich hatte Fred nur eine einzige Geschichte zu erzählen: Irgendwo lernt er eine Frau kennen, sie betrinken sich (die meisten seiner Begegnungen scheinen im Suff stattgefunden zu haben), sie gehen zusammen irgendwo hin, zu ihr oder zu ihm, in ein Hotel oder ein geparktes Auto, und schlafen miteinander. Manchmal treffen sie sich noch einmal. Meistens jedoch scheinen die Frauen einfach zu »verschwinden«. Eine Frau verschmilzt mit der nächsten, oder er und seine Geliebte »treiben einfach auseinander«. Vielleicht hat es mit dem Militär zu tun – ein Jahr hier und drei Jahre dort –, doch für Fred enden alle Beziehungen mit diesem »Auseinandertreiben«. Dies steht in krassem Gegensatz zu seinen freundschaftlichen Beziehungen mit Männern, von denen manche Jahrzehnte und mehrere Stationierungen überdauert haben. Nur die Frauen erscheinen entbehrlich.

Die Frauen erscheinen in seinen Erzählungen als völlig austauschbar – gleichgültig, ob es sich nun um Gattinnen von Kongreßabgeordneten oder B-Girls auf Okinawa gehandelt hatte. Sie haben keine Kennzeichen außer ihrem Geschlecht. Bei der ersten Begegnung begehrt er sie mit blinder, größenwahnsinniger Dringlichkeit: »Sie hat mich verrückt gemacht«, sagt er über eine Partnerin. »Ich sollte für meine Frau einkaufen und gebe ihr statt dessen einen Drink nach dem anderen aus, in der Hoffnung, daß ich sie betrunken genug machen kann, um es ihr zehn Minuten lang zu geben. Ich kam zwei Stunden zu spät nach Hause. Trinken soll ich eigentlich auch nicht. Aber es war mir egal. Wenn sie mich gebeten hätte, einen Schnapsladen auszurauben, ich hätte es getan – wenn es mir nur dazu verholfen hätte, in ihre Höschen zu steigen.«

Doch weiter geht die Leidenschaft auch nicht. Eine halbe Stunde später ist sie aus seinem Bewußtsein verschwunden. Freds Frauen haben außerhalb des Schlafzimmers keine Identität. Als er in Thailand stationiert war, hatte er vier Jahre lang eine Affäre mit einer Frau, die für die amerikanische Botschaft arbeitete. Doch er kann mir nicht mehr über sie erzählen, als daß sie »eine prachtvolle Frau« war. »Wir sind wunderbar miteinander ausgekommen.« Warum denn, frage ich. Als Antwort erzählt er mir, was sie im Bett trieben. Ich weiß nicht, ob er ablenkt oder erklärt. Als sie versetzt wurde, war er eine Zeitlang traurig, doch als er wieder in den Staaten lebte, unternahm er keinen Versuch, mit ihr Kontakt aufzunehmen. »Sie wußte, daß ich verheiratet bin. Was nützte es, wenn ich sie wiedersähe?«

Die einzige »wirkliche« Frau in Freds Leben ist seine Gattin. Über sie spricht er höflich und unterwürfig. Er nennt sie »eine Dame«, »meine bessere Hälfte« und »Mrs. S.« Er meint, sie sei die einzige Person, die ihn wirklich kennt, die einzige, bei der er sich wohl fühlt. Er hat sich große Mühe gegeben, ihr ein schönes Leben zu bereiten, schickte ihr von jedem Auslandsposten teure Geschenke und baute die Küche nach ihren Anweisungen eigenhändig um. Er behauptet, daß er ihr gegenüber keine Schuldgefühle wegen seiner Seitensprünge empfände, doch er bemüht sich, sie vor ihr zu verbergen. Er will sie nicht verletzen.

Einem Armeeangehörigen, der häufig von zu Hause fort ist und auf die Komplizenschaft einer Gesellschaft von Männern zählen kann, dürfte es eigentlich nicht schwerfallen, seine Untreue zu verheimlichen. Fred begeht seine Ehebrüche auf schändlich offensichtliche Weise. Es fehlt nur noch die offizielle Ankündigung seiner Seitensprünge. Man kommt nicht umhin zu fragen, ob er *will*, daß seine Frau davon erfährt. Doch warum? Trotz seiner brutalen Sprache kann ich Fred nicht als Sadisten bezeichnen, zumindest nicht, wenn es um seine Frau geht. Vielleicht ist er ein Va-banque-Spieler wie Howard, der herausfinden will, wie offen er Ehebruch begehen kann, ohne die Zuneigung seiner Frau zu verlieren?

Vielleicht jedoch stellt Freds Untreue nicht das vermeintliche Risiko dar, sondern etwas, das den Bestand seiner Ehe garantiert. Wie sonst könnte man sich die Geduld seiner Frau erklären? Einmal überraschte sie ihn bei einem Stelldichein mit einer anderen Frau und drohte mit Scheidung. Fred gelang es jedoch, sich wieder mit ihr auszusöhnen. Diese Auseinandersetzung liegt Jahre zurück, und obwohl seine Untreue ihr immer noch weh tut, spricht sie nicht mehr über Trennung. »Wenn Mrs. S. etwas merkt, weint sie ein bißchen und läßt mich ein paar Tage nicht an sich heran. Doch dabei geht es ihr nur um ihren Stolz. Sie weiß, daß sie für mich alles bedeutet und daß es nie eine andere für mich geben wird.« Er gerät ins Stottern und hört sich trotz seiner Jahre plötzlich sehr jung an. »Sie weiß, daß ich einfach einen starken Sexualtrieb habe und andere Frauen brauche. So bin ich nun einmal.«

Der Ehebruch wird somit durch das Einverständnis der Gattin sanktioniert. Freds Sexualtrieb ist eben zu stark: darauf hat man sich geeinigt. Er braucht einfach andere Frauen – so wie andere Männer sich betrinken oder mit ihren Kumpeln angeln gehen müssen. Untreue ist sein Fluchtmechanismus, ein genehmigter Ausbruch aus einer Ehe, in der ansonsten eine ungewöhnliche, geradezu zwanghaft enge Bindung zu herrschen scheint: »Meine Frau und ich ergänzen uns in jeder Hinsicht. Wenn ich keinen Orgasmus habe, kann sie auch nicht. Manchmal weiß ich nicht, ob ich ficke oder onaniere.« Ist das Angabe oder ein Hilferuf? Es ist, als seien Fred und seine Frau zu einem einzigen Organismus verschmolzen. Ihr Liebesakt stellt nicht die Verbindung zwischen zwei Individuen dar, sondern die Masturbation eines Monsters mit zwei Körpern. Freds Untreue bedeutet mehr als nur ein Sichaufbäumen; es ist für ihn die einzige Möglichkeit, einem Alptraum der Zweisamkeit zu entfliehen.

Wenn wir über Freds Ehe hinaus auf sein restliches Leben blicken, auf all die Jahre, in denen er Befehlen gehorchte und jede Neigung zum Aufbegehren unterdrückte, ergeben die erotischen Fluchten einen schrecklichen Sinn. Sex ist Freds Erlösung von der erstickenden Enge seiner Ehe und seiner lebenslänglichen Bindung an Pflicht, Ehre und Vaterland. Sex ist für diesen Mann kein Vergnügen, es ist eine schmerzhafte Notwendigkeit, eine Befreiung, die wiederum Gefangenschaft bedeutet. »Wenn ich nur wüßte, warum ich so auf Frauen abfahre«, überlegt er. »Ich spreche ganz offen mit Ihnen, für mich ist diese Lust schrecklich. Es ist wie eine juckende Stelle, an die man nicht hinkommt und die immer weiterjuckt. Man kann auch sagen, es ist wie beim Ertrinken: Man kämpft sich an die Oberfläche, um nur ein einziges Mal Luft zu schnappen, und wenn es einem endlich gelingt, platzen einem die Lungen, und das Atmen ist eine Qual. Aber was soll ich tun? Man hat Schmerzen, aber man atmet trotzdem, sonst stirbt man. Das ist Sex für mich: geistige Folter.«

Mit sechsundzwanzig ist Anthony ein wenig zu alt, um noch ein netter Junge genannt zu werden. Doch seine Eltern betrachten ihn so. Immerhin wohnt er noch bei ihnen in einem Vorort von Pittsburgh. Er hilft im Haushalt, arbeitet in der Spedition seines Vaters und gilt als fleißig und anstellig. Als ich ihn frage, ob seine Eltern etwas gegen sein hyperaktives Sexualleben hätten, erwidert er: »Sie haben noch nie irgendwelche Klagen über mich gehört.« Auch ich finde ihn sehr nett. Er ist freundlich, höflich und zuvorkommend. Er beantwortet meine Fragen mit eifriger Gründlichkeit, als sei es ihm sehr wichtig, die richtigen Antworten zu geben. Er korrigiert sich, wenn er glaubt, er habe vielleicht übertrieben, und erst als ich ihm versichert habe, daß ich nicht so leicht zu schockieren bin, sagt er »Ding« anstatt »Penis« oder »Vagina« und »wir haben es getrieben« anstatt »wir hatten Verkehr«.

Anthony hatte während der Zeit in der High-School eine feste Freundin, die aber nicht mit ihm schlafen wollte. Als seine Bemühungen, sie ins Bett zu locken, ergebnislos blieben, kompensierte er seinen Frust, indem er Mädchen auf Partys aufriß und mit ihnen eine fieberhafte halbe Stunde in einem geparkten Auto oder einem leeren Schlafzimmer verbrachte. »Das hatte alles keine Bedeutung«, sagt er. »Es waren einfach Weiber für mich.« Seine Freundin hingegen war ein »anständiges Mädchen«. Zu anständig. »Sie gab mir nicht, was ich brauchte.«

Im College traf er mehrere Frauen, mit denen sich sexuelle Beziehungen entwickelten. Doch er beendete sie stets nach wenigen Monaten: »Vermutlich waren es nette Mädchen, aber sie alle wollten etwas von mir. Früher oder später setzten sie mich unter Druck: ›Wann sehen wir uns wieder?‹, ›Wann wird es mit uns beiden ernst?‹, ›Denkst du eigentlich jemals daran zu heiraten?‹ Ich versuchte, nett zu ihnen zu sein, aber sie wurden zu Hyänen. Dann mußte ich sie loswerden.« Als gutaussehender Junge hatte Anthony nie Schwierigkeiten, Ersatz zu finden.

Heute, meint er, will er mehr als nur eine schnelle sexuelle Angelegenheit. »Sex ist okay«, sagt er, »aber es muß noch mehr dabeisein. Zu oft schlafe ich mit einem Mädchen, und das ist's dann auch schon gewesen. So etwas finde ich Zeitverschwendung.« Anthony will nichts weniger als verliebt sein, und er sucht mehrere Nächte pro Woche ebenso methodisch nach Liebe wie andere nach einer Arbeitsstelle. Er kommt von der Arbeit nach Hause, duscht, ißt mit seinen Eltern zu Abend und wäscht anschließend ab. Dann zieht er sich um und fährt zu einem von einem halben Dutzend Clubs oder Discos. Dort trifft er seine Freunde oder plaudert mit den Barkeepern, doch sein Blick schweift unentwegt die Tische entlang: Er sucht nach einer jungen, wenn möglich attraktiven Frau, die keinen Partner hat. Er erkennt sie auf den ersten Blick: »Das ist total. Es ist, als hätte ich plötzlich gefunden, was ich schon mein ganzes Leben lang suche. Yeah, es soll ja angeblich keine Liebe auf den ersten Blick geben, aber mir passiert das.«

Wenn er sich dieser Frau nähert, ist das für ihn wie ein Sprung in die Tiefe. Je dichter Anthony herankommt, um so mehr begehrt er sie. Alles an ihr entzückt ihn. Was immer sie auch von sich gibt, klingt brillant und einfühlsam. Er will nicht nur mit ihr schlafen, er will sie lieben, sie schmecken, sie umschlingen und nie mehr loslassen. Seine Sehnsucht stellt ein Destillat aus allen Popsongs seit vierundfünfzig dar. In ihrer Gegenwart fühlt er sich tolpatschig und klein, und er hat furchtbare Angst, daß sie ihn vielleicht nicht mögen könne. Bei den paar Malen, als eine Frau ihn abblitzen ließ, hatte er das Gefühl, weinen oder sie schlagen zu müssen. Er floh aus dem Club und saß dann zitternd ein paar Minuten in seinem Auto, ehe er sich so weit beruhigt hatte, um sein Glück woanders zu versuchen.

»Aber das passiert nur selten«, versicherte er mir. »Ich weiß, wie man mit Mädchen redet. Ich bin lustig und gehe auf sie ein. Im allgemeinen gibt es keine Probleme. Wir gehen zu ihr nach Hause und feiern.« Ich frage ihn, ob er jemals ein Mädchen mit nach Hause genommen hat. »O nein«, antwortet er schockiert. »Das wäre doch respektlos meiner Familie gegenüber.« Zufällig sind die meisten Frauen, die er anspricht, älter und haben eine eigene Wohnung. »Mir gefällt dieser selbständige Typ.« Sie lieben sich ausgiebig. Im Gegensatz zu vielen Männern seines Alters hat Anthony keine Probleme mit vorzeitiger Ejakulation, besonders wenn er vorher Alkohol getrunken hat. Falls überhaupt, so hat er Probleme mit dem Orgasmus. Er hat mehr Spaß an oralem Verkehr, meint er, weil es ihm ermöglicht, sich auf die Lust seiner Partnerin zu konzentrieren. »Sie geben mir, was ich brauche«, sinniert er feinfühlig. »Ich gebe ihnen, was sie wollen.«

Wenn ihm die sexuelle Begegnung Spaß macht, weiß Anthony, daß er »wirklich verliebt« ist. Oft muß er sich beherrschen, um nicht gleich damit herauszuplatzen. Kaum daß sein Atem wieder normal geht, bittet er seine Partnerin auch schon um ein Rendezvous und plant eine Strategie der Eroberung: Essen in den richtigen Restaurants, tanzen in den richtigen Clubs, Rosen, Parfüm, Stunden ballettartiger Liebesspiele mit einem Gramm Kokain auf dem Nachttisch. Später, so phantasiert er, wird er das Mädchen seinen Eltern vorstellen und ihre Familie kennenlernen, ein Wochenende in New York ... dann die auf Video aufgenommene Hochzeit, bei der seine besten Freunde Trauzeugen sind und die Braut in Rüschen und Spitzen gehüllt ist – so weiß wie der Zuckerguß auf der Hochzeitstorte.

Aber dieses Szenarium ist noch nie Wirklichkeit geworden. Häufig fühlte sich die Frau durch Anthonys tägliche Anrufe und frühzeitige Liebeserklärungen unter Druck gesetzt. Einige wollten ihre Beziehungen zu anderen Männern nicht aufgeben, nur weil er es verlangte. Eine Frau mit anderen zu teilen, ist für ihn inakzeptabel. »Sie muß sich entscheiden«, sagt er. »Wenn mir ein Mädchen gefällt, will ich sie sofort ganz für mich haben.« Meistens jedoch überlegt Anthony es sich noch einmal. Das geschieht gewöhnlich zwischen der zweiten und fünften Verabredung. »Einmal war ich mit einer Frau zusammen, und sie sagte etwas, das ziemlich dumm klang. Ich weiß nicht einmal mehr, was es war. Danach sah ich sie aber mit anderen Augen und dachte: ›Was soll ich denn mit dieser Puppe, ich, mit einer Examensnote von zweikommafünf?‹ Ein anderes Mal treibe ich es gerade mit einem Mädchen, und mir fällt auf, daß ihr Schamhaar ziemlich lang ist. Da habe ich abgedreht. Eine andere hatte diese furchtbaren Dehnungsstreifen. Immer ist irgend etwas falsch. Ich frage mich dann, auf was ich mich nun schon wieder eingelassen habe.«

Die Desillusionierung setzt schleichend ein. Plötzlich sieht sich Anthony unter Druck. Die Begeisterung seiner Partnerin – die er ja sorgfältig angefacht und genährt hat – erscheint ihm nun wie ein

Angriff. Er knirscht bei jeder Bitte um eine Verabredung mit den Zähnen, erschaudert bei jedem Anruf. Das Liebesgeständnis eines Mädchens wird nicht mehr als Geschenk betrachtet, es ist eine Drohung, eine Forderung, die ihn aggressiv macht. Die Frau kann in dieser Situation nicht gewinnen. Wenn sie seine Abkühlung spürt und sich vergewissern will, fühlt er sich belästigt. Wenn sie es ignoriert, glaubt er, herumkommandiert zu werden.

Manche Beziehungen hat er im Affekt beendet. Andere haben sich wochenlang hingezogen; er hat sich verabredet und in der letzten Minute abgesagt, hat Telefonate unbeantwortet gelassen in der Hoffnung, daß die Anruferin es endlich begreifen möge. Manchmal fühlt er sich wie ein Heuchler und macht sich Sorgen, daß »er Frauen einfach ausnutzt«, die den Irrtum begehen, ihn beim Wort zu nehmen. Trotz seiner Reue besitzt Anthony die Gabe, seine »Fehler« rasch zu vergessen: Er kann sich nicht einmal mehr an die Namen der Mädchen vom Vorjahr erinnern. »Ich weiß nicht, warum ich ein solches Getue darum mache«, meint er über eine gerade beendete Dreiwochenaffäre. »Wir haben es getrieben, und es war gut, solange es dauerte. Ich dachte, das Mädchen wäre die Richtige, aber sie war es nicht. Nicht, daß sie es nicht nett bei mir gehabt hätte. Ihr Problem war, daß sie mehr wollte und mich unter Druck setzte. Vermutlich war es nicht o. k., daß ich dann grob wurde. So bin ich manchmal. Doch das Ganze war eben ein Fehler.«

Die momentane Liebe

Diese Männer und die Geschichten, die sie erzählen, passen überhaupt nicht in unser Klischeebild vom Casanova. In der Alltagswelt werden aus den exotischen Schauplätzen Vorortschlafzimmer und die Single-Bars der Großstädte. Casanovas erotische Abenteuer werden zu einmaligen Gastspielen des Möchtegernliebhabers, zu den nervösen Fummeleien des Ehebrechers. Die Sprache der Liebe wird von der Sprache juristischer Verhandlungen abgelöst. Leidenschaft weicht der Kalkulation eines Mannes, der versucht, sich zwischen seinem Penis und seinem Streikposten zu entscheiden. Ekstase ist nur eine kurze Erholungspause von der Wut. Der zeitgenössische Casanova ist keine romantische Gestalt mehr, sondern der Gefangene eines zwanghaften Teufelskreises, ein Mann, der getrieben wird, Frauen in Besitz zu nehmen, nur um vor ihnen zu fliehen, der sexuelle Erfahrungen sammelt, aus denen er nichts lernt.

Es gibt ein Gedicht von Wallace Stevens mit dem Titel *Dreizehn Möglichkeiten, eine Amsel zu betrachten.* Saul, Howard, Fred und Anthony stellen die vier Möglichkeiten des Casanova dar. Für Saul ist Liebe die Suche nach dem Kitzel – jede Beziehung stellt eine Suche nach der transzendentalen Spitzenerfahrung dar. Ein Kitzel ist per definitionem eine kurzlebige Sache, eine Stimulierung der Nervenenden, die nur so lange dauert, bis die Achterbahn ihre Runde beendet hat. Jeder neue Kitzel bedarf eines neuen Stimulans: Wenn das Herz nicht mehr hämmert, muß man wieder auf die Achterbahn gehen, sich den nächsten Joint reinziehen oder zu einer stärkeren Droge greifen.

Für Männer wie Saul stellt eine Liebesaffäre kein Kontinuum dar, sondern eine Reihe von Kitzeln, von großartigen Augenblicken. Die Intensität dieser Augenblicke hängt überwiegend vom Reiz des Neuen ab. Doch dieser verfliegt schnell, und bald braucht man neue Stimulantien, damit der Zustand der Erregung andauert. Jedem solchen Augenblick muß ein weiterer mit noch größerer Frische und Intensität folgen, und nur diese flackernde Abfolge von Kitzeln konstituiert eine Beziehung. Man kann nicht einfach stillstehen, einfach Gefühle und die Gegenwart der geliebten Person genießen. Die Dinge müssen weitergehen – von der Verabredung zum Sex, vom Sex zum Verlieben und, was noch wichtiger ist, zum Geliebtwerden. Saul ist erst zufrieden, wenn seine Partnerinnen ihn verzweifelt und wild begehren, auch wenn ihnen eine solche Art von Liebe vielleicht fremd ist. Wie viele Casanovas betrachtet er Frauen als Galatheas und sich selbst als Pygmalion, der sie aus dem groben Stein herausmeißelt. Sein Bestreben zielt auf die totale Besitznahme der Geliebten: Galathea ist erst vollständig, wenn sie behauen und poliert zur weiblichen Replik ihres Schöpfers geworden ist.

So betrachten Casanovas Sex als eine Abfolge von Kitzeln, von denen jeder den vorangegangenen irgendwie übertreffen muß. Bei den Unterhaltungen mit ihnen hörte ich oft, daß sie »eine absolute sexuelle Erfahrung« suchten. Für viele bedeutete »das Absolute« ein besonders erotisches Szenarium. Für andere ist es eine so vage Phantasie, daß sie niemals realisiert werden kann. Viele Männer erzählten mir, wenn sie mit einer Frau geschlafen hätten, müßten sie sich auch auf andere Weise kennenlernen – oral, anal, in *ménages à trois* mit anderen Frauen oder einem anderen Mann. Der Spaß bei solchen Variationen liegt weniger in dem sinnlichen Vergnügen, das sie bieten – der Casanova empfindet sie vielmehr als Eroberung neuen Territoriums und eine Fortsetzung des Prozesses sexueller Eroberung und Inbesitznahme. Wenn die Partnerinnen sich bestimmten Praktiken verweigern, fühlen sich Casanovas oft um etwas Wesentliches betrogen. Zu ihrer Einschätzung von Liebe und dem Liebesspiel gehört unvermeidlich die Frage: »Was kommt als nächstes?«

Doch wenn es zum »nächsten« kommt, heißt es vermutlich: »War das alles?« Selbst wenn sie die absolute sexuelle Erfahrung endlich erlebten, wären sie wahrscheinlich enttäuscht. Nach jedem Gipfel folgt notwendigerweise eine Talsohle, eine Phase, in der man langsamer atmet und die Erregtheit der Erholung Platz macht. Doch für einen Casanova ist eine solche »Talfahrt« ein furchtbarer Absturz. Es überrascht nicht, daß sich die meisten dieser Männer nach dem Geschlechtsverkehr stets unwohl fühlen, besonders wenn es sich um eine neue Partnerin handelt. Dabei geht es nicht um Unsicherheit nach einer plötzlichen Intimität: Diese Männer wissen einfach nicht, was sie tun sollen oder was man während des »postkoitalen« Schweigens fühlen soll. »Ganz plötzlich weiß ich gar nicht mehr, was ich mit dieser Frau im Bett eigentlich will«, meinte ein Mann. »Sobald mein Penis abschlafft, kehren die Gedanken zurück, und sie sagen mir: ›Bloß raus hier, Kollege.‹«

Es überrascht auch nicht, daß Saul die Liebe mit dem flüchtigen Kokainrausch vergleicht. Was er Liebe nennt, ein ununterbrochenes ekstatisches Liebesleben und die Idealvorstellung von der Geliebten, gehört in den Bereich, den die Psychologie Erotik nennt.[17] Erotische Liebe ist durch starke körperliche Anziehung und intensive sexuelle »Chemie« gekennzeichnet, aber zumeist kurzlebiger Natur. Auch reiner Sauerstoff ruft ein Hochgefühl hervor, doch man kann damit nicht leben. Neuere Untersuchungen meinen, daß die

»Vergiftung durch den Eros« mehr als nur eine Metapher ist. Bei verliebten Testpersonen wurden höhere Konzentrationen der Neurotransmitter Dopamin und Norepinephrine festgestellt.[18] Die gleichen Neurotransmitter werden durch Kokain ausgelöst. Wenn sich ein Casanova verliebt, hat das nicht so sehr mit der besonderen Frau zu tun als mit der Liebe selbst – mit dem berauschenden Ansturm körpereigener Chemie.

Obskure Objekte der Begierde

Erotische Liebe bedarf einer Geliebten, doch wer das ist, ist dem Casanova ziemlich egal. Mit Roland Barthes' Worten ist sie vielleicht: »... ein farbloses Objekt ... mitten auf die Bühne gestellt und dort angebetet, idolisiert ... mit Gebeten überschüttet ... wie eine riesige reglose Henne mit aufgeplustertem Federkleid, um die ein leicht wahnsinniger Hahn stolziert.«[19] Für die meisten Menschen ist Liebe ein Entdeckungsprozeß. Wir lernen die kleinsten Eigenheiten unseres Partners kennen und lieben – zum Beispiel die Sommersprossen auf der Nase einer Frau oder die Art, wie sie Wasser aus der Leitung trinkt. Den Casanovas scheinen solche Züge insgesamt zu entgehen. Sie beschreiben die Frauen in ihrem Leben in Begriffen, die zugleich glühend und verschwommen sind – so als nähmen sie sie nur im starken Sonnenlicht wahr. Für diese Männer existieren Frauen nur als Instrumente für ein erotisches Hochgefühl.

Aber Hochgefühle ziehen unvermeidlich auch Tiefs nach sich. Eros liefert vielleicht die erste Weißglut, die einen Mann und eine Frau zusammenschweißt, aber wenn diese Bindung andauern soll, muß sie sich zu etwas anderem entwickeln. Liebe umfaßt schließlich auch Kameradschaft und gemeinsame Ziele und Erfahrungen. Doch vor allem bedeutet sie, die andere Person als autonome Einheit zu akzeptieren. Jemanden lieben heißt nach Augustinus: »Ich will, daß du bist.« Die meisten Casanovas scheinen unfähig zu einer solchen Haltung. Nach den ersten Wochen oder Monaten des erotischen Entzückens kühlt Sauls Liebe zur Kameradschaft ab. Doch in Kameradschaft findet er keinen Trost. Wenn seine Partnerinnen ihr Geheimnis verlieren und als normale Menschen erscheinen – Menschen, die sich um Hochzeitsgeschenke Gedanken machen und Unterwäsche im Bad aufhängen –, schwindet ihre Anziehungskraft. An ihre Stelle treten Enttäuschung und Abscheu vor diesen allzumenschlichen Wesen, zu denen sich diese Frauen scheinbar über Nacht in seiner Wohnung entwickelt haben.

Diese Extreme – Idealisierung und heftigste Desillusionierung – sind die grundlegenden Mechanismen, die die Mentalität eines Casanova prägen, der dem »Kitzel« nachjagt. Casanova hat die Neigung, sich nicht in echte Frauen, sondern in Phantasiewesen zu verlieben. Er *findet* die Objekte seiner Herzenssehnsucht nicht, sondern *erschafft* sie und projiziert seine unbewußte Sehnsucht auf einen anderen Menschen. Der Glanz des projizierten Wunschbildes trübt seine Wahrnehmungsfähigkeit; daher ist er blind gegenüber den tatsächlichen Eigenschaften eines anderen Menschen. Ihn bezaubert der Anblick seines eigenen Abbilds, das flüchtig in Gestalt der Frau aufleuchtet. Oft sieht der Casanova ein Bild, das diese Frau bis zur Unkenntlichkeit idealisiert oder aus Teilen geliebter anderer Personen zusammengesetzt ist: Mutter, Vater, Schwester. Psychiater nennen diesen Prozeß »primitive Idealisierung« und »projektive Identifikation« und bringen ihn allgemein mit schweren Charakterstörungen in Zusammenhang.

Der Schock des Andersseins

Ein Mann, der sich in sein eigenes idealisiertes Abbild verliebt – oder in den projizierten Inhalt seiner Psyche –, muß von einer echten Person enttäuscht werden. Doch diese Desillusionierung trifft auch sein eigenes Selbstwertgefühl. Wenn er von seiner Geliebten zuviel erwartet, um wieviel größer sind die Erwartungen an sich selbst? Als ich mich mit Saul und ähnlichen Männertypen unterhielt, erkannte ich eine Reihe meiner eigenen Vorstellungen von den Anforderungen an einen Mann beim Geschlechtsakt wieder: Männer wie wir müssen permanent Erektionen haben und stets in der Lage sein, stundenlang zu lieben. Wir dürfen nicht reizbar, egoistisch oder unfreundlich sein. Unsere unbewußte Definition von Liebe läßt nicht zu, daß man eine Nacht einfach nur schmust oder sich wegen Kleinigkeiten streitet, was für andere Menschen selbstverständlich ist. Wir stellten uns vor, daß uns die Liebe freundlicher, leidenschaftlicher und aufmerksamer machen würde. Statt dessen entdeckten wir jedoch, daß wir manchmal unsere Partnerinnen sexuell nicht befriedigen konnten und manchmal nicht berühren wollten. Wir ertappten uns, daß wir gereizt und grob mit der Frau sprachen, die wir zu lieben glaubten. In solchen Augenblicken hörten wir das Totenglöckchen unserer Beziehung läuten. Wenn wir von den allzumenschlichen Eigenschaften unserer Geliebten enttäuscht waren, bedeutete das nichts anderes, als daß wir von unseren eigenen Unzulänglichkeiten entsetzt waren.

Der typische Casanova zuckt vor dem zurück, was er sieht. Ist er ein pathologischer Narziß oder eine Borderline-Persönlichkeit, kann er vielleicht seine eigenen Unzulänglichkeiten nicht erkennen? Eine solche Erkenntnis würde sein fein ausbalanciertes und starr verteidigtes Selbstbild zerstören. Statt dessen greift er die Frau an, die er einst anbetete: Sein obskures Objekt der Begierde wird zum Sündenbock für all das, was er an sich selbst haßt und fürchtet. Wenn Sauls Begierde nachläßt, beschuldigt er seine Freundin, frigide zu sein. Wenn er untreu ist, wirft er ihr vor, ihn zur Lüge zu zwingen. Ein anderer Mann, den ich als tyrannischen Perfektionisten empfand, beschrieb seine Exfrauen als »Nörglerinnen« und »Kleinkrämerinnen«. Nicht jeder Casanova projiziert seine Fehler auf die Partnerin. Aber für einen solchen Typus sind die menschlichen Unzulänglichkeiten der Frau um so abstoßender, weil sie seine eigenen spiegeln.

Der Tod durch Langeweile

Bei der Jagd nach dem Kitzel werden negative Gefühle wie Wut, Angst oder Enttäuschung oft als Langeweile beschrieben, die als »Puffer« gegen die seelische Unruhe fungiert und dem Casanova die Illusion der Überlegenheit verleiht. Wenn die Geliebte nicht mehr die geheimnisvolle Verführerin ist, sondern eine Wohngenossin, mit der man auch Sex macht, wenn jeder Weg der Lust glattgetrampelt ist, bleibt er allein zurück mit einer Fremden, die seine eigenen schlimmsten Fehler in vergröberter Form widerspiegelt. Hier, am Ende einer Romanze, wird die geringe Ausdauer seiner Empfindungen gegenüber anderen Menschen am augenfälligsten. Anstatt sich seiner Partnerin zu stellen, zieht er sich in Schweigen zurück. Anstatt die sexuelle Beziehung zu seiner Frau oder Freundin neu zu beleben, benutzt er andere Frauen, um seinen Hunger nach etwas Neuem zu befriedigen und seine Potenz zu bestätigen. Die Liebe ist »die Mühe nicht mehr wert« – wenn sie es überhaupt jemals war. Wenn er über seine Beziehung spricht, zeigt er sich erschöpft und gelangweilt. Seine Geliebte ist »anstrengend«, »ein alter Hut«, »eine kaputte Schallplatte«. Die Beziehung zu ihr ist »schal«, »ausgereizt«, »totgelaufen« oder »nicht mehr entwicklungsfähig«.

Dieser Zustand kann nicht lange andauern. Unabhängig von ihrem Alter sind die Männer, die ständig nach einem »Kitzel« suchen, die Paradigmen des Videozeitalters: Sie können nicht ohne neuartige, erregende Sensationen leben und sind es gewohnt, daß die Frauen sie ihnen postwendend liefern – »man« muß nur, wie bei einem Fernsehgerät, die entsprechende Programmtaste drücken. Chronisch gelangweilt und unfähig, sich bei einem »Programm« einmal wirklich zu engagieren, wechseln sie immer rascher den Kanal. Wenn sie alle Möglichkeiten der gegenwärtigen Partnerin ausgeschöpft haben – oft aber auch lange vorher –, suchen die Casanovas nach einem Ersatz. Ein Mann mittleren Alters berichtete mir, daß er sich die meiste Zeit bei seinem Hochzeitsempfang nach einer passenden Geliebten umgesehen habe. Einige dieser Männer sind sich der Vielzahl von Frauen so intensiv bewußt, daß sie sich kaum auf eine einzige konzentrieren können. Ein junger Schauspieler, mit dem ich mich unterhielt, verabredet sich immer in einem Restaurant mit schummriger Beleuchtung, damit er von den Frauen an den Nachbartischen nicht abgelenkt wird. »Bei Frauen habe ich die Aufmerksamkeitsspanne eines Dreijährigen«, gibt er zu, »und zwar eines hyperaktiven Dreijährigen.«

Diesem raschen Wechsel liegt ein Gefühl zugrunde, daß alle Objekte austauschbar sind. Der Psychoanalytiker Otto Kernberg bemerkte dazu: »Die narzißtische Persönlichkeit lernt aus Erfahrung, daß das ›aufregende Neue‹ nur ein weiterer Aspekt des ›enttäuschenden Alten‹ ist.«[20] Für diese Männer ist es gleichgültig, welche Fehler und Mängel eine Frau tatsächlich besitzt – wichtig ist lediglich, daß sie den Reiz des Neuen verloren hat und ihr Anblick nicht mehr den Puls zum Rasen bringt. Der Kitzel ist verschwunden, und weil die Liebe für den Casanova lediglich *Erregung* bedeutet, muß er diese anderswo suchen, bei anderen Frauen, die sich zwangsläufig bald als ebenso langweilig entpuppen wie ihre Vorgängerinnen.

Philip Roth beschreibt dieses Dilemma in *Professor der Begierde*: »... binnen Jahresfrist wird meine Leidenschaft tot sein. Sie stirbt schon jetzt ... Ach, es ist so dumm! Idiotisch! Ungerecht! Deiner auf diese Weise beraubt zu werden! Und von wem beraubt? Immer läuft es darauf hinaus, daß ich es selbst bin, an dem das liegt.«[21]

Auf Nummer Sicher gehen

Howards Jagd nach Frauen ist nur teilweise eine Suche nach dem »Kitzel«. Bei seiner Einstellung und seinem Verhalten springt am deutlichsten der sportliche Aspekt ins Auge. Vom ersten Anblick einer gutaussehenden Frau wird die Begegnung zu einer sportlichen Übung, bei der er sich seine Fähigkeiten beweisen kann, zu einem Wettbewerb, bei dem die Frau zugleich der Preis und der Gegner ist. Seine Handlungen sind kalkulierte Truppenbewegungen auf einem Schlachtfeld. Die ganze Zeit über mißt er sein Verhalten an präzisen – grundsätzlich amoralischen – Leistungsstandards. Wenn er sich schließlich wieder trennt, bedeutet das: Er betrachtet das Spiel als beendet. Und: er hat erkannt, daß dieses Spiel in bedrohlicher Weise Züge des »wirklichen Lebens« angenommen hat.

Das scheint dem eigentlichen Charakter von Wettspielen zu widersprechen, die angeblich eine Erholung von den Anforderungen der Realität bieten. Die meisten Spiele finden in einem abgegrenzten Gebiet statt, dessen Grenzen die Spieler vor den Anforderungen und Bedrohungen der Außenwelt schützen. Der Kampf auf einem Basketballfeld mag noch so erbittert sein – das Spielfeld ist immer noch sicherer als die Straße hinter dem Zaun, denn hier kann man einen Gegner angreifen, ohne gleich ein Messer zwischen die Rippen zu bekommen. Zugleich herrschen hier genau ausformulierte Regeln. Innerhalb dieser Grenzen können Männer und Frauen (zumindest theoretisch) die Freiheit und Unschuld ihrer Kindheit wiedererleben. Beim Spiel sind sie von den erdrückenden Normen des Erwachsenendaseins befreit.

Doch unsere Spiele sind nicht mehr so sorglos wie die früherer Generationen. Für die Spieler und Zuschauer der westlichen Gesellschaft im zwanzigsten Jahrhundert ist nichts ernsthafter mit Erfolgszwang und Versagensängsten verbunden. Wir gehen Spiel und Sport immer mehr wie eine Arbeit an. Auf dem Spielfeld wie im Büro geht es nur ums Gewinnen. Wenn wir uns nicht mit anderen Spielern messen, dann treten wir gegen uns selbst an und brechen unsere eigenen Rekorde. Die einzigen Relikte der Kindheit sind bei den heutigen Sportlern Rachsucht und Wutausbrüche.

Wenn Howard die Liebe und den Liebesakt als einen Wettkampf betrachtet, so wird er von der gleichen paradoxen Mischung aus spielerischem Herangehen und grimmigem Perfektionismus gekennzeichnet. Auf der einen Seite sind Sex und Liebe ihrer emotionalen Werte entkleidet: Die Ehe ist kaum mehr als eine Versicherungspolice für Sex; Ehebruch wird zu einer technischen Angelegenheit, die nicht durch Leidenschaft, sondern durch zufällige Neugier ausgelöst wird; Trennung ist einfach die Auflösung eines Vertrages, der unbequem geworden ist. Auf der anderen Seite werden die trivialsten Spielzüge nun zu spannenden Manövern: Jede Verführung wird vor dem Hintergrund einer bestimmten Erfolgsskala »gewertet«. Das Schlafzimmer wird zur Arena. Jede Beziehung, wie oberflächlich auch immer, wird zum Showdown.

Aber welche Belohnungen bieten sich den Spielern? Für Kinder geht es immer darum, bestimmte Fähigkeiten wie Rennen, Werfen, Fangen zu beherrschen. Für erwachsene Casanovas stellen Wettkämpfe und Spiele eine Möglichkeit dar, das klapprige Ego zu stabilisieren und sich ein Gefühl von Potenz, Attraktivität und Macht einzuflößen. Beim Spiel der Verführung versucht der Casanova die Gefühle und Reaktionen der Partnerin zu kontrollieren. Durch Praxis und Wiederholungen und manchmal durch ein persönliches Regelsystem erhebt er die Verführung zu einer Wissenschaft, ersetzt Romantik durch Technik und Leidenschaft durch Präzision. Das alles mag nicht sonderlich befriedigend erscheinen –

doch wirkliche Leidenschaft ist eben unvermeidlich mit einem Risiko verbunden, und Männer wie Howard scheuen das Risiko – trotz aller Liebe zum Abenteuer.

Das erste Risiko einer Beziehung besteht darin, daß die Frau das Interesse des Mannes nicht erwidern könnte. Auf einen Spieler kann diese Ablehnung vernichtend wirken – als ein harter Schlag für das Ego. Howard jedoch scheint solche Furcht nicht zu empfinden; er hat sie durch seine Theorie rationalisiert, daß es für jede Frau, die ihn abweist, zwei gibt, die ihn akzeptieren. Keine Niederlage ist unerträglich, wenn sie mit zwei Siegen aufgewogen werden kann. Natürlich gibt es keine Garantie, daß Howards Glück andauern wird. Aber er verläßt sich nicht allein auf sein Glück. Er hat eine Strategie entwickelt, die die Gefahr der Abweisung erheblich verringert.

Wie so viele Casanovas nähert sich Howard nur Frauen, die willig erscheinen. Einige Frauen scheiden dabei von vornherein aus: ein Ehering ist vermutlich ein automatischer »Lustdämpfer«. Viele »Sportler« nähern sich gern Frauen, die nicht übermäßig attraktiv sind. Der Erfolg ist wichtiger als die Begierde: es ist besser, mit einer Frau zu schlafen, die eigentlich unwichtig ist, als von einer Frau abgewiesen zu werden, die einen interessieren könnte.

Smooth operator

Am auffälligsten bei diesen Regeln ist die Berechnung, die dahintersteht. Es gibt Männer, die eine Verführung als etwas beschreiben, das einfach geschieht, ein Funke elektrisierender Erotik, der ungebeten von einer Person zur anderen überspringt. Wenn man jedoch Sex als Sport betreibt, benötigt man Konzentration und Selbstkontrolle, Howard stellt sich zwar als den geborenen Liebhaber dar und ahmt bewußt romantische Filmhelden wie Cary Grant und Tony Curtis nach, jene Meister der Galanterie. Er macht sein durchschnittliches Aussehen mit einem Charme wett, der natürlich wirkt, aber größtenteils auf Berechnung beruht. Die Kunst der Schmeichelei ist eine anstrengende. Ein Mann erzählte mir, daß er einer Frau zunächst zu ihrer Kleidung Komplimente macht und dann, wenn sie sich empfänglich zeigt, zu ihrem Körper übergeht, also ihr Haar, ihre Lippen oder ihren Hals lobt. Er entkleidet die Partnerin mit Worten – als Probelauf für das, was er später im Schlafzimmer vorhat.

Mit genügend Wagemut und richtigem Timing machen derartige Rituale den Sex angenehmer. Das romantische Protokoll veredelt das einmalige Gastspiel so, wie Kerzenbeleuchtung und ein eleganter Raum auch Hamburger zu einem Festmahl machen können. Ein erfolgreicher Spieler ist ein erotischer Gourmet; das Vergnügen erwächst zu einem Großteil aus den Vorbereitungen zum Festmahl. Doch für einen solchen Mann sind die Techniken der Verführung geradezu *notwendig*. Sie erhöhen nicht nur den Spaß an einer Eroberung, sondern machen diese erst möglich.

Man meint oft, daß die Abhängigkeit des Spielers von seiner Technik aus seinem Gefühl von Unterlegenheit erwächst. Vielleicht verfügt er nicht über den Charme, den Frauen so anziehend finden, oder er meint, ihn nicht zu haben. Nur wenige der von mir interviewten Männer beschrieben sich selbst als gutaussehend. Sie beklagten sich über Fettpolster und kahle Stellen auf dem Kopf, hängende Schultern oder einen eingefallenen Brustkorb, Lord Byron machte sein Klumpfuß zu schaffen. Ich selbst kompensierte durch meine Karriere als Frauenheld die Fettleibigkeit meiner Teenagerzeit: als Junge habe ich für den Stehblues nie eine Partnerin finden können. Aber das Gefühl von Minderwertigkeit geht tiefer. Je mehr man diesen Männern zuhört, um so mehr hört man bei ihren Worten indirekte Eingeständnisse des Versagens heraus. Nur selten bekennen sie sich offen dazu: Die meisten Casanovas stellen sich selbst als Erfolgsmenschen in jeder Hinsicht dar. Doch die Hartnäckigkeit, mit der sie das tun, läßt ihre Selbstüberhöhung als Wunschdenken und Beschwörung erscheinen – so sehr sind sie auf Anerkennung und Bewunderung aus.

Und welche bessere Form der Anerkennung könnte es geben als die Unterwerfung einer attraktiven Frau? Für diese Männer stellt jede Eroberung eine Selbstbestätigung dar. Ihre Aufreißformeln und Schlafzimmerblicke sind flexible Strategien, die es dem Kleinen, Schwachen und seelisch Verwundeten ermöglichen, viele Sexualpartner zu bekommen – und es darin Männern gleichzutun, die stärker, attraktiver und selbstsicherer sind. Diese Spieler scheinen immer ängstlich die Gegner in der Arena zu beäugen: jene, die sie schon überholt haben, und diejenigen, die zurückliegen. Es herrscht hier eine Aggressivität, die an die ödipale Rivalität jener vergessenen Zeit erinnert, als die kleinen Jungen gegen die großen starken Väter um die Liebe der einzigen Frau kämpften, die ihnen wichtig war. In den Single-Bars rächen sich die Casanovas für die Demütigungen im Büro und in der Umkleidekabine. Zugleich aber tragen sie noch ältere Schlachten aus. Die Männer, die sie nun übertrumpfen, sind oft bequeme Surrogate für diejenigen, von denen sie in der Kindheit besiegt wurden.

Bei ihnen handelt es sich nicht um die »wilden Jungs« vom Samstagabend. Sie wissen, daß elegante Tanzschritte und eine kecke Mütze noch nicht ausreichen, damit eine Frau in orgasmische Ohnmacht sinkt. Die meisten dieser Männer haben sich eine Aura des defensiven Selbstvertrauens gezüchtet, die ans Großartige grenzt. Viele beschreiben sich als geborene Verführer. Einer erzählte mir: »Ich weiß, wie man mit Frauen umgeht; ich beherrsche das so, wie andere Männer den Umgang mit Maschinen beherrschen.« Routine und innerer Zwang haben die Casanovas gelehrt, die Regeln ihres Spiels zu beherrschen; die Regeln sind in das Repertoire angelernter Reflexe eingegangen. Sie verführen Frauen so, wie Fußballspieler Tore schießen.

Der Liebhaber als Zuschauer

Wenn die Rituale der Casanovas einzig und allein darauf abzielen, Frauen zu verführen, dann könnte man von ihnen erwarten, daß sie vor der Schlafzimmertür haltmachen. Doch das tun sie nicht, Männer wie Howard praktizieren den Sexualakt ebenso fleißig wie die Rituale der Verführung. Natürlich sind einige Casanovas beim Liebesakt oberflächlich und egoistisch. Doch für die »Spieler« ist Sex gewöhnlich die Fortsetzung des Aktes der Eroberung. In diesem Sinne ist es eine Art Leistung, und wie andere Leistungen erfordert auch diese Selbstbewußtsein und eine fast altruistische Aufmerksamkeit gegenüber der Reaktion des Publikums.

In der Arena des Sex ist der Partner das Publikum. Sie spielen auch im Bett für die Galerie und sind daher bestrebt, ihren Partnerinnen so viele Orgasmen wie möglich zu verschaffen. Wie Howard meinte: »Wenn ich mit einer Frau ins Bett gehe, dann mit dem Gedanken, daß ich sie so glücklich wie möglich machen möchte. Ich sehe zu, daß sie oft kommt, und zwar so, wie sie es sich nie erträumt hätte. Wenn ich dabei nur einen Orgasmus habe, ist das in Ordnung. Ich bin nicht gierig. Doch was die Frau betrifft, bin ich großzügig bis zur Selbstverleugnung.«

Eng verbunden mit dieser geradezu zwanghaften Aufmerksamkeit, die sie dem Vergnügen der Partnerin widmen, ist eine sonderbare Gleichgültigkeit gegenüber dem eigenen Lustgewinn. Für Casanovas hat die Freude am Sex mehr mit der Bestätigung von Macht zu tun als mit der Stimulation von Nervenenden. Sie erreichen oft nur schwer einen Orgasmus und greifen sogar häufig zu Hilfsmitteln, um ihn hinauszuzögern. Alkohol, Marihuana oder Kokain kommen bei vielen regelmäßig zum Einsatz. Wenn alle Sinne auf die Frau unter einem gerichtet sind, wenn man ihren Atem, die Intensität ihrer Laute und die Gespanntheit ihrer Brustwarzen wie ein Chirurg kontrolliert, der einen Patienten beobachtet, treten die eigenen Reaktionen in den Hintergrund, und man gelangt wohl zumeist erst dann zum Höhepunkt, wenn die Partnerin ihn schon mehrere Male erreicht hat.

Ein großzügiger Liebhaber ist etwas Schönes. Doch die Spieler sind ein wenig zu großzügig. Sie betrachten Sex als eine Gunst, die sie den Frauen gewähren, nicht als gegenseitiges Bedürfnis oder als Ausdruck von Liebe. Die Qualität ihrer Vorstellung ist für sie wichtiger als alle Gefühle. Je weniger sie fühlen, um so höher bewerten sie ihre Leistung. Dieses Leistungsdenken verbindet sich natürlich mit Versagensängsten, zugleich aber ermöglicht es diesen Männern, ihre Begegnungen nach angenehm eindeutigen Kategorien zu bewerten. Jeder Sexualakt, der x Stunden dauert, y Minuten Vorspiel einschließt und z Orgasmen erbringt, wird automatisch als erfolgreich eingestuft.

Mit derart starren Kriterien beim Sex verschließen sich die Spieler den komplexen und ständig wechselnden Anforderungen, die sich bei einer wirklich erotischen Begegnung ergeben. Sie brauchen sich nie zu fragen, ob sie wirklich mit ihrer Partnerin verbunden sind und ob diese sich begehrt fühlt. Die meisten brauchen sich nicht einmal zu fragen, ob sie selbst zufrieden waren. In extremen Fällen scheinen Casanovas unfähig, direkt Lust zu erfahren: Sie empfinden etwas wie Lust nur, indem sie ihre Partnerin beobachten. Ein Mann beschreibt guten Sex als »Feedback-Situation«. »Wenn ich weiß, daß ich meine Partnerin errege, empfinde auch ich Erregung.« Für diesen Mann ist der Liebesakt eine Art Voyeurspiel, bei dem man seine Partnerin hingerissen beobachtet, um die eigene Wirkung auf sie abzuschätzen. Der eigene Körper und die eigenen Gefühle sind dabei zweitrangig.

Bei diesem Wettkampf ist die begehrenswerteste Geliebte die anonyme Fremde, die man auf die bloße Summe ihrer sexuellen Reaktionen reduzieren kann – ein Barometer der Leistung eines Casanova. Für einige ist Sex Konversation, ein fieberhafter Austausch von Sehnsucht und Energie zwischen zwei Menschen, die für ein paar Stunden versuchen, der Einsamkeit zu entgehen und Körper und Seele des anderen zu teilen. Für den Spieler handelt es sich niemals um Sexualität, sondern um den Sexualakt – eine Einmannshow zugunsten der Zuschauerin, die letztlich zur bloßen Betrachterin degradiert wird, zur passiven Zeugin der virtuosen Vorführung von Macht, Ausdauer und Erfindungsgabe. Wie sehr er sich auch um ihren *Beifall* bemüht – ihre *Gefühle* spielen kaum eine Rolle für ihn. Auch für den Schauspieler, den die Rampe vom Publikum trennt, ist die Stärke des Applauses das entscheidende Indiz für die Beurteilung seines Erfolges.

Das Diktat der Regeln

Was sich im Schlafzimmer abspielt, bestimmt auch sonst das Beziehungsleben des Spielers. Seine Transaktionen mit Frauen sind grundsätzlich bestimmten Regeln unterworfen, die um so einengender sind, als er sie selbst definiert hat. Bei Verabredungen hält er sich im allgemeinen eng an ein Protokoll und kann schlecht improvisieren. Er plant seine Rendezvous' so sorgfältig wie Geschäftsverabredungen, doch er ist sich auch nicht zu schade, im letzten Moment abzusagen. Er bestimmt, wann und wie oft er seine Geliebten sehen will. Auch in der Ehe herrschen eiserne Regeln. Als Howard die Jahre mit seiner Frau zusammenfaßte, meinte er: »Wir haben uns immer wie das perfekte jungverheiratete Paar betragen. Als dann die Kinder kamen, waren wir die perfekte Familie; und jetzt sind wir das perfekte geschiedene Paar, höflich, in Notlagen hilfsbereit und alles entsprechend den Regeln gesellschaftlichen Anstandes.«

Doch diese Perfektion birgt nur wenig Lustgewinn. Die Beziehungen des Casanova scheinen grundsätzlich mechanisch und freudlos zu sein. Wenn Howard über seine Ehe redete, dann mit der distanzierten Haltung von jemandem, der Tanzen per Fernkurs gelernt hat und insgeheim immer noch die Schritte abzählt, wenn es ihn auf den Tanzboden verschlägt. Seine Ehe scheint nach den Wünschen seiner Frau gestaltet worden zu sein – oder was Howard dafür hielt. Denn wie perfekt er seine Rollen als Freund, Liebhaber oder Partner auch ausfüllen mag – der Spieler bleibt doch stets an Regeln gebunden und ist dabei paradoxerweise von den Frauen abhängig, die das Spiel mitspielen.

Diese unterschwellige Abhängigkeit des Spielers bleibt oftmals unbemerkt, weil er so geschickt seine Beziehungen kontrolliert und sich so ausdrücklich als der gebende Partner betrachtet. Immerhin ist er es, der die Rendezvous' plant und für den Orgasmus sorgt. Auch wenn er sich oft beklagt, daß seine Partnerinnen zu anspruchsvoll seien, sucht er doch gerade das Gefühl, daß er gebraucht wird. Sein labiles Selbstbewußtsein verlangt nach der Bestätigung, daß das Glück seiner Partnerin von ihm abhängt. Eine Frau, die nicht auf ihn angewiesen ist, bedroht vermutlich sein Selbstwertgefühl. Bei Annette, die nur wenige Forderungen stellte und eifersüchtig ihre Unabhängigkeit bewahrte, wurde Howard zu demjenigen, »der stets aufblieb, bis sie anrief, und der ständig von fester Bindung faselte«. Scheinbar gibt es für ihn in einer Beziehung nur zwei Möglichkeiten: entweder eifersüchtig zu sein oder Eifersucht zu erregen, um Bindung zu bitten oder sie zu meiden, zu wollen oder gewollt zu werden. Derart rigider Dualismus deutet auf einen pathologischen Narzißmus hin, denn der Narzißt schützt sich vor Gefühlen der Abhängigkeit, indem er diese Gefühle auf ein geeignetes Gegenüber überträgt. Er ist unfähig, Befriedigung zu suchen, er will nur befriedigen. Er kann seine Bedürfnisse nicht ausdrücken, sondern sucht sich eine bedürftige Frau. Er kann nicht lieben, sondern sucht danach, geliebt und bewundert zu werden. Doch die Liebe und Bewunderung, die er bekommt, reichen niemals aus. Es sind nur Preise bei dem Spiel, die Belohnungen für kunstvolles verführerisches Verhalten. Doch für ihn stellt sich die bange Frage: Liebt ihn die Frau für das, was er ist, oder wegen der Dinge, die er ihr gibt? Oft fühlt er sich ungeliebt wie Howard in seiner Ehe: »Ich war nicht mehr Lindas Liebhaber, sondern ihr Ehemann. Dann wurde ich Vater ihrer Kinder. Und schließlich war ich nur noch der Brötchenverdiener, der Typ, der das Haus und die Kleider der Kinder bezahlte.« Jede Beziehung, die zu lange dauert, kann derartige Empfindungen erzeugen: Der Mann fühlt sich dann nur in unangenehmer Weise zu bestimmten Verhaltensweisen verpflichtet. Jede Verführung erscheint nun als Fronarbeit, und aus der Geliebten oder Partnerin wird eine geizige Chefin.

Die Geliebte als Feindin

Die einzige Möglichkeit, dieses Spiel, bei dem sie nur Verlierer sein können, zu beenden, ist, die Arena zu wechseln. Und während einige wenige Spieler in selbstgerechter Wut einfach auf und davon gehen, vergewissern sich die meisten zunächst, ob eine andere Frau auf sie wartet. Ihr Selbstwertgefühl hängt ja von weiblicher Bewunderung ab, und daher brauchen sie ständigen Nachschub an neuen Anhängerinnen. Howards Depression nach der Trennung von Annette ist typisch für Casanovas, die sich plötzlich allein finden. Auch beim Fehlen bewußter Trauer zeigen sich oft Symptome von Depression – Appetitverlust oder Eßwut, Schlafstörungen und Erschöpfungszustände. Ohne Frau neigen sie zu übermäßigem Konsum von Alkohol, Drogen oder anderen Mitteln, um die innere Leere auszufüllen. Ohne Frau zu sein bedeutet für sie, vom Spiel ausgeschlossen und ihrer Identität als Mann beraubt zu sein. Ohne Frauen merken sie erst, wie sehr sie auf sie angewiesen sind.

Daher meinen die Casanovas, ständig auf der Hut sein zu müsen. Der Spieler kann niemals genug bekommen: Polygynie und Untreue gehören zu seiner Strategie, und im Verlauf des Spiels wird die ursprüngliche Partnerin zur Gegnerin. Wenn sein vornehmliches Ziel darin besteht, sich neue Geliebte zu suchen, dann ist sein zweites Ziel, seine Frau oder Freundin im ungewissen darüber zu lassen.

Ehebruch hat seine eigenen Regeln, die ebenso komplex sind wie die Regeln der Verführung. Howard legte zum Beispiel Wert darauf, die Nacht stets bei seiner Frau zu verbringen, auch wenn das bedeutete, heimlich um vier Uhr morgens nach Hause zu schleichen und neben sie zu kriechen. Er verbot seinen Geliebten, ihn daheim anzurufen, und vernichtete sorgfältig alle möglichen Hinweise auf seine Affären. Die Spieler handeln nach allen trübseligen Ritualen der Untreue: Sie suchen nächtens verzweifelt nach verdächtigen Telefonnummern, die an einem sicheren Ort aufbewahrt werden müssen, zahlen in Restaurants und Hotels grundsätzlich nur bar und duschen sich zwanghaft nach jedem Koitus. Auch jene Männer, die ihre extracurricularen Aktivitäten offen austragen – wie so viele in den siebziger Jahren –, behalten stets ein starres Regelsystem bei. Ein Akademiker in den Fünfzigern erzählte mir, daß seine Frau seine Beziehungen zu anderen immer übersehen habe, solange sich seine Aktivitäten auf den Lehrkörper der Universität beschränkten. Regeln dieser Art verwandeln die Untreue in etwas so Unschuldiges wie ein Seminar.

Regeln stellen immer eine Verteidigung dar, einen Versuch, Ordnung in ein Chaos zu bringen. Casanovas Regeln der Verführung nehmen ihm die Angst vor einer möglichen Zurückweisung. Sein Code der Untreue gibt ihm eine sichere Möglichkeit, seinen Partnerinnen gegenüber Aggression auszudrücken. Zugleich weist er jegliche Schuld von sich. Howard liebte seine Frau, und man hätte ihm abgenommen, daß er seine Ehebrüche verschwieg, um sie zu schützen. Doch er beschreibt Linda als Märtyrerin, also als Verkörperung unendlicher Leidensfähigkeit. Jeder Märtyrer braucht einen Folterer. Wenn sich Howard und Linda stritten – gewöhnlich über das Ausmaß an Zeit, das er außer Haus verbrachte –, dann stauchte er sie mit juristischen Sarkasmen zusammen. Bei den seltenen Malen, bei denen er den kürzeren zog, stampfte er aus dem Haus zu einem sogenannten »Rachefick« mit einer anderen Frau. Er beschreibt zwar die Mühen, die er anwandte, um seine Affären zu verbergen, doch alles geschah mit der Schadenfreude des kleinen Jungen, der aus dem Portemonnaie seiner Mutter das Kleingeld klaut.

In jeder Ehe gibt es Feindseligkeit zwischen den Partnern, weil deren Leben so eng aneinandergebunden sind. Der Casanova, der »Mann, der die Frauen liebt«, neigt dazu, diese Feindseligkeit in der Arena der Sexualität auszutragen. Untreue ist für ihn eine kavaliersmäßige Form der Aggression, eine Attacke auf das Opfer, das nicht einmal merkt, wenn es angegriffen wird. Für Männer wie Howard verschmilzt im Koitus Leidenschaft mit Brutalität. Seine Geliebte zu vögeln bedeutet gleichzeitig, der Ehefrau eins auszuwischen. Doch wenn Wut auf diese Weise ausgedrückt wird, ruft sie gewöhnlich Schuldgefühle hervor. Meine eigene Untreue zog immer einen schrecklichen moralischen Kater nach sich. Das ist vermutlich der Hauptgrund, warum ich schließlich Hilfe suchte. Doch die stark gestörten Casanovas scheinen gegenüber Schuldgefühlen immun zu sein. Sie unterdrücken sie und rationalisieren sie durch den bequemen Gedanken, daß sie sich ja an die Regeln halten. Das Spiel wird durch besessen wiederholte Leitsätze gekennzeichnet: »Ich lasse mich nicht emotional ein«, »ich kümmere mich doch um sie«, »was sie nicht weiß, tut ihr auch nicht weh«.

Man möchte meinen, daß die Nebenfrauen des Spielers den besten Teil erwischen, und zu Anfang ist es auch so. Er betrachtet sie mit der Begeisterung eines Sportlers in einer neuen Arena als neue Eroberungen. Da seine Erstbeziehung mit all ihren Verpflichtungen und Unannehmlichkeiten einen anderen Stellenwert hat, sind seine Affären anfänglich aufregend und sorglos. Sie sind für eine gewisse Phase Spiel.

Doch für den Casanova verwischt sich oft die Grenze zwischen Wirklichkeit und Spiel. Er braucht mehr Bestätigung, als ihm gelegentlicher Sex geben kann. Er braucht nichts weniger als Anbetung, und die sucht er, ohne sich dessen vollständig bewußt zu sein. Wie wir im folgenden sehen werden, hat er auch eine unbewußte Affinität zu Frauen, die sich in ihn verlieben. Trotz seiner Regeltreue spricht er die Regeln nicht immer eindeutig aus. Seine Freundinnen wissen nicht, ob sie mit ihm rechnen können; sie wissen nichts über seine anderen Geliebten, sie wissen nicht, daß er gar nicht daran denkt, seine Frau zu verlassen. Schließlich nehmen sie das Spiel zu ernst. Howard klagte, daß all seine Freundinnen am Ende immer zu nörgeln anfingen und ihn mit Forderungen nach mehr Zeit, Aufmerksamkeit und Beständigkeit nervten. Sie weigerten sich, nach den Regeln zu spielen, die zu erklären er sich nie die Mühe gegeben hatte.

So verwandelt sich selbst die gefügigste Geliebte bald in eine nörgelnde Zicke – eine Ehefrau ohne Trauring. Sie kann kaum etwas tun, um diese Abwertung zu verhindern, die in der Natur des Spiels begründet liegt. Casanova liebt die Eroberung, hat aber kaum den Wunsch, zu halten, was er erobert hat, denn »halten« schließt auch »gehalten werden« ein. Es gibt keine sogenannte freie Liebe. Wenn dieser Mann eine neue Frau erst unterworfen hat, verliert sie unweigerlich an Wert und wird zu einem Risiko. Das Spiel geht nur in eine einzige Richtung: der endlosen Suche nach der Bestätigung ohne Haken und Ösen.

Oberflächlich gesehen wirkt diese Spielerei recht glanzvoll. Die männlichen Teilnehmer sind die wahren Erben von Casanova und Don Juan, Lothario und dem Marquis de Valmont. Sie sind keine gewöhnlichen Frauenhelden, sondern Connaisseurs, die das Aufreißen und den schnellen Fick in das luftige Reich der Verführung transzendiert haben, wo Stil mehr wiegt als Bestätigung und die Lust der Partnerin mehr als die eigene. Da sie dabei sehr geschickt vorgehen und auf die Wünsche der Geliebten extrem sensibel reagieren, hält man sie für »die Männer, die Frauen lieben«. Ihr einziger Fehler scheint zu sein, daß sie sie zu sehr lieben.

Doch das Hauptanliegen des Spielers ist natürlich das Spiel selbst mit den einzelnen Stadien Verführung, Eroberung, Untreue und Trennung. Frauen sind die Preise in diesem Wettkampf, die äußeren Maßstäbe für die Geschicklichkeit des Spielers. Sie sind nicht einmal Sexobjekte, sondern Stützen für ein Ego, das sich aufbläst, aber keine innere Festigkeit besitzt. Dieses verminderte Selbstgefühl zwingt den Spieler, außerhalb seiner selbst nach Bestätigung und Anerkennung zu suchen. In dieser dürren Psycholandschaft – einer Arena, in der es nur den Spieler und seine Figuren gibt – kann es niemals wirkliche Befriedigung geben. Wie kann er einer Liebe trauen, die er durch Rollenspiel und Manipulation errungen hat? Und was würde aus dieser Liebe, wenn er seiner Rolle überdrüssig würde? Gleichgültig, welchen Spaß ihm eine Eroberung bereitet, das Vergnügen bleibt letztendlich flach, denn seine byzantinischen Transaktionen mit Frauen sind ja nur einzelne Akte in einer endlosen Vorstellung, deren größtes Lob im Applaus eines Schattens besteht.

In Milan Kunderas Buch *Die unerträgliche Leichtigkeit des Seins* finden wir eine fröstelnd genaue Beschreibung dieses Spiels und des Mannes, der es spielt:

»Er begehrte sie (die Frauen), aber er fürchtete sich vor ihnen. Er mußte einen Kompromiß zwischen Angst und Verlangen finden und nannte ihn ›erotische Freundschaft‹. Seinen Freundinnen beteuerte er: nur in einer unsentimentalen Beziehung, in der keiner Ansprüche auf das Leben und die Freiheit des andern erhebt, können beide glücklich werden. Weil er sichergehen wollte, daß die erotische Freundschaft niemals in eine aggressive Liebe überging, traf er sich mit seinen ständigen Freundinnen nur in langen Abständen. Er hielt diese Methode für perfekt und propagierte sie unter seinen Freunden: ›Man muß die Dreierregel einhalten. Entweder sieht man eine Frau in kurzen Abständen, aber dann nicht öfter als dreimal, oder man verkehrt jahrelang mit ihr, dann allerdings nur unter der Bedingung, daß mindestens drei Wochen zwischen den Verabredungen liegen.‹«[22]

Die Diktatur der Begierde

Casanovas, bei denen die Sucht nach Frauen einen Fluchtmechanismus darstellt, müssen Feministinnen als personifizierte Alpträume erscheinen: gedankenlos, getrieben und hypersexuell. Wie Fred schlafen sie vielleicht mit Hunderten von Partnerinnen, aber ihre Beziehungen bleiben kurz. Nichts liegt ihnen besser als einmalige Gastspiele mit völlig Fremden. Sie behandeln die Frauen wie bezahlte Professionelle, kopulieren mit ihnen eine Stunde lang und entledigen sich dann ihrer ohne Zärtlichkeit oder Schuldgefühle. Eingefleischte Fluchtspezialisten scheuen jede Beziehung, und sollten sie doch schließlich eine eingehen, so bleibt sie oberflächlich. Oft sind sie selbst für die Frauen, mit denen sie leben, Fremde. Sie teilen ein Haus, ein Bett und vielleicht ein Bankkonto mit ihnen, aber nichts erinnert an Intimität oder Leidenschaft.

Sowohl der Kitzeljäger als auch der Spieler tendieren zu den gleichen Zielen: einem Moment der perfekten Lust oder einer Bestätigung des Ichs. Fred hingegen benutzte Frauen nur als Fluchtventile. Seine Geliebten sind eine Zuflucht vor seiner Ehe. Sex ist die momentane Erleichterung von der Qual, zugleich aber selbst eine geistige Folter. Er fühlt sich zu Frauen als sexuellen Wesen hingezogen, scheint aber unfähig, auf anderen Ebenen mit ihnen umzugehen. Sie verschwinden aus seinem Leben, ohne die geringste Anwandlung von Reue in ihm hervorzurufen. Seine erotische Karriere war ein hastiges Tretmühlrennen nach der Sicherheit, die aber stets unerreichbar bleibt. Mit dreiundsechzig Jahren betrügt er immer noch seine Frau und ist so begierig auf neue Partnerinnen, daß er sie per Anzeige in entsprechenden Magazinen sucht.

Männer wie Fred schieben die Schuld an ihrem Verhalten auf einen überstarken Sexualtrieb. Ihre Sexualität hat auch etwas Getriebenes, eine gnadenlose Hartnäckigkeit, die sich weder verleugnen noch verzögern läßt. Wenn Fred eine Frau will, ist er »wie ein Hund, der die Nase nach einer heißen Hündin in die Luft hebt«. Ein anderer Casanova vergleicht die Begierde mit dem Rausch des Betrunkenen: »Du siehst eine Frau, und da überkommt dich etwas. Du mußt sie einfach haben. Du machst die verrücktesten Dinge – lügen, nicht in die Arbeit gehen, alles. Dein gesunder Menschenverstand entschwindet für eine halbe Stunde, doch sobald du es hinter dich gebracht hast, ist er wieder da und klebt dir eine. Das ist dann der absolute Kater. Plötzlich ekelt man sich nur noch, vor ihr und vor sich selbst. Vor wenigen Augenblicken noch war sie eine Prinzessin, jetzt hat sie für dich Fangarme wie ein Oktopus. Aber du weißt genau, eine Woche später siehst du eine andere und machst wieder genau das gleiche.« Philip Roth beschreibt in *Portnoys Beschwerden* diese sexuelle Betäubung und zitiert einen jiddischen Aphorismus: »Wem der Putz steht, dem liegt der Grips im Dreck.«[23]

Beim Spieler ist Sex eine Form von Herrschaft, eine Technik, seine Stärke und Geschicklichkeit zu beweisen, indem man die Partnerin manipuliert. Sex als Flucht scheint mit völliger Selbstaufgabe, der bedingungslosen Kapitulation gegenüber einer stürmischen Libido verbunden.

Die Vorstellung, daß viele Männer »hypersexuell« seien, liefert vielen Casanovas eine bequeme Entschuldigung für ihre Promiskuität oder Untreue. Doch diese These scheint jeder physiologischen Grundlage zu entbehren. Selbst Dr. John Money, ein führender Vertreter der biochemischen Theorie für Sexualverhalten, findet keine Korrelation zwischen dem Hormonstand und der Art von Hypersexualität, die man als Satyriasis bezeichnet.[24] Die Hypersexualität der Fluchtspezialisten wurzelt eher in der Seele als im Penis, denn für diese Männer ist – wie für die meisten – das Gehirn die dominierende erogene Zone.

Doch die Psyche ist fast ebenso herrisch wie die Hormondrüsen. Bei der Flucht kann jede Frau unabhängig von ihrem Aussehen oder ihrer Ausstrahlung zum Objekt werden. Wenn man mit jeder, die willig ist, ins Bett geht, ist die Wahrscheinlichkeit groß, daß man ab und zu nach dem Akt Ekel empfindet. Freds erste Sexualpartnerin war seine Nachbarin, die alt genug war, seine Mutter zu sein. Ihn stießen zwar ihre schlaffen Brüste und das ergraute Schamhaar ab, aber er schlief in seinem fünfzehnten Lebensjahr den ganzen Sommer mit ihr. Ein junger Mann klagte, daß viele seiner einmaligen Bettgenossinnen sogenannte »Kojote-Ficks« seien, Frauen, bei deren Anblick man sich beim Aufwachen am liebsten den Arm abnagen würde. Der Ekel kann moralischer, ästhetischer oder körperlicher Natur sein. Ich kann kaum die Männer zählen, die mir Gruselgeschichten über Frauen erzählten, die sie dumm, oberflächlich oder schlampig fanden – aber immer erst hinterher.

Fluchtspezialisten schlafen auch mit jeder Frau, die sie eigentlich abstößt, wobei sie sich selbst abstoßend verhalten. Der überwältigende Ekel nach dem Verkehr wird manchmal vom eigenen Verhalten ausgelöst. Sie sind hartnäckige Lügner, wenn es um Sex geht, und im Gegensatz zu den Spielern, bei denen die Täuschung nicht einer gewissen Eleganz entbehrt, lügen sie grob und unglaubwürdig – wie Fred, der seine Freundinnen mit in die Offiziersmesse nahm und sein Adreßbuch so liegenließ, daß seine Frau es leicht finden konnte. Sie scheinen es oft geradezu darauf anzulegen, ertappt zu werden. Diese Nachlässigkeit verrät Widerwillen und Schuldgefühle. Doch Nachlässigkeit und Rücksichtslosigkeit sind nichts anderes als ein Kennzeichen der Flucht.

»Sich zu Tode vögeln«

Der Fluchtspezialist neigt zur Selbstzerstörung. In manchen Situationen setzt er weit mehr aufs Spiel als seine Ehe oder Partnerschaft. Mehrere Männer, mit denen ich mich unterhielt, hatten ihre Karriere gefährdet, weil sie mit Kolleginnen schliefen; ihre Affären waren bekanntgeworden, und dies hatte demütigende Folgen für sie. Ein Bekannter verlor sein gutgehendes Geschäft, weil er mit der Frau seines Partners schlief. Fluchtspezialisten übernehmen nur selten Verantwortung für Empfängnisverhütung und schützen sich nicht vor sexuell übertragbaren Krankheiten. Im Zeitalter von AIDS scheint solche Nonchalance geradezu selbstmörderisch. Aber die Begierde nach Sex gleicht bei diesen Männern oft der Todessehnsucht. Fred mußte sich vor Jahren einer schweren Herzoperation unterziehen und jagte schon bald danach wieder hinter Frauen her. »Als der Arzt mir sagte, ich müsse mich bei den Damen zurückhalten, antwortete ich: ›Sagen Sie mir nicht, wie lange ich noch zu leben habe, denn das ist mir scheißegal. Wenn es mit mir zu Ende gehen sollte, würde ich vorher losgehen und mich zu Tode vögeln.‹«

Das klang irgendwie schauderhaft vertraut. Ich selbst hatte etwas Ähnliches in der Woche von mir gegeben, als ich meine Frau verließ und mich in eine Reihe kurzer, freudloser Affären stürzte. Damals begann ich, mich bewußt zu betäuben. Es genügte mir nicht mehr, high zu sein; ich befaßte mich nicht mehr mit den Feinheiten der Verführung; ich strebte nur nach den Momenten des Blackout und der sexuellen Delirien, bei denen Vergessen Bewußtlosigkeit ablöst und jeder Orgasmus wie ein kleiner Tod erscheint. Ich suchte zugleich Trost und Strafe – die Verleugnung dessen, was ich getan hatte, und die Strafe dafür. Jedesmal, wenn ich eine Frau liebte, versuchte ich, in ihre Gebärmutter zu kriechen, sie zu besitzen und von ihr besessen zu werden. Ich wollte nichts weniger, als im Schlaf des Ungeborenen Vergessen zu finden.

Sich zu Tode vögeln heißt also, Sex in eine Droge zu verwandeln, die wie eine Überdosis wirkt. Der Exzeß, Kontakte mit Hunderten von Partnerinnen in einem einzigen Jahr, das fiebrige Hasten von einem Bett zum anderen, die drängende Kraft der Begierde – dies alles entspringt teilweise einem Trieb zur Selbstzerstörung. In der Hingabe des Casanova an den Ruf des Eros liegt ein Element der Resignation, als wolle er sagen: »Ich weiß, ich sollte es nicht tun, aber was nützt das.« Fred war sich völlig bewußt, daß Sex so bald nach seiner Operation ihn umbringen konnte – aber er trieb es trotzdem. Gary Hart muß trotz seines unerschütterlichen Glaubens an seine Unverletzlichkeit gewußt haben, daß seine Affäre mit Donna Rice katastrophale Folgen haben konnte: das Gesicht auf dem Foto an Deck der *Monkey Business* ist das eines Mannes vor einem Erschießungskommando. Manchmal scheint es, daß gerade solche Männer Frauen als Vehikel ihrer Flucht benutzen, die am meisten dabei zu verlieren haben – Kandidaten und Rekonvaleszenten, Männer mit Ehen und Karrieren, die auf den Schein des Anstands angewiesen sind. Für diese Männer ist Sex wie der Sprung von einer Klippe, ein Akt, der Eros und Thanatos vereint.

Die Flucht vor der Nähe

»Die Affäre, mit der meine Ehe endete, fand zu einem bedeutsamen Zeitpunkt statt: in der Woche, als ich erfuhr, daß mein Vater unheilbar an Krebs erkrankt war. Als ich diese Nachricht erhielt, weinte ich, hörte aber sofort damit auf, als meine Frau ins Zimmer trat. Ich zuckte ein wenig zusammen, als sie meine Schulter berührte; ich konnte es nicht ertragen, daß sie mich so sah. In ihrer Gegenwart zu weinen, gab mir ein Gefühl von Schwäche und Geringfügigkeit, als habe sie mich dabei ertappt, wie ich mich von einem Mann in einen kleinen Jungen verwandelte. An jenem Tag rief ich die Frau an, die meine nächste Geliebte werden würde. Ich war gerade von einem Besuch bei meinem Vater zurückgekehrt. Meine Frau hatte nicht mitkommen können, und ich war irgendwie wütend auf sie. Noch entscheidender aber war, daß ich Angst hatte, zu ihr nach Hause zu kommen, weil ich wußte, sobald ich durch die Tür trat, würde ich erneut in Tränen ausbrechen. Ich ging an den einzigen Ort, an dem ich mich sicher fühlte: ins Bett einer fremden Frau. Vor Fremden weine ich nur selten.«

Die Promiskuität des Fluchtspezialisten ist keine Jagd nach dem Vergnügen, sondern eine Flucht vor Schmerzen und Angst. Ich versuchte, durch Sex dem Schmerz über den Tod meines Vaters und der Scham, mit der mich meine hemmungslose Trauer darüber erfüllte, zu entkommen. Fred benutzte Sex, um seine Sterblichkeit zu verleugnen, Gary Hart versuchte vielleicht, dem Druck des Wahlkampfes und der angsteinflößenden Vorstellung der Präsidentschaft zu entkommen. Vor allem aber benutzen Casanovas Sex als Flucht vor der Intimität. Intimität bedeutet schließlich, den anderen so zu sehen, wie er wirklich ist, und sich selbst zu erkennen zu geben. Casanovas besitzen jedoch nur eine diffuse Vorstellung vom anderen und leiden an einer gestörten Selbstwahrnehmung. Für solche Männer ist ein einmaliges Gastspiel der perfekte Ersatz für Nähe, eine Möglichkeit, zu berühren, ohne zu sehen oder gesehen zu werden. Eine längere Beziehung mit einer einzigen Partnerin erfüllt sie mit Angst vor der Entdeckung. Wie Spione in Feindesland können sie sich nur die kürzesten und neutralsten Kontakte mit den Einheimischen erlauben.

Wenn man mit einer Frau zusammenlebt, wird der Druck in Richtung Intimität zwangsläufig stärker; daher entsteht das Bedürfnis zu fliehen. Verheiratete Casanovas scheinen oft viel promiskuitiver als ihre unverheirateten Gegenstücke. Sie bewegen sich hektisch zwischen ehelichem Schlafzimmer und Motelzimmer hin und her. Bei der Unterhaltung mit diesen Männern fiel mir der Gegensatz zwischen der äußeren Stabilität ihrer Ehen und der Kompliziertheit ihres außerehelichen Lebens ins Auge: Männer, die schon jahrelang friedlich verheiratet sind und sich nie mit ihrer Frau streiten, schlafen angeblich mit vier oder mehr verschiedenen Partnerinnen pro Woche. Männer, die vorgeben, ihre Gattinnen anzubeten, verbringen die meisten Nächte mit anderen Frauen. In diesem Kontext können wir die dauerhaften, aber chronisch ehebrecherischen Verbindungen von Männern wie H.G. Wells, Marcello Mastroianni und John F. Kennedy begreifen: je solider die Beziehung, um so größer das Bedürfnis des Casanova, davor zu fliehen.

Es überrascht nicht, daß die Flucht vor der Intimität auch das Eheleben prägt. Gewöhnlich findet alles stillschweigend statt. Fred beschrieb das Verhältnis zu seiner Frau als sehr eng, doch es wirkte entsetzlich beziehungslos. Niemals scheint es zu einem offenen Konflikt gekommen zu sein. Er hat seiner Frau nur wenig über seine Kindheit und Jugend erzählt, niemals seine Karriere mit ihr diskutiert und sich bis kurz vor der Operation geweigert, sie mit seiner Herzkrankheit »zu belästigen«. Er bewahrt Dinge für sich, um seine Frau vor Sorgen zu schützen und um einen Streit mit ihr zu vermeiden: Er ist verschwiegen, weil »sie die Wahrheit nicht versteht«. Mit diesem Stillschweigen ist das Gefühl verbunden, daß Frauen grundsätzlich nicht vertrauenswürdig sind, schwach, nachtragend und vielleicht auch dumm. Die Friedfertigkeit einer solchen Beziehung stellt sich als Tarnung für die Verachtung heraus, die ein Partner für den anderen empfindet.

Doch trotz dieser Atmosphäre des Schweigens bleibt nur wenig verborgen. Die Ehe eines Fluchtspezialisten ist voller offener Geheimnisse, und dies gilt auch für seine Untreue. Das Spiel mit dem Sex verlangt Takt und Geschicklichkeit, die Flucht hingegen ist rücksichtslos und ungeschickt. Der Ehebruch wird nur spärlich verborgen, wenn er nicht sogar in aller Öffentlichkeit begangen wird. Das Wissen um die Untreue stellt eine Verbindung zwischen Betrüger und Betrogenem her. Wie der Sex selbst werden Schmerzen und Schuldgefühle zum Ersatz für Intimität. Freds Schuldgefühle sind teilweise der Grund, warum er bei seiner Frau bleibt: Wie kann er eine Frau verlassen, die sich mit so vielem bei ihm abgefunden hat? Ich vermute, daß Freds Frau zumindest ahnt, wie ihm zumute ist, und daher seine Affären toleriert: Sie weiß, daß sie ihre Ehe nicht bedrohen. Vielmehr stellen seine Ehebrüche sogar eine Garantie dar: Doch diese Garantie ist mit Tränen und Galle verbunden. Fluchtspezialisten und ihre Lebenspartnerinnen sind Verbündete, die das Geheimnis der Untreue teilen. Genau das, was die meisten Beziehungen auseinandersprengen würde, hält die ihre zusammen.

Schweigen ist auch eine Möglichkeit, schlechte Nachrichten für sich zu behalten. Wenn man etwas für sich behält, tut man so, als existiere es nicht – und im weiteren, als wünschte man sich, es würde nicht existieren. Diese Magie beschwören viele Casanovas. Wenn Fred sein Herzleiden vor seiner Frau verbarg, so in der Hoffnung, es würde vielleicht von selbst heilen. Wenn ich nicht vor meiner Frau in Tränen ausbreche, bin ich vielleicht gar nicht so traurig, und mein Vater wird irgendwie wieder gesund. Wenn wir so tun, als seien unsere Ehen friedlich und konfliktfrei, könnten diese Konflikte doch vielleicht von selbst verschwinden.

Fluchtspezialisten werden oft von schmerzhaften Geheimnissen belastet. Diese verhindern, daß sie mehr als nur höchst oberflächliche und unverbindliche Beziehungen zu Frauen entwickeln. Im Verlauf meiner Unterhaltung mit Fred kam heraus, daß seine erste sexuelle Begegnung viel früher stattgefunden hatte, als er mir zunächst erzählt hatte: nämlich im Alter von vier Jahren, als er von einer Tante belästigt wurde. Das Wort Inzest nimmt Fred nicht in den Mund. Wenn er seine Verführung beim Namen nennen würde, müßte er sie als das ansehen, was sie ist: als Vergewaltigung. Wenn er seiner Frau davon erzählen würde, müßte er sich auch selbst dieser Erfahrung stellen.

Eine auffallend hohe Anzahl von Fluchtspezialisten sind Vietnamkriegsveteranen. Sie haben alles miterlebt und an den Schrekken des Kampfes teilgenommen, um in ein Land zurückzukehren, das ihnen die Anerkennung verweigerte. Der Preis der Heimkehr war, so zu tun, als seien sie nie fort gewesen, und in das Schweigen ihrer Landsleute einzustimmen. Ein Mann erzählte mir: »Als meine Freundin mich fragte, warum ich im Schlaf so oft aufschreie, konnte ich ihr doch nicht sagen, was ich träume.«

Einer Frau, die man ohnehin nie wiedersieht, braucht man seine Alpträume nicht zu erklären.

Ich sprach auch mit Casanovas, deren zwanghafte Promiskuität aus unbewußter Homosexualität zu entspringen schien oder als Verteidigungsmechanismus gegen homosexuelle Panik fungierte. Ein Mann hatte zum Beispiel langandauernde platonische Beziehungen mit Frauen, schlief aber regelmäßig mit Vertretern beider Geschlechter. Solange er mit Frauen lebte, konnte er sich wunschgemäß als heterosexuell beschreiben, während er seine wahren Neigungen anderswo befriedigte. Ein anderer Mann, der seit mehreren Jahren verheiratet war, wurde gelegentlich von homosexuellen Phantasien heimgesucht und mußte sich selbst dann stets mit der manischen Zurschaustellung von Heterosexualität beruhigen.

Was der Casanova verbirgt und vor was er flieht, ist nicht immer so dramatisch. Die Wurzel seiner Verdrängungen ist die Angst vor jeder Schwäche. Für diesen Mann sind die grundsätzlichen Schwachstellen eines Menschen – die Angst vor dem eigenen Tod oder Trauer um den eines anderen – unerträglich. Er verleugnet nicht nur deren Existenz in sich, er flieht auch vor jeder Situation, die ihn daran gemahnt, vor jeder Frau, deren Pech es ist, etwas derartiges mitzuerleben. Er ist stolz auf seine Unabhängigkeit und schreckt vor Frauen zurück, die ihn die eigene Bedürftigkeit fühlen lassen. Er klammert sich nervös an seine Männlichkeit und sucht sofort das Weite, wenn er diese Männlichkeit bedroht sieht. Allein die Möglichkeit, daß eine solche Situation eintreten könnte, erfüllt ihn mit Unbehagen; daher scheint er immer auf dem Absprung zu sein und sucht gewissermaßen jedes Schlafzimmer nach dem Hinterausgang ab. Wie sein historisches Urbild ist Casanova ein Schauspieler, der nichts mehr fürchtet als die Demaskierung.

Das gefährdete Ich

In extremen Fällen stellt man bei diesen Männern eine bizarre Identitätsverwechslung fest, ein Verschwimmen der Grenzen zwischen Mann und Frau, dem Ich und dem anderen. Fred klagte, daß er manchmal nicht zwischen dem Orgasmus seiner Frau und dem eigenen unterscheiden kann, zwischen Verkehr und Masturbation. Auch einige der von mir interviewten Männer erklärten, sie hätten häufig das Gefühl, mit der Partnerin zu verschmelzen. Diese Vermischung gemahnt an die träumerische Symbiose des Säuglings, wenn das Kind seine Mutter als Ausweitung seiner selbst betrachtet und deren Bedürfnisse und Reaktionen von den eigenen ununterscheidbar sind. Bei Erwachsenen ist ein solcher Zustand extrem selten. Er deutet auf schwerwiegende Psychopathologie hin, einen Zustand, den man als präpsychotisch bezeichnen könnte. Ein verschwommenes Selbstbild mag einerseits beruhigend wirken, andererseits aber ist es sicherlich auch angsteinflößend. Wenn man so eng mit einem anderen verbunden ist, entsteht die Vorstellung, man könnte sich selbst verlieren.

Dem Bedürfnis des Casanova nach sexueller Flucht liegt genau diese Furcht zugrunde: daß seine Nähe zu Frauen in seinem Leben die Grenzen verwischen könnte, die ihn zu einem Einzelwesen machen. Man muß dazu bemerken, daß diese Furcht nicht immer so offensichtlich auftritt. Ich würde zögern, jeden Fluchtspezialisten als Präpsychotiker zu bezeichnen. Doch diese Männer leiden oft unter einem schwachen und ständig bedrohten Selbstgefühl. Ihr Hunger nach sexueller Vereinigung verbirgt die Furcht vor emotionaler Abhängigkeit, vor allem, was die Schale ihres Ichs weiter aushöhlen könnte. In ihren unbewußten Phantasien werden Frauen zu Wesen, die eine ungeheuere Macht besitzen. Eine Frau kann einen Mann mit einem Hüftschwung veranlassen, seine Skrupel zu vergessen und mit ihr ins Bett zu hüpfen. Eine Frau kann einen Mann dazu bringen, alles zu tun, was er will. Eine Frau – das sagten viele Casanovas – verwandelt einen Mann in ein Besitzstück, Verdiener und persönlichen Zuchthengst. Zwar bedeutet die Liebe zu einer Frau nicht notwendigerweise den Identitätsverlust, aber sie birgt für die Männer die Gefahr, daß sie sie zu Passivität und Unterwürfigkeit degradiert. Wenn man zu lange oder zu tief liebt, verwandelt man sich vielleicht sogar in eine Frau – oder wieder in einen kleinen Jungen.

Wir bekommen oft das Gefühl, daß Casanova ein Mann ist, der sich selbst geschaffen hat. Genauer gesagt, er hat sich korrigiert, hat jene Züge und Gefühle unterdrückt, die er nicht akzeptieren kann, und sie in den Mülleimer des Unbewußten verbannt. Intimität aber könnte seine sorgfältig gestaltete Identität bedrohen. Die sichere Anonymität der einmaligen Bettgeschichte verhindert, daß man gesehen und erkannt wird. Intimität könnte dazu führen, daß das abgelegte Ich plötzlich wiederaufersteht, daß der Fluchtspezialist mit seiner mühsam verdrängten Identität konfrontiert wird.

Charles Bukowski hat in seiner Geschichte *Fünfzehn Zentimeter* die primitive Furcht vor der Entmännlichung und Verschlingung beschrieben, die der sexuellen Flucht zugrunde liegt. Henry, der Protagonist, heiratet eine Frau, die ihn allmählich zu einer winzigen, strampelnden Puppe schrumpfen läßt:

»Ich blieb zu Hause bei Sarah. Und was es schlimmer machte – sie ernährte mich. Es kam so weit, daß ich nicht mehr an den Griff der Kühlschranktür kam. Und dann legte sie mich an eine kleine Silberkette.

[...] Zum Scheißen mußte ich auf einen Töpfchenstuhl klettern. Aber mein Bier ließ sie mich weiterhin trinken, sie hatte es ja versprochen.

›Ah, mein Schnuggelchen‹, sagte sie, ›wie süß du bist und niedlich!‹

Auch mit unserem Liebesleben war nun Schluß. Alles war in der Proportion geschrumpft. Ich bestieg sie, aber nach einer Weile hob sie mich einfach weg und lachte.«[25]

Die Ursprünge der Begierde

Sexualität unter Erwachsenen ist die Begierde einer Person nach einer anderen: Ich möchte, daß eine Frau ein von mir getrenntes selbständiges Wesen ist. Ich begehre sie gerade wegen ihres Andersseins. Manchmal sehe ich Teile von mir in ihr reflektiert, die ich liebe oder hasse, je nachdem. Aber ich verliere nie ihr Anderssein aus den Augen, und auch wenn wir ein ganzes Leben miteinander verbringen, bleibt sie mir stets wenigstens teilweise ein Geheimnis, denn wie kann ich ein anderes Wesen jemals völlig begreifen?

Freudianer nennen eine solche Sexualität genital, denn ihr Ziel ist die geschlechtliche – genitale – Vereinigung mit dem anderen. Außerdem entwickelt sich diese Sexualität in der *genitalen* Phase des Kindes, in der Kinder ihre Geschlechtsteile als Lustquelle entdecken und (noch unartikulierte) sexuelle Lust für andere Wesen empfinden, die sie als von sich getrennt wahrnehmen. Das Interesse richtet sich also auf ein Objekt, das sich außerhalb der engen kleinen Insel des Ichs befindet. Es ist eine Bewegung zwischen einem einigermaßen vollständigen Wesen und einem anderen.

Wir kommen nicht mit voll entwickelter Sexualität auf die Welt, und sie »überfällt« uns auch nicht irgendwann zwischen dem dritten und fünften Lebensjahr. Sie entwickelt sich aus unseren frühesten Beziehungen zu anderen Menschen, in den meisten Fällen also aus dem Verhältnis zu unseren Eltern. Davor erkennen wir diese Menschen nicht einmal als von uns getrennte Wesen an. Irgendwann einmal war die Frau, die mich geboren hat, für mich in Ermangelung eines anderen Wortes *Heimat*, Trost und Nahrung. Sie war ebenso ein Teil von mir wie meine Hände und Füße und schien in jenen Tagen genauso Objekt meiner Begierden zu sein.

Im Frühstadium unserer Entwicklung ist die Beziehung mit der Umwelt vornehmlich oral bestimmt. Ein Kind erkennt seine Mutter als das Ding an, an dem es saugt und das es manchmal beißt, je nachdem, ob es zufrieden oder frustriert ist. In der Frühphase gibt es keine Realität außer dieser. Wenn wir Liebe als eine Bewegung von einem Ich zu einem anderen definieren, kann man daher beim Säugling nicht von Liebe sprechen, sondern nur von *Bedürfnissen.*

Die meisten Untersuchungen über kleine Kinder gehen davon aus, daß die Erkenntnis des Unterschieds zwischen dem Ich und dem Anderen extrem schmerzhaft ist. Wir gelangen nur durch Hunger, Wut und Schrecken zu dieser Erkenntnis und kämpfen bei jedem Schritt dagegen an.

Diese (vereinfachende) Darstellung der Ursprünge der Erwachsenensexualität im Unterschied zum infantilen Erotizismus liefert die Grundlage für das Verständnis einer Mentalität, die darauf abzielt, einen anderen Menschen zu »verschlingen«. Es handelt sich dabei um die seltenste und meiner Meinung nach angsterregendste Art, wie ein Casanova Frauen behandelt. Ich habe Anzeichen dieser Mentalität bei meinen Unterhaltungen mit anderen Männern sowie in meinen alten Briefen und Tagebüchern festgestellt. Diese Mentalität liegt meiner hartnäckigen Behauptung zugrunde, daß meine Geliebten mich erst zu einer ganzen Persönlichkeit machen, und treibt Saul dazu, Teile seines Ichs wahllos auf seine Partnerinnen zu übertragen. Sie ist die ferne, unbewußte Grundlage der endlosen Suche eines Casanovas nach neuen Kitzeln und weiteren Eroberungen. Aber das reine Verschlingen tritt nur bei stark gestörten Individuen voll in Erscheinung. Es handelt sich um eine Art Rückzug auf die primitiven Bedürfnisse der Kindheit. Eine Frau zu verschlingen, bedeutet, ihr Anderssein zu negieren, sie nicht zu einer Geliebten, sondern zu einem Nahrungsmittel zu machen. Beim Verschlingen reduzieren wir ein menschliches Wesen auf ein Objekt, das wir verzehren. Beim Verschlingen schließen wir die Möglichkeit aus, den anderen »sein zu lassen«.

Keine Befriedigung

Man gewinnt zunächst nicht den Eindruck, daß mit Anthony etwas nicht stimmt. Es fällt einem höchstens auf, daß er zu normal wirkt. Er hat den Großteil seiner sechsundzwanzig Jahre damit verbracht, die Erwartungen seiner Eltern zu erfüllen: Er hatte gute Noten in der Schule und die richtigen Freunde, wohnte zu Hause und arbeitete fleißig im Geschäft seines Vaters. Es müßte für einen Jungen – besser gesagt, einen Mann – in Anthonys Alter eigentlich schwierig sein, noch bei den Eltern zu leben. Doch er beklagt sich nicht. Solange er sein Sexualleben auf die Nächte und Wochenenden beschränkt und seine Freundinnen nicht mit nach Hause bringt, kann er schließlich tun und lassen, was er will.

Doch wenn man sich ausführlich mit Anthony unterhält, spürt man seine unterschwellige Unzufriedenheit. Es gibt kein wirkliches Ziel in seinem Leben. Vermutlich empfindet er oft Langeweile. Nur wenn sich die Unterhaltung Frauen zuwendet, wird er lebhafter. Doch auch auf diesem Gebiet wirkt er wie der ewig Frustrierte. Er scheint nicht in der Lage zu sein, die »Richtige« zu finden. Es gibt für ihn keine Richtige. Er will ein Mädchen, das im Bett »unerhörte« Dinge tut. Er will ein anständiges Mädchen, das er seinen Eltern vorstellen kann. Er gibt seinen Freundinnen immer so viel, doch sie geben ihm nie, was er braucht. Er ist jung, gescheit und sieht gut aus. Doch: He can't get no satisfaction.

Viele Casanovas führen ein ausgefülltes und sinnvolles Leben – wir brauchen nur an Ernest Hemingway oder Herman Tarnower,

Lord Byron oder John F. Kennedy zu denken. Einige dieser Männer jedoch werden häufig von einem trübseligen Gefühl der Unvollständigkeit und Leere heimgesucht. Anzeichen davon finden wir in Sauls Langeweile und in Howards Angst, seine Ehe könnte nichts weiter als eine Abfolge von verschiedenen Rollen gewesen sein. In extremen Fällen wird das Gefühl von Leere allumfassend und praktisch zur Behinderung. Es nimmt allen Aktivitäten ihren Sinn und reduziert sie auf bloße Unterbrechungen im Tagesablauf. Es ist durchdringend und so lästig wie das nagende Gefühl eines leeren Magens und wird oft als eine Art Hunger erfahren. Doch wenn man wirklich hungrig ist, kann man dem Leben nicht viel abgewinnen.

Es ist nicht sonderlich ungewöhnlich, daß man sich selbst als unvollständig empfindet. Die meisten Menschen erfahren dies von Zeit zu Zeit, besonders in Phasen der Depression. Doch für manche Casanovas ist dieses Gefühl ein Dauerzustand, und gerade das, was fehlt, erscheint ihnen als besonders wichtig. Sie empfinden sich jedoch nicht einfach als unvollkommen, sondern vermitteln das Gefühl, als hätte man ihnen etwas geraubt, auf das sie einen verbrieften Anspruch haben. Anthony »verdient« mehr, als er bekommt, seine Freundinnen »geben ihm nie, was er braucht«. Casanovas mit diesem unglücklichen Gefühl wirken oft verwöhnt und launisch. Aber ich meine, daß sie wahrhaft Anspruch auf diesen fehlenden Teil ihres Ichs haben und daher ihre Quengeligkeit oft verständlich ist: ein Amputierter hat ein Recht auf das verlorene Glied, und ein Säugling, der daran gewöhnt ist, gefüttert zu werden, schreit, wenn die Brust plötzlich nichts mehr hergibt.

Die Unendlichkeit der Objekte

Nur bei der Eroberung von Frauen kann der Casanova seinen Hunger stillen. Wenn Anthony auf seine Eroberungszüge geht, schüttelt er die Langeweile ab und wird lebendig. Sein Puls schlägt schneller, er fühlt sich vital, geistreich und begehrenswert. Für einen so wählerischen Mann hat er bemerkenswertes Glück, attraktive Partnerinnen zu finden: es gibt immer eine, wenn nicht in der ersten Bar, dann kurze Zeit später. Wie oft können sich Männer hintereinander verlieben? Anthony scheint das alle paar Wochen zu gelingen und immer auf den ersten Blick. »Sie war das, was ich mein ganzes Leben lang gesucht hatte«, sagte er, als er gerade wieder einmal ein Mädchen in einem überfüllten Raum entdeckt hatte.

Die Häufigkeit und die Geschwindigkeit, mit der Anthony sich verliebt, legen den Schluß nahe, daß es sich um die gleiche Art von Projektion und Idealisierung handelt wie bei der Jagd nach dem Kitzel. Doch bei ihm laufen diese Prozesse wesentlich extremer ab. Jede Frau, so scheint es, kann innerhalb eines Augenblicks von einer Fremden, die vielleicht hübsch ist und gut tanzt, zum absoluten Objekt der Begierde werden. Für den Verschlinger ist sie aber mehr als nur begehrenswert – sie ist für ihn *lebensnotwendig*, aber auf eine Weise, die nichts mit ihr selbst zu tun hat. Für den Verschlinger besitzt sie alles, was er sonst so schmerzhaft vermißt. In dieser Fremden erkennt er plötzlich das eine Stück, das ihm fehlt. Wie kann er anders, als sie verzweifelt zu begehren, auch wenn er noch nicht einmal ihren Namen kennt? Daher überkommt ihn, wenn sie ihn abweist, die blinde Wut: Sie verweigert ihm schließlich einen wichtigen Teil seines Selbst.

Liebe auf den ersten Blick, mag sie nun Illusion sein oder nicht, ist bei vielen Vertretern dieses Typus von Casanova keine unabdingbare Voraussetzung. Viele Casanovas erfahren ein unvermitteltes und überwältigendes Lustgefühl ohne romantische Verklärung. Sie durchstreifen die Nachtclubs, wie Hungrige an einem kalten Büffet vorbeiziehen, auf dem die Speisen so einladend und üppig sind, daß sie sich nicht entscheiden können, was sie zuerst möchten. »Ich rede mit dieser Dynamitblonden«, erzählte mir ein Mann, »aber dicht hinter ihr sitzt diese Brünette mit Haar bis zum Hintern, und die scheint mir Blicke zuzuwerfen. Doch links von ihr sitzt der richtige Killer, die Frau mit dem dauergebräunten Fitneßkörper, die sich offensichtlich mit dem Typen langweilt, mit dem sie gerade redet ... und ich gerate völlig aus der Fassung. Am Ende gehe ich mit einer nach Hause, die vielleicht gar nicht so attraktiv ist, und denke die ganze Nacht an die anderen, die ich zurückgelassen habe.«

Wenn sich der Dunst der idealisierten Sehnsucht verflüchtigt, erscheint das Verschlingen brutal und wahllos. Casanova sieht, will und greift zu. Er macht sich über seine Partnerinnen keine Illusionen; sie bedeuten ihm nicht mehr als Byrons »vorübergehende Wesen«, Frank Sinatras »Bimbos« oder John F. Kennedys endloser Nachschub von Wegwerfgeliebten. Ich glaube, es ist kein Zufall, daß wir die Mentalität des Verschlingens so oft unter den Reichen, Berühmten und Mächtigen finden. Verschlingen ist sexueller Konsum, bar jeder Verführung und jedes Charmes, und nur die privilegiertesten und charismatischsten Männer können sich das erlauben: die Mächtigen werden nicht abgewiesen. Für Politiker oder Rockstars wird es so sehr zur Gewohnheit, das zu bekommen, was sie wollen, daß sie sich immer mehr in Narzißmus versteigen, in eine Welt, in der Wünsche, darunter auch der Wunsch nach unendlicher sexueller Bestätigung, sofort befriedigt werden können und daher bald die Qualität von Wünschen verlieren. Eine neuere Biographie von Thomas Wolfe verrät uns, daß er glaubte, jede Frau, die nicht mit ihm ins Bett wollte, sei irgendwie nicht normal.[26]

Geben und Nehmen

Man erwartet, daß verschlingende Männer egoistische Liebhaber sind, daß sie dem Typus von Rammlern entsprechen, der eine Frau unter sich festnagelt, ein paar Minuten in sie hineinstößt, sich zur Seite rollt und einschläft. Einige Casanovas verhalten sich so und bezeichnen den Liebesakt als »Wammbammdankemadam«. Wenn ein Mann eine Frau lediglich als Lustobjekt betrachtet – eigentlich als begehrten Teil seiner selbst –, denkt er vermutlich nicht an ihr Vergnügen. Er nimmt vielleicht ebensowenig Rücksicht auf sie wie auf die Hand, mit der er onaniert. Die Mentalität des Verschlingens hat weniger mit der objektorientierten Sexualität des Erwachsenen als mit der sich selbst suchenden oralen Bestätigung des Säuglings zu tun und wird daher von einer ausgeprägten Erwartungshaltung begleitet. Anthony *erwartet* von seinen Partnerinnen, daß sie ihm viele Orgasmen bescheren und seine bizarrsten Phantasien mit ihm ausleben. Wenn sie diesen Ansprüchen nicht genügen, fühlt er sich betrogen.

Aber Anthony versucht ja andererseits auch, den Frauen »zu geben, was sie brauchen«; also scheint er sie auch als eigenständige, von ihm getrennte Wesen wahrzunehmen. Doch wessen Bedürfnisse befriedigt er eigentlich? Der Mentalität des Verschlingens entspricht zumeist die hemmungslose Orientierung auf die eigene Befriedigung, doch manchmal kann sich dieser Typus ebenso zwanghaft auf die Befriedigung des anderen konzentrieren. Wenn diese Männer vor der Freundin zum Höhepunkt gelangen, reagieren sie zornig und trennen sich rasch von ihr. Ihre Reaktionen haben vermutlich weniger mit Verlegenheit zu tun als mit Angst. Es ist, als fürchteten sie, daß ein gescheiterter Versuch, der Partnerin das Gewünschte zu geben, schlimme Folgen haben könnte.

Ich glaube, daß diese unterschwellige Furcht der spezifischen Seelenlage entspringt, die der Casanova auf seine Frauen projiziert. Wenn ich sagte, daß er seine Partnerinnen als Objekte wahrnimmt, meine ich damit nicht zwangsläufig, daß er sie als gefühllos empfindet. Er gesteht ihnen durchaus gute *Absichten* zu. Wenn eine Frau ihn mit mehr als nur flüchtigem Interesse ansieht, ist er schon davon überzeugt, daß sie ihn liebt. Später aber redet er sich ein, daß sie ihn besitzen und verschlingen will. Während des Verkehrs projiziert der verschlingende Casanova seinen eigenen Hunger auf die Frau, die unter ihm liegt, und wenn das, was er ihr gibt, nicht genügt, nimmt er automatisch an, daß sie ebenso wütend sein wird, wie er es in ihrem Fall wäre. Mit seinen fiebrigen Versuchen, sie zu befriedigen, überträgt er seinen eigenen Seelenhunger auf sie und verdrängt so die eigene Aggression.

Es nimmt kaum wunder, daß diese Männer beim Liebesakt nur selten zufriedengestellt werden. Ihre Erotik scheint vom normalen genitalen Schaltkreis abgetrennt zu sein und ist gewöhnlich mit Wut und Angst belastet. Anthony hat erstaunliche Schwierigkeiten, den Orgasmus zu erreichen. Ein anderer Mann meinte, daß er dadurch sicher zum besseren Liebhaber würde, doch er klagte, daß Sex für ihn ziemlich strapaziös sei: »Es ist für mich ständig ein Problem, wie lange ich es schaffe, ohne zu ermüden oder der Sache überdrüssig zu werden.« Der gleiche Mann leidet auch gelegentlich unter Impotenz: »Manchmal halte ich Sex für eine Mischung aus Frustration und Demütigung – mit einem unendlich winzigen Punkt in der Mitte, wo ich wirklich zufrieden bin.« Wenn er zum Höhepunkt gelangt, empfindet er nur wenig Freude dabei. Ein anderer Casanova verglich seinen Orgasmus mit einem Rülpser – ein abwegiger Vergleich, der den oralen Ursprung seiner Bedürfnisse verrät. Und immer, auch nach mehreren Orgasmen, fühlen sich diese Männer betrogen. Irgendeine Stelle in ihrer Seele bleibt unbefriedigt; irgendein Hunger wird nicht gestillt. Doch wie kann dies je geschehen, wenn die Seele in Wirklichkeit nach einem fehlenden Teil ihrer selbst hungert?

Die Besessenheit des Casanova

»Ich bin eifersüchtig; ich fühle mich bedroht und habe schreckliche Angst vor diesem Gefühl, weil es einem Bedürfnis, einer Begierde entspringt, deren Intensität der totale Irrsinn ist. Ich hasse mich selbst dafür. Die Angst und die Angst vor der Angst sind reiner, verzehrender Wahnsinn, der mich blind und krank macht. Ich stelle mir alles vor und hasse mich dafür, und ich hasse S., weil sie diesen Wahnsinn in mir hervorruft, weil ich sie brauche. Plötzlich wird sie zur unbekannten Größe, zu jemandem, der mich nicht anruft oder das Telefon nicht beantwortet, und versetzt mich in wahnwitzige Eifersuchtskrämpfe. Ich zucke dann wie auf dem elektrischen Stuhl, doch ich versuche mir selbst einzureden, daß ich absolut still sitze, während mir gleichzeitig der Rauch aus den Ohren qualmt. Ich weiß ja, daß es mir so geht, und verfluche mich selbst, daß ich nicht zur Ruhe kommen kann. Auch wenn sie jeden Mann in ihrer Umgebung vögelte, würde ich mich immer noch hassen, denn ich kann die Intensität dieses Bedürfnisses nicht ertragen. Ich kann mich selbst nicht ausstehen, weil ich solche Bedürfnisse habe ...«

(Aus dem Tagebuch des Autors, November 1979.)

Wenn manche Casanovas beim Sex immer Enttäuschungen erleben, liegt das teilweise daran, daß sie mit dem Koitus die Art von Inbesitznahme assoziieren, die ihren innersten Wünschen entspricht. Beim Liebesakt können sie jedoch nur beschränkt und nur für kurze Zeit in den Körper der Partnerin eindringen. Männer wie Anthony aber wollen mehr: »Wenn ich es treibe«, sagt er, »ist es, als müsse ich immer fester zustoßen. Manchmal tut es sogar weh. Es ist, als wollte ich mich in sie hineinbohren, mich völlig in sie versenken. Manchmal will ich sagen: ›He, laß mich rein.‹« Sein wahres Bedürfnis ist es, völlig in die Partnerin einzudringen, nicht nur im bildlichen, sondern im wörtlichen Sinn eins mit ihr zu werden – so als könne er auf diese Weise wieder in den Uterus der eigenen Mutter zurückkehren. Die Kehrseite dazu ist der Versuch, seine Partnerinnen durch oralen Sex in sich aufzunehmen; diese Form des Geschlechtsaktes kann er stundenlang praktizieren. Keine Art des Liebesakts ist an sich ungewöhnlich, doch wenn sie mit Besessenheit praktiziert wird, ist dies ein Zeichen dafür, daß jemand versucht, die Grenzen zwischen dem eigenen Ich und dem des anderen zu nivellieren.

Ich habe die erotische Eskalation der Jagd nach dem Kitzel als Bewegung auf den Besitz der Geliebten hin beschrieben. Das gleiche vollzieht sich in noch extremerer Form bei den Versuchen, den anderen zu verschlingen. Anthony verschwendet keine Zeit darauf, seine Gefühle gegenüber einer neuen Freundin kritisch zu überdenken. Innerhalb der ersten Augenblicke einer neuen Beziehung plant er seine Zukunft mit ihr, wobei seine Vorstellungen durch ein idealisiertes Bild von der Ehe bestimmt sind. Dies alles hat nichts mit dem Kennenlernen dieser neuen wunderbaren Frau zu tun: Er meint sie ja bereits zu kennen, er begehrt sie und will nur erreichen, daß auch sie ihn begehrt. Er will so sehr, daß sie ihn will, daß sie ihm die Wünsche von den Augen ablesen muß, um ihn zufriedenzustellen. Das Verschlingen zielt darauf ab, daß der andere sich der Urkraft der Leidenschaft des Casanova bedingungslos ausliefert.

Einige Frauen finden solche Leidenschaft höchst anziehend. Wie wunderbar romantisch, einen Mann zu finden, der einem die Schlafzimmertür eintritt, wo andere nur schüchtern anklopfen würden. Andere jedoch bringen den stürmischen Aufmerksamkeiten eines Casanovas die gebotene Skepsis entgegen. Ich hatte den Eindruck, daß Anthony öfter mit solchen Frauen konfrontiert war, als er zugeben mochte. Für diesen Typus des Casanova bedeutet das leiseste Zögern einer Frau eine Abweisung, die Verzweiflung und Wut in ihm auslöst. »Wenn sie so ist«, sagte er über eine Freundin, die ihn bat, sie nicht jeden Abend anzurufen, »dann soll sie mich mal! Ich habe keine Zeit für Spielchen.« Eine Frau, die die Dinge etwas langsamer angehen möchte, kann sich seinen Wünschen nach totaler Unterordnung nicht fügen. Damit aber begeht sie das Verbrechen, einen eigenen Willen zu haben.

Es überrascht nicht, daß dieser Typus des Casanova ungeheuer eifersüchtig ist. Vom Augenblick der ersten Begegnung an darf sie nur Augen für ihn haben. Er gibt sich ungeheure Mühe, sie an sich zu binden, und investiert viel Zeit, Geld und Phantasie, um mögliche Rivalen auszustechen. Wenn er dabei jedoch scheitert, quälen ihn Wut und Angst, die an Geschwisterrivalität oder die ödipalen Zornausbrüche des Kleinkinds gemahnen. Das Objekt, das er so verzweifelt braucht, besteht darauf, jemand anderem zu gehören. Die Eifersucht des Casanova ist der Zorn eines Mannes, der glaubt, man verweigere ihm seinen rechtmäßigen Besitz. Wenn Anthony vermutet, daß seine neue Freundin noch andere Freunde hat, beschattet er sie wie ein eifersüchtiger Ehemann.

Fressen und gefressen werden

Doch was geschieht, wenn es ihm gelingt, seine Geliebte zu besitzen? Bei manchen Casanovas folgt unmittelbar auf die Eroberung die Langeweile, weil das erregende Neue nur eine weitere Version des enttäuschenden Alten ist. Bei einem Casanova mit der Mentalität des Verschlingens ist die Reaktion jedoch weitaus stärker. Die eroberte Frau erscheint ihm nicht nur langweilig, sondern abstoßend und sogar angsteinflößend. Ihre Fehler kommen ihm nun in überdimensionierter Form zu Bewußtsein: Einst war sie wunderschön und gut, und jetzt kann er kaum noch ein nettes Wort über sie finden. Selbst ihre Zuneigung ist ihm suspekt. Wenn sie ihn anruft, dringt sie in sein Privatleben ein; wenn sie ihn um eine Verabredung bittet, stellt sie Forderungen; wenn sie ihm sagt, daß sie ihn liebt, übt sie Druck auf ihn aus, um ihn zu zwingen, daß er sie auch lieben soll.

Dieser heftige Gesinnungswandel legt den Schluß nahe, daß sich für diesen Typus die Partnerin in zwei Teile gespalten hat. Als er sie kennenlernte, erkannte er in ihr den fehlenden Teil seines Selbst, der ihn zu einer ganzen Persönlichkeit machen würde. Von diesem Augenblick an richtet er all seine Bemühungen darauf, sie zu besitzen, als ob er damit das idealisierte Fragment wieder seiner Psyche eingliedern könnte. Doch auch wenn er sie verschlungen hat, empfindet der Casanova Leere. Seine Geliebte hat also versagt, schlimmer noch, sie hat ihn verraten. Sie wird für ihn zur Verkörperung jenes Ungehagens, von dem er sich durch sie hatte befreien wollen.

Alles wechselt: Wenn Anthony seine Geliebte verschlungen hat, verwandelt er sie in eine Verschlingerin, in ein Raubtier, das ihn nur besitzen will. Er beginnt das Wesen, das der Inbegriff seiner Sehnsucht gewesen ist, zu fürchten. Er bringt Entschuldigungen vor, sagt Verabredungen ab, geht nicht ans Telefon. Er will nur noch diese Hyäne abschütteln, und wenn das auf höfliche Weise nicht geht, wird er brutal. Anthony hat schon »schreckliche Dinge« zu Frauen gesagt, »die es einfach nicht kapierten«. Selbst ihre Ahnungslosigkeit erscheint ihm als Böswilligkeit. Ein anderer Mann erzählte, daß er sich bei einer Verabredung mit einer nicht mehr erwünschten Freundin unter dem Vorwand, er müsse aufs Klo gehen, entfernte, dann das Restaurant durch eine Seitentür verließ und fortfuhr, sie mithin in einem Lokal mehrere Meilen von ihrem Zuhause entfernt sitzenließ.

Doch die Flucht allein genügt nicht. Die Geliebte wird zu einer Obsession, die in ihm weiterwirkt. Auch nach dem Verschlingen bleibt sie furchtbar lebendig. Sie erscheint in seiner Vorstellung viel bedrohlicher, als sie es im wirklichen Leben jemals sein könnte, denn das Klingeln des Telefons ist enervierender als eine Stimme am anderen Ende. Um ihre Forderungen zum Schweigen zu bringen, fordert er nichts weniger als einen Exorzismus – eine gewalttätige Austreibung aus den Kanälen seiner Seele. Das letzte Stadium des Verschlingens ist daher nicht Haß, sondern Vergessen. Oft können sich Männer wie Anthony nicht einmal an die Namen ihrer ehemaligen Geliebten erinnern. Thomas Wolfe konnte eine Frau ansehen, mit der er vor kaum einer Stunde intim gewesen war, und sich fragen: »Wer ist die denn?« Wenn man etwas vollständig in sich aufgenommen hat, vergißt man es, als sei es nie gewesen.

Die Mentalität des Verschlingens maskiert sich oft als Liebe:

Liebe von der Art, wie sie in sentimentalen Schlagern besungen wird, in denen man sich sofort schrecklich sehnt, ein verschwommenes, weichgezeichnetes Bild von der Geliebten hat und gnadenlos auf Verschmelzung hindrängt. Dieser Typus von Casanova kann die Partnerin nicht als ein von sich getrenntes Wesen betrachten. Er kann sie nicht lieben, wie ein Erwachsener einen anderen Menschen liebt; er kann sie lediglich einer unveränderlichen Reihe von seelischen Transformationen unterwerfen, die an Nahrungsaufnahme und Verdauung erinnern: von dem langersehnten »anständigen Mädchen« zum »Stück Fleisch« und schließlich zu einem unnötigen »Fehler«.

Das Gefängnis der Bilder

Es kommt auch vor, daß der Casanova die Frauen so sieht, wie sie sind, sie so mag und sich nach einer sehnt, die er dauerhaft und schadlos lieben kann. Während der Zeit meiner sexuellen Obsession hatte ich viele Freundinnen, mit denen die Beziehungen sehr eng und sogar leidenschaftlich waren. Es fehlte nur eines dabei, nämlich Sexualität. Dies schien kein großer Verlust zu sein, die üblichen Folgen meiner sexuellen Beziehungen waren schließlich abschrekkend genug. Einige dieser Frauen waren einst meine Geliebten gewesen, und mich erstaunte stets die Wärme und die tiefe freundschaftliche Zuneigung, die ich für sie empfand, wenn ich den Wahnsinn des Verliebtseins überwunden hatte. Bei vielen Männern, mit denen ich sprach, stieß ich auf eine ähnliche Trennung – auch sie konnten mit Frauen nur bis zu dem Augenblick auskommen, in dem sie in ihre Körper eindrangen. Um Freud umzumünzen: wo wir lieben, können wir nicht gern haben; wen wir lieben, mit dem können wir nicht leben. Seine Bilder von Frauen und sein eigenes Selbstverständnis entwickelten sich aus seinen frühesten Erfahrungen, wurden dem Casanova von seinen Eltern und seiner Erziehung mitgegeben. Er weiß nicht, daß er mit seiner in Fleisch und Blut übergegangenen Sichtweise Bilder wahrnimmt, die nicht der Realität entsprechen. Für Saul ist eine Frau wirklich eine Quelle von Erregung, die, sobald der Reiz verflogen ist, allen Wert verliert.

Howard sieht in seinen Geliebten tatsächlich etwas wie »Preise« in einem Spiel und reagiert immer erstaunt und gereizt, wenn sie ihm klarzumachen versuchen, daß es sich für sie um kein Spiel, sondern um ihr Leben handelt. Der Casanova ist in der Welt seiner Bilder gefangen. Sie determinieren sein Verhalten und begrenzen seinen Handlungsspielraum wie die Wände einer Gefängniszelle die Bewegungsfreiheit des Sträflings.

Zweiter Teil

Die sechs Gesichter des Casanova

Wir haben nun eine ziemlich genaue Vorstellung gewonnen, wie der Casanova denkt und fühlt. Aber wie verhält er sich? Alle Casanovas verführen und verlassen Frauen systematisch, aber ihre Eigenarten variieren sehr stark. Manche lieben jede Nacht eine andere Frau und bleiben nicht einmal bis zum Frühstück. Andere verlieben sich rauschhaft und sind wenige Wochen später wieder ernüchtert. Einige scheinen glücklich verheiratet und betrügen regelmäßig ihre Ehefrauen. Auch wenn allen diesen Männern ein verarmtes Selbstgefühl zu eigen ist und sie Frauen als Mittel der Selbstbestätigung und der Vervollständigung betrachten, reagieren sie höchst unterschiedlich auf ihre Zwänge.

Dabei folgen sie jedoch alle einem erkennbaren Verhaltensmuster, dessen Hauptzüge man wie folgt zusammenfassen kann:

– In der Regel fühlen sie sich stark von Frauen angezogen; man könnte fast von einer Sucht sprechen. Sie brauchen ständig Frauen, die mit ihnen schlafen – mag es sich nun um Ehefrauen, Freundinnen oder zufällige Eroberungen handeln. Andernfalls leiden sie unter Depressionen und Angst – Seelenzuständen, die zu Schlaflosigkeit, Drogenmißbrauch, erhöhtem Alkoholkonsum, Freß- oder Arbeitswut führen. Die Jagd nach den Frauen besitzt *die* zentrale Bedeutung in ihrem Leben.
– Casanovas scheinen unfähig, sich an eine bestimmte Frau eng zu binden. Wie dauerhaft oder intensiv eine Beziehung auch sein mag, stets hat sie etwas Improvisiertes und Zufälliges. Wenn es zur Trennung kommt, scheinen sie nicht wirklich unter dem Verlust zu leiden; ihre Trauer endet in dem Moment, in dem sie eine neue Partnerin finden. Für diese Männer ist kein Verlust unerträglich, keine Frau unersetzlich.

- Monogame Beziehungen sind bei ihnen gewöhnlich kurzlebig.
- Bei längeren Beziehungen sind Casanovas regelmäßig untreu. Keiner der von mir interviewten verheirateten Männer hat es länger als sechs Monate ohne außereheliche Affäre ausgehalten; die meisten gehen wesentlich öfter fremd. Untreue ist bei Casanovas eine Flucht aus ihrer festen Beziehung; zugleich aber dient sie dem Zweck, sie zu stabilisieren. Denn Casanovas können nur bei Frauen bleiben, die sie regelmäßig betrügen.
- Ihre Beziehungen mit Frauen beginnen stets stürmisch. Die sexuelle Anziehung ist dabei dominierend. Casanovas stellen ihre Leidenschaft nur selten in Frage und geben ihrem sexuellen Bedürfnis nach, ohne es zu analysieren. Für diese Männer klafft keine Lücke zwischen Begierde und ihrer Erfüllung.
- Die meisten Casanovas drängen darauf, möglichst schnell mit einer Frau intim zu werden. Wenn sie dabei auf Widerstände stoßen, neigen sie dazu, das Interesse zu verlieren, vielleicht, weil sie Zurückhaltung bei Frauen als glatte Zurückweisung empfinden. Frauen sind für sie vorrangig Sexualobjekte.
- Zur sexuellen Ungeduld tritt sexuelle Rücksichtslosigkeit. Casanovas kümmern sich nur selten um Empfängnisverhütung. In einem Zeitalter, in dem wahlloser Sex äußerst riskant geworden ist, scheinen sie die Gefahren, die aus sexuell übertragbaren Krankheiten erwachsen, völlig zu ignorieren. Sie übernehmen im sexuellen Bereich keinerlei Verantwortung für ihr Verhalten.
- Wenn Casanovas sich verlieben, geschieht dies auf äußerst impulsive Weise, oft auf der Grundlage einer höchst oberflächlichen Bekanntschaft mit dem Wesen der Geliebten. Die Beziehungen der Casanovas enden gewöhnlich ebenso abrupt, wie sie begonnen haben – mit einem Moment vernichtender Desillusionierung. Sobald die Geliebte die Aura des Besonderen verloren hat, trennt sich der Casanova von ihr. Bei den Romanzen dieser Männer gibt es grundsätzlich keinen »zweiten Akt«.
- Den Geschlechtsverkehr gehen sie auf sonderbar mechanische Weise an. Befriedigung wird rein quantitativ gemessen, denn sie sammeln Geliebte wie Briefmarken und beurteilen jede Beziehung danach, wie lange sie dauert und wie viele Orgasmen sie gebracht hat. Manche gehen auch nach dem Prinzip der Steige-

rung vor und verlangen ihren Partnerinnen die Beherrschung einer Reihe erotischer Variationen ab: Sie beginnen mit »normalem« Verkehr, gehen über zu oralem und analem Sex, Unterwerfungs- und Demütigungspraktiken und Sex mit mehreren Partnern. Diese Variationen scheinen nicht an sich reizvoll; entscheidend ist dabei nur der Reiz des Neuen. Zudem betrachten Casanovas solche sexuelle Steigerung unter dem Gesichtspunkt der Eroberung: Sie sehen darin eine Abfolge von Zugeständnissen, die sie der Frau durch Hartnäckigkeit, Charme und Können abringen. Wenn sie eine Freundin zum Analverkehr überreden, gilt ihnen das als neuer Sieg, der die Verführung auf eine höhere Ebene hebt.

– Während für die meisten Männer sexuelle Lust aus einem Gefühl von Nähe erwächst, scheinen Casanovas am stärksten von Fremden angezogen zu werden. Sie schlafen nur selten mit Frauen, zu denen sie zuvor eine nichtsexuelle Beziehung hatten. Außerdem verlieren sie rasch das Interesse an ihren Sexualpartnerinnen. Für diese Männer bedeutet Nähe das Gegenteil von sexueller Anziehung.
– Casanovas betrügen aus Gewohnheit, und ihre Betrügerei geht weit über bloßes Lügen hinaus. Bei der anfänglichen Umwerbung erfinden sie neue Identitäten – verführerische Masken, die nur eine bestimmte Bandbreite an Ausdrucksmöglichkeiten zulassen. Ihre wahren Gefühle verbergen sie vor den Partnerinnen und fühlen sich daher oft mißverstanden und einsam.
– Hinter ihrer romantischen Leidenschaft verbirgt sich oft ein Begriff von Liebe, der als System von Regeln und Forderungen erscheint. Es ist in Ordnung, mit einer Frau zu schlafen, doch wenn sie sich dann in ihn verliebt, fürchtet der Casanova sofort, daß sie Ansprüche an ihn stellen könnte. Aus diesem Grund meidet er weitergehende Beziehungen und ergreift die Flucht, sobald es »ernster« wird.
– Casanovas haben oft Schwierigkeiten, mit Geld umzugehen. Sie neigen dazu, ihre Freundinnen in teure Restaurants auszuführen und sie mit Geschenken zu überhäufen. Auf der anderen Seite sind sie oft ausgesprochen geizig und mißbilligen schon die kleinsten Ausgaben für die Partnerin. Als ich die Casanovas fragte, ob sie

jemals für Sex bezahlt hätten, antworteten sie in der Regel, daß sie immer dafür bezahlten. Diese Tatsache legt den Schluß nahe, daß sie Frauen gegenüber ein tiefes Mißtrauen hegen und Sex unterschwellig als kommerzielle Transaktion betrachten.

- Casanovas unterteilen Frauen bewußt in »anständige« und »schlechte« Mädchen, in Jungfrauen und Huren. Sie fühlen sich zwar von Frauen angezogen, die sexuell frei und offen wirken, zur Freundin oder Ehefrau wählen sie jedoch oft den eher schüchternen und zurückhaltenden Typus, der nicht bereit ist, die erotischen Phantasien des Partners auszuleben. Manchmal scheint es, als zwängen diese Männer die Frauen, mit denen sie leben, die Rolle der Jungfrau zu spielen – gewöhnlich, indem sie sich sexuell von ihnen zurückziehen. Das wiederum macht sie frei, bei den »Huren« die erotische Erregung zu suchen, die aus der festen Beziehung verschwunden ist.
- Casanovas besitzen eine starke Neigung zu Alkohol- und Drogenmißbrauch, Spielleidenschaft, Eß- oder Arbeitswut. Diese Zwanghaftigkeiten ähneln dem Verhalten des Casanova gegenüber Frauen: Sie dienen ihm als »Fluchtweg« oder als Vehikel zur Selbstbestätigung.

Wir können diese Züge als Symptome betrachten – so, wie Fieber, Schnupfen und Magenschmerzen Symptome einer Grippe sind. Ein einzelnes Symptom bedeutet noch nicht viel: bei einem Schnupfen kann es sich möglicherweise auch nur um eine Allergie handeln. Ein Mann verliebt sich vielleicht oft und rasch oder leidet unter einem milden Jungfrau-Hure-Komplex, ohne daß er gleich ein mit allen Wassern gewaschener Don Juan sein muß. Casanovas hingegen erkennen wir an der Hartnäckigkeit dieser Symptome sowie ihrem geballten Auftreten. Die meisten von uns haben sich mindestens einmal im Leben auf den ersten Blick verliebt, aber einem echten Casanova wird das immer wieder passieren. Ehebruch ist unter verheirateten Männern inzwischen verbreiteter als Treue, doch Untreue gewinnt andere Dimensionen, wenn sie allwöchentlich vorkommt und der fremdgehende Ehemann sich in billigen Stundenhotels mit Frauen vergnügt, die er mit ein paar Drinks bestochen hat und mit einer Mischung aus Begierde und Verachtung behandelt. Wenn solches Verhalten gewohnheitsmäßig auftritt und von anderen Symptomen begleitet wird, haben wir es mit einer Gefühlsstörung zu tun – mit der gierigen und zerrissenen Persönlichkeit eines Casanovas.

Ebenso, wie man bei Casanovas verschiedene Motive unterscheiden kann – die »Jagd nach dem Kitzel«, das »Spiel«, die »Flucht« und das »Verschlingen« –, lassen sich sechs verschiedene Verhaltenskategorien feststellen. Diese unterschiedlichen Typen bezeichne ich als »Eroberer«, »Mitmacher«, »Romantiker«, »Nestsucher«, »Jongleure« und »streunende Kater«. Damit ist ein ganzes Spektrum von Verhaltensweisen erfaßt; es reicht von Männern, die nur kurze und höchst unverbindliche Kontakte mit Frauen haben, bis zu jenen mit langen und augenscheinlich dauerhaften Beziehungen, die aber durch chronische Untreue gekennzeichnet sind. Die entscheidende Kategorie bei der Unterscheidung der verschiedenene Typen ist also die *Bindungsfähigkeit* – jenes so vage definierte Reizwort der achtziger Jahre. Bindungsfähigkeit bedeutet die Bereitschaft, eine Beziehung über den Augenblick hinaus zu erweitern, Pläne für eine gemeinsame Zukunft zu machen und dem Partner das gleiche zuzugestehen. Die Beziehung dauert vielleicht immer nur den einen Tag oder bis in alle Ewigkeit. So haben wir also an einem Ende des Spektrums die *Eroberer*, die Routiniers auf dem Gebiet des einmaligen Gastspiels, die nur selten zweimal mit der gleichen Frau schlafen und sich am Morgen danach sträuben, ihre Telefonnummer preiszugeben. Von hier aus ist es nur ein Schritt weiter zu den *Mitmachern*, die sich ein paar Wochen lang mit einer Partnerin treffen, ohne sich aber zu einer absehbaren Beziehung zu verpflichten. Die turbulenten Beziehungen der Männer, die ich die *Romantiker* nenne, flauen nach ein paar Monaten ab. *Nestsucher* bleiben vielleicht jahrelang bei ihren Freundinnen, verlassen sie aber von einem Moment auf den anderen. Polygynie ist die Absicherung des *Jongleurs* gegen die Bindung: es gibt immer mindestens zwei Frauen in seinem Leben, und er teilt seine Zeit und seine Zuneigung peinlich genau zwischen ihnen auf. Die *Kater* schließlich leben vielleicht Jahrzehnte mit ihrer Partnerin, doch sie betrügen sie permanent.

Es wäre allerdings falsch, Casanovas als Männer zu bezeichnen, die unfähig zur Bindung wären. Das Problem liegt tiefer: Es handelt sich um Männer, die keine *Nähe* zu Frauen aufbauen können – selbst wenn sie vorgeben, sie zu lieben. Ich definiere Intimität als die Fähigkeit, sich einem anderen Menschen zu öffnen und den anderen mit seinen Vorzügen und Fehlern zu akzeptieren. Dazu aber muß man sich des Unterschieds zwischen dem eigenen Ich und dem des anderen bewußt sein. Auch in dieser Frage gibt es Parallelen zwischen den Casanovas: Romantiker und Nestsucher zum Beispiel scheinen wenigstens zu einem gewissen Maß an Intimität fähig zu sein, und ihre Liebesbeziehungen sind wesentlich lebendiger und emotional ausdrucksstärker als die der Kater mit ihren abgeschotteten Beziehungen, in denen Friedhofsruhe herrscht. Manchmal geht bei ihnen eine Beziehung sogar beinahe an die Substanz ... aber genau in dem Moment, in dem das Herz ins Spiel kommt, verlassen die Romantiker und Nestsucher ihre Partnerinnen, denn für diese Männer ist dies ein zu gefährliches Terrain.

Wie mißt man nun etwas so wenig Greifbares wie Bindung und Intimität? Wir können uns ein Bild von der Bindungsfähigkeit eines Mannes machen, wenn wir über die Dauerhaftigkeit seiner Beziehungen Bescheid wissen. Deshalb war dies stets die erste Frage, die ich meinen Interviewpartnern stellte. Ich wollte auch wissen, welche Form sie für ihre Beziehungen wählten. Allem Gerede zum Trotz besteht ein Unterschied zwischen einer Ehe mit und ohne Trauschein. Mit einer Ehe sind finanzielle und rechtliche Verpflichtungen verbunden, die vielleicht nicht den Bestand der Beziehung garantieren, aber eine Trennung erschweren. Mit jemandem zusammenzuleben, heißt auch, Verantwortung zu teilen – vom Bezahlen der Rechnungen bis hin zur Hausarbeit, einem Problem, das sich getrennt lebenden Partnern niemals stellt. Ich fragte meine Interviewpartner daher, wie oft und unter welchen Umständen sie ihre Partnerinnen trafen: ob sie ihre Abende im voraus planten, ob sie manchmal Verabredungen kurzfristig absagten, ob sie ihre Beziehungen in ihr übriges Leben integrierten, indem sie die Partnerinnen ihren Freunden und der Familie vorstellten, ob ihre Beziehungen Konflikte aushielten oder beim ersten Streit auseinanderbrachen. All diese Dinge waren ein Indiz dafür, wieviel ein Mann in eine Frau zu investieren bereit war, wie stark die Bindung zwischen ihnen war.

Schwerer war es, den Grad von *Intimität* zu bestimmen, denn diese Kategorie ist schwerer zu definieren. Im Gegensatz zur Bindung hängt sie nicht von einer bestimmten Dauer ab. Ein Romantiker enthüllt seiner Partnerin in wenigen Wochen vielleicht mehr als ein Kater in dreißig Jahren Ehe. Intimität beruht auf Kommunikation, daher fragte ich die Casanovas, wieviel Zeit sie für Gespräche mit ihren Partnerinnen aufgewendet und über was sie gesprochen hätten. Ich wollte wissen, ob es Tabuthemen gab, ob sie über sexuelle Vorlieben und Probleme diskutiert hätten, ob es ihnen Probleme bereitet hätte, ihren Gefühlen Ausdruck zu verleihen, und wie sie mit Konflikten umgingen. – Bei Männern, die behaupteten, sich nie zu streiten, schien mir die Fähigkeit zur Intimität besonders wenig entwickelt. – Ich fragte auch, welche Geheimnisse sie vor ihren Freundinnen und Ehefrauen hätten und ob sie der Ansicht seien, daß ihre Partnerinnen nichts davon wüßten.

In diesen Interviews tauchte eine Art »Schaukel-Muster« auf. Alle von mir interviewten Männer waren nur in begrenztem Maße zu Bindung und Intimität fähig; einige sind in dieser Hinsicht wesentlich stärker gestört als andere. Männer wie die Jongleure und die Kater, die oft sehr dauerhafte Beziehungen haben, flüchten sich in Untreue und Polygynie, um ihren Partnerinnen nicht allzu nahe zu kommen. Romantiker und Nestsucher, die ihre Gefühle zumeist offener ausdrücken, können nicht bei Frauen bleiben, denen sie sich öffnen würden. Bei Casanovas scheint jede Stärke von einer ausgeprägten Schwäche wettgemacht zu werden, die verhindert, daß sie eine warme, ausgewogene und dauerhafte Beziehung eingehen, nach der die meisten Menschen sich sehnen.

An dieser Stelle ist ein Wort der Warnung angebracht: Man sollte nicht annehmen, daß Casanovas sich völlig starr an diese Verhaltensmuster halten. Auf der Grundlage meiner Unterhaltungen mit diesen Männern bezweifle ich, daß es »reine« Casanovatypen gibt. Frauenhelden praktizieren im Lauf ihres Lebens verschiedene sexuelle Verhaltensweisen, verfolgen unterschiedliche Strategien oder wechseln – je nach Laune und Umständen – von einer zur anderen. Die meisten Eroberer, die ich kennenlernte, hatten wenigstens zu einem Zeitpunkt eine feste Freundin, wenn es auch nur in der Schulzeit war. Die meisten Nestsucher haben irgendwann einmal völlig unverbindlich mit einer Fremden geschlafen. Im Verlauf meiner eigenen Sucht pendelte ich zwischen einmaligen Gastspielen, kurzen, explosiven Beziehungen und einer Ehe, die endete, als ich meine Frau wegen einer anderen verließ. Nur im nachhinein erkenne ich, wie oberflächlich diese Verhaltensänderung war. Mein insgesamt zwanghaftes sexuelles Verhalten veränderte sich dadurch ebensowenig, wie der Wechsel von Wodka zu Bier einen Alkoholiker verändert, der sich weiterhin jeden Abend betrinkt und am nächsten Morgen mit einem fürchterlichen Kater aufwacht.

4. Der Eroberer

Das Beispiel Don Juan

Er ist der Archetypus des Frauenhelden: die Art von Mann, vor dem die Mütter ihre Töchter warnten, die als Töchter noch auf den Rat der Mütter hörten. Selbst Don Juans Diener, Catalinon, sagt über ihn: »Die beste / Art, Euch zu beschreiben, Herr, wäre / als Heuschrecke – wenn die Mädchen das Laub sind ... / Wann immer Ihr im Anzug seid, / sollte man die Städte warnen: Jetzt kommt die Pest / der Frauen – ein einziger Mann.«[27]

In dem Stück von Tirso de Molina sehen wir Don Juan zuerst mitten in einer Verführungsszene, oder besser: mitten in einer Verkleidungsszene: Er hat gerade die Herzogin Isabel geliebt, und zwar in der Verkleidung ihres Verlobten. Als seine wahre Identität bekannt wird, weint sie vor Scham. Ihre Ehre ist dahin. Täuschungen sind für diesen Mann sehr wichtig, genau wie für Casanova. In den weiteren Akten versucht Don Juan erneut, sich in der Verkleidung eines anderen Mannes in das Schlafzimmer einer Frau einzuschleichen. Einmal nimmt er die Gestalt seines besten Freundes an, um mit dessen Verlobter zu schlafen. Dieses Verhaltensmuster wirft die Frage auf, welches das wirkliche Ziel seiner Lüsternheit ist: Maskiert er sich als ein anderer Mann, um Zugang zu dessen Frau zu finden, oder sind seine Verführungen nur ein Vorwand für das obskure Vergnügen, sich für kurze Zeit in eine andere Person zu verwandeln?

Don Juan versucht sich auch in anderen Formen des Betrugs: Er macht der Fischerin Thisbe, die ihm das Leben gerettet hat, einen Heiratsantrag und verläßt sie bald darauf wieder, wobei er auch noch ihre Hütte niederbrennt. Später überredet er eine andere Frau, mit ihm zu schlafen, indem er sie davon überzeugt, ihr Verlobter habe sie verlassen. Gewiß, er ist von Natur aus sehr charmant, hat Elan und eine edle Gestalt, so daß die Frauen einfach hingerissen von ihm sind. Doch das wirkliche Geheimnis für Don Juans Erfolg beim anderen Geschlecht liegt in seiner Fähigkeit zur Lüge und zum Betrug, in seiner skrupellosen, einschmeichelnden Art, die den Opfern jedes Mißtrauen nimmt. Er ist weniger Liebhaber als erotischer Bauernfänger, dessen größtes Vergnügen darin besteht, »Frauen hereinzulegen«.

Die Freude am Betrug ist wichtiger als der Sex selbst. Don Juan ist ein kalter Verführer; selbst Thisbe nennt seine Begierde eisig. Er verspricht Feuer, doch er kann nur Eis geben. In Molinas Stück wird angedeutet, daß Don Juan sich nie lange in einem Schlafgemach aufhält. Er geht, sobald der Akt vorüber ist, um nie wieder zurückzukehren. Für diesen Mann ist Leidenschaft eine Angelegenheit der Arithmetik, ein unablässiges Streben nach sexuellen Siegen. Nach dem Akt fühlen sich seine Partnerinnen entehrt, und Don Juan ist sich bewußt, daß er sie entehrt hat. Indem er seine Eroberungen aller Würde und Tugend entkleidet, brüskiert er nicht nur sie, sondern auch ihre Väter, Brüder und Liebhaber. Don Juans Beutezüge stellen daher einen Akt der Rache für Gott weiß was für eine frühere Verletzung dar, die gegen Männer wie Frauen gerichtet ist. Und wenn er stirbt – in der steinernen Umarmung des Mannes, den er ermordete –, ist es, als habe eine uralte und grundlose Vendetta endlich ihr letztes Opfer gefordert.

Die Eroberer, unfähig zu Bindung oder Intimität, sind die Guerilleros im Krieg zwischen den Geschlechtern. Sie betrachten Frauen ausschließlich als sexuelle oder genitale Objekte und fordern die unmittelbare Befriedigung ihrer sexuellen Bedürfnisse. Sie verabreden sich nur selten, gehen niemals engere Beziehungen ein, verlieben sich nie. Es handelt sich um Männer, die Sex mit möglichst vielen verschiedenen Partnerinnen anstreben – Sex in seiner rohesten und primitivsten Ausprägung. Sie vermeiden es grundsätzlich, die Frauen, die sie befriedigt haben, näher kennenzulernen.

Nick ist Rechtsanwalt bei einer bekannten Kanzlei in Milwaukee. Er ist ein erfolgreicher und ehrgeiziger Anwalt, der hart und intensiv arbeitet. In seiner Arbeit ist er Perfektionist, findet sich nur schwer mit einer Niederlage ab, und wenn er einen Prozeß verliert, schiebt er gewöhnlich sich selbst die Schuld zu. Daher ist seine Freizeit für ihn besonders wichtig. An mehreren Abenden in der Woche unterzieht er sich einer Verwandlung: Der Nadelstreifen wird gegen ein leicht verknittertes Armani-Jackett und ein Hawaiihemd ausgetauscht. Er kämmt sich eine Frisur, die ihn jünger wirken läßt und die bei Auftritten vor Gericht sicher als »übertrieben schick« eingestuft würde. Ehe er seine Wohnung verläßt, zieht er sich Kokain rein und kippt einen Wodka-Tonic. »Ich bin immer ein bißchen nervös, wenn ich ausgehe«, meint Nick. »Irgendwie ist das wie Sport für mich, und ich muß in der richtigen Form sein, um zu gewinnen.« Der »Sport« besteht darin, daß er in ein paar Bars nach Frauen sucht.

Nick bezeichnet sich selbst als umgänglich und nonchalant, doch bei seiner Suche nach Sexualpartnerinnen ist er gnadenlos. Von dem Augenblick an, in dem er sein Büro verläßt, ist alles, von der Kleidung bis zu den Drogen, die er zu sich nimmt, nur auf das eine Ziel ausgerichtet. Wenn er eine Bar betritt, streift sein Blick sogleich durch den ganzen Raum – und die Wahl des Opfers ist rasch getroffen.

Einige Eroberer nähern sich einer Frau mit blinder Begeisterung und sprechen eine nach der anderen an, bis sie eine finden, die anbeißt. Nicks Methode ist unaufdringlicher. Er versucht, nicht allzu aggressiv oder direkt zu klingen. Oft entschuldigt er sich, um sich mit einer anderen Frau in der Nähe zu unterhalten, sorgt aber dafür, daß er im Blickfeld der auserwählten Partnerin bleibt. Sein Ziel ist es dabei, beide vom momentanen Druck zu befreien und sich als Mann darzustellen, der sicher, aber auch attraktiv ist. »Das beruhigt sie zunächst einmal«, meint Nick. »Und dann fragt sie sich, warum ich sie nicht stärker anmache. Sie hat gemerkt, daß ich kein gewöhnlicher Bursche bin, und wundert sich, warum ich mich gerade für sie interessiere. Eine Menge Frauen sind so daran gewöhnt, angemacht zu werden, daß sie ein bißchen zu selbstsicher werden. Und diese Sicherheit muß ich untergraben. Ich bringe die Frauen dahin, daß sie nicht mehr so selbstverständlich davon ausgehen, unwiderstehlich zu sein. Und dann wollen sie das einem natürlich beweisen.«

Sein Ziel ist es, die Frauen an ihrer eigenen Verführung zu beteiligen, zurückhaltende, kluge Frauen in sexuelle Aggressoren zu verwandeln. »Die Mädchen, die ich aufreiße, sind immer anständig und vorzeigbar – man könnte sie problemlos in ein gutes Restaurant mitnehmen. Manchmal taugen sie allerdings zu nichts anderem als zur Dekoration. Im Bett liegen sie einfach nur da. Mich turnt es jedoch mächtig an, wenn sich eines dieser netten Dinger mal in eine Tigerin verwandelt.« Zu Tigerinnen werden Frauen in Nicks Augen, wenn sie großzügig sind und ihn sexuell bedrängen. Die ideale Begegnung endet erst, wenn sie und er erschöpft sind. Oft, so prahlt er, muß sie ihn anflehen aufzuhören.

Doch wieviel Spaß Nick am Sex auch haben mag – ein Teil von ihm bleibt stets distanziert. Eine gewisse Unruhe erfüllt ihn, die sich nicht betäuben läßt. Noch ehe er ein Schlafzimmer betritt, plant er seinen Rückzug. Er zieht es vor, in die Wohnung der Frau zu gehen: Dort läßt sich der Abschied leichter bewerkstelligen. »In meiner Wohnung kann ich ihr kaum höflich beibringen, daß sie gehen soll. Ich hasse Szenen. Ich lege Wert darauf, daß ein bestimmter höflicher Umgangston stets beibehalten wird.« Er besitzt eine unausrottbare Abneigung gegenüber jedem Kontakt, der über ein einmaliges Gastspiel hinausgeht. In den letzten Jahren hat er mit mehr als zweihundert Frauen geschlafen und kaum jemals eine Frau wiedergesehen.

Die Eroberung und ihre Rituale

Manche Männer geraten durch Zufall in fremde Betten; der Eroberer jedoch plant den Sex am Feierabend sorgfältig und mit der gleichen Zielstrebigkeit, die er bei der Arbeit an den Tag legt. Die Jagd nach Frauen ist bei diesem Typus durch ein festgelegtes Ritual geprägt. Sie bedarf einer besonderen Garderobe, zum Beispiel eines künstlich zerknitterten Armani-Jacketts und enger Hosen. (Interessanterweise scheint ein großer Teil der Herrenmode der letzten zwanzig Jahre direkt für diese Art von Kreuzzug entworfen – eine Art sexueller Safaristil.) Mit Hilfe von Drogen und Alkohol macht er sich Mut: ein Kurzer oder ein Joint oder zwei verwandeln Angst in

Aggressivität, Furcht in arrogantes Selbstvertrauen. Außerdem sollen die Drogen die sexuelle Leistung verbessern, starke Erektionen und verlängerte Orgasmen herbeiführen. Manchmal haben die Drogen natürlich auch genau die entgegengesetzte Wirkung. Doch eine Bewußtseinsänderung scheint für die Eroberung unabdingbar, auch wenn auf diese Weise nur die Grenzen zwischen der gewöhnlichen Welt und dem nächtlichen Reich der Begierden markiert werden sollen.

Die meisten Rituale finden in geweihten Räumen statt: Eroberer konzentrieren sich stets auf ganz bestimmte Orte. Die meisten Männer, mit denen ich sprach, finden ihre Frauen immer in den gleichen Bars und Diskotheken. Einer meiner Interviewpartner suchte stets die Münzwäscherei in der Nachbarschaft auf. Die Bedeutung dieser Orte besteht nicht nur darin, daß sich Frauen dort aufhalten – sie sind den Männern vertraut, und diese Vertrautheit vertreibt das Lampenfieber bei der Ouvertüre. Ein Mann, der in seiner Lieblingskneipe von einer Frau abgewiesen wird, kann immer noch mit anderen Stammkunden ein geschmerztes Grinsen austauschen – immerhin ist er hier zu Hause. Der Eroberertyp zieht zwar Sex mit Partnerinnen vor, die er nicht kennt, aber er sucht sich für seine Eroberungen stets Orte aus, an denen er sich der stillschweigenden Unterstützung anderer sicher sein kann, die ihn kennen. Er ist sogar zuweilen unfähig, eine fremde Frau anzusprechen, wenn nicht männliche Freunde in der Nähe sind. Und da die Sexualität eines Eroberers viel mit Wettbewerb zu tun hat, braucht er andere Männer, die an seinem Erfolg teilnehmen und ihn dadurch aufwerten.

Die Rituale der Eroberer dienen oft als Angstfilter. Die Versatzstücke einer Beerdigung mildern den Schrecken des Todes. Für die Eroberer sind Outfit, Drogen und die bewährten Schauplätze der Verführung Talismane, die Erfolg zu garantieren scheinen. Eine Frau anzusprechen, ist ein angsteinflößendes Unterfangen, denn schließlich besteht die Gefahr der Zurückweisung. Und eine Zurückweisung ist besonders für diese Männer gefährlich. Der Zweck des Abends wie ihres ganzen Lebens besteht ja in der Jagd nach Sex; daher kann jedes Scheitern zum vernichtenden Schlag für ihr Selbstbewußtsein werden. Jeder Eroberungsversuch birgt die Gefahr einer Konfrontation mit der Frau in sich: die Frau hat die Macht, das Ich zu bestätigen oder zu vernichten. Angesichts dieser Urangst brauchen Eroberer die Rituale, um sich sicherer zu fühlen.

Jede Frau ist recht

Mögen sie nun bei der Suche nach der Partnerin auf Schönheit, Intelligenz oder Persönlichkeit aus sein – Eroberer scheinen die »Passende« innerhalb weniger Minuten zu finden, manchmal auf den ersten Blick. Die unvermittelte Anziehungskraft auf Frauen ist einer ihrer Grundzüge. Zwei Faktoren spielen dabei eine Rolle: der überwältigende Drang ihrer sexuellen Begierde und – ihre Angst. Oft scheint es, als sei der erste Faktor nur die Manifestation des zweiten: Die sexuelle Gier des Casanova bewahrt ihn vor der Angst. Nick ist von vornherein wild entschlossen, eine Sexpartnerin zu finden. Wie die meisten Eroberer befindet er sich, angeregt durch Alkohol und Drogen, von Anfang an in einem Zustand sexueller Erregung. Manche sprechen von Geilheit oder Liebestollheit, aber ihre Spannung ist stets ausschließlich sexueller Art. Viele beschreiben sich einfach als »bereit«.

In diesem Zustand des »Bereitseins« stellen sich Symptome ein, die auf Angst hindeuten: flaues Gefühl im Magen. Einige Eroberer geraten unmittelbar vor einem sexuellen Abenteuer in eine depressive Stimmung – vermutlich ist dies ein »echtes« Gefühl. Bei diesen Männern maskiert sich eine ganze Batterie von Gefühlen – Angst, Traurigkeit, Wut – als Lust. Lust kann man bei sich selbst eben leichter akzeptieren als Furcht oder Trauer; sie ist »männlicher«, und man kann sie leichter loswerden. Ein geiler Mann kann sein Bedürfnis befriedigen, indem er eine Frau findet, aber was tut ein Mann, wenn er Trauer oder Angst empfindet – besonders dann, wenn er den Grund dafür nicht kennt? So, wie die Rituale des Eroberers das Lampenfieber vor der Verführung mildern, stellt die Verführung eine Möglichkeit dar, ein Unbehagen auszuräumen, das mit Lust überhaupt nichts zu tun hat. Eine fremde Frau anzusprechen, stellt ein riskantes Unterfangen dar – sie jedoch nicht anzusprechen, ist vielleicht noch riskanter. Abgewiesen zu werden, mag immer noch besser sein, als mit Gefühlen herumzusitzen, die man weder aushalten noch benennen kann.

Daraus folgt also, daß der Eroberer seine Partnerin schnell finden und bei seiner Wahl eine Menge Zugeständnisse machen muß. Wenn er sich damit aufhalten würde herauszufinden, ob sie wirklich intelligent oder ungewöhnlich ist, bestünde die Gefahr, daß er leer ausgeht und allein abziehen muß. Dies aber will er auf jeden Fall vermeiden – auch wenn sich die Begleiterin am nächsten Morgen möglicherweise als ein »Kojotenfick« entpuppt.

Die erotische Kampfzone

Der Begriff »Kojotenfick« ist bezeichnend, denn er enthüllt die unterschwellige Abneigung, die Feindseligkeit und den Ekel, die die sexuellen Trips des Eroberers begleiten. Wenn Nick eine Frau taxiert, entspricht dies der Mentalität eines Mannes, der einen Gegner abschätzt und ihn nach Schwächen abtastet. Er versucht die Frau zum Reden zu bringen, und um sie dazu zu ermutigen, geht er selbst in die Offensive: Er versucht seinen Gegner mit einer erdrückenden Fülle biographischer Details zu überrumpeln. Wenn Eroberer über sich selbst reden, prahlen sie in der Regel mit ihrer Arbeit, ihrem Einkommen oder ihrer Ausbildung. Ihr Ziel ist es dabei nicht, Informationen preiszugeben, sondern den anderen einzuschüchtern und zu beeindrucken. Die Verführung, wie sie diese Männer praktizieren, ist kein fairer Vertrag für eine Nacht; sie beruht auf Betrug: Durch Täuschung oder Demonstration von Stärke versucht der Eroberer, einen Vorteil gegenüber seinem »Gegner« zu gewinnen.

Warum aber wird eine Verführung wie ein Krieg inszeniert? Warum bedarf es der Einschüchterung und der faulen Tricks? Nick bezeichnet bestimmte Frauen als »arrogant« und meint, genau diese Arroganz müsse man »untergraben«. Ungewollt verrät er damit, woher seine Feindseligkeit rührt. Er freut sich zwar über gutes Aussehen, einen angesehenen Beruf und ein anständiges Einkommen, doch offensichtlich fühlt er sich den meisten Frauen bei seinen nächtlichen Eroberungszügen unterlegen. Die meisten

Eroberer kennen ähnliche Anflüge von Minderwertigkeitskomplexen. Wenn sie erzählen, schwingt immer der wehleidige Unterton des ewigen Underdogs mit. Frauen sind diesen Männern zufolge unweigerlich arrogant und frigide. Die Eroberer, die sich diesen *belles dames sans merci* nähern, empfinden sich stets als Bittsteller, die sich eine sexuelle Gunst von jemandem erbetteln, der von Natur aus dazu neigt, sie ihm vorzuenthalten. Indem sie zum Objekt von Begierde wird, gewinnt die Frau automatisch eine ungeheure Macht: Sie kann den Mann, der sie begehrt, abweisen und auf diese Weise demütigen.

Vielleicht ist ihm sogar bewußt, daß auch Frauen sexuelle Wesen sind, bei denen ein ebenso starker Trieb wirkt wie bei ihm. Doch in seinem Unterbewußtsein hat er ein anderes Bild von ihnen. So, wie er alle *Macht* auf ihrer Seite konzentriert sieht, meint er, daß nur er *Begierde* empfindet. Er betrachtet alle Frauen als jungfräuliche Eisberge, die man nur durch Einschüchterung und Betrug zum Schmelzen bringen kann. Daher ist es nicht verwunderlich, daß sein Vergnügen hauptsächlich darin besteht, zu erleben, wie diese überlegenen Wesen an ihrer eigenen Verführung teilnehmen und Jungfrauen sich wie durch Zauberei in sexuell begierige Tigerinnen verwandeln, die sich winden und schreien und um mehr betteln, bis sie schließlich um Gnade flehen. Die Eroberung nivelliert die Überlegenheit der Frau, die den Eroberer mit Komplexen erfüllte.

Für die Eroberer ist der Geschlechtsverkehr der Höhepunkt des Machtkampfes. Ihre Beschreibungen von Sexualität sind mit Machtsymbolik überfrachtet. Einige bemühen sich schon darum, daß die Frauen auch ihren Spaß haben; andere, wie Nick, konzentrieren sich dagegen überwiegend auf die eigene Befriedigung. Vielen Eroberern ist es gleichgültig, ob die Frau den Höhepunkt erreicht oder nicht. Doch selbst die bemühtesten dieser Männer scheinen Sex als etwas zu betrachten, das ein Mann einer Frau antut. Bei der Beschreibung einer erotischen Episode sagen sie weitaus eher »Ich habe sie geliebt« als »Wir haben uns geliebt«. Sie schätzen Frauen, die sexuell aggressiv sind – Frauen, die sich Mühe geben, sie zu befriedigen –, aber sie haben gleichzeitig Angst davor, die Kontrolle über die Situation zu verlieren. Sex ist eine Art Ringkampf, der erst endet, wenn die Frau um Gnade schreit.

Doch wenn der Koitus vorbei ist, endet auch die Illusion von Macht. Die alte Ungleichheit taucht wieder an die Oberfläche. Mit ihr kehrt die Angst zurück, die zuvor durch das Drama der Verführung und den folgenden Kampf verdeckt war. Bei vielen Männern ist diese Angst sexuell bedingt, besonders wenn sie vor ihren Partnerinnen den Höhepunkt erreicht haben und »nicht mehr können«. »Viele Frauen sind so gierig«, klagte ein Mann. »Sie meinen gleich, man sei unnormal, wenn man es nicht die ganze Nacht treiben kann.« Daß eine Frau drei oder vier Orgasmen haben kann, während er nur einmal »kann«, daß sie immer noch will, wenn er schon genug hat, erfüllt ihn mit Angst und Wut, und rasch projiziert er seine Minderwertigkeitsgefühle auf sie. Die Tigerin wird für ihn zum schreckerregenden, unersättlichen Haifisch.

Ich persönlich habe das Gefühl, daß Versagensängste die zweite Quelle des Unbehagens der Eroberer sind. Hier werden Ängste auf den sexuellen Bereich übertragen, die tiefer liegen und weniger leicht erkannt werden. Auch Männer, die ihre Partnerinnen bis zur Erschöpfung befriedigt haben, empfinden ein Unwohlsein, wenn der Rausch der Leidenschaft verflogen ist. Nick, der die Frauen mit elegantem Geplauder ins Bett lockt, weiß »danach« nichts mehr zu sagen und gibt nur noch belanglose Phrasen von sich. Aber wieder leugnet er, will die eigene Unsicherheit nicht wahrhaben und projiziert sie nach außen: Die gleiche Frau, die vor kurzem noch Vitalität und Intelligenz ausstrahlte, erscheint ihm nun langweilig und flach. Kein Wunder, daß so viele Eroberer unter postkoitaler Depression leiden: Schließlich ist die Partnerin als Individuum »danach« für ihn ebenso unwichtig wie »davor«. »Davor« verhinderte die sexuelle Gier, daß er ihre Persönlichkeit zur Kenntnis nahm; »danach« ist es das hartnäckige Unbehagen, das ihn gänzlich auf sich selbst zurückwirft. Nackt, schlaff und aus den erotischen Wolken abgestürzt, empfindet er mit peinigender Intensität die eigene Verletzlichkeit. Und dieses Gefühl ist so vernichtend, daß er es nur selten wahrnimmt, wenn die Frau neben ihm sich ebenso verletzlich fühlt.

Die Wahrnehmung der Verletzlichkeit des anderen kann dazu

führen, daß zwei völlig fremde Menschen einander näherkommen. Wenn wir jedoch nur unsere eigene Verletzlichkeit wahrnehmen, kann sich das Gefühl von Einsamkeit bis zur Paranoia steigern. Es erscheint sonderbar und bedrückend, wie rasch das sexuelle Selbstvertrauen eines Eroberers sich in nichts auflöst, wie häufig er sich mit seinen Gefühlen von Mißtrauen und kaum unterdrückter Aggression gegenüber der Frau gehenläßt, die er vor einem Moment noch umfangen hielt. Nick weiß zwar, wie man die »Arroganz« einer Frau »untergraben« kann, doch zu seinem Entsetzen kehrt diese »Arroganz« sofort nach dem Akt wieder zurück. »Ich hasse es, wenn eine denkt, sie könnte emotionale Ansprüche an mich stellen, nur weil ich sie anziehend genug fand, um mit ihr ins Bett zu gehen. Ich hasse es, wenn sie mir ihre Telefonnummer aufschreibt und erwartet, daß ich ihr meine gebe. Es ist mir zuwider, wenn sie mich so fest umarmt, daß ich fürchte zu ersticken.« Jeder Versuch, Nähe herzustellen, erscheint als Bedrohung, als aggressiver Akt der »arroganten« Frauen. Während beim Mann noch die Erinnerung an den Spaß von gerade eben nachwirkt und er beinahe so etwas wie Zufriedenheit verspürt, fangen diese Frauen an, emotionale Ansprüche zu stellen. Sie fordern Zeit, Zuneigung und Informationen über den Partner, die, mögen sie auch noch so harmlos sein, einem solchen Mann als geheiligter Bestandteil der Intimsphäre gelten. Einen Eroberer nach seiner Telefonnummer zu fragen bedeutet fast, ihm den Arm zu amputieren, und selbst eine postkoitale Umarmung wird von ihm möglicherweise als versuchte Strangulierung aufgefaßt. Sex, meinen diese Männer resigniert, habe eben seinen Preis.

Fifty Ways to Leave a Lover

Doch den Preis bezahlt man nur ungern. Sei es aus Angst oder Wut, die Eroberer verabschieden sich kurz nach dem Koitus von der Frau. Einige Männer erklären ganz offen, daß sie nicht an weiteren Begegnungen interessiert sind. Doch die meisten, wie Nick, vermeiden eine Konfrontation. Oft flüchten sie gleichzeitig vor ihrer eigenen Wut und vor der Frau, die sie hervorruft. Ihre

Wut kommt selten offen zum Ausbruch. Nach dem Koitus verstummen sie und rücken von den Partnerinnen ab. Nur wenige Eroberer verbringen eine ganze Nacht mit einer Frau, die meisten sind zu unruhig, um einschlafen zu können. So erfinden sie Ausreden. Ein Mann log seinen Partnerinnen immer vor, er sei verheiratet. Wenn die Frau ihn fragte, was er von einem Wiedersehen hielte, versicherte er ihr, er würde sie bald anrufen, oder sprach von einem »baldigen Treffen«.

Von allen Casanova-Typen scheinen die Eroberer ihr Verhalten und dessen verborgene Motive am wenigsten zu hinterfragen. Sie leiden nicht unter Schuldgefühlen wie der ehebrecherische Kater und kennen keine Depressionen wie der Romantiker und der Nestsucher. Unter Umständen ändern sie ihr sexuelles Verhalten, besonders wenn sie älter werden, aber diese Veränderung beruht gewöhnlich auf pragmatischen Gesichtspunkten: in den Single-Bars haben Männer in den Vierzigern eben das Nachsehen. Als ich Nick zu diesem Thema befragte, vertraute er mir seine Lebensphilosophie an: etwas von »Freiheit« und »Erfahrung«, eine Mischung aus Playboy-Philosophie und Studentenexistentialismus, versehen mit der Forderung nach »Ehrlichkeit« und »im Moment leben«. Dahinter aber stehen eine bodenlose Gier nach weiteren Eroberungen und eine panische Wut auf die Frauen, die er erobert:

»Es gibt so viele Frauen, und sie sind so verschieden. Ihre Brüste, ihre Vaginas, die Laute, die sie beim Sex von sich geben. Warum soll man sich da nur auf eine begrenzen, bloß weil sie der Meinung ist, daß sich das so gehört? Warum sollte ich einer einzigen Frau diese Macht über mein Leben geben? Sehen Sie«, meinte er und fuhr mit erhobener Stimme fort: »Wenn ich einmal achtzig bin, kann ich auf mein Leben zurückblicken und sagen: ›Wenigstens habe ich ehrlich gelebt. Ich bin keine Kompromisse eingegangen. Immerhin hatte ich diese Abenteuer ...‹«

5. Der Mitmacher

Das Beispiel James Bond

»Natürlich ist er amüsant. Er weiß das Leben zu genießen. Er spielt, er trinkt, er hat Sex oder verliebt sich für eine begrenzte Zeit. Aber er lebt ja auch immer hart an der Grenze und will das Leben voll ausschöpfen, solange er es noch hat.«

(Timothy Dalton über James Bond)

Es hat immer zwei James Bonds gegeben. Der erste war Ian Flemings Schöpfung, die Verkörperung aller Ängste und Phantasien des Kalten Krieges. Er war kein angenehmer Bursche, dieser Todesengel im Smoking. Der James Bond des Kinos aber, von vier verschiedenen Schauspielern dargestellt, war immer eine wesentlich lockerere, eher comicartige Figur. Er kämpft nicht gegen echte Russen, sondern gegen skurrile Banditen mit Weltherrschafts-Ambitionen, wobei er dumme Sprüche von sich gibt.

Der Zelluloid-Bond hat immer viele Frauen – mindestens zwei pro Film. Die Mädchen haben Namen wie Pussy Galore, Kissy Suzuki und Plenty O'Toole; und wie bereits ihre Namen andeuten, besteht ihre Hauptfunktion darin, Sexualobjekte für den britischen Superspion zu sein. Bonds Appetit auf Frauen transzendiert sowohl Ideologien wie Nationalitäten und Rassen. Er fühlt sich im Bett mit der russischen Geheimagentin Anya Amasova ebenso wohl wie mit Holly Goodhead, deren Gegenstück vom CIA. Er hat auch nichts dagegen, mit Frauen zu schlafen, die ihn umbringen wollen, 007 verlangt von seinen Partnerinnen weder Treue, Ehrlichkeit noch Vertrauen; er will nur, daß sie willig sind.

Und das sind sie natürlich. Bond spielt bei seinen sexuellen

Begegnungen nicht so sehr den Verfolger als den Verfolgten. Die Frauen fallen geradezu über ihn her. Sie erwarten ihn an verlassenen karibischen Stränden. Sie folgen ihm quer durch Europa. Sie liegen wartend im Schlafwagen des Orientexpresses, mit nichts am Leib als einem schwarzen Halsband. Er wirkt fast passiv: Schließlich braucht er auch kaum einen Finger zu rühren, um Frauen bis zur Unerträglichkeit zu erregen. Diejenigen, die sich nicht auf den ersten Blick in ihn verlieben, erliegen dennoch früher oder später seinem Heldenmut, seiner Attraktivität und seinem kaltblütigen Charme. Die Frauen stellen Bond nach, weil er selbstsicher genug ist, ihnen nicht nachzustellen.

Verliebt sich 007 jemals? Zweimal war er verheiratet, doch die eine Ehefrau diente nur zur Tarnung bei einem Auftrag in Japan. Danach hören wir nichts mehr von ihr. Die zweite Frau wird auf der Hochzeitsreise umgebracht. Er verwendet nicht viel Zeit darauf, sie zu betrauern. Er investiert grundsätzlich nicht viel Zeit in Frauen. Er ist ein wahlloser Verführer, dessen Puls niemals rast, der niemals errötet oder stottert. Selbst im Bett behält er die Kontrolle über seine Gefühle und Reaktionen – er ist erregt, aber nicht erschüttert. Das höchste Kompliment an eine Frau lautet: »Anständiges Mädchen.« Es regt ihn auch nicht besonders auf, wenn eine Bettgespielin sich als Verräterin entpuppt. Als Spion weiß Bond, daß Verrat zu seinem Geschäft gehört. Aber wichtiger ist, daß er sich gegenüber Frauen nie weit genug vorwagt, um wirklich in Gefahr zu geraten.

007's Frauen stellen keine weiter gehenden Ansprüche an seine Gefühle. Er schläft im Verlauf eines jeden Abenteuers mit vielen Frauen, und keine seiner Geliebten scheint jemals eifersüchtig zu sein. Keine Frau hat Bond jemals verlassen, nur weil er sich nicht binden wollte. Es hat ihn überhaupt niemals eine Frau verlassen – denn eine Zurückweisung würde das Ideal, das er verkörpert, ernsthaft beschädigen. Aber auch er verläßt seine Frauen eigentlich nie. Pussy Galore und Holly Goodhead verschwinden einfach zwischen den verschiedenen Filmen. Die letzte Einstellung fängt die Liebenden mitten in der Umarmung ein, mag sie nun unter einem Fallschirm, an Bord einer chinesischen Dschunke oder in einer die Erde umrundenden Raumkapsel stattfinden. Uns bleiben die Einzelheiten des Morgens danach und die Ausflüchte Bonds erspart, wenn seine neueste Bettgenossin fragt: »Wann sehen wir uns wieder?« Meistens werden seine Partnerinnen umgebracht, bevor sie diese Frage stellen können. Dieser Mann bedeutet für Frauen schlicht und einfach den Tod. Ein gerade erschienenes Fanbuch identifiziert eine ganze Reihe von Bonds Freundinnen als »Opfer«.[28] Einige sind Agentinnen oder Gespielinnen des Schurken, die sich in Bond verlieben und damit das tödliche Mißfallen ihrer Herren und Meister auf sich ziehen. Andere sind Verbündete, die mit dem Leben für ihren Einsatz bezahlen. Diese Opfer gehören zum Inventar eines Bond-Films wie die Jungfrauenopfer zur schwarzen Messe. Sie dienen einem bestimmten Zweck: Sie entbinden den siegreichen Frauenhelden von Verpflichtungen und zugleich von der Mühe, sich von ihnen zu verabschieden. Jeder James-Bond-Film stellt den ewig potenten Mann dar, der viele willige, dankbare Geliebte hat, die gottseidank immer im richtigen Moment verschwinden.

Ed: Immer eine andere Kundin

Wenn es sich bei den Eroberern um sexuelle Raubtiere handelt, dann könnte man die Männer, die ich die *Mitmacher* nenne, als Opportunisten bezeichnen. Sie finden überall Frauen; sie verfolgen sie nicht, sondern fallen einfach mit ihnen ins Bett. Diese Beziehungen bedeuten jedoch nie viel. Verglichen mit den Eroberern, die bei ihrer Jagd nach Sex von Obsessionen und Ängsten besessen sind, wirken die Mitmacher entspannt und fast gefühllos, so als ob sie auf einer Valiumwolke schwebten. Sie kennen weder Leidenschaft noch Panik und segeln durch ihre Affären wie über einen spiegelglatten See. Mitmacher sind Männer, die sich stets alle Optionen offenhalten. Dieser Typ Mann trifft sich vielleicht ein paar Wochen lang aus purer Trägheit mit einer Freundin, weil sie eben gerade für ihn da ist. Und wenn er sie verläßt, dann aus dem einfachen Grund, weil er eben nicht mehr mag.

Ed, ein 36jähriger Verkäufer aus Atlanta, gibt selbst zu, daß er nicht besonders gut aussieht. Er wird um die Taille herum immer fetter, und sein Haar beginnt sich zu lichten. Er hält sich auch nicht für einen Virtuosen im Bett. Aber mit diesen Zugeständnissen hört die Bescheidenheit auch schon auf. Ed ist einer von den enervierenden Männern, die unerschütterlich an ihr Glück glauben. Und sein Glück bei Frauen ist einfach phänomenal: Es hat ihm noch nie an einer Sexpartnerin gemangelt. »Ich brauche keine Umwege zu machen, um eine Frau zu finden«, sagte er, »und ich habe auch nicht das Gefühl, als würde ich sie erobern. Denn alles ist so einfach. Es ist, wie wenn man morgens aufwacht und die Sonne scheint.«

In den letzten zwanzig Jahren hat Ed noch nie einen Monat ohne Freundin verbracht. Als Teenager war er sich seiner Männlichkeit so sicher, daß er kein Bedürfnis nach einer festen Freundin hatte. Das hätte ihn zu sehr eingeengt. Im College hatte er eine Beziehung mit der ungekrönten Königin, doch an seinen freien Abenden standen andere Mädchen vor seinem Zimmer mit dem Wasserbett Schlange. Das war in den späten Sechzigern, einer Zeit, an die sich Ed immer noch gern erinnert, weil die Sexualmoral damals relativ entspannt war. »Man brauchte ein Mädchen nicht einmal zum Essen auszuführen. Man sagte einfach: ›Warum kommst du nicht mal rüber?‹ Ich weiß noch, wenn so eine Frau im Wohnzimmer saß und ich scharf auf sie war, habe ich einfach die Hand nach ihr ausgestreckt und bin mit ihr ins Schlafzimmer gegangen. Ich brauchte kein Wort zu sagen. So selbstbewußt war ich damals schon. Und Erfolg setzt sich von selbst fort. Je mehr man tut, um so besser wird man. Und je mehr man bekommt, um so mehr wird man begehrt.«

Heute lernt Ed überall Frauen kennen: in Bars, Restaurants, auf Flugplätzen, Verkaufskonferenzen und in Bussen. Er schreibt seinen Erfolg seinem »schelmischen« Charme zu: Er wirkt ganz einfach wie ein »unartiger Junge«. Wie viele Verkäufer strahlt er übertriebene Selbstsicherheit aus. Wenn man ihn ansieht, muß man einfach annehmen, daß es ihm gutgeht, daß ihm alles in dieser besten aller Welten gelingt. Vermutlich spüren die Frauen das und suchen den Kontakt zu ihm, weil er einfach so strahlend wirkt. Zurückweisung macht ihm nichts aus. Das Kennenlernen von Frauen funktioniert für ihn nach dem gleichen Gesetz wie das Verkaufen: Auf jede Frau, die sein Produkt nicht will, kommt eine andere, die es kauft.

Seine Einstellung zum Sex ist ebenso unbekümmert. Er nimmt

bestimmte Frauen zwar als potentielle »Kandidatinnen« wahr, doch er setzt sie nicht unter Druck und ist angenehm überrascht, wenn sie gleich bei der ersten Verabredung »willig« sind. Denn er geht normalerweise davon aus, daß er seine »Belohnung« erst nach einigen Rendezvous bekommt. Wenn sich dann jedoch nichts tut, verliert er rasch das Interesse und ärgert sich über die Zeit- und Geldverschwendung.

Doch auch die Frauen, die Eds sexuelle Erwartung erfüllen, haben es schwer, sein Interesse zu fesseln. Er stellt sich als locker und anspruchlos dar, hat aber ein so starres Raster von Kriterien, daß keine Frau ihm je zu genügen scheint. Schon leichte körperliche Mängel, Passivität im Bett oder angebliches Anspruchsdenken der Partnerin sind ausreichende Gründe, eine Beziehung zu beenden. Er hat Frauen verlassen, weil sie seiner Ansicht nach zu langweilig oder zu launisch waren, weil sie mit dem falschen Akzent sprachen oder Kaugummi kauten und gleichzeitig rauchten, weil sie in einer abgelegenen Gegend lebten oder weil er sie schon zu lange kannte und sich in ihrer Gegenwart gelangweilt und unwohl fühlte. Da Ed langsam älter wird, fühlt er sich seit einiger Zeit oft einsam und fragt sich, ob er sich jemals binden wird. Doch dann wischt er solche Bedenken mit einem Achselzucken weg. Er ist fest davon überzeugt, daß die richtige Frau irgendwo auf ihn wartet. Er hat sie nur noch nicht gefunden.

An jedem Baum eine andere Frau

Am meisten beeindruckte mich bei den Mitmachern, wie leicht sie an Frauen herankommen. Die Welt ist für sie ein Garten der Erotik, wo an jedem Zweig eine potentielle Geliebte hängt. Jeder Mitmacher hat die verblüffendsten Stories auf Lager – von leidenschaftlichen Blondinen, deren Autos gerade in dem Moment, in dem man vorbeifährt, eine Panne haben, und ähnliches. Natürlich ist schwer zu beurteilen, wieviel daran Übertreibung ist. Doch in der Regel ergreifen diese Männer jede Gelegenheit, die sich ihnen bietet; sie sind »allzeit bereit« und haben ein beneidenswertes Talent zur Improvisation. Außer diesem scharfen Blick für jede günstige Gelegenheit besitzen sie ein unerschütterliches Selbstvertrauen und eine erstaunliche Hartnäckigkeit. Gegenüber Zurückweisungen sind sie praktisch immun. Selbst nach den schmerzhaftesten Trennungen verlieren sie nicht viel Zeit und machen sich auf die Suche nach einer neuen Partnerin. An einem normalen Tag geht Ed auf ein Dutzend Frauen zu, und bei irgendeiner funkt es immer. Es ist bestimmt kein Zufall, daß viele Mitmacher in der Verkaufsbranche arbeiten: Die Überzeugungskraft, die Dynamik und der Elan, mit denen sie Frauen herumkriegen, sind in diesen Berufen schließlich sehr gefragt.

Werden die Mitmacher wirklich nicht von den Zweifeln heimgesucht, mit denen andere Männer zu kämpfen haben? Sie wirken zwar ungewöhnlich keck, aber ihr nie versagendes Selbstvertrauen läßt einen auch stutzig werden. Wenn Ed einen Korb bekommt, verdoppelt er seine Anstrengungen. Wenn eine Frau ihn abweist, spricht er dafür zwei weitere an und stellt damit seine eigene Statistik auf. Verlust und Abweisung dienen den Mitmachern als Aphrodisiakum. Sie kurieren ihre verletzten Herzen, indem sie sich eine neue Partnerin suchen, und betäuben sich mit den Dramen einer neuen Jagd.

Für Mitmacher ist die Jagd das entscheidende. Der Akt der Verfolgung, wie lässig er auch betrieben wird, beruhigt das Unbehagen und steigert das Selbstbewußtsein. Das Ziel ist bei dieser Art von Jagd Nebensache. Wenn Ed Frauen anspricht, geschieht das wahllos: Er unterhält sich mit jeder, die ihn auch nur geringfügig interessiert. Erst später greifen seine komplizierten restriktiven Kriterien, und er stellt Mängel an der Partnerin fest. Wie die Eroberer betrachten die Mitmacher Frauen als riesige, homogene Masse, deren Einzelwesen gesichtslos und austauschbar wie Schrotkugeln sind. Zu Beginn sind alle Frauen gleichermaßen geeignet, ihr Bedürfnis nach Sex, Gesellschaft und Selbstbestätigung zu stillen. Es ist kein Zufall, daß Ed eine seiner Eroberungen als »gutes Pauschalarrangement« bezeichnete.

Entgegen unserem Bild vom Casanova betrachten die Mitmacher Frauen nicht primär als Sexualobjekte. Offensichtlich ist ihnen sexuelle Bestätigung wichtig, und sie erwarten von ihren Partnerinnen, daß sie ihnen diese geben. Doch Ed empfand seine Partnerinnen oft eher als sexuell neutral. Interessanterweise legen diese Männer nicht die extreme sexuelle Bedürftigkeit an den Tag, die andere Casanova-Typen kennzeichnet. Ed ist zufrieden, wenn er im Verlauf eines verlängerten Wochenendes einmal mit einer Frau schläft. Die übrige Zeit verbringen sie mit Ausgehen oder Fernsehen. »Ich mag schon Sex, verstehen Sie mich da nicht falsch«, erklärt er, »aber er steht auf meiner Prioritätenliste etwa an dritter Stelle. In meiner Freizeit gehe ich gern einkaufen oder spiele Tennis, und wenn eine Frau diese Dinge nicht gern mitmacht, kann auch Sex diesen Mangel nicht ausgleichen.«

Obwohl die Mitmacher Frauen nicht als Sexualobjekte einstufen, behandeln sie sie doch im wesentlichen als Accessoires, mit denen man sich in der Öffentlichkeit schmückt. Frauen sind dazu da, um gut auszusehen. In den Erzählungen der Mitmacher fällt an dieser Stelle oft das Wort »präsentabel«. Ed mag es, wenn seine Frauen »gut zu meinen Leuten passen, wenn sie lebhaft und intelligent sind und sich meinem Lebensstil anpassen können. Das erwarten meine Freunde von mir, und nach solchen Frauen halte ich Ausschau.« Wenn Mitmacher eine Partnerin fallenlassen, dann häufig, weil sie nicht in ihren Freundeskreis passen.

Dieser sonderbare Snobismus legt den Schluß nahe, daß Mitmacher Frauen als narzißtische Objekte betrachten, als Reflexionen ihres eigenen idealisierten Selbstbildes. Ed, der sich selbst als Partylöwe bezeichnet, verlangt von seinen Partnerinnen, daß sie sich seinem Stil anpassen. Er braucht Frauen, mit denen man auf Partys protzen kann, die pflichtschuldig über seine Witze lachen und die die Anerkennung und den Neid seiner Freunde hervorrufen – Frauen, die zu seinem selbstgeschneiderten Selbstbild passen wie ein weißes Hemd und eine rote Krawatte zu einem blauen Anzug. Die Unglücklichen, denen es nicht gelingt, sich dem anzupassen, werden eben wieder abgelegt.

In Beziehungen mit solchen Mitmachern ergeht es Frauen nur selten gut. Diese Männer sind zwar selten grausam oder bösartig, aber sie scheinen unfähig, Frauen als eigenständige Wesen mit individuellen Gefühlen und Begierden zu begreifen. Sie behandeln ihre Partnerinnen mit der gleichen freundlichen Gleichgültigkeit, mit der man sich mit einem geliehenen Auto oder einem Rasenmäher beschäftigt. Sie sind bei der Empfängnisverhütung oft nachlässig und nehmen automatisch an, daß die Frauen, mit denen sie schlafen, sich selbst schützen. Es ist ihnen aber auch ziemlich egal, wenn sie das nicht tun.

Mitmacher können charmant, lebhaft und höflich sein – der Typ Mann, der einem die Tür aufhält und Feuer gibt. Wie Ed geben sie eine Menge Geld aus, wenn sie mit Frauen ausgehen. Aber typisch ist auch, daß sie so damit beschäftigt sind, Speisekarten und Weinlisten durchzugehen, daß sie die Frau an ihrer Seite gar nicht beachten. Ed trennte sich kürzlich von einer Frau, die ihn beschuldigte, sie zu ignorieren: »Wir waren ausgegangen, und als ich bei der Unterhaltung einmal wegschaute, flippte sie aus: ›Wir unterhalten uns nie richtig, wenn wir zusammen sind. Wir können nicht kommunizieren.‹« Hinter der Höflichkeit und dem Charme des Mitmachers verbirgt sich eine grundsätzliche Unsensibilität, die Unfähigkeit, in einer Frau mehr zu sehen als eine Nebenrolle im Drama des eigenen Lebens.

Ohne Leidenschaft oder Wut

Dies hat wenig mit der ekstatischen Erregung gemein, die wir mit erotischer Liebe verbinden. Nur wenige Mitmacher haben das Bedürfnis, viel Zeit mit der Partnerin allein zuzubringen, es sei denn, um mit ihr zu schlafen. Sie sind nur selten eifersüchtig oder besitzergreifend. »Ich gehe davon aus, daß an jeder Frau, an der etwas dran ist, auch noch andere Typen interessiert sind«, sagt Ed. »Wenn sie immer Zeit für mich hat, ist irgend etwas faul.« Gelegentlich unterhalten Mitmacher eine monogame Beziehung, doch kaum aus freien Stücken. »Ich bin mal mit einer Frau fest gegangen, aber nur, weil ich damals keine andere fand«, gibt Ed zu. »Ich bekam genug Sex, aber mit der Zeit wurde es ziemlich langweilig. Die Routine ist der Feind der Romantik. Mit zwei oder drei gleichzeitig hat man einfach mehr Abwechslung.« Für diese Männer ist Untreue kein Thema, denn sie versprechen niemals Treue und erwarten sie auch bei der Partnerin nicht. Keine Frau scheint für ihn dieser Mühe wert zu sein.

In den Beziehungen des Mitmachers fehlt die romantische Leidenschaft, aber auch offene Aggressionen und Wut kommen bei ihm nicht vor. Männer wie Ed scheinen zu extremen Gefühlen nicht fähig; sie scheinen sie vielmehr zu meiden. Wie die Eroberer hassen sie »Szenen« und flüchten rasch aus jeder Beziehung, in der es zu Konflikten kommen könnte. Ed hat sich noch nie mit einer Freundin gestritten, und auch bei einer Trennung scheut er vor möglichen Konflikten zurück. »Ich rufe einfach nicht mehr an«, sagt er. »Die meisten Frauen kapieren rasch, was los ist. Ich bin nicht gern unfreundlich zu jemandem und mache mir ungern Feinde.« Mitmacher scheinen sich aus ihren Beziehungen auf Zehenspitzen davonzustehlen.

Doch diese Verstohlenheit deutet auch auf eine unterschwellige Wut hin. Die Beendigung einer Beziehung ohne Warnung oder Abschied bedeutet die Auslöschung oder Bestrafung der verlassenen Partnerin, weil sie den Anforderungen des tyrannischen Ego nicht genügte. Die Empfindungen des Mitmachers wechseln von mildem Interesse zu Wut und Ärger über die Unzulänglichkeiten der Partnerin – und am Ende stehen dann Desinteresse und Langeweile. Wenn er die Frauen nicht mehr regelmäßig sieht, vergißt er sie einfach – so als würde selbst die Erinnerung an sie Abscheu in ihm erwecken. Er hat seine Partnerinnen »verdaut« und spült nun die Überreste der Erinnerung an sie schleunigst die Kanäle des Unbewußten hinunter.

Dieser Prozeß hat aber ernste Konsequenzen. Nachdem der Mitmacher die Partnerin aus seinem Leben und seiner Seele verbannt hat, verfällt er in die watteweiche Lähmung einer Depression. Ich hatte sogar manchmal den Eindruck, daß sich hinter ihrem Selbstvertrauen und ihrer augenscheinlichen Gleichgültigkeit gegenüber jedem Verlust eine ständige Niedergeschlagenheit verbirgt. Ihr Charme strahlt keine Wärme aus, und es mangelt ihnen an jeglicher Spontaneität. Ihr Selbstvertrauen wirkt bei genauem Hinsehen gezwungen, und die Energie, mit der diese Männer Frauen verfolgen, gibt ihnen nur eine kurze Erlösung von der Ruhelosigkeit. Wenn Männer wie Ed eine Zeitlang ohne Frau sind, vergraben sie sich zu Hause, starren dumpf ins Fernsehgerät und essen und trinken mehr, als gut für sie ist. Für die Mitmacher sind Frauen nur eine Abwechslung, die sie nicht wirklich erregt und erfüllt. Auch wenn sie mit ihren Geliebten allein sind, bleiben sie einsam und abgetrennt. Diese Männer, die ihre Wut unterdrückt und ihre Traurigkeit verdrängt haben, verweigern sich gegenüber allem, was nur annähernd an Leidenschaft gemahnt. Sie können nicht betrauern, was sie verlieren, und sich nicht über das freuen, was sie besitzen.

Auf einer gewissen Ebene scheint Ed dies zu erkennen. Die Freuden des Junggesellendaseins werden langsam schal. Er wird immer rascher unzufrieden, nicht nur mit den Partnerinnen und ihren Mängeln, sondern auch mit der eigenen Unzufriedenheit: »Es heißt, wenn man nicht geliebt hat, hat man nicht gelebt. Ich bin jetzt sechsunddreißig, und manchmal denke ich, ich habe überhaupt noch nicht gelebt.«

6. Der Romantiker

Das Beispiel Arnie Becker

Arnie Becker, gespielt von Corbin Bernsen in *L. A. Laws* (einer amerikanischen Fernsehserie), ist eine gespaltene Persönlichkeit. Er ist halb Jude, halb amerikanische Oberklasse und sieht mit seiner Sonnenbräune, dem blonden Haar und den leicht heruntergekommenen Zügen aus wie ein alternder Surfer. Er hat die nervöse Art des netten Jungen, der gern gefallen und beeindrucken will. Bei Treffen mit seinen Scheidungsklienten, von denen die meisten Frauen zu sein scheinen, strahlt er eine Mischung aus Mitleid und Raubgier aus. Wenn diese Frauen die Sünden ihrer Ehegatten aufzählen, nickt Arnie wie ein mitfühlender Beichtvater. Wenn sie weinen, werden auch seine Augen feucht. Doch nie läßt er sein Hauptziel aus den Augen, nämlich die Bastarde von der Gegenseite um alles zu bringen, was sie haben. Beckers Raubtiergehabe scheint zuweilen einem Gefühl von Ritterlichkeit zu entspringen: Er hat so viel Mitleid mit seinen Klientinnen, daß er sie rächen will. Noch die gütlichste Scheidung kann er in ein Blutbad verwandeln. Sobald ihm eine Frau erzählt, sie wolle sich mit ihrem Mann einigen, zeigt sich äußerster Widerwille in Beckers Zügen, und er schiebt ihr mit einem Ausdruck der Verachtung die Fotos vom Ehebruch des Mannes über den Schreibtisch.

Das Geheimnis von Arnie Beckers Charakter liegt darin, daß er jeder Sünde schuldig ist, deren er die Gatten seiner Klientinnen bezichtigt. Seine Ausfälle vor Gericht haben etwas von dem schizoiden Eifer eines rückfälligen Konvertiten und wirken so, als wolle er sich für seine eigenen sexuellen Gemeinheiten bestrafen. In einer Anwaltskanzlei, die vor erotischer Spannung knistert, verhält sich

Becker wie der Frauenheld par excellence: natürlich, unkontrollierbar und verführerisch. Seine heisere Stimme erscheint geradezu prädestiniert für Einladungen zu Rendezvous. Sein Blick ist stets flehend. Sein großer Erfolg als Scheidungsanwalt resultiert aus seiner Fähigkeit, jeder Besprechung die Dramatik einer Verschwörung zu verleihen. Sein großer Charme liegt darin, daß er nur selten berechnend wirkt. Wenn er mit einer weiteren Frau ins Bett sinkt, dann nur, weil er nicht anders kann.

Teilweise ist das natürlich Beckers Trick. Er weiß, wie er seine Verletzlichkeit maximal ausspielen kann. Dahinter liegen allerdings auch Gerissenheit und Selbstgefälligkeit, ein Gespür dafür, wie man eine Frau überrumpelt, und das juristische Vergnügen an Intrigen. Bei einer Party in Begleitung einer elegant frisierten Dame schleicht er sich neben eine andere Frau und flüstert ihr ins Ohr: »Ich komme, sobald ich sie losgeworden bin.« Dann gleitet er gelassen und unschuldig an die Seite der ersten zurück, bringt sie nach Hause und entkleidet eine Stunde später die zweite Frau in ihrer Wohnung. Beide Frauen scheinen sich im klaren darüber zu sein, daß Arnie mit ihnen spielt. Doch da er sie in seinem Doppel zu Partnerinnen gemacht hat, regen sie sich nicht darüber auf. Bald wird er sicherlich auch die zweite Frau fallenlassen. Bei manchen Frauen, den jüngeren, oberflächlicheren, spielt Arnie den schamlosen Verführer. Seine Manipulationen sind aber eigentlich harmlos, denn sie sind so leicht vorhersehbar wie die Tricks eines Zauberers. Arnies Frauen haben gegen seine Spielchen nicht mehr als gegen den großen Zampano, der ihnen Taschentücher aus den Ohren zieht.

Doch hinter diesen Tricks verbirgt sich eine Verletzlichkeit, die echt ist. Nur zu oft verliebt sich Arnie. Gewöhnlich handelt es sich um eine Klientin, eine Frau in den Dreißigern oder Vierzigern, die von ihrem Mann besonders schlecht behandelt worden ist. In diese Affären treibt ihn seine Ritterlichkeit; sein Beschützerdrang läuft Amok. Doch die Kehrseite dieses Beschützerdranges ist die Sehnsucht, selbst beschützt zu werden. Es ist kein Zufall, daß die Frauen, in die er sich verliebt, älter sind als diejenigen, die er betrügt. Sie versprechen nicht nur Leidenschaft, sondern auch Geborgenheit. Die Ironie liegt darin, daß Beckers Liebesbeziehungen so oft unglücklich und mit verletzten Gefühlen auf beiden Seiten enden.

Manchmal verschrecken ihn diese verwundeten Madonnen durch die Heftigkeit ihrer Bedürfnisse: Dieser Scheidungsanwalt scheint nie gelernt zu haben, daß frisch Geschiedene ebenso verzweifelt sind wie frisch Verwaiste. Und manchmal wird Becker selbst zum Opfer. Was ihn rettet, ist, daß er nicht nur Verführer, sondern auch ein gerissener Hund ist.

Über die Schauspieler, die Kino- und Fernsehhelden darstellen, gewinnt man oft mehr Einsichten in die Rollen. Ein Artikel über Arnie Beckers Darsteller Corbin Bernsen beschrieb den Schauspieler als »schüchternen Phallokraten, einen intellektuellen Naiven. Er beschreibt sich zunächst feierlich als einen treuen Mann, läßt sich dann über die Freuden des Junggesellendaseins aus und sehnt sich anschließend nach einer Seelengefährtin.«[29] Nachdem Bernsen dem Reporter eben eröffnet hat, daß er sich nach wahrer Liebe sehnt und Onanieren einem einmaligen Gastspiel vorzieht, klagt er weiter: »Wie kann es nur so ein perverses Zusammentreffen geben: Endlich bin ich berühmt, und schon kommt AIDS! Manchmal denke ich, da spielt mir jemand einen dummen Streich ... Aber immerhin hatte ich fünfzehn gute Jahre.«

Alan: »Liebe ist ein Schaufenster der Leistung.«

Die Romantiker, denen es am Zynismus der Eroberer und der fatalen Gleichgültigkeit der Mitmacher mangelt, wirken auf den ersten Blick als die anziehendsten Casanovas. Sie haben am meisten Ähnlichkeit mit den faszinierenden Helden des Schauerromans. Sie sind zwar leidenschaftliche Liebhaber, doch es geht ihnen nicht allein um Sex.

Für diese Männer stellt Sex einen Weg zum Herzen dar, zu einer Nähe, die intensiver ist als bei einer reinen Bettbeziehung. Sie suchen und bieten ihren Partnerinnen nichts geringeres als totales emotionales Engagement, eine Leidenschaft, die, abgeschottet von der Außenwelt, etwas von einem Trancezustand haben muß. Romantiker haben eine Liebe ohne Streit oder Langeweile vor Augen, eine Liebe, bei der Mann und Frau stets erregt sind und einander nie beschimpfen, weil der Klodeckel offenblieb oder der Toast angebrannt ist. Wenn diese Vision – gewöhnlich innerhalb von sechs Monaten – zusammenbricht, wenn die Erektionen nicht mehr die ganze Nacht andauern und nicht jeder Orgasmus die Erde erbeben läßt, wenn dann der Toast wirklich verbrannt ist und der Klodeckel schon wieder oben blieb und beide Partner sich mächtig darüber aufregen – dann trennen sich diese Männer von ihren Partnerinnen, und sie sind dabei so enttäuscht und verbittert, als seien sie selbst verführt und verlassen worden.

Als erstes erzählte mir Alan, daß er sehr vermögend ist und bei einer Bostoner Bank in einer gehobenen Position arbeitet. Er benutzt gerne das Attribut »vielversprechend«, ein Begriff, der nicht nur an Reichtum, sondern auch an Erfolg, Kultur, gutes Aussehen und erotisches Savoir-vivre denken läßt. »Vielversprechendes« sucht er auch bei Frauen. »Die Frauen, die ich in mein Leben lasse, sind immer vielversprechend – das heißt, sie können sich ausdrükken, sind gut gekleidet, haben Klasse. Sie wissen, wie man mit Reichtum umgeht und wie man sich in wohlhabenden Kreisen bewegt. Ich habe auch mit Frauen geschlafen, die nicht so waren«, gibt er zu, »aber verliebt habe ich mich dann nie.«

Für Alan ist die Liebe sehr wichtig. »Liebe ist eine der Arenen, in denen man sich bewähren muß – hier gilt das gleiche wie für die Karriere oder andere wichtige Bereiche. Hier muß man seine Fähigkeiten beweisen. Ich bin achtundzwanzig Jahre alt und habe eine Machtposition inne, von der selbst die meisten Männer in den Dreißigern nur träumen können. Ich verfüge über soviel Geld, wie ich mir nur wünschen kann, und besitze ein Haus auf dem Beacon Hill, das mein ganzer Stolz ist. Nur auf dem Gebiet der Liebe könnte ich noch etwas Substantielles erreichen. Ich widme ihr soviel Zeit wie andere Männer ihren Karrieren.«

Alan hatte sein erstes sexuelles Erlebnis auf der High-School, doch er verliebte sich erst nach dem Collegeabschluß. »Damals wurde mir klar, daß der unverbindliche Sex für mich ausgespielt hatte. Ich wußte Bescheid. Ich bin sehr stark oral orientiert und kann einer Frau viele überwältigende Orgasmen geben – Qualitätsorgasmen –, noch bevor ich in sie eindringe. Und dann kann ich lange durchhalten, indem ich im Kopf das kleine Einmaleins aufsage oder auf die Uhr starre. Aber ich wollte mehr. Ich suchte eine

Gelegenheit, um mich zu öffnen, und man kann sich bei keiner Frau öffnen, bei der einen nur der Hintern interessiert. Die würde einen sensiblen Menschen wie mich nicht begreifen.«

Als Alan nach Frankreich ging, um bei einer Bank zu arbeiten, die der Familie seiner französischen Mutter gehörte, befand er sich in diesem Zustand der Liebesbereitschaft, mit einer nebulösen Begierde im Kopf, für die es aber noch kein Ziel gab. Bald aber fand sich eines. Catherine war die Tochter von Freunden der Familie. Sie war schön, reich und dann auch noch Französin – ein Destillat von tausend romantischen Träumen. Alan war sofort von ihr hingerissen, wurde aber gleichzeitig von Ängsten und Unentschiedenheit geplagt – Empfindungen, die ihm neu waren. In der Vergangenheit hatte er seine sexuelle Anziehungskraft immer als selbstverständlich betrachtet und erwartet, daß Frauen ihm wie reife Früchte in den Schoß fielen. Catherine hingegen wirkte in ihrer Schönheit entrückt und unzugänglich. Er war überrascht, daß sie sich überhaupt mit ihm verabredete, und erstaunt, als sie beim ersten Treffen gleich im Schlafzimmer landeten. Das Ergebnis war berauschend.

Am nächsten Morgen war ihm klar, daß er in sie verliebt war. »Ich wollte sie nicht verlassen, konnte den Gedanken nicht ertragen, mich von ihr zu trennen. Auf dem College habe ich mich immer über die Typen lustig gemacht, denen ihre romantischen Flausen wichtiger als ihre Noten waren. Ich hatte nie Probleme, mich von den Frauen zu lösen, mit denen ich gerade die Nacht verbracht hatte, und mich meinem Studium zu widmen. Aber wenn Catherine nicht selbst zur Arbeit gegangen wäre – ich hätte mich nicht von ihr lösen können. Ich kannte sie erst seit vierundzwanzig Stunden und verschickte bereits zweisprachige Hochzeitseinladungen. Ich weiß noch, als ich endlich die Nerven hatte, sie anzurufen, zitterte ich am ganzen Körper. Ich hatte solche Angst, sie könnte mich vielleicht nicht ebenso *vielversprechend* finden wie ich sie.«

Doch das tat sie. Ihre Liebesgeschichte hatte den Silberglanz eines Musicals der dreißiger Jahre: Stunden exquisiten Liebesspiels, erlesene Diners in abgelegenen Restaurants, Kutschenfahrten im Bois de Boulogne und ausgedehnte Schlafzimmergespräche, bei denen sich Alan, angeregt von Cognac und Champagner, zum ersten Mal in seinem Leben einem anderen Menschen öffnete: »Ich war immer einsam gewesen, denn ich stamme aus einer Familie, in der man sich wenig Gefühle zeigte. Außerdem ist mir stets bewußt gewesen, daß ich anders bin als die anderen. Plötzlich fühlte ich mich nicht mehr einsam. Mein Gott, hier stand endlich die Frau, die mich verstand und schätzte!«

Doch nach zwei Monaten kam die große Desillusionierung für Alan. Er sprach zwar Französisch und Catherine Englisch, aber plötzlich wurde er sich der Sprachbarriere zwischen ihnen bewußt. Sie konnte nicht über seine Witze lachen und verwandelte noch die oberflächlichste Plauderei in einen *discours*. Er fand Catherine zu ernsthaft, und das langweilte ihn. Er wurde schweigsam und ungeduldig. Zwar hatte er selbst zuerst das Thema Heirat zur Sprache gebracht, doch jetzt zuckte er jedesmal zusammen, wenn sie es erwähnte. Eines Abends ließ er eine Verabredung mit ihr platzen, um allein in eine Bar zu gehen, suchte sich ein Mädchen in einem anrüchigen Viertel und nahm sie mit sich nach Hause. »Der Sex war ganz gewöhnlich. Um Himmels willen, das Mädchen war schließlich nur ein Stück Fleisch für mich! Aber beim nächsten Mal war es mit Catherine ebenso gewöhnlich. Der Schock war um so größer, weil es zuvor so umwerfend gewesen war. Ich wußte, ich hatte einen schrecklichen Fehler begangen, und ich sagte es ihr. Das war das Anständigste, was ich tun konnte.«

Ich habe Alans mißlungene Affäre in allen Einzelheiten wiedergegeben, weil er sie mit geringen Abweichungen schon Dutzende Male wiederholt hat. Nach einer Phase verbitterter Promiskuität fand er ein anderes Mädchen, das wie Catherine zunächst außerordentlich *vielversprechend* wirkte, ihn aber ebenso grausam enttäuschte wie seine Vorgängerin. Als er wieder in den Vereinigten Staaten war, versuchte er es mit Studentinnen, Kolleginnen und den Töchtern und Schwestern von Freunden. Alle waren attraktiv und aus gutem Hause; alle wirkten zunächst unerreichbar. Jede Liaison begann mit größter Ekstase und einem (scheinbar) hohen Maß an gegenseitiger Vertrautheit und Nähe, um unvermutet in tiefster Ernüchterung zu enden. Lange Zeit meinte Alan, daß alle diese Frauen eben untragbare Fehler gehabt hätten. In der letzten Zeit ist er jedoch zu dem Schluß gelangt, daß es an ihm selbst liegen muß: »Ich kann mir nicht mehr vormachen, daß all diese Mädchen irgendeinen schrecklichen Defekt gehabt haben. Die Wahrheit ist: Ich habe einfach immer wieder das Interesse verloren. Und plötzlich wußte ich, daß es nicht an Catherine oder Helen oder irgendeiner der anderen lag, sondern an mir.«

Das dramatisierte Ich

Wo liegen nun die Ursachen für diese idyllische und so außerordentlich lebensferne Art zu lieben? Die Romantiker neigen dazu, ihre eigene Persönlichkeit zu dramatisieren. Wie Alan, der sich als einsam und sensibel beschreibt, betrachten sie sich als außergewöhnliche Menschen, die sich aufgrund ihrer Leidenschaft, Intelligenz und emotionalen Tiefe von den anderen unterscheiden. Das Selbstbild der romantischen Casanovas hat seine literarischen Vorläufer in der Dichtung von Byron und Shelley und seine kulturellen Wurzeln im Aufstieg des bürgerlichen Individualismus, der Männer und Frauen aus dem vertrauten Lebenszusammenhang von Klasse, Land und Religion löste. Die romantischen Casanovas sind Einzelgänger, die mit schmerzhafter Deutlichkeit den Unterschied zwischen sich und den anderen empfinden.

Dieses Bild vom eigenen Ich begünstigt einen extremen Narzißmus. So kann sich Alan zwar als byronscher Held sehen, doch zugleich verdammt ihn dieser Narzißmus zur Einsamkeit, zu einem Gefühl, allzeit unverstanden und ungeliebt zu sein. »Ich war als Kind sehr einsam«, erinnert er sich, und viele Romantiker haben ähnliche Erinnerungen. Die Frage ist, ob sie so einsam waren, weil sie als besondere Menschen galten, oder ob sich das Gefühl des Andersseins als tröstliche Erklärung für ihre Einsamkeit entwickelte – eine Art Privatmythos, der sie vor der Gefühlskälte schützte, die sie im Elternhaus erlebten. Doch mehr noch als andere Casanovas neigen Romantiker dazu, als Einzelgänger zu leben, ohne enge Freunde oder besonders enge Bindung gegenüber ihrer Familie. Für sie ist das wahre Liebesobjekt das Ich, das so viel Aufmerksamkeit und Sorge fordert, daß wirkliche Beziehungen zu anderen unmöglich erscheinen.

Es ist nur natürlich, daß diese einsamen Männer nach Gefährtinnen suchen. Doch mehr als die Gesellschaft eines anderen Menschen benötigen sie die Bestätigung ihrer Einzigartigkeit. Sie wollen ja vor allem verstanden und geliebt werden. Auch andere Männer mögen erfolgreich und attraktiv sein, doch Alan ist anders als sie. Er sehnt sich nach der Anerkennung des tief verborgenen Edelsteins in seinem Innern, dieser Anhäufung von Zügen und Merkmalen, die die Einzigartigkeit seiner Persönlichkeit ausmachen. Während die Eroberer nur auf den raschen sinnlichen Kitzel aus sind und die Mitmacher ein gefälliges, gutaussehendes Accessoire suchen, begehren die Romantiker Frauen, die ihre Einzigartigkeit bestätigen und gleichzeitig die sie begleitende Einsamkeit mildern. Der französische Essayist Michel Leiris meinte, der Romantiker suche nach einer Geliebten, »... die zärtlich ist wie eine Liebende, sanft wie eine Mutter, und meine Qualen und Freuden teilen würde! Mit einem Blick ihrer hellen Augensterne oder mit einem langen Kuß ihres frischen Mundes würde sie die herben Leiden verjagen, die mein Herz verzehren, und die trübsinnige Langeweile von meiner Stirn scheuchen! Ja, ich möchte endlich einmal verstanden werden ...«[30]

Judith: die animalische Geliebte

Nur ganz besondere Frauen können diese besonderen Männer jemals verstehen. Die Romantiker sind daher bei der Wahl ihrer Partnerinnen wählerischer als die Eroberer oder Mitmacher. Dies bedeutet allerdings nicht, daß sie ein mönchisches Dasein führen, bis ihnen die Richtige über den Weg läuft; für sie gelten nicht die Minneregeln der mittelalterlichen Troubadoure. Bevor Alan Catherine kennenlernte, schlief er sich durch die Betten aller Frauen, die er bekommen konnte. Bis vor kurzem – das Schreckgespenst AIDS hat ihn vorsichtiger gemacht – betrauerte er jede gescheiterte Liebesbeziehung, indem er sich heftig der Promiskuität ergab und manchmal mit zehn Frauen in einem Monat schlief. Lord Byron, der Archetypus eines Romantikers, unterteilte die Frauen in idealisierte Jungfrauen und anonyme »Tiere«. Während sie sehnsüchtig auf die Frau fürs Leben warten, trösten sich diese Männer mit wahllosem Sex.

Wie schon der Begriff »Tier« andeutet, betrachten Romantiker ihre zufälligen Partnerinnen mit Verachtung. Alan würde die Mädchen aus den Bostoner Arbeitervierteln, die er sich gelegentlich genehmigte, niemals als *vielversprechend* bezeichnen. Für die Begegnung mit einem dieser gewöhnlichen, entbehrlichen Wesen bedarf es auch einer anderen Terminologie: »Es gibt einen Unterschied zwischen Ficken und Lieben. Ich habe vermutlich an die hundert Frauen gefickt. Geliebt habe ich nur ein Dutzend.« Die Verachtung der Romantiker für diese Frauen trägt oft Züge von Rassismus und Klassenvorurteilen. Seiner Ansicht nach sind anscheinend nur Frauen aus einer »unteren« Schicht oder einer diskriminierten ethnischen Gruppe für eine kurze Bettgeschichte geeignet.

Das »Tier« stellt den einen Pol im zweigeteilten Frauenbild der Romantiker dar. Es überrascht nicht, daß Alans Verachtung für seine zufälligen Partnerinnen mit Furcht vermischt ist. Mittlerweile meidet er einmalige Gastspiele aus Angst vor einer ansteckenden Krankheit. Es käme ihm jedoch nie in den Sinn, daß er sich genauso leicht bei einer Frau aus »guter Familie« oder »in gehobener Stellung« anstecken könnte. Er scheint der Ansicht zu sein, daß die soziale Stellung ein Schutzschild gegen Spirochäten oder das HIV-Virus ist. Wenn der Romantiker seine zufälligen Eroberungen als Tiere bezeichnet, dürfen wir nicht aus den Augen verlieren, daß manche Tiere äußerst gefährlich sind. Michel Leiris assoziiert hier den biblischen Archetyp der Judith, die den assyrischen General Holofernes verführte, um ihm den Kopf abzuschlagen.[31]

Sex mit einer Judith ist für Romantiker selten zufriedenstellend; sie empfinden ihn als unpersönliches Gerubbel, »Ficken« eben, um mit Alan zu sprechen. Manchmal fühlen sie sich ausgebeutet oder bedroht; sogar Kastrationsängste stellen sich ein. In der Dürreperiode zwischen zwei Liebesaffären wirken sie stets bedrückt und verunsichert. »Ich hatte immer Probleme, mit Frauen zu schlafen, die mir gleichgültig sind – ich meine ›richtig schlafen‹«, sagt Alan. »Ich werfe mich hin und her. Wenn sie mich berührt, weiche ich zurück, als hätte sie mich angegriffen. Es gab so viele Nächte, in denen ich auf die Frau herabblickte, die gerade neben mir lag, und dachte, wie schrecklich, schrecklich traurig das Ganze war. Ich denke, diese Frau umarmt mich, als sei wirklich etwas zwischen uns, dabei wissen wir kaum mehr voneinander als den Namen. Dann sehe ich sie an und frage mich, wann, oh, wann, finde ich jemanden, den ich lieben kann?«

»Ich kann nur lieben, was mich liebt.«

Alan kann, vor Einsamkeit und sexuellem Ekel, nicht lange ohne leidenschaftliche Zuneigung zu einer Partnerin existieren, die seiner »wert« ist. Wie aber muß eine solche Frau beschaffen sein? Schönheit ist zwar eine Vorbedingung, doch für Romantiker noch lange nicht ausreichend. Die Frauen, die sie lieben, müssen sexuell erregend sein, doch sie betrachten jene mit Mißtrauen, die sie als zu *freizügig* einstufen. »Irgend etwas stimmt nicht mit einer Frau, die einfach nur so mit einem schlafen will«, meint Alan. »Es muß auch ein Zauber dabeisein, das Gefühl von etwas Wunderbarem.« Reichtum, Herkunft, Intelligenz und Einfühlungsvermögen sind erwünscht, aber nicht eine einzige dieser Qualitäten reicht aus. Romantiker betrachten Liebe letztendlich als etwas Mystisches; dabei spielen Faktoren eine Rolle, die man nicht genau definieren kann. In dieser Hinsicht scheinen sich die Romantiker nicht von der Mehrzahl der Menschen zu unterscheiden. Auffällig ist bei ihnen jedoch, daß sie sich sehr schnell verlieben. Es gibt kein langsames Zusammenwachsen, das die partnerschaftliche Liebe charakterisiert; es gibt kein Zögern und keine Unentschiedenheit, kein Abwägen der Eigenschaften des Partners und keine quälende Analyse der eigenen Gefühle. Liebe fällt auf diese Männer herab wie ein Safe aus dem zehnten Stock.

Es handelt sich allerdings nicht um Liebe auf den ersten Blick. Für den Romantiker beginnt Liebe nicht mit einer zufälligen Begegnung, sondern im Bett. Er muß die Partnerin sexuell kennen, ehe er sich in sie verliebt – gemäß der alten Regel: Bei Männern führt Sex manchmal zu Intimität, bei Frauen führt Intimität manchmal zu Sex. Man braucht kaum zu erwähnen, daß die erste Liebesnacht erfolgreich verlaufen muß. Die Frau muß den Romantiker auf dem Gipfel seiner Potenz erleben, denn Impotenz oder vorzeitige Ejakulation erstickt die romantische Leidenschaft mit Sicherheit im

Keim. Wie könnte er sich schließlich in eine Frau verlieben, die eine Schwäche bei ihm erlebt hat? Die Geliebte sollte lebhaft, aber nicht gierig sein, weil er sich sonst bedroht fühlt. Sie sollte sich nach Alans Worten »in seiner Umarmung verlieren«. Es gilt fast als Regel, daß der Romantiker sich in Frauen verliebt, die weniger erfahren sind als er. Diese Vorliebe teilt er mit dem historischen Casanova, der erklärt: »Die Verbindung aus Schönheit, Intelligenz und Unschuld hat mich schon immer überwältigt.«[32] Kein Wunder, daß dieser Mann, der erotisch so übersättigt und anspruchsvoll ist, sich zu seinem Gegenteil hingezogen fühlt – zu einer Jungfrau, die er in die Kunst der Liebe einweihen kann und deren Spontaneität seine eigene Starrheit ausgleicht.

Aus dem gleichen Grund verlieben sich Romantiker nie als erste. Sie interessieren sich ausschließlich für Frauen, bei denen sie sich von vornherein gewisse Chancen ausrechnen. »Ich glaube, ich habe noch nie einer Frau gestanden, daß ich sie liebe, wenn ich nicht sicher war, daß sie mich nicht abblitzen läßt«, sagt Alan. »Irgendwie muß ich wissen, daß sie mich genauso will wie ich sie.« Romantiker blühen auf, wenn sie einen Nebenbuhler haben; sie verabreden sich gern mit Frauen, die vermutlich noch andere Freunde haben, doch sie scheuen vor hoffnungsloser Rivalität zurück. »Ich muß wissen, daß ich sie irgendwann überzeugen kann, daß ich für sie der Richtige bin«, erklärt Alan, »und wenn ich das nicht kann, sage ich einfach ›zum Teufel‹ und halte mich zurück. Ich könnte mich nie damit abfinden, eine Nebenrolle zu spielen.« Liebe und Sex ist bei diesen Männern die Ausgewogenheit der Gefühle und des Risikos. »Ich könnte nie lieben, wenn ich nicht geliebt werde«, schrieb Byron, »meine Zuneigung richtet sich immer nach dem, was ich zurückbekomme.«[33]

Der Romantiker ist zwar immer für die Liebe bereit und sehnt sich ständig nach Verständnis und Gemeinsamkeit, doch er ist grundsätzlich auf der Hut und scheut sich, das Risiko einzugehen, jemanden zu lieben, der ihn vielleicht nicht so sehr liebt. Er kann sich nur in eine Frau verlieben, deren Unschuld sie von dem Bild der harten, raubgierigen Judith unterscheidet und deren Offenheit ihn ermutigt, etwas von seiner lähmenden Selbstkontrolle aufzugeben. Nur in Gegenwart einer leidenschaftlichen, aber relativ unerfahrenen Partnerin empfindet Alan Leidenschaft. Nur wenn eine Frau bereit scheint, sich auf sein verborgenes Ich einzulassen, kann er sich öffnen. Die Intensität seiner Gefühle hat viel mit dem Grad von deren Unterdrückung zu tun: die Ekstase, die er in den Armen einer neuen Geliebten empfindet, ist die Ekstase der Erleichterung. Für ein paar Stunden, Wochen oder Monate vergißt sich dieser befangene Verführer. Erst mitten in der Verführung gestattet er sich, selbst verführt zu werden, so, wie ein überzogener Schauspieler nur dann in seiner Rolle aufgeht, wenn er sieht, daß er damit das Publikum zu Tränen rührt.

Lukretia – die Geliebte als Engel

Abgesehen vom Weinen braucht das Publikum nichts zu tun. Alan verlangt zwar, daß die Geliebte *vielversprechend* ist und seine Gefühle erwidert, aber ihre Persönlichkeit scheint ihm sonderbar gleichgültig zu sein. Aus den Berichten über seine Beziehungen erfährt man nie viel über die Eigenheiten seiner Partnerinnen, jene Kleinigkeiten, die eine Geliebte erst einzigartig und liebenswert machen. Die Betonung liegt stets auf *seinen* Handlungen, Gefühlen und Leistungen: wie er sie zum Orgasmus brachte, wohin er sie ausführte, welche Geschenke er ihr kaufte. Die Frauen selbst verschwinden allmählich aus diesen Erzählungen und werden zu leuchtenden Bildschirmen der Begierde, auf die der Romantiker seine frustrierte Sehnsucht nach Nähe projiziert, seinen besessenen Perfektionismus und seine Phantasien von einem Zusammensein ohne Konflikte.

Jeder neigt wohl dazu, einen geliebten Menschen mit Eigenschaften auszustatten, die einem Wunschbild entsprechen. Die Romantiker aber treiben dies bis zum Exzeß und verwandeln Frauen aus Fleisch und Blut in imaginäre Konstrukte der Begierde. Die Attribute, mit denen sie ihre Geliebten beschreiben, entsprechen völlig dem traditionellen Frauenbild: »Süße«, »Geduld«, »Treue«, »Einfühlsamkeit«. Sie könnten genausogut über Heilige oder ihre Mütter reden. Selten nur beschreiben sie ihre Partnerinnen als temperamentvoll, listig oder verführerisch, denn das sind schließlich Züge der Judith. Solche engelsgleiche Kreaturen gibt es zwar kaum im wirklichen Leben, aber die Romantiker besitzen die Fähigkeit und das Verlangen, sich aus echten Frauen und unterbewußten Sehnsüchten dieses Wunschbild zusammenzubasteln.

Warum ist es für diese Männer so notwendig, ihre Liebesobjekte zu idealisieren, anstatt sie so zu nehmen, wie sie sind? Casanova glaubte, daß nur die Zartheit und die Macht der Idealisierung die Exzesse der Leidenschaft rechtfertigen würden. Und Byron bemerkt in einem seiner Briefe: »Ein wahrer Lüstling überläßt seine Gedanken niemals der Grobheit der Realität. Nur indem er das Irdische, Materielle, die *physique* seiner Vergnügungen idealisiert, indem er den Schleier des Vergessens darüber breitet oder sich zumindest niemals dazu hinreißen läßt, diese Dinge beim Namen zu nennen, kann er sich vor dem Ekel bewahren.«[34] In diesem Kontext sollten wir uns an Alans Unterschied zwischen Ficken und Lieben erinnern und seinen Ärger, als er merkte, daß diese Grenze plötzlich verschwand: »Es war einmal phantastisch gewesen, und jetzt ging es nur noch ums Hineinstecken und Herausziehen.« Es scheint, daß sich hinter der Faszination, die die Sexualität für Romantiker besitzt, ein puritanisches Entsetzen verbirgt, dem man nur mit Euphemismen und Projektionen beikommen kann. »Ficken« muß »Lieben« genannt werden, und die Frau, die man fickt, muß in ein Engelswesen verwandelt werden, das man lieben kann.

Der Romantiker *fickt* also animalische Huren oder Judiths, aber er *liebt* Jungfrauen. Michel Leiris bezeichnet sie als *Lukretias*, nach der Römerin, die, nachdem sie vergewaltigt worden ist, den Freitod wählt. »Das Bild der Lukretia in Tränen, nach der Vergewaltigung durch ihren Schwager, den Haudegen Sextus Tarquinius, ist... ganz danach angetan, mich zu berühren«, schreibt Leiris. »Ich verstehe die Liebe kaum anders als in der Qual und in den Tränen; nichts erregt mich und reizt mich so sehr wie eine weinende Frau.«[35] In diesem Archetypus kommt das Frauenbild des Romantikers besonders gut zum Ausdruck, denn Keuschheit und Märtyrertum spielen hier eine entscheidende Rolle. Sex mit einer Lukretia ist für ihn ein unirdischer Initiationsritus, kein Akt zwischen zwei gleichen Partnern. Und tatsächlich verlangen die Romantiker den Frauen, die sie lieben, die Ergebenheit und Geduld einer Märtyrerin ab.

Damit will ich nicht sagen, daß Romantiker Sadisten sind, wenngleich es ein starkes Element rachsüchtiger Feindseligkeiten in ihren Beziehungen zu Frauen gibt. Vielmehr ist die Rolle der Lukretia so anstrengend, daß nur wenige Frauen sie erfüllen können. Sie muß keusch, aber leidenschaftlich sein, auf andere Männer anziehend wirken, aber dem Liebsten treu sein, verletzlich, aber stark, weich, aber nicht so mütterlich, daß der Partner sich im Vergleich zu ihr wie ein Kind vorkommt. Vor allem aber muß sie bedingungslos lieben – oder zumindest den Anschein erwecken. »Liebe« bedeutet bei den Romantikern nicht nur Verständnis, sondern auch Bewunderung. Der Versuch, solche Gegensätze miteinander zu vereinbaren, muß eine Qual sein. Um so schwieriger ist es, weil dem Romantiker sein Wunschbild von Lukretia gar nicht bewußt ist.

Der Romantiker stellt seine Partnerinnen ständig auf die Probe, um zu sehen, ob sie seinem Ideal entsprechen. Proben sind in einer Liebesbeziehung nicht unüblich. Die meisten Männer und Frauen haben irgendwie eine Wunschvorstellung vom idealen Partner, und ehe wir uns verlieben, messen wir den Mann oder die Frau an diesem Ideal: Dieser Prozeß läuft in der Phase der gegenseitigen Annäherung ab. Doch Romantiker verlieben sich, wie wir gesehen haben, immer sehr rasch, und zwar in jede Frau, die auch nur annähernd dem Lukretia-Bild entspricht. Sie prüfen die Geliebte aber auf so versteckte Weise, daß sie sich dessen kaum bewußt sind.

Ein Teil dieser Probe findet im Bett statt. Lukretia sollte sowohl keusch als auch willig sein, und diese Männer unterziehen ihre Geliebten oft einer Reihe erotischer Variationen, vom »normalen« Verkehr, über Fellatio und analen Sex, zu leichten Formen der Unterwerfung. »Wenn eine Frau dich wirklich liebt«, erzählte mir ein Romantiker, »macht sie alles mit, was du von ihr willst – alles.« Eine echte Lukretia regt solche Praktiken aber niemals selbst an. Sie muß *folgen* und sich gefügig den sexuellen Launen des Partners unterwerfen.

Auch im Bereich der Emotionen versuchen die Romantiker die Grenzen der Geduld und Ergebenheit ihrer Geliebten zu erkunden. Alan hat schon Frauen verlassen, weil sie seinen Humor nicht teilten oder »zu aggressiv« eine andere Meinung über ein Buch oder einen Film vertreten haben, weil sie zuviel von seiner Zeit in Anspruch nahmen, Dinge übersahen, die er für sie getan hatte, oder nicht verfügbar waren, wenn er sie brauchte. Dieser leidenschaftliche Liebhaber hat eine verborgene Liste von Erwartungen: Seine Liebe muß dauerhaft sein, die Frauen müssen ihm schmeicheln, seine Meinungen teilen, seine Abwesenheit oder Unaufmerksamkeit tolerieren, aber selbst unaufhörlich für ihn dasein. Hinter seiner augenscheinlichen Großzügigkeit verbirgt sich grundsätzlich Intoleranz; der Romantiker verlangt Vollkommenheit und reagiert ungnädig auf die kleinste Abweichung davon.

Am hinterhältigsten bei diesen Prüfungen ist, daß sie im verborgenen stattfinden, nämlich im Unterbewußtsein des Romantikers. Wenn Alan hingegen »bewußt« über seine Vorstellungen von Liebe und Partnerschaft spricht, hört sich alles ganz anders an. »Wenn ich mich verliebe, gebe ich mich einer Frau völlig hin. Ich halte nichts von mir zurück«, behauptet Alan. Er kann sich nicht erinnern, daß er jemals eine Partnerin vor der Trennung kritisiert hat. Abstand zu wahren oder auch nur die kleinsten Mängel und Unvollständigkeiten der Partnerin zu bemerken, wäre Verrat an der Liebe selbst. Alle Urteile über die Geliebte müssen unterdrückt werden. An der Oberfläche wirbt der Romantiker unausgesetzt in höchstem Fieber, und Alan beschreibt es so: »Kein Augenblick ist vergeudet, und jede Begegnung ist der reinste Zauber.« Tatsächlich – seine Liebesbeziehungen verdanken ihre Intensität zum großen Teil seinen heftigen Bemühungen, alle Zweifel an der Frau, die er liebt, zu unterdrükken. Für diesen Mann haben Zweifel so viel mit Angst zu tun, daß schon die leisesten Regungen einen Ansturm kompensatorischer Aktivität heraufbeschwören. Dabei geht es nicht um die Beruhigung der Geliebten; der Romantiker versucht vielmehr, das eigene Ich – also das ursprüngliche Objekt der Verführung – einzulullen. Er ist in die Liebe selbst verliebt und kann keine Minderung seiner Gefühle dulden; daher muß er vierundzwanzig Stunden am Tag leidenschaftlich verliebt sein.

Der Verdacht, seine Geliebte könne nicht fehlerfrei sein, erschreckt ihn aufs äußerste, weil er auf diese Weise an sich selbst zu zweifeln beginnt. Bei den Gesprächen mit Alan hatte ich oft den

Eindruck, als verberge sich hinter seinen funktionalen Leidenschaften eine emotionale Starrheit. Wie so viele andere Romantiker – wobei ich auch mich selbst einschließe – hielt er sich in seiner Kindheit für ungeliebt. Und obwohl der erwachsene Alan sich selbst nun sagen kann, er sei lediglich von seinen gefühlsarmen Eltern mißverstanden worden, muß er als Kind geglaubt haben, er werde nicht geliebt, weil er nicht liebenswert sei. In der Wirrnis jener Jahre hat er vielleicht auch gefürchtet, selbst nicht lieben zu können. Diese Angst überschattete meine Kindheit. Ich erinnere mich, wie tief es mich getroffen hat, wenn meine Mutter mir sagte, ich sei zu egoistisch, um zu lieben. Gleichzeitig empfand ich das wilde Bedürfnis, ihr das Gegenteil zu beweisen, in der Hoffnung, daß sie mich dann auch lieben würde.

Die Ängste der Kindheit prägen das Leben des Erwachsenen. Der Romantiker muß sich immer wieder kneifen, um sich zu beweisen, daß er nicht tot ist. Er dramatisiert jede seiner Empfindungen, um zu zeigen, daß er welche besitzt. Dies gibt ihm dann das beruhigende Gefühl, daß auch andere etwas für ihn empfinden können. Das Problem besteht darin, daß seine emotionalen Exzesse kleinere, sanftere Gefühle als unzureichend erscheinen lassen. Die Augenblicke der Ruhe nach dem Liebesakt haben für ihn daher nur wenig mit Liebe zu tun. Nie kann er sich jene Momente ernsthaften Zweifels zugestehen, die in den meisten normalen Beziehungen vorkommen. Liebe ist für den Romantiker grundsätzlich »blind«. Noch schlimmer: wenn ihm Zweifel kommen, muß er doch befürchten, daß die Partnerin ihm gegenüber vielleicht ähnliche Gefühle hegt und ihm jeden Augenblick ihre Liebe entziehen kann. Er kann seinen und ihren Gefühlen nur trauen, solange sie mit Übergeschwindigkeit dahinrasen.

Romantiker definieren Liebe in absoluten Begriffen, weil jede nüchterne und realistische Definition sie zwingt, die Möglichkeit ins Auge zu fassen, daß die Liebe nicht ewig dauert. Die meisten Menschen sind sich im klaren darüber, daß Gefühle sich wandeln können. Eines Tages kommen wir nach Hause, und unser Herz schlägt in Gegenwart des Partners nicht mehr höher – aber wir lieben ihn immer noch. Wir streiten uns und bleiben trotzdem zusammen. Wir verletzen die Gefühle des anderen öfter, als uns bewußt ist, aber wir machen weiter. Trotz aller Enttäuschungen und Selbstzweifel machen wir weiter, in der Hoffnung, daß unser geliebter Partner uns bis auf weiteres wiederlieben wird. Für Männer wie Alan ist eine solche Gewißheit ihrer augenscheinlichen Selbstsicherheit zum Trotz völlig fremd. Wenn ihnen ihre Partnerin nicht mehr als perfekte Verkörperung des Lukretia-Typs erscheint, erwachen all ihre Ängste um den eigenen Wert. Außerdem wächst in ihnen die Angst, daß auch die Liebe der Partnerin nicht so absolut sein und sich jeden Moment in nichts auflösen könnte.

Derartige Ängste sind zu beunruhigend, als daß der Romantiker sie sich selbst eingestehen könnte. Doch früher oder später merkt er, daß die Partnerin keine perfekte Lukretia ist. Nach Wochen und Monaten der Verdrängung, der Prüfungen und des Abschätzens gibt das Unbewußte sein Urteil ab. Die Erkenntnis überkommt ihn urplötzlich und mit vernichtender Wirkung. Alan war völlig desillusioniert, als er mit Catherine schlief. Da Romantiker vorher die Mängel der Partnerin ignorieren, haben sie oft das Gefühl, von ihnen getäuscht worden zu sein, so daß ein Gefühl von Verrat zu der Enttäuschung tritt. Diese Männer entlieben sich mit der gleichen Heftigkeit, wie sie sich verlieben. Jeder winzige Fehler der Geliebten erscheint nun als ein riesiger Defekt.

Zu Anfang einer Beziehung stattet der Romantiker die Geliebte mit allen Tugenden der makellosen Frau aus. Wenn die Romanze endet, entkleidet er die Partnerin rasch dieser Eigenschaften, die er einst so an ihr schätzte. Alan beurteilte Catherine in seiner Enttäuschung als langweilig, behütet und egoistisch, als »emotionalen Parasiten«. Ihre Unzugänglichkeit, die er erst so anziehend gefunden hatte, wirkte auf ihn nun manieriert. Heute, Jahre nach der Trennung, läßt er immer noch kein gutes Haar an ihr. Beim Reden über andere Freundinnen und Verlobte – er war dreimal verlobt – bringt er höchstens Reue auf: »Sie waren nette naive Frauen, die verzweifelt einen Partner suchten, bevor ihre Zeit um war. Und da fanden sie mich.« Lukretia, die bedingungslose Liebende, hat Lukretia, dem Opfer –, Platz gemacht, der geschändeten Hülse, die nur noch Mitleid erregt.

Die unbewußte Projektion, mit der der Romantiker die Liebesbeziehung begann, setzt sich nun in veränderter Form fort. Romantiker sind in hohem Maße auf Partnerinnen angewiesen: Sie erwarten von ihnen, daß sie sie bedingungslos lieben und daß die Beziehung mit ihnen sie vor Schmerzen bewahrt. Wenn sie sich entlieben, projizieren sie diese unerfüllten Bedürfnisse zumeist auf die verstoßene Partnerin. Zu Beginn einer Beziehung will Alan am liebsten ausschließlich mit seiner Geliebten zusammensein; sogar die Arbeit wird für ihn zu einem Störfaktor. Am Ende flüchtet er vor *ihren* wirklichen und vermeintlichen Ansprüchen. »Auch die scheinbar Unabhängigen sind ungeheuer bedürftig«, klagt er. »Sie wollen immer mehr, und schließlich fühlt man sich wie im Würgegriff.« Für diese Männer ist das Entlieben nicht einfach eine Ablösung von dem Partner, sondern eine Orgie aus Wut, Schuldgefühlen und Angst. Eroberer vermeiden den bloßen Anschein von Bindung, und Mitmacher nehmen nie eine wirkliche Beziehung mit den Frauen auf, mit denen sie schlafen, doch die Romantiker investieren eine Menge Energie in ihre Beziehungen. Für Alan kann eine Trennung ebenso intensiv sein wie der erste Kuß. Oft ist sie mit einer tränenreichen Auseinandersetzung verbunden, bei der er der Partnerin ihr Anspruchsdenken vorhält, während er sich selbst als zu neurotisch anklagt, um die Beziehung aufrechtzuerhalten. Noch Wochen später verzehren ihn Reue und Ängste vor der Rache der Verlassenen.

Schuldgefühle sind ein integraler Bestandteil. Die Schuldgefühle bei der Trennung lösen in ihm ebenso heftige Empfindungen aus wie das erste Verlieben. Der Romantiker ist schließlich süchtig nach »großen« Gefühlen; daher liegt für ihn der Wert einer Frau in ihrer Fähigkeit, extreme Gefühle in ihm hervorzurufen, auf die er sonst verzichten müßte. Er betrachtet Frauen nicht als Individuen, sondern als archetypische Verkörperungen von Begierde, Glück, Mitleid und Angst. Beziehungen sind für ihn eine Abfolge von Zuständen emotionaler Aufgeladenheit. Wird ihn diese Frau so akzeptieren, wie er ist? Kann er *ihr* endlich seine Seele ausschütttten? Und wenn das geschieht, kann er sie weiter lieben, oder wird er das Interesse verlieren wie schon so viele Male zuvor? Die Hoffnungen und Ängste, die eine Beziehung in ihm auslöst, bieten genug »Stoff« für »große« Gefühle.

Diese Fragen liefern nicht den Stoff für wirkliche Dramen, sondern nur für Melodramen wie *Dallas* oder *Denver*. Er fühlt sich nur mit dem unvermittelten Rausch von Emotionen wohl, der Ekstase im Bett und dem gebrochenen Herzen bei der Trennung. Er kann sich Frauen nur in den simplen Rollen von Judith und Lukretia, der Hure und der Heiligen, vorstellen und sich selbst nur als zum Scheitern verdammten byronschen Helden sehen, als Herzensbrecher mit gebrochenem Herzen. »Ich habe Angst davor, daß ich zu einer Karikatur werden könnte«, sagt Alan, »und ich denke, das wird passieren, wenn ich so weitermache. Meine Freunde machen schon Witze über mich. Heute habe ich dieses Mädchen, im nächsten Monat bin ich allein, und im übernächsten habe ich wieder eine andere. Jedesmal sage ich mir, das ist die Richtige. Doch ich frage mich allmählich, ob ich sie jemals finde. Vielleicht liegt es ja doch an mir.«

7. Der Nestsucher

Das Beispiel Ernest Hemingway

Ernest Hemingway lernte Hadley Richardson kennen, als er einundzwanzig war. Sie war eine hochgewachsene, sportliche Frau, die acht Jahre älter war als er, einen ausgeprägten Sinn für Humor besaß und Schnaps vertrug wie ein Mann. Über die erste Begegnung mit ihr erzählte er später seinem Bruder: »Ich wußte, daß sie das Mädchen war, das ich heiraten würde.« Diese Vorahnung erfüllte ihn mit Glück und Angst. Er umwarb Hadley, informierte sie aber pflichtschuldigst über all seine Flirts mit anderen Frauen. Etwas in seinem Unterbewußtsein setzte die Ehe mit dem Tod gleich, und nach einem Besuch bei seiner Verlobten schrieb er ein Gedicht mit den Zeilen: »Liebe gerinnt in den Städten, Liebe wird sauer im heißen Geflüster des Asphalts, Liebe wird alt.«[36] Hadley spürte seine Zweifel und fragte ihn, ob er die Verlobung auflösen wolle. Hemingway antwortete nicht. Sie heirateten im August 1921 und zogen kurz darauf nach Paris. »Die Welt ist ein Gefängnis«, sagte Hadley, »und wir werden gemeinsam daraus fliehen.«[37]

Eine Zeitlang waren sie glücklich. Sie lebten wie wohlhabende Zigeuner. Hadley führte den Haushalt, während ihr Mann schrieb und als Rundfunkreporter durch Europa reiste. Sie teilte seine Begeisterung für Skilaufen, Fischen und den Stierkampf. Doch Hadley beging einige unverzeihliche Sünden. Zunächst einmal verlor sie Hemingways Manuskripte, ein katastrophaler Schlag, der ihn in eine tiefe Depression stürzte. Dann bekam sie ein Baby. Hemingway war zwar ein stolzer Vater, aber er lehnte es ab, seinen Lebensstil zu ändern, um sich um seinen Sohn zu kümmern. Er klagte, er sei zu jung, um Vater zu sein. Im Lauf der Jahre wurde er immer berühmter und verbrachte immer mehr Zeit ohne seine Familie. Er flirtete ganz offen mit Duff Twysden (dem Vorbild für die Figur der Lady Brett Ashley) und hatte anschließend eine Beziehung mit einer reichen Amerikanerin namens Pauline Pfeiffer. 1926 trennte er sich von Hadley und bezeichnete sie abschließend als »beste, ehrlichste und netteste Person, die ich je gekannt habe«. Wenige Monate später heiratete er Pauline.

Das Paar konnte von den wachsenden Einkünften aus Hemingways Buchverkäufen und den Zuwendungen des Onkels der Braut leben. Sie hielten sich abwechselnd in Europa, Key West und auf Kuba auf. Pauline schenkte ihm zwei weitere Söhne und tat – wie zuvor Hadley – alles, um ihm eine perfekte Gefährtin zu sein. Sie ging mit ihm auf die Jagd und zum Angeln und brachte die Kinder in dieser Zeit bei ihrer Schwester unter. Doch auch diese Ehe zerbrach allmählich. Nach der Geburt von Gregory, seinem dritten Sohn, hatte Hemingway eine kurze Affäre mit Jane Mason, einer gestörten jungen Frau, die schließlich einen Selbstmordversuch unternahm. Damit endete auch diese Beziehung. Pauline versuchte verzweifelt, ihren Mann zurückzugewinnen, doch auch nach der Affäre mit Jane Mason entfernte er sich immer weiter von ihr. Doch er verließ Pauline erst, als er eine Nachfolgerin gefunden hatte, die Journalistin Martha Gellhorn.

Die dritte Ehe sowie die darauffolgende mit Mary Welsh wurden von Anbeginn an von Konflikten heimgesucht. Hemingway behandelte beide Frauen miserabel und flirtete in aller Öffentlichkeit mit anderen. Er schien entschlossen, sowohl Martha als auch Mary in weibliche Versionen seiner selbst zu verwandeln, doch auf der anderen Seite reagierte er aggressiv auf ihre Erfolge. Er konnte Frauen als Konkurrenten nicht leiden. Als er Martha 1944 in Europa besuchte, nahm er ihren Presseausweis in Anspruch, um an ihrer Stelle über die Invasion der Alliierten in der Normandie zu berichten. In seiner letzten Ehe war er mehr Patient als Gatte, so zerstört war er durch die körperlichen und psychischen Folgen seines Alkoholismus. Als er Mary 1961 verließ, geschah es diesmal nicht wegen einer anderen Frau. Am zweiten Juli nahm er ein Gewehr aus ihrem Haus in Ketchum, Idaho, mit und schoß sich in den Kopf. »Gute Nacht, mein Kätzchen«, waren seine letzten Worte zu ihr gewesen, als er sich am Abend zuvor schlafen legte.

In seinen letzten Jahren scheint sich Hemingway zunehmend seiner Rolle bei den Zusammenbrüchen seiner Ehen bewußt geworden zu sein. Die gemeinen Frauentypen in »Fiesta« und »Das kurze glückliche Leben des Francis Macomber« machen einer Reihe verquerer, einsamer Männer Platz, die sich nach Zuneigung sehnen, aber selbst unfähig sind, welche zu geben. In *The Strange Country,* einer seiner späteren Geschichten, hält ein frisch verheirateter Schriftsteller einen bitteren Monolog, während er mit seiner anbetungswürdigen jungen Frau durch Florida fährt: »Man kann in der Tat noch einmal neu anfangen. Es geht wirklich. Sei nicht albern, sagte eine andere Stimme in ihm. Doch, du kannst, sagte er zu sich selbst. Du kannst genauso gut sein, wie sie dich findet und wie du im Augenblick auch wirklich bist. Es gibt so etwas wie einen Neuanfang, und du hast die Chance dazu und kannst es schaffen und wirst es schaffen. Willst du alles noch einmal versprechen?«[38]

Derek: »Es welkte mir unter den Händen hinweg.«

Bei einigen Casanova-Typen – wie bei den Eroberern oder Romantikern – merkt man sofort, daß man es mit pathologischen Fällen zu tun hat. Anders kann man dieses Getriebensein und die paranoide Sicht des anderen Geschlechts nicht bezeichnen. Die Männer hingegen, die ich die *Nestbauer* nenne, sind anders. Sie scheinen tiefgehende, dauerhafte Beziehungen zu suchen, mit Frauen, die sie nicht allein lieben, sondern auch mögen und respektieren. Diese Beziehungen dauern oft eine ganze Weile. Die Nestbauer suchen eine wirkliche Gefährtin, sie wollen romantische Liebe und sexuelle Erregung von einer echten Frau, nicht von idealisierten Heiligen oder heruntergekommenen Schlampen. Sie sind ernsthaft, oft scheu, springen aber rasch auf eine Frau an, die sie interessiert, und beginnen jede Beziehung mit großen Versprechungen. Oft tun *sie* den ersten Schritt zu einer festeren Bindung. Doch sobald sie verheiratet sind oder mit der Partnerin in einer Wohnung leben, ziehen sie sich allmählich von ihr zurück, werden zunehmend schweigsam, feindselig und abweisend. Derartige Beziehungen enden entweder mit der totalen Entfremdung der Frau oder mit der Ankündigung des Mannes, die Beziehung sei vorbei. Nestbauer spazieren oft eines Abends los, um Zigaretten zu holen, und kommen nie wieder. Doch ebensooft sind ihre Abgänge wie ein Antiklimax, wie der Tod einer geliebten Person nach langer Zeit.

Derek, vierundvierzig, ist Filmcutter in Los Angeles. Er ist ein ungewöhnlich großer Mann mit leiser Stimme, der vom Leben herumgestoßen worden zu sein scheint, von einem Ort zum anderen, von einer Frau zur anderen. Er wirkt resigniert und deprimiert: »Ich habe nur wenige Interessen, Filme, Musik und Schwimmen, aber diese Dinge bereiten mir den größten Genuß, wenn ich allein bin. Ich arbeite schwer, doch im Grunde genommen bin ich ein Versager. Oft denke ich, das ist das wahre Hindernis für eine echte Bindung. Ich kann in der Anfangsphase meiner Beziehungen sehr lebhaft sein und gut plaudern. Ich tue dann alles, um die Aufmerksamkeit auf mich zu lenken. Aber das kann ich nie aufrechterhalten, und nach ein paar Monaten verwandele ich mich wie Jekyll zu Hyde. Ich bin nicht mehr der charmante, aufmerksame Liebhaber, sondern der Typ, der die Zeitung liest, wenn jemand versucht, ihm etwas Wichtiges zu erzählen. Und eine Beziehung mit einem solchen Typen kann natürlich gar nicht klappen.«

Derek war als Teenager sehr unsicher und verlor seine Unschuld erst mit neunzehn. Seine erste Geliebte war die Frau eines Collegelehrers. Als die Sache herauskam, wurde Derek gezwungen, die Schule zu verlassen. Als er versuchte, die Beziehung zu lösen, weigerte sich die Frau. »Sie weinte, rief mich an, tauchte im Haus meiner Eltern auf. Obwohl sie älter war als ich und die Initiative von ihr ausgegangen war, fühlte ich mich, als hätte ich sie benutzt und verraten.«

Im darauffolgenden Jahr hielt er sich mit Gelegenheitsarbeit über Wasser, lernte ein Mädchen seines Alters kennen, begann eine Beziehung und heiratete sie vier Monate später. »Ich hatte sie geschwängert, und sie ließ eine Abtreibung vornehmen. Doch ich fühlte mich immer noch für sie verantwortlich – vielleicht noch mehr, als wenn sie das Baby wirklich bekommen hätte. Heiraten erschien uns als eine gute Idee. Wir wollten in einer Wohngemeinschaft leben, herumreisen und uns lieben. Aber so funktioniert das nicht. Nach einem Jahr funkte es beim Sex nicht mehr, und es gab Spannungen wegen Geld. Manchmal haben wir vier, fünf Tage nicht miteinander gesprochen. Unsere Probleme lösten wir in der Regel, indem wir ins Bett sanken, und dann klappte es wieder – bis zum nächsten Problem. So ging das zwei Jahre lang. Wenn wir nicht geheiratet hätten, wäre uns die Sache nach sechs Monaten unter den Händen dahingewelkt.«

Seitdem hat Derek mit vier anderen Frauen gelebt, manchmal fünf Monate, manchmal drei Jahre. Alle Beziehungen begannen spontan: »Wir haben uns ein paarmal getroffen, sie kam für eine Nacht zu mir, und dann ist sie nicht mehr gegangen.« Die Frauen waren sehr verschieden: eine Studentin an seiner Filmschule, eine Kollegin, eine Chefköchin und eine Bildhauerin. Doch in allen Fällen verlor Derek allmählich das Interesse und zog sich auf seine Arbeit und in seine vier Wände zurück. »Meine letzte Freundin gab sich große Mühe, mich dazu zu bringen, über meine Gefühle zu sprechen, anstatt verstockt dazusitzen und zu schweigen. Das Problem war nur, daß ich meistens nicht wußte oder nicht wissen wollte, was ich fühlte.« Immer wieder sind seine Beziehungen der Entropie verfallen, einem langsamen Schwinden von Zärtlichkeit und Begeisterung. »Ich glaube, eine gute, dauerhafte Beziehung muß bequem sein wie ein getragener Schuh«, sagt er. »So, daß man eines Morgens aufwacht und denkt: ›Ja, diesmal klappt es.‹ Doch das ist mir noch nie passiert. Immer endet es damit, daß ich das Gefühl habe, meine Freundinnen in- und auswendig zu kennen. Mir ist es, als trüge ich einen Walkman, der immer wieder das gleiche Band abspielt. Dieses Gefühl erdrückt mich. Manchmal dauert es ein paar Monate, manchmal ein paar Jahre, aber schließlich welkt es dahin, und ich versuche einen Ausweg zu finden.«

Im Gegensatz zu den meisten anderen Casanovas sind die Nestbauer keine Sexgierigen. Für sie ist die Sexualität nur ein angenehmer Bestandteil einer ausgewogenen Beziehung, nicht von Obsessionen überfrachtet wie beim Eroberer, Mitmacher oder Romantiker. Derek empfindet sogar manchmal ein sehnsüchtiges Verlangen nach einem Mädchen, »das sechs Stunden mit einem im Bett herumturnt und sich dann in ein Dosenbier und eine Pizza verwandelt«. Zugleich aber lehnt er es ab, »einfach eine Frau kennenzulernen und ein paar Stunden wammbammdankemadam zu treiben. Das habe ich auch schon getan, aber ich fühle mich hinterher immer schuldig und irgendwie ausgenutzt.«

Nestbauer sehen Sexualität als ein Mittel der Kommunikation, als Möglichkeit, mehr über die Frau zu erfahren, die sie attraktiv finden. Wenn Derek über Sex spricht, denkt man oft, er rede über eine Unterhaltung: »Mich zieht bei Frauen an, wie sie reden, wie sie mit Worten umgehen«, sagt er. »Die Anfangsphase einer Beziehung spielt sich doch immer verbal ab, erst dann kommt das Körperliche.« Nestbauer suchen kein Sexualobjekt, sie wollen eine Seelengefährtin, eine Frau, mit der sie ihre Gedanken und Ideen teilen können, die sie auf langen Spaziergängen begleitet und bis spät in die Nacht mit ihnen diskutiert.

Doch für einen Mann, der die Kunst der Unterhaltung so sehr schätzt, ist Derek sehr schüchtern, ein Zug, der den meisten Nestbauern gemeinsam ist. Wie Derek, den seine Körpergröße und sein narbiges Gesicht befangen machen, haben sie oft das Gefühl, daß irgend etwas mit ihnen nicht stimme, daß irgendein körperlicher oder emotionaler Makel die Frauen abhalte, sie zu mögen. Die Schüchternheit und die dahinter liegende Unsicherheit treten nicht immer deutlich zutage. Ernest Hemingway zum Beispiel war nach außen hin ungestüm bis zur Arroganz, doch in seinem Innern von quälenden Zweifeln an seiner Männlichkeit geplagt, ein introvertierter Mensch, der sich extrovertiert gab.

Die Schüchternheit des Nestbauers macht ihn in der Beziehung zum anderen Geschlecht seltsam passiv. Er ist beileibe kein glänzender Verführer, dem ein unendliches Repertoire von Methoden der

Anmache zur Verfügung steht. Er hat oft Schwierigkeiten, sich mit einer Frau zu verabreden, und noch schwerer fällt es ihm, sie zu fragen, ob sie mit ihm schlafen will. Das gelingt ihm erst nach mehreren Verabredungen und deutlichen Signalen, daß er bei ihr auf Interesse stößt. Manchmal kann er eine Frau nur ansprechen, wenn er betrunken oder stoned ist. Und selbst dann zögert er häufig noch, den direkten Weg einzuschlagen. Sowohl Hadley als auch Pauline mußten massiv auf Hemingway zugehen, denn er reagierte auf ihre Begeisterung zunächst mit einer für ihn sonst untypischen Passivität. Sehr häufig beschreibt der Nestbauer Sex als etwas, das »einfach passiert«. Dereks Berichte von romantischen Begegnungen sind vorsichtig und vage, als könne er sich nicht recht daran erinnern, was zwischen der Schwelle zum Schlafzimmer und dem Bett eigentlich vor sich gegangen war. »Eines ergab sich aus dem anderen«, lautet sein Standardsatz.

Betten wie Fliegenfänger

Für Nestbauer ist Sex mit Schuldgefühlen und Angst verbunden. Derek erlebte frühzeitig, daß Sex gravierende Folgen haben kann. In der kleinen Stadt in Neuengland, in der er seine Jugendjahre verbrachte, endeten die Beziehungen vieler seiner Freunde mit Schwangerschaft, Frühehe und gescheiterten Hoffnungen. »Sex«, sagte sein Vater einmal zu ihm, »ist eine Horrorshow.« Nicht jeder Nestbauer wächst mit dieser Einstellung auf, doch in der Regel leben sie mit dem Bewußtsein, daß Sex sowohl mit körperlichen als auch emotionalen Einschränkungen und Komplikationen zu tun hat. Sie benutzen wesentlich häufiger Verhütungsmittel als die Eroberer, Mitmacher und Romantiker. Sex bedeutet für sie einen Schritt in Richtung Verantwortlichkeit, ist also nicht Selbstzweck.

Eine ihrer Hauptängste ist, daß eine sexuelle Begegnung, mag sie noch so unverbindlich sein, sie in eine länger dauernde, komplizierte Beziehung treiben könnte, die sie gar nicht gewollt haben. Ich habe erwähnt, daß Eroberer in jeder Sexualpartnerin eine verkappte Männerjägerin sehen, deren anfängliche freundlich-unkomplizierte Zuwendung eine Maske ist, hinter der sich die Gier nach fester

Bindung verbirgt. Nestbauer teilen diese Anschauung, nur sehen sie die Sache verhaltener und realistischer. »Die Frauen, mit denen ich mich jetzt verabrede, sind älter als ich und wissen sehr genau, daß sie nicht mehr viel Zeit haben«, sagt Derek. »Sie neigen zu Torschlußpanik und halten permanent Ausschau nach einem Mr. Wonderful, mit dem sie zusammenleben und Kinder bekommen können. Aber das ist nicht die Perspektive, die ich mir vorstelle.« Nur wenige Nestbauer glauben, daß Frauen an purem Sex Spaß haben können. Frauen betrachten ihrer Meinung nach Sex eher als Mittel, um sich die Zuneigung eines Mannes zu sichern und ihn sich zu verpflichten, also als Tauschware im ewigen Kampf der Geschlechter. Es nimmt kaum wunder, wenn Männer wie Derek sich nur vorsichtig in ein Bett fallen lassen: Sie haben immer Angst, daß sie bald darin hilflos zappeln könnten wie Fliegen in einem Fliegenfänger.

Sowohl bei Eroberern als auch Nestbauern entspringt diese Furcht den unbewußten Kastrationsängsten des Mannes. Die postkoitale Umarmung der Frau erscheint ihnen zuweilen wie der Würgegriff der eisernen Jungfrau. Anfängliche Zuneigung wandelt sich in das Gefühl zu ersticken. Bindung bedeutet Verweichlichung, bei der ein männlicher Mann zum passiven Mr. Wonderful wird, einem hilflosen Instrument zur Zeugung von Babys. Die Eroberer reagieren auf ihre Angst, indem sie sofort nach dem Geschlechtsakt die Flucht ergreifen. Doch die Nestbauer bleiben. Oft bleiben sie, weil sie ihre Partnerinnen wirklich mögen und sich gern mit ihnen treffen. Doch sobald der Nestbauer mit einer neuen Frau geschlafen hat, fühlt er sich irgendwie verantwortlich für sie, wie Derek gegenüber der älteren Frau, die eigentlich ihn verführt hatte. Auf diese Weise lassen sie ihre schlimmsten Ängste Wirklichkeit werden: Sie fürchten Verantwortung, doch sie übernehmen sie sofort, auch für Frauen, die sie gerade erst kennengelernt haben.

Die Nestbauer fürchten zwar die enge Beziehung, werden aber gleichzeitig von einem starken Bedürfnis nach Sicherheit und Wärme geleitet. Wie die Romantiker sind sie oft einsam. Derek hat nur wenige echte Freunde und sieht seine Familie nur selten. Er ist stolz darauf, seine provinzielle Herkunft überwunden zu haben, doch er vermißt die »verschwommene Wärme einer Familie«, die seine Eltern und verheirateten Freunde genießen. Hinter seiner kühlen Haltung verbirgt sich eine nostalgische Sehnsucht nach den verschwundenen Annehmlichkeiten eines warmen Küchenherds. Ebendiesen idyllischen Zustand versuchen die Nestbauer bewußt oder unbewußt bei ihren Beziehungen mit Frauen zu verwirklichen. Ihr Streben nach Sicherheit ist fast ebenso stark wie die Angst vor dem Eingesperrtsein und scheint diese zumindest eine Zeitlang zu betäuben.

Leider dauert der Waffenstillstand, den diese Männer mit ihren Dämonen schließen, nur selten längere Zeit. Anfangs verleihen die sexuelle Erregung und die unvermittelte Intimität einer neuen Beziehung Derek das Gefühl, endlich das Glück gefunden zu haben. Doch selbst in dieser Zeit suchen ihn Vorahnungen des Scheiterns heim. Viele Nestbauer leiden, was Liebe betrifft, an einem seltsamen Fatalismus, einer felsenfesten Überzeugung, daß sie nicht lange dauern kann. Während die meisten Menschen Liebe als Gefühl wachsender Zusammengehörigkeit und Nähe erleben, sind Liebesbeziehungen für diese Männer unvermeidlich dem Untergang geweiht: Sie beginnen mit der Blüte und welken allmählich dahin.

Eine gesundere Reaktion in diesem Fall wäre, eine ernste Bindung hinauszuzögern und auf Versprechen für die Zukunft zu verzichten. Doch die Nestbauer binden sich sehr rasch, wenn sie eine sexuelle Beziehung begonnen haben. Wenige Monate (oder wenige Wochen) nach dem Beginn einer Beziehung zieht Derek mit seiner Partnerin zusammen. Seine Vorahnungen führen dazu, daß er die Flucht nach vorne antritt, so als versuche er, wenigstens für die kurze Frist, die er der Beziehung einräumt, einmal wirklich aus dem vollen zu schöpfen. Die Nestsucher stürzen sich wahrscheinlich deshalb mit solcher Vehemenz in Beziehungen, denen sie eigentlich gar keine Chance geben, weil sie sich vor Zurückweisung fürchten (»Wenn ich sie nicht genug liebe, wie kann sie mich dann lieben?«) und sich darüber hinaus in ein Wunschdenken flüchten. Sie handeln nach der Devise: Alles kann Wirklichkeit werden, wenn man nur so tut, als sei es bereits Wirklichkeit. Derek bekennt sich offen zu diesem Wunschdenken, das seine Beziehungen prägt: »Wenn ich an die Frauen zurückdenke, die ich verlassen habe, merke ich, daß ich sie niemals richtig geliebt habe. Ich redete mir selbst vehement ein, daß ich sie lieben würde. Doch ich habe mich nie wirklich in sie verliebt. Vielmehr habe ich mir irgendwann einmal gesagt: ›Was soll's? Es macht Spaß, mit dieser Frau zu schlafen, ich unterhalte mich gern mit ihr, kurz, ich kann es mit ihr aushalten. Versuchen wir es einfach.‹«

Wie die Romantiker können auch Nestbauer Unsicherheit und Zweifel nicht gut ertragen und sind unfähig, sich der Ambivalenz gemischter Gefühle zu stellen. Wie gespalten sie sich auch fühlen mögen, sie beginnen ihre Beziehungen mit einer vorgetäuschten Begeisterung, wobei es ihnen weniger darum geht, die Geliebte zu täuschen, als die eigenen Zweifel zu betäuben. Die Spannung zwischen ihrem echten Bedürfnis nach Zuneigung und Nähe und der Angst davor hat zur Folge, daß sie ihre eigene Persönlichkeit verleugnen. So ist Derek in Wirklichkeit eher schlampig veranlagt; wenn er sich jedoch verliebt hat, gibt er sich plötzlich als ordnungsliebender Mensch. Während er sich normalerweise eher auf sich selbst zurückzieht, wirkt er jetzt aufgeschlossen und gesellig. Er hört seiner Freundin aufmerksam zu, obwohl er normalerweise viel lieber in einer leeren Küche Zeitung liest. Er erweckt den Eindruck, daß er sich nichts sehnlicher wünscht als eine tiefe und feste Bindung mit seiner Partnerin – während er sich in seinem tiefsten Innern völlig verunsichert fragt, worauf er sich hier eigentlich eingelassen hat.

Dabei handelt es sich nicht um bewußten Betrug. Der Nestbauer mag von der Aufrichtigkeit seines eigenen Verhaltens völlig überzeugt sein und glauben, daß er dieses Mal *wirklich* verliebt ist – so, wie Hemingways literarisches Alter ego an die Möglichkeit eines neuen Anfangs glaubt. Wenn der Nestbauer bei seiner Vorstellung manchmal ein paar falsche Töne bemerkt, schiebt er das auf seine Nervosität oder seinen Eifer, der Partnerin zu gefallen. Seine Furcht, die Partnerin könne ihn abweisen, ist so überwältigend, daß er sich scheut, etwas zu tun oder sagen, was die Frau verletzen könnte: Es erscheint ihm stets noch zu früh, eine Auseinandersetzung zu riskieren. Sehr häufig ist sich der Nestbauer dieser Diskrepanz zwischen seinem Äußeren und Inneren auch nicht bewußt.

Die Falle ist gespannt

Man kann den Frauen also keinen Vorwurf machen, wenn sie die Nestsucher ernst nehmen und wenn die Zurschaustellung von Zuneigung und Bereitschaft zur Bindung, die diese Männer an den Tag legen, auf fruchtbaren Boden fällt. Warum sollte man sich gegenüber einem anziehenden Mann auch anders verhalten, der im Gegensatz zu so vielen seiner Geschlechtsgenossen ernsthaft an einer engeren Beziehung interessiert scheint? Doch dieses Verhalten wirkt auf die Nestsucher eher beunruhigend; schließlich hegen sie ja ein tiefes Mißtrauen gegenüber Frauen und reagieren auf die kleinste Einmischung in ihr Leben überempfindlich. Jede zärtliche Geste wird für sie nun zum verschleierten Appell, jede Bitte erscheint als verkappte Forderung, und sie zucken stets zusammen, wenn die Partnerin das Thema Zukunft berührt. Solche Andeutungen sind für Derek ein Zeichen dafür, daß die Falle gespannt ist. »Mir wird klar, daß diese Frau eindeutig nach jemandem sucht, den sie sich völlig unter den Nagel reißen kann. Wenn ich mit einer Frau zweimal im gleichen Restaurant esse, sagt sie beim nächsten Mal bestimmt: ›Oh, gehen wir doch in unser kleines Restaurant!‹ Sie geht also schon fest davon aus, daß wir ein Paar sind!«

Was hier zum Vorschein kommt, ist nicht einfach nur Mißtrauen gegenüber Frauen – Dereks Verdächtigungen grenzen manchmal an Paranoia. Er kann einfach nicht glauben, daß eine Frau sein Bedürfnis nach Unabhängigkeit respektieren könnte, und er ist auch nicht bereit, ihr abzunehmen, daß sie vielleicht selbst ein eigenständiges Leben führen möchte. Eine Frau, die das behauptet, lügt, um ihn einzufangen. Ein typisches Kennzeichen paranoiden

Denkens ist die Projektion. Und die Nestsucher neigen dazu, ihre eigene Abhängigkeit auf ihre Partnerinnen zu projizieren. Im tiefsten Innern sehnen sie sich nach Sicherheit, einer dauerhaften Beziehung und einem gemeinsamen Zuhause, doch sie verleugnen diese Bedürfnisse, weil in ihnen die Angst so übermächtig ist, daß sie damit auf Ablehnung stoßen könnten. Wenn man etwas begehrt, gibt es eben keine Garantie, daß man es auch bekommt. Daher ist es oft sicherer, gar nichts zu begehren. Darüber hinaus ist Abhängigkeit ein Zug, der der traditionellen Vorstellung von Männlichkeit widerspricht. Wir erwarten, daß Männer ihre Freiheit genießen und jegliche Bindung scheuen. Ein Mann, der eine Frau zu sehr begehrt, macht sich lächerlich. Die Ehe gilt immer noch als ein Zugeständnis an die Bedürfnisse der Frau; der Bräutigam hingegen ergeht sich in Witzen über die Eisenkugel, die bald an seinem Bein hängen wird. Wenn wir Abhängigkeit als etwas Schändliches empfinden, ist es nur natürlich, wenn wir sie verleugnen und andere zum Sündenbock machen – vornehmlich die Frauen, die wir so sehr begehren.

Die verbotene Zone

Ganz gleich, wie intensiv sie die Aufdringlichkeit ihrer Partnerinnen empfinden – Nestsucher geben ihrer Furcht oder Ablehnung nur selten Ausdruck. Doch je länger die Beziehung dauert, desto größer wird das Unbehagen. »Wenn ich mit einer Frau eine Zeitlang zusammen bin«, sagt Derek, »kann ich meine wahren Gefühle nicht mehr ausdrücken. Die Frauen stellen dauernd Ansprüche an einen und setzen einen mit ihren Erwartungshaltungen unter Druck.« Wieder einmal erweist sich Dereks Wahn, jede Bindung bedeute Eingesperrtsein oder Kastration, als *self-fulfilling prophecy*: Er hat sich mit einer Frau eingelassen und kann daher nicht mehr ehrlich zu ihr sein. Er sieht sich gezwungen, trotz wachsender Distanz weiterhin Begeisterung zu heucheln und nachzugeben, wo jede Faser seines Wesens ihm rät zu rebellieren. Für Nestsucher ist jede Liebesbeziehung mit fortgesetzter unehrlicher Unterwürfigkeit verbunden. Eine Frau zu lieben, bedeutet für sie, sich selbst zu verlieren.

Wir können unsere Gefühle nicht ehrlich äußern, ohne zuweilen jemanden zu verletzen oder eine verletzende Reaktion zu provozieren. Solche Konflikte werden von Nestsuchern besonders gefürchtet, und sie unternehmen alles, um sie zu vermeiden. »Ich bin ein schrecklicher Zauderer«, sagt Derek. »Schon meine Seminararbeiten habe ich immer auf den letzten Drücker erledigt, ich habe morgen in zwei Wochen eine Verabredung und weiß schon jetzt, daß ich sie nicht einhalten kann. Aber es ist mir unangenehm abzusagen, und so schiebe ich es immer weiter hinaus, so daß alles natürlich noch peinlicher wird, weil ich die Sache dann erst in letzter Minute regle.«

Für Nestsucher bedeutet eine Konfrontation ein doppeltes Risiko. Zunächst einmal besteht die Möglichkeit, daß sie eine Zurückweisung erleben, was für sie der Vernichtung gleichkäme. Außerdem könnte eine Konfrontation zu Aggressionen gegenüber der Partnerin führen, was für die Nestsucher gleichbedeutend mit dem Verlust von Selbstkontrolle ist und bis hin zu psychischer Gefährdung führen kann. Manche Nestsucher lassen daher allenfalls ihrer Wut unter dem Einfluß von Drogen oder Alkohol freien Lauf – in einer plötzlichen, nicht selten gewalttätigen Eruption lange angestauter Aggressionen. Die Folgen solcher Exzesse entsprechen dann natürlich wieder voll und ganz ihren schlimmsten Befürchtungen. Auch nur an solche Ausbrüche zu denken, ist daher für viele Nestsucher unerträglich. Lieber weichen sie jedem Anflug von Ärger ängstlich aus und erklären die Konflikte zur verbotenen Zone, und sämtliche Wege, die dorthin führen, werden sorgfältig gemieden.

Aber diese Wege sind leider eng miteinander vernetzt. Indem diese Männer versuchen, jeden Konflikt zu vermeiden, gehen sie schließlich jeder Situation aus dem Weg, die zu einer Konfrontation führen könnte. Leidenschaft, die ja dem Zorn verwandt ist, muß daher durch neutralere Empfindungen ersetzt werden. »Wenn man mit jemandem zusammenlebt, verliert man jegliche sexuelle Spontaneität«, klagt Derek. »Der Funke springt einfach nicht mehr über.« Intime Gespräche werden durch alltägliches Geplauder ersetzt, denn alle wichtigen Themen könnten ja zum Anlaß für Auseinandersetzungen werden. Schließlich wird die Geliebte selbst argwöhnisch beäugt; ihr bloßer Anblick weckt beim Partner ungute Assoziationen, über die er sich jedoch nie ausspricht. Nestsucher erfahren ihre unterdrückte Wut häufig als Langeweile – wie bei Derek, der das Gefühl hat, mit einem Walkman dazusitzen und immer wieder das gleiche Band zu hören. Denn Langeweile ist natürlich weit weniger mit Risiken verbunden als echte Wut, und sie bewirkt darüber hinaus, daß das Objekt des Unmutes – die Geliebte – ohne große Probleme aus dem Bewußtsein des Nestsuchers verbannt wird. Eine Person, auf die man wütend ist, beherrscht immer noch die Gedanken, eine Person, die einen langweilt, empfindet man dagegen nur noch als lästig. So wirkt die Furcht des Nestsuchers vor Konflikten wie ein schleichendes Gift, das mit der Zeit jeden Bereich der Beziehung durchdringt und abtötet. Zurück bleiben Unverbindlichkeit und Gleichgültigkeit.

Der Rückzug des Liebhabers

Für Männer wie Derek ist Rückzug der einzige Ausweg aus dieser selbstgeschaffenen Ödnis. Es beginnt damit, daß der Nestsucher immer mehr Zeit ohne die Partnerin verbringt. Besonders gern flüchtet er sich in die Arbeit. Andere Freundschaften erhalten für ihn plötzlich einen größeren Stellenwert und nehmen seine ungeteilte Aufmerksamkeit in Anspruch. In Situationen, in denen er sich der Partnerin nicht entziehen kann, beschränkt er den Kontakt auf ein Minimum. Er vermeidet jedes Gespräch mit ihr oder reduziert die Unterhaltung auf die allgemeinen Phrasen: das Wetter und das Abendessen kommen dann ausgiebig zur Sprache. Im Bett ersetzt er spontane Leidenschaft durch mechanische Übungen, deren Hauptzweck darin liegt, der Partnerin vorzugaukeln, daß sich nichts verändert habe. Währenddessen beginnt er sich – bewußt oder unbewußt – nach einem Ersatz für die Partnerin umzusehen, an die ihn nur noch ein Gefühl von Verpflichtung bindet. Langsam und unmerklich driftet er weg und läßt die Beziehung hinter sich. Vornehmlich ist es die unterdrückte Wut, die ihn zu diesem Schritt treibt. Begleitet wird dieser Ablösungsprozeß häufig von Schuldgefühlen und panischen Ängsten. Oft macht er auch äußere Faktoren für die wachsende Entfremdung verantwortlich. Häufig projiziert er seine eigene Gleichgültigkeit auf die Partnerin und beginnt, ihre Gefühle für ihn in Frage zu stellen.

Jede Aufmerksamkeit von seiten der Geliebten, jede Geste der Zärtlichkeit weckt in ihm dann nur noch Schuldgefühle. »Ich hasse es, wenn mir eine Frau, mit der mich nichts mehr verbindet, ein Geschenk macht«, sagt Derek. »Ich empfinde das nur als eine weitere Verpflichtung. Ich würde ihr dann gern sagen: ›Du verschwendest dein Geld und vergeudest deine Zeit.‹« Zugleich will er jedoch nicht wahrhaben, daß die Entfremdung von ihm ausgeht. Statt sich seinen Kontaktschwierigkeiten zu stellen, macht er lieber seiner Partnerin Vorwürfe oder beschwört ein ominöses »Schicksal«, das eine enge Beziehung unmöglich mache.

Häufig »kooperieren« die Frauen bei diesem Rückzug – vor allem dann, wenn auch sie Angst vor Konfrontationen haben. In die Beziehung kehrt dann häufig eine Friedhofsruhe ein, die nur durch gereizte Seitenhiebe gestört wird. Die andere Variante ist ein »friedliches« Nebeneinanderherleben, bei dem sich beide Partner vornehmlich mit eigenen Freunden und Aktivitäten befassen. Da die Vermeidung von Konflikten in diesem Stadium die einzige Basis der »Beziehung« darstellt, muß schließlich jede Gefährdung des labilen Waffenstillstandes verhindert werden – denn ein Streit über eine unbezahlte Rechnung oder über häusliche Pflichten könnte leicht »der letzte« gewesen sein. In dieser Phase können die banalsten Kleinigkeiten zum Anlaß für diese entscheidende Auseinandersetzung werden – zu viele unausgesprochene Ressentiments haben sich mittlerweile angesammelt. Schließlich mag es dann zu diesem »letzten« Streit kommen, doch dies ist dann nichts anderes als die Bestätigung des eingetretenen Todes durch die Sterbeurkunde.

Derek wird in den letzten Monaten einer Beziehung häufig von Schuldgefühlen geplagt, empfindet aber Erleichterung, wenn sie dann endlich vorbei ist. »Manchmal denke ich, daß ich zum Alleinleben geboren bin. Nur romantische Verblendung konnte mich zur Heirat bewegen – ein folgenschwerer Fehler. Nur in einigen Momenten geistiger Umnachtung habe ich mir vorstellen können, ein zweites Mal zu heiraten. Ideal wäre für mich eine Ehe, bei der ich im fünften und meine Frau im dritten Stock meines Wohnhauses wohnen würde. Wir könnten uns dann ein paar Abende in der

Woche treffen. Manchmal vermisse ich die Geborgenheit und Wärme des Familienlebens. Aber das kommt nur an kalten Abenden vor, wenn ich von der Arbeit in eine leere Wohnung zurückkomme und es dort nichts zu tun gibt, außer eine Zigarette zu rauchen, fernzusehen und einzuschlafen.«

Dereks resignierte Haltung wirkt sehr deprimierend, denn von allen Casanovas sind die Nestsucher diejenigen, die am ehesten zu einer wirklichen Beziehung mit Frauen fähig wären. Im Gegensatz zu den Eroberern, Mitmachern und Romantikern haben sie ein echtes Bedürfnis nach Nähe. Sie haben große Angst, in eine Falle zu geraten, und betrachten Frauen daher mit Mißtrauen; auf der anderen Seite sind Frauen für sie keine Objekte, die sie nur benutzen. Sie sind immerhin in der Lage, ihre Bedürfnisse zu begreifen, auch wenn sie sie nicht erfüllen können. Wenn andere Casanovas auf beiden Augen blind sind, dann haben die Nestsucher zumindest ein gesundes Auge.

Der große Stolperstein bei ihren Beziehungen zu Frauen ist die Angst, die sich nach einer Weile in ein Syndrom aus Unehrlichkeit und Furcht vor Auseinandersetzungen verwandelt. Die Angst, die Geliebte verlieren zu können, lähmt sie und zwingt sie, ihre Zweifel für sich zu behalten; durch Ausweichmanöver vermeiden sie jede Konfrontation, auch wenn die Konfrontation die Beziehung retten könnte. In der Anfangsphase einer Beziehung verleiht die Schüchternheit dem Nestsucher vielleicht sogar einen gewissen Charme; doch später entwickelt sich aus dieser Schüchternheit eine fatale Passivität. Sie sind sich oft mit schmerzhafter Deutlichkeit des Weges bewußt, der zu wirklicher Liebe führen könnte, und doch verharren sie in ihrer lähmenden Angst davor und ergreifen immer wieder die Flucht. »Es ist sehr schwer, diese verfestigten Strukturen in einem selbst zu durchbrechen«, sagt Derek. »Die gleichen Fehler, die man mit vierzehn oder fünfzehn begeht, macht man dann für den Rest seines Lebens immer wieder. Man lernt nur, sich zurückzulehnen und die Signale zu deuten: ›Uh, jetzt geht es wieder los. Sehen wir mal, ob ich es diesmal schaffe.‹ Und das klappt dann natürlich nie.«

8. Der Jongleur

Das Beispiel Herman Tarnower

»Du bist genau das, was du dir fest vorgenommen hast zu sein, Hi, das Wichtigste in meinem Leben, und daran wird sich nichts ändern. Du beherrschst mich, indem du mir mit der Verbannung drohst – eine wirksame Drohung, denn du weißt ja, daß ich ohne dich nicht leben könnte –, und daher bleibe ich allein zu Hause, während du eine Frau liebst, die mich fast vernichtet hat.«

(Jean Harris in einem Brief an Herman Tarnower)

Dr. Herman Tarnower war ein untypischer *homme fatal*. Er war kahlköpfig und ältlich und ähnelte einer Kreuzung aus einem Geier und einem Krämer. Er war eher ein Gelehrter als ein Frauenheld, ein Mann, von dem seine Geliebte sagte, daß er »Herodot zur Unterhaltung« las. Seinen Ruf erlangte er, indem er sich um die Herzen von reichen Patientinnen kümmerte. Sein Vermögen machte er, indem er Millionen von Lesern – die meisten von ihnen Frauen – riet, was sie essen sollten. Sein Buch *Die Scarsdale-Diät* war ein Bestseller. Von diesen Erträgen konnte er gut leben – wobei eine seltsame Mischung aus Luxus und Geiz für ihn kennzeichnend war. Dieser Arzt war zugleich Fitneßanhänger und Gourmet. Sein Haus in Westchester, New York, wirkte teuer und überladen. Er überhäufte seine Geliebten mit Schmuck und nahm sie mit auf Urlaube in die Karibik und den Fernen Osten. Andererseits hätte er sie niemals spontan besucht. Er besaß Charme und Bildung, doch es fehlte ihm an Zärtlichkeit, um wirklich auf die Bedürfnisse seiner Geliebten eingehen zu können. Er verschenkte Zuneigung nur grammweise, so als mache sie dick.

Tarnower lernte Jean Harris 1967 kennen. Sie hatte nur wenig Geld, doch sie war außerordentlich intelligent und sehr gewandt. Er rief sie regelmäßig an und schrieb ihr. Im Mai jenes Jahres schenkte er ihr einen Brillantring im Wert von $ 35000 und bat sie, ihn zu heiraten. Kurz darauf änderte er seine Meinung. »Es war besser, daß wir nicht heirateten«, sagte er später. »Ich wollte mir keine Sorgen machen, in welchem Altersheim deine Mutter lebte, wollte nicht mit ansehen, wie du vielleicht an Krebs stirbst oder daß du mich irgendwann mal pflegen mußt.«[39] Aber er traf sich weiterhin mit ihr. Harris war häufig bei ihm zu Gast und begleitete ihn auf Auslandsreisen. »Er war immer sehr aufmerksam, und ich war sehr in ihn verliebt, und da war alles zu spät für mich. Nur Hi war für mich noch wichtig«, erinnert sie sich.[40]

»Hi« hatte immer andere Frauen nebenher gehabt, und Jean fand sich mit seinen Affären ab, weil sie annahm, sie sei die wichtigste Frau in seinem Leben – Gastgeberin bei seinen Partys, Mitarbeiterin an seinen Büchern. Doch 1977 erwies sich diese Annahme als falsch. Auf einer Reise mit Tarnower sah sie, wie er einen Brief von einer anderen Frau las, die offensichtlich genau über ihren Reiseverlauf Bescheid wußte. Sie bemerkte auch, daß der Name Lynne in seine Manschettenknöpfe eingraviert war. Lynne Tryforos war mehr als nur eine vorübergehende Affäre. Sie war Mitte dreißig, zweiunddreißig Jahre jünger als ihr Liebhaber und neunzehn Jahre jünger als Jean. Sie hatte seinetwegen ihren Mann verlassen. Nach einiger Zeit wurde sie Tarnowers Pflegerin und Sekretärin, und als Jean nach Virginia zog, um Direktorin der Madeira-Schule zu werden, nahm Lynne ihren Platz ein. Sie ließ Buttons mit der Aufschrift *Superdoctor* herstellen und verstreute sie überall im Haus wie Rosenblüten. Ihre Töchter mußten ihm Karten zum Vatertag schicken.

Doch es handelte sich nicht einfach um einen Fall, daß eine Frau durch eine andere ersetzt wird. Tarnower wollte Jean nicht vollständig aufgeben und teilte sich seine Geliebten auf perverse Weise ein: Sie wechselten sich mit ihren Besuchen bei ihm ab, und er fuhr abwechselnd mit ihnen in Urlaub. Beide Frauen hatten Kleider in seinem Schrank hängen. Beide dienten ihm nicht nur als Bettgespielinnen, sondern auch als Sekretärinnen. Als Jean Harris ihre Rivalin einmal abschätzig als »weiblichen Freitag« bezeichnete, gab er zu, daß sie sein neuestes Meisterwerk redigierte, während er auf eine Party ging. Er belohnte ihre Hilfe mit einem Scheck über $ 4000. Der Arzt hinterließ seinen Geliebten testamentarisch fast die gleichen Summen: $ 200000 für Mrs. Tryforos, $ 220000 für Mrs. Harris.

Doch Ende 1979 bis Anfang 1980 erreichten die Spannungen innerhalb des Dreiecks einen dramatischen Höhepunkt. Jean wurde immer wieder von einer mysteriösen Person zu Hause angerufen. Sie wiederum rief immer wieder ihre Rivalin an. Lynnes Telefonnummer stand nicht im Telefonbuch, doch Jeans anonymer Anrufer hatte sie ihr verraten. Dann schickte ihr jemand eine Kopie von Tarnowers Testament, in der ihr Name ausradiert war. Bei einem Besuch im Haus des Arztes stellte sie fest, daß ihre Kleider zerschnitten und mit Exkrementen beschmiert waren. Tarnower beschuldigte Jean, daß sie Lynne nicht in Ruhe ließe. Er vernachlässigte sie immer mehr, doch sie bettelte um seine Zeit und Zuneigung, um die Tabletten, die sie nun brauchte, um ihren Pflichten nachkommen zu können, weil sich ihr Geisteszustand immer mehr verschlechterte. Ihr Liebhaber war zu ihrem Dealer geworden. Am 10. März 1980 fuhr sie mit einem geladenen Gewehr von Virginia nach Westchester – wie sie später zugab, mit der Absicht, ihn umzubringen. Sie traf ihn im Schlafzimmer an. Nach ihrer Aussage rief er: »Raus hier, du bist ja verrückt.«[41] Dann versuchte er, ihr das Gewehr zu entreißen. Sie schoß dreimal auf ihn. Der Arzt war noch vor der Ankunft im Krankenhaus tot. Später, nach ihrer Festnahme, fragte sie sich: »Wie kann etwas so Schreckliches und Trauriges zwischen zwei Menschen geschehen, die sich nie gestritten haben außer vielleicht über die Verwendung des Konjunktivs?«

Wayne: »Der Trick ist, sie dazu zu bringen, dir alles geben zu wollen.«

Die Beziehungen von Casanovas decken die ganze Bandbreite zwischen den flüchtigen Verbindungen eines Eroberers bis zu den scheinbar dauerhaften und stabilen Beziehungen eines Nestbauers ab. Wie bei den Nesterbauern gibt es bei den Jongleuren oft sehr lange Beziehungen, aber diese sind ganz und gar nicht stabil und niemals monogam. Jongleure sind eingefleischte Polygynisten, die zeit ihres Lebens stets mindestens zwei Frauen an der Hand haben. Wie schon der Name sagt, sorgen sie für ein exaktes Gleichgewicht zwischen diesen Beziehungen und teilen ihre Zeit und Zuneigung zwischen zwei Partnerinnen auf. Sie treffen sich abwechselnd mit ihren Geliebten, pendeln zwischen einer Frau und einer Geliebten hin und her oder verwickeln Frau und Geliebte in eine *ménage à trois*, wie in Jean Rhys' *Quartet*. Jongleure vollziehen diesen Balanceakt aber nicht still und heimlich; sie brauchen ein Publikum, und ihre Partnerinnen wissen oft genauestens über die Existenz der anderen Bescheid. Der entscheidende Antrieb bei diesen Männern ist nicht ein Überschuß an Begierde oder die Unfähigkeit, eine Frau zu finden, die all ihren Bedürfnissen entspricht. Ihre sexuelle Obsession wird durch Machtbesessenheit und eine panische Angst vor Bindung erzeugt. Sie fühlen sich unfähig, nur eine Frau zu lieben. Sie können ihr Herz nur an rivalisierende Bewerberinnen verteilen, wobei die eine als Gegengewicht zur anderen dient.

Wayne, ein siebenunddreißigjähriger Firmenberater, lebt mit seiner Freundin Dana in deren Wohnung in Miami. Der Drang nach Unabhängigkeit vom Partner nimmt bei ihm Züge von Besessenheit an; so ist es eine Manie von ihm, Fragen mit seinen Worten umzuformulieren, ehe er sie beantwortet. Er ist mit seiner Lebensweise nicht zufrieden, obwohl die Wohnung sehr komfortabel ist und Dana sich nicht beklagt, wenn er sich mit anderen Frauen trifft.

Wayne war vor zwölf Jahren einmal verheiratet. Er stammt aus einer konservativ-katholischen irischen Familie und kam mit fünfundzwanzig auf den Gedanken, daß es an der Zeit sei, sich häuslich niederzulassen. »Unsere Hochzeitsreise ging nach New York«, sagt er. »Wir sind mit dem Wagen dorthin gefahren, und als ich die Skyline sah, schoß mir dieser Gedanke durch den Kopf – eine Stimme, die sagte: ›Du machst einen schrecklichen Fehler.‹« Die Ehe hielt drei Jahre. Sie blieb sein letzter Versuch, eine feste Bindung einzugehen. Wenn Wayne heute darüber spricht, meint man, er sei damals knapp dem Tode entronnen.

Seither hat Wayne eine Unzahl Geliebter verschlissen. Zwei Monate nach der Hochzeit begann er seine Frau zu betrügen und hatte bald neben seinen zahllosen Liebhaberinnen eine *offizielle Geliebte*, Janine, die er wöchentlich traf. Auch nach seiner Scheidung behielt er diese Liaison bei, ohne deshalb auf die anderen Affären zu verzichten. Während Janine nun Waynes *inoffizielle Frau* war, wurde Nadia zu derjenigen, die in den meisten Nächten sein Bett teilte und ihn zu den meisten Veranstaltungen begleitete. Sie wurde seine *alternative Geliebte.* Er besuchte sie jeden Donnerstag und Samstag, führte sie in teure Restaurants aus und übernahm einen Teil ihrer Miete und Lebenshaltungskosten, darunter auch die Rechnung für den Psychiater, den sie besuchte, um die Frustrationen wegen ihres »Zweitfrauenstatus« loszuwerden.

Als Janine schließlich zu starke Besitzansprüche stellte, brach Wayne den Kontakt zu ihr ab und fand Dana, wobei er weiterhin die Beziehung zu Nadia fortführte. Einige Male überredete er die beiden Frauen zu einem erotischen Beisammensein zu dritt. Kurz nach der letzten dieser menages à trois erlitt Nadia einen Nervenzusammenbruch und weigerte sich, Wayne zu sehen. »Sie versuchte mir Schuldgefühle einzureden und erklärte, sie sei ausgeflippt, weil ich sie gezwungen hätte, es mit einer anderen Frau zu treiben. Doch schließlich hat sie ja niemand dazu gezwungen. Ich dränge doch keine Frau zu irgend etwas. Wo ich nicht erwünscht bin, lasse ich mich nicht sehen, und ich bitte auch niemanden um etwas. Der Trick bei den meisten Frauen ist, sie dazu zu bekommen, daß sie dir alles geben wollen. Je besser sie dich kennen, um so mehr wollen sie dir geben – also alles, was man will.«

Dana ist eine von Waynes neueren *Hauptfrauen.* Er kennt sie nun schon fast ein Jahr, seit den letzten Monaten mit Nadia, und scheint recht glücklich mit ihr zu sein. »Dana ist in Ordnung. Sie gibt mir alles, was ich will. Sie macht auf bisexuell und findet andere Partnerinnen für mich. Sie hat eine schöne Wohnung mit vielen Dingen, die ich ihr gekauft habe. Das beste an ihr ist, daß sie nicht auf eine feste Bindung drängt. Sie fragt mich nicht dauernd wie die anderen, was denn nun aus unserer Beziehung werden solle. Im Augenblick bin ich mit ihr zufrieden. Nebenher habe ich noch ein paar Affären mit anderen Frauen, mit denen ich mich zwei- oder dreimal treffe, ehe ich sie satt habe. Ich stelle mir gar nicht die Frage, ob sie mich liebt. Alle meine *Hauptfrauen* haben mich geliebt.

Ob ich meine Fähigkeit, sie zu lieben, bezweifle? Nein, über meine *Fähigkeit* dazu kann gar kein Zweifel bestehen. Ich weiß nur nicht, ob ich sie lieben *will.*«

»Man verliebt sich doch nicht in einen Hund.«

Wie viele Jongleure ist Wayne ständig auf der Suche nach Frauen. Im letzten Jahr schlief er mit etwa dreißig Partnerinnen und verbrachte pro Monat vielleicht nur drei Nächte allein. Die meisten seiner Begegnungen sind kurz: »Ich lerne eine Frau kennen – bei der Arbeit, in einer Kneipe oder einem Restaurant – und bitte sie um eine Verabredung. Beim zweiten Treffen lerne ich sie näher kennen, und dann werden wir gewöhnlich intim. Beim dritten Mal ist es eigentlich immer am nettesten, doch weiter gehen die Dinge dann selten.« Viele Jongleure gehen in dieser Manier eine große Anzahl von Sexpartnerinnen durch, Frauen, die sie ein paarmal sehen und dann stillschweigend »ablegen«.

In dieser Hinsicht ähneln Jongleure den Mitmachern, deren Beziehungen mit Frauen ähnlich kurz und oberflächlich verlaufen. Sie stellen keine großen Erwartungen an die Frauen. Wayne formulierte es so: »Ich suche nichts weiter als ein bißchen Spaß und, um es kraß auszudrücken, einen guten Fick.« Gewöhnlich sind sie mit dem zufrieden, was sie bekommen, und ziehen sich nach der Befriedigung ihrer Triebe ohne viel Aufhebens zurück. Als ich Wayne fragte, wie er seine Affären beendete, erwiderte er: »Ich beende gar nichts. Ich setze sie einfach nicht fort. Ich rufe sie nach der dritten Verabredung nicht mehr an. Und wenn sie mich anrufen und fragen, wann wir uns wieder treffen, sage ich, ich würde sie zurückrufen. Wenn ich mich dann nicht melde, heißt das doch eindeutig, daß ich nicht interessiert bin.«

Im Gegensatz zu den Mitmachern haben die Jongleure ihre guten Gründe, eine Beziehung kurz zu halten. »Frauen werden nach der dritten Verabredung gewöhnlich zu intim. Sie beginnen Pläne zu machen: ›Übrigens, wir könnten doch nächstes Wochenende dies oder jenes tun.‹ Schon bei solchen Kleinigkeiten gehen bei mir die roten Warnlampen an.« Wayne benutzt zwar das Wort »intim«, doch genau damit verbindet sich seine größte Angst: vor einer Verpflichtung mit all ihren einengenden Plänen, vor der Zukunft, auch wenn sie nur ein Wochenende weit weg liegt. Die meisten Jongleure haben eine Abneigung gegenüber jeder Verpflichtung. Daher setzen sie jeder Beziehung Grenzen, fassen – manchmal unbewußt – automatisch einen Schlußpunkt ins Auge und setzen ihn dann auch, wenn sie die Zeit für gekommen erachten.

Dennoch entwickelt sich die eine oder andere dieser »Begegnungen« zu einer längeren Beziehung, die zwischen ein paar Monaten und mehreren Jahren dauern kann. Dies scheint sich spontan zu entwickeln, ohne daß eine bewußte Anstrengung auf seiten des Jongleurs oder seiner Partnerin vorliegt. Manchmal trifft sich Wayne auch nach der dritten Begegnung weiter mit einer Frau. Andere Jongleure geraten in längere Beziehungen mit Frauen, die im gleichen Büro arbeiten oder im gleichen Fitneßzentrum ihre Übungen machen, und sie geben als Grund dafür reine Bequemlichkeit an. Diese Beziehungen haben sich nach ihren Beschreibungen immer nur zufällig entwickelt – nach dem Motto: »Sie war eben genauso gut wie alle anderen.«

Viele Jongleure unterscheiden zwischen Beziehungen, bei denen sie die Initiative ergriffen haben, und solchen, in die sie »hineingetrieben« sind. Dies ist ein weiteres Indiz für ihre Angst vor Bindung, eine Angst, die so beherrschend wirkt, daß sie jede Wahlmöglichkeit ausschließt. Ein Jongleur würde nie zugeben, daß er eine bestimmte Frau begehrt, und vor allem würde er nie eingestehen, daß er sie mehr begehrt als andere. Er betrachtet seine Affären als unbedeutend und folgenlos; er beginnt sie wie beiläufig und beendet sie ohne Bedauern. »Ob ich schon mal jemanden geliebt habe?« fragt Wayne. »Oh, sicher. Ob ich in sie verliebt gewesen bin? Das ist eine gute Frage. Man kann einen Hund lieben, aber man verliebt sich nicht in einen Hund. Man kann für eine Frau Zuneigung empfinden und das Bedürfnis haben, sie zu beschützen. Aber man kann immer ohne sie leben.«

Der »Verführungsreflex«

Auf den ersten Blick wirken die Jongleure alles andere als schüchtern. Wayne hat zwar nie »beschlossen«, eine Beziehung mit einer bestimmten Frau zu pflegen, doch er investiert oft viel in seine Eroberungen. Er ruft sie oft an, lädt sie in teure Restaurants ein und bemüht sich, sie sexuell zufriedenzustellen. Er ist Trinker und nimmt zudem Amphetamine und Kokain. Diese Drogen, behauptet er, seien für einen Großteil des Charmes verantwortlich. »Tatsache ist, daß ich sehr schüchtern bin, aber wenn ich einen drin habe, komme ich sehr gut an. Wenn ich high bin, kann ich mich auf die Bedürfnisse einer Frau gut einstellen. Wenn sie intelligent ist, appelliere ich an ihren Intellekt. Wenn sie Geborgenheit sucht, biete ich ihr eben Geborgenheit an.«

Manche Jongleure scheinen wie aus einem Zwang heraus Frauen zu verführen und legen dabei eine wahre Besessenheit an den Tag. »Zuerst sah ich in Carol nichts anderes als eine Frau, die ich gerne einmal wollte«, erinnert sich ein anderer Mann. »Ich dachte, ich rufe sie an und sehe zu, daß wir zusammenkommen und ein bißchen Spaß haben. Sie war sehr mißtrauisch, und das hat mich aus irgendeinem Grund verrückt gemacht. Plötzlich hätte ich, obwohl ich immer noch nichts Ernsthaftes im Sinn hatte, alles getan, um sie ins Bett zu bekommen. Ich rief sie zwei-, dreimal am Tag an, und sie fragte: ›Warum verfolgst du mich so? Ich weiß, daß du verheiratet bist und es mit einer anderen treibst. Was willst du von mir?‹ Ich begann zu weinen und irgendeinen Mist zu brabbeln. Tatsache ist aber, daß ich das genau wußte, noch während ich es aussprach, aber irgendwie waren meine Gefühle auch echt. Es funktionierte jedenfalls. Eine Stunde später lagen wir zusammen im Bett.« Jongleure scheinen einen »Verführungsreflex« zu besitzen – sie verfügen über ein Einfühlungsvermögen, das ihnen sagt, wie man am schnellsten und wirkungsvollsten an das Herz einer Frau herankommt.

Wenn ein Mann, der keine Verpflichtung eingehen will, sich verhält wie ein leidenschaftlicher Werber, sendet er widersprüchliche Botschaften aus: Es blitzt gleichzeitig grün und rot auf. Wayne verleugnet zwar seine Abneigung gegenüber bindenden Beziehungen nicht, doch er geht in solchen Momenten nur sehr beiläufig darauf ein. »Natürlich sage ich den Frauen, daß ich kein Interesse an einer monogamen Beziehung habe. Normalerweise tue ich das schon in der ersten Nacht. Ich sage etwas wie: ›Oh, ich war einmal verheiratet und würde das nie wieder tun.‹ Man braucht gar nicht direkt zu sagen, daß man keine langfristige Beziehung will; es reicht, wenn man so etwas andeutet.« Andere Jongleure haben ihre Partnerinnen angefleht zu bleiben und sie eine Woche später verlassen. Ein Mann legte rasende Eifersucht an den Tag, während er die Frau gleichzeitig ständig betrog. Solche widersprüchlichen Botschaften – mag es sich nun um bewußte Schachzüge oder spontane Äußerungen widersprüchlicher Empfindungen handeln – gehören untrennbar zur Verführungstechnik dieser Männer, ihrer Art, eine Frau anzulocken und gleichzeitig fortzustoßen.

Die meisten Frauen werden solcher Mechanismen bald überdrüssig, überhaupt wird nur eine bestimmte Kategorie von Frauen von so etwas angezogen. Die Faktoren, die Frauen für die Jongleure und andere Casanovas empfänglich machen, werden in einem späteren Kapitel ausführlich behandelt. An dieser Stelle sei nur soviel gesagt, daß Jongleure von Frauen angezogen werden, die sie leicht manipulieren können, Frauen, die jünger, ärmer und oft ein wenig naiv sind, Frauen, deren Einsamkeit und Mangel an Selbstbewußtsein sie zur leuchten Beute machen. »Ich brauche diese gewisse Überlegenheit«, sagt Wayne. »Ich kann Frauen beherrschen, weil ich ihre Bedürfnisse erkenne: Stabilität, Trost, Sicherheit, was auch immer, und dann überzeuge ich sie, daß ich ihnen genau das geben kann. Sie glauben bald fest, ich verstünde sie wirklich, ich könnte ihre Einsamkeit vertreiben, sie unterstützen und immer für sie dasein. Kurz darauf sind sie bereit, alles für mich zu tun.«

Aber wahre Herrschaft bedarf mehr als nur der Wahrnehmung von Schwächen. Jongleure verstehen es, die wunden Punkte ihrer

Partnerin geschickt auszunutzen, die haarfeinen Risse der Unterlegenheit zu einem tiefen Abgrund zu erweitern. Sie lernen rasch, denn sie sind gute Zuhörer und besitzen die Gabe, die unterschwelligen Bedürfnisse einer Frau auf den Punkt zu bringen. Außerdem verfügen sie über die chamäleongleiche Fähigkeit, sich so zu geben, wie ihre Partnerinnen es sich wünschen. Wenn eine Frau sich nach einem zuverlässigen Mann sehnt, wird der Jongleur absolut pünktlich zu einer Verabredung erscheinen. Wenn er ein Bedürfnis nach Intimität spürt, gibt er sich ungewöhnlich offen. Er ist sich nicht zu schade, Tränen als Verführungsmittel zu benutzen. Wie die Nestbauer beginnen die Jongleure eine neue Beziehung oft, indem sie eine andere Identität annehmen, eine charmante, spritzige, nachdenkliche – ganz so eben, wie es sich die jeweilige Frau im tiefsten Innern ihres Herzens wünscht.

Waynes Werbung um eine Frau hingegen ist wie ein Cha-cha-cha, bei dem nach zwei Schritten nach vorne einer zurück erfolgt. Während er die Frau davon zu überzeugen versucht, daß er ihre Bedürfnisse erfüllen kann, signalisiert er ihr gleichzeitig, daß sie von ihm weder Treue noch andere Verbindlichkeiten zu erwarten habe. Jeder Anruf endet mit einer halb gemurmelten Verweigerung, jedem Geschenk könnte ein Kärtchen beiliegen, auf dem steht: »Komm mir nicht zu nahe.« Andere Jongleure machen großartige Versprechungen, doch ihr praktisches Verhalten steht in völligem Widerspruch dazu: Sie kommen zu spät, lassen jede dritte Verabredung platzen und drehen es irgendwie hin, daß die Partnerin auf Namen anderer Frauen stößt ... Einer meiner Interviewpartner bat einmal eine Freundin, ihm eine Kopfschmerztablette aus dem Badezimmer zu bringen – und direkt neben der Packung hatte eine andere Frau ihr Pessar deponiert. Ob nun bewußt oder unbewußt, die Jongleure wenden solche »Doppelbotschaften« sehr geschickt an. Diese Doppelbotschaften haben, anstatt sich gegenseitig aufzuheben, eine zugleich irritierende und verführerische Wirkung. Jedes Versprechen ist mit einer Herausforderung verbunden, einer Herausforderung, die manche Frauen unwiderstehlich finden.

Heimlichtuerei und selektive Offenheit sind integrale Bestandteile im Repertoire der Manipulationstechniken eines Jongleurs. Er kann Frauen sehr geschickt zum Reden bringen und die auf diese

Weise erhaltenen emotionalen Informationen deuten, doch noch besser gelingt es ihm, Informationen über sich selbst zurückzuhalten und nur jene Aspekte seines Wesens zu enthüllen, die seine Partnerin sehen soll. »Frauen sehen mich nicht so, wie ich wirklich bin«, sagt Wayne. »Sie sehen mich so, wie ich es will – und wie ich mir vorstelle, daß sie mich sehen.« Die Projektion einer stilisierten Person fordert unablässige Wachsamkeit. Selbst nach dem Koitus bleibt der Jongleur auf der Hut. »Nach dem Verkehr rede ich über alles«, sagt Wayne, »von: ›Willst du ein Butterbrot?‹ bis zu: ›Wie fandest du den Film im Fernsehen?‹« Fast nie aber spricht er über seine Gefühle, seine Kindheit oder seine Familie. Er ist sich stets des Images bewußt, das er seiner Partnerin präsentiert, und gibt sich große Mühe, es in jeder Situation aufrechtzuerhalten. Auch wenn die Jongleure sich offen geben, handelt es sich hier vermutlich eher um einen Werbetrick als um echte Kommunikation.

Das Thema Polygynie

Das einzige, was die Jongleure vor ihren Partnerinnen nicht geheimhalten, sind die anderen Frauen in ihrem Leben. Sie bekennen sich selbstbewußt zu ihrer Polygynie und benutzen nur selten Worte wie »Untreue« oder »Betrug«, um ihre zahlreichen Affären zu beschreiben. Polygynie, behaupten sie, sei eben ein authentischer Ausdruck ihrer Gefühle, gegen den nur die hübschesten und dümmsten Frauen etwas einwenden könnten. Selbstverständlich ist Polygynie ein nützliches Sicherheitsventil für Männer, die Intimität und Bindung fürchten. Die sexuelle Wahlmöglichkeit erlaubt ihnen, jahrelang mit Frauen zusammenzusein, ohne sich an sie gebunden zu fühlen, denn das Ausmaß an Zeit, Aufmerksamkeit und Gefühlen, das sie in eine Geliebte investieren, ist auf diese Weise automatisch begrenzt. Keine Beziehung kann zu langweilig oder einengend werden, wenn man zwischen mehreren Frauen hin- und herpendelt wie zwischen Land- und Stadthaus. Und man braucht sich auch nicht zu sorgen, daß man zuviel von sich preisgeben könnte; man kann sogar immer wieder die gleichen Geschichten und Witze erzählen, solange sich das Publikum ständig ändert. Außerdem bietet Polygynie dem Jongleur ein Auffangnetz an sexuellen Alternativen, falls eine seiner »festeren« Beziehungen in die Brüche geht. »Ich breche nicht gerne mit einer *Hauptfrau*, wenn ich nicht eine andere Beziehung habe«, sagt Wayne. »Aber ich habe auch immer mindestens eine andere Beziehung.«

Polygynie ist nicht bloß eine Verweigerungsstrategie; es handelt sich vielmehr um einen entscheidenden Trumpf in der Kommunikation zwischen dem Jongleur und seinen Partnerinnen. Für den Jongleur ist Polygynie nicht nur ein Sicherheitsventil, sondern auch ein Instrument emotionaler Erpressung. Jede Affäre übt Einfluß auf die anderen aus, korrigiert sie und stellt ein Gegengewicht her. Wenn ein Jongleur einer Frau erzählt, er habe noch andere Geliebte und nicht die geringste Neigung, diese aufzugeben, gibt er ihr damit mehrere Botschaften. Er pocht auf seine Unabhängigkeit und gibt zu verstehen, daß er sich nicht in einem Netz von Verpflichtungen fangen läßt. Als eine von Waynes Geliebten für seinen Geschmack zu häufig auf das Thema gemeinsame Zukunft zu sprechen kam, verbrachte er demonstrativ mehr Zeit mit ihrer Rivalin. »Man muß die Frauen wissen lassen, daß keinerlei Manipulationen dich davon abhalten werden, das zu tun, was du willst«, sagt er trotzig. In dieser Bemerkung liegt ein perverser und ziemlich kindischer Trotz, und sie wirft ein bezeichnendes Licht auf die Ursachen der notorischen Untreue des Jongleurs. Unabhängigkeit ist nur für jene Menschen wichtig, die sich ihrer nicht sicher sind, und jeder, der ein Kind großgezogen hat, erkennt in dem hartnäckigen und aggressiven Beharren auf Autonomie das Symptom einer tiefen inneren Zerrissenheit.

Indem die Jongleure sich ganz offen zu ihrer Polygynie bekennen, drängen sie ihre Geliebten in die Rolle von Rivalinnen. Es handelt sich hierbei um eine bequeme Art, Wut abzulenken, denn die Abneigung der Partnerinnen wird sich viel eher gegen die Rivalin lenken als gegen den Mann, von dem sie nicht lassen können. Die »andere Frau« ist ein nützlicher Sündenbock. Alle Jongleure wissen das und setzen gezielt auf diesen Mechanismus. Frauen, die mit solchen Männern zu tun hatten, erfahren oft eine Menge über ihre Gegenspielerin. Und diese Informationen üben einen bestürzenden Einfluß auf sie aus: Aus Furcht und Eifersucht tun sie Dinge, wozu sie aus Liebe nicht fähig sind. »Als ich erfuhr, daß Mitch sich mit einer anderen traf, fragte ich ihn über sie aus«, erzählte mir eine Frau. »Ich hatte eigentlich keine Antwort erwartet. Aber er erzählte mir von ihr in allen Einzelheiten. Er beschrieb alles, was sie im Bett trieben, daß sie schlank sei und phantastische Brüste habe. Er beschrieb *alles.* Ich wollte schreien: ›Hör auf! Ich kann es nicht ertragen!‹ Wenig später kam mir zu Bewußtsein, daß ich nunmehr versuchte, wie sie zu sein. Ich machte eine Diät und verlor fünfzehn Pfund. Ich trug nun Büstenhalter, die den Busen hochschoben. Ich ließ zu, daß Mitch mich von hinten nahm. Es war zwar entsetzlich für mich, aber da sie es mit sich machen ließ, ließ auch ich es über mich ergehen. Erst nach unserer Trennung merkte ich, wie geschickt er mich um den Finger gewickelt hatte.«

Wenn eine Rivalin besonders positiv dargestellt wird, kommt es leicht zu Konkurrenzverhalten. Doch Jongleure benutzen die Rivalin auch als negatives Beispiel. Wenn sie sich bei einer Frau über die andere beklagen, dient das nicht der Bestätigung ihres Selbstwertgefühls, sondern als Warnung, ja nicht dieselben »Fehler« zu begehen. Es ist schon beunruhigend, wenn man aufgrund von primitiven Motiven wie Eifersucht, Neid und Angst zu einer Veränderung seines Sexualverhaltens und Aussehens getrieben werden kann, doch an diese Gefühle knüpft ja schließlich auch ein Großteil der Werbung an. Wir kaufen doch ein bestimmtes Auto, Erfrischungsgetränk oder Waschmittel weniger deshalb, weil wir das Produkt für gut halten, sondern weil wir den Mann in dem Porsche beneiden oder weil wir uns den schlanken Körper des Limonadetrinkers wünschen. Jongleure setzen ihre Strategien zur Beeinflussung ihrer Partnerinnen ebenso gezielt ein wie die besten Werbemanager. Eine Schlüsselrolle spielt dabei die »andere Frau«, die sowohl als Sündenbock als auch als Rollenvorbild dient – eine symbolische »Frau Jedermann«, mit der jede Frau Schritt halten will.

Jongleure versuchen häufig, zwei Geliebte zu einer *ménage à trois* zu bewegen. Der Gedanke an Gruppensex kann bei ihnen zu einer Zwangsvorstellung werden, wobei mehrere Aspekte eine Rolle spielen. Auf der einen Seite ist die *ménage à trois* ein weiterer – vielleicht sogar der stärkste – Ausdruck von Macht über Frauen, wie sie der Jongleur grundsätzlich anstrebt – ein Terrain jenseits der Grenzen von Geschmack und Ästhetik, auf dem einzig und allein der Wille des Mannes gilt. Kann es einen stärkeren Beweis für Macht geben? Als Steigerung gibt es nur die totale Unterjochung, wie sie dem Marquis de Sade und Charles Manson vorschwebte. Für einen Mann, der sich nur wohl fühlt, wenn er sich seiner Macht bewußt ist, bedeutet es die weitgehendste Bestätigung, wenn er eine Frau zu einer Praktik zwingt, die für sie abstoßend ist. Alle Schuldgefühle, die er empfunden haben mag, weil er die Beziehung verriet, sind nun verschwunden; seine Geliebte hat den Schritt von der bloßen Tolerierung seiner Aktivitäten zur aktiven Teilnahme getan.

Bei einer *ménage à trois* kann er sich zudem leichter normalerweise unterdrückten homosexuellen Phantasien hingeben und gleichzeitig die Angst beruhigen, die diese Phantasien in ihm hervorrufen. Es ist weitaus ungefährlicher, seine homosexuellen Neigungen auf zwei Frauen zu projizieren, als sie mit einem anderen Mann auszuleben. In diesem Zusammenhang fällt auf, daß Wayne seine Geliebten stets zu überreden versucht, sich einen Liebhaber zu nehmen. Vielleicht versucht er lediglich, seine Schuldgefühle zu mildern, indem er seine Partnerin dazu bringt, ebenfalls untreu zu sein. Doch vielleicht versucht er auch, seine homoerotischen Neigungen auf diese Weise zu befriedigen. Einige meiner Interviewpartner hatten gleichzeitig Beziehungen mit Frauen und Männern. Scheinbar war dies auch bei Herman Tarnower so. Für Männer, die sich scheuen, homosexuelle Neigungen auszuleben, ist die *ménage à trois* eine ideale Kompensation.

Der letzte Aspekt dieses »Hanges« zur *ménage à trois* ist die Sehnsucht des Jongleurs nach dem totalen, globalen, bedingungslosen Ausdruck von Liebe, einer Liebe, die er in der Säuglingszeit als Anbetung empfand. Es gefällt ihm zwar, wenn sich zwei Frauen lieben, aber seine größte Lust zieht er daraus, Zentrum ihrer vereinten Aufmerksamkeit zu sein. Er wird doppelt gestreichelt, geküßt, umarmt und genießt die überwältigenden Gefühle eines Säuglings, der von zwei liebenden Eltern gehätschelt wird. Diese Lust ist ebenso gefühlsmäßig wie körperlich. Wayne nennt die *ménage à trois* einen »Akt totaler Liebesbereitschaft«. Auch wenn er seine Partnerinnen zu einer solchen Konstellation drängen muß, betrachtet er sie als einen Akt der Hingabe, bei dem alle Zimperlichkeiten und Skrupel zurücktreten, als eine Ergebung, die als intensive »Gruppenerfahrung« eine gewisse Ähnlichkeit mit Anbetungsritualen besitzt.

»Ich will, daß Frauen mir alles geben.«

Die *ménage à trois* ist lediglich eine besonders dramatische Ausprägung der beiden Zwangsvorstellungen, die dem Verhalten des Jongleurs zugrunde liegen. Zunächst ist da die ständige und ständig scheiternde Suche nach Liebe. Es mag paradox klingen, wenn ich behaupte, daß ein Mann, der an seiner Lust zu lieben zweifelt, in Wirklichkeit verzweifelt danach sucht. Doch unter »Liebe« verstehe ich hier etwas gänzlich anderes als das Gefühl von Zärtlichkeit und Sympathie, das man normalerweise mit diesem Begriff assoziiert. Der Jongleur sucht nicht den Austausch von Gefühlen; er will nur bedingungslos geliebt werden. Daher fordert er von der Partnerin die totale Selbstverleugnung: Ihre Liebe soll so umfassend sein, daß sie seine Untreue, seine Abwesenheit oder seine Grausamkeit klaglos erduldet. Eigenständigkeit, Moralvorstellungen oder Geschmack der liebenden Frau spielen vor diesem Hintergrund keine Rolle mehr. »Ich will, daß Frauen mir alles geben«, sagt Wayne. »Ich will, daß sie nichts zurückhalten.«

Normalerweise finden wir eine solche Art von Liebe nur im Verhältnis zwischen einem gläubigen Menschen und Gott – oder zwischen Mutter und Kind. Die Art, wie der Jongleur jegliche Schuldgefühle ableugnet, wirkt oft infantil, ebenso wie das egozentrische Vergnügen, das er aus den *ménages à trois* zieht. Sein Bedürfnis nach unaufhörlicher, bedingungsloser Liebe hat außerdem etwas Atavistisches. »Wenn ich will, daß sie mir ein Abendessen kochen, tun sie das auch«, sagt Wayne über seine Geliebten. »Sie waschen auch meine Wäsche, wenn ich es will. Und wenn ich Sex will, sind auch sie sofort bereit dazu. Sie tun alles, was ich will.« Wenn wir vom Sex absehen, machen sie also genau das, was Mütter für kleine Jungen tun. Wenn wir dem Gedanken beipflichten, daß die Bindung zwischen Mutter und Kind im Frühstadium in der Tat sexuell bestimmt ist, dann unterscheidet sich Waynes Bedürfnis, seine Partnerinnen zu besitzen, nur wenig von dem Bedürfnis des Säuglings, seine Mutter zu besitzen.

Das Problem bei dieser Art von primitiver Bindung ist, daß sie zweischneidig wirkt. Wie das Kind seine Mutter besitzt, so besitzt diese es ebenfalls. Wenn es sich an ihrer absoluten, sich selbst verleugnenden Zuwendung erfreut, ist es gleichzeitig völlig ihrem Willen unterworfen. Man mag in diesem Zusammenhang an die Vorstellung von gegenseitiger Inbesitznahme und Verschmelzung denken, die unser traditionelles Bild von Liebe prägt: »Die Krise einer Verschlingung kann einer Wunde entstammen, aber auch einer totalen Verschmelzung: Wir sterben zusammen aus Liebe zueinander ... ein enger Tod für das gemeinsame Grab.«[42] Für den Jongleur aber ist gerade diese Vorstellung von Verschmelzung – also Machtlosigkeit – so abschreckend. Wie sehr er sich auch danach sehnt, seine Geliebte zu besitzen, er kann den Gedanken nicht ertragen, in gleicher Weise von ihr besessen zu werden. Diese Vorstellung empfindet er als Bedrohung seiner Männlichkeit. Er wird alles tun, um dieses Gefühl abzuwehren.

In einem kürzlich erschienenen Buch über Männer, die Bindung scheuen[43], wird die Meinung vertreten, die Furcht vor Verpflichtungen sei eine Art Klaustrophobie. Ich glaube, die Furcht des Jongleurs vor der Bindung erwächst eher aus einer tiefsitzenden Urangst vor Verschlingung und Verschmelzung. Er ist fähig zu einer längeren Beziehung, solange er sie unter Kontrolle hat. Dieses Ringen um Überlegenheit und Herrschaft, verbunden mit unaufhörlicher Manipulation und Prüfung der Geliebten, ist gleichzeitig ein Kampf um bedingungslose Anbetung und Abwehr gegen das »Verschlungenwerden«, diese Zwangsvorstellung, die sich bei einer solchen Art von Liebe automatisch einstellt. Die permanente Vergewaltigung, durch die der Jongleur seine Partnerinnen erniedrigt, ist ein Mittel, das zu erlangen, was nur wenige Frauen einem erwachsenen Mann geben wollen – zumindest nicht freiwillig. Zugleich gibt ihm die ständige Manipulation von Frauen das Gefühl, daß er nicht nur passiv Liebe empfängt, sondern sie dank seiner Überlegenheit erlangt. Die von ihm praktizierte Vorstellung von Herrschaft gibt dem Jongleur die Möglichkeit, den Zustand infantiler Seligkeit wiederzuerlangen und gleichzeitig dessen infantile Natur zu verleugnen.

Die Zwangsvorstellung von der totalen Kontrolle durchdringt beim Jongleur alle Aspekte einer Beziehung zu Frauen. Sie steht hinter seinen widersprüchlichen Botschaften, seiner Polygynie und seinen ständigen Versuchen, Frauen gegeneinander auszuspielen. Um Frauen zu beherrschen, muß er allerdings auch sich selbst kontrollieren: Jede Äußerung muß eine innere Zensur passieren, jede Information, die er der Partnerin mitteilt, muß zuvor daraufhin überprüft werden, ob sie zum Gesamtbild paßt. Wie die Nestbauer und die Mitmacher kann sich der Jongleur den Luxus nicht leisten, in Wut zu geraten: »Ich glaube, ich habe noch nie eine Frau angeschrien«, erklärt Wayne. »Wenn sie die Beherrschung verlieren, dann ist das wunderbar, weil *ich* sie dann ja gewinne.« Wayne übersieht jedoch, daß er sich selbst ebenso kontrollieren muß wie seine Geliebten. In seiner Machtbesessenheit ist er zu einer Art »demokratischem« Despoten geworden, der die gleichen Ketten trägt wie die Unterdrückten.

Bei all der Gewissenlosigkeit und Skrupellosigkeit, die der Jongleur an den Tag legt, kann man ihn doch auch als Gefangenen in einer selbstgeschaffenen Hölle sehen. Er hat das Spiel der sexuellen Manipulation bis an den Punkt vorangetrieben, wo es zur Mühsal wird, wo Spontaneität oder spielerisches Herangehen keinen Platz mehr haben. Die Jongleure klagen oft über Erschöpfung, und in der Tat sind ihre Spielchen äußerst strapaziös: Die paar Male, bei denen ich ernsthafte Beziehungen mit zwei Frauen gleichzeitig unterhielt, befand ich mich ständig am Rand eines Nervenzusammenbruchs. Es überrascht ebensowenig, daß diese Männer oft Langeweile empfinden – dieses Gefühl muß sich zwangsläufig einstellen, wenn man seine Partnerinnen zu anbetenden Subjekten reduziert hat. Und schließlich leiden Jongleure oft an einer nicht überwindbaren Unsicherheit, denn früher oder später müssen ihre Beziehungen unter dem Ansturm der Anforderungen zerbröseln. Bei dieser Spezies von Casanovas ist die Wahrscheinlichkeit am größten, daß ihre Partnerinnen sich von ihnen trennen.

Wie die Romantiker müssen die Jongleure mit einer paradoxen Situation leben, die sie selbst geschaffen haben: Sie wissen nie, ob die Liebe der Partnerin ihnen freiwillig gegeben wird oder gezwungenermaßen, ob ihre Partnerinnen sie lieben oder das Bild, das sie mühsam aufgebaut haben. »Ich fühlte mich immer einsam, als gäbe es einen Teil in mir, den keine Frau je verstanden hat«, gibt Wayne zu. »Aber das ist mir inzwischen egal. Entweder nimmt mich eine Frau so, wie ich bin, oder sie läßt es bleiben. Frauen lieben mich nicht notwendigerweise mehr, weil ich sie beherrschen kann, aber sie haben größere Achtung vor mir – und schließlich können Frauen niemanden lieben, vor dem sie keine Achtung haben. Ich suche eigentlich gar nicht nach Liebe. Nein, eigentlich überhaupt nicht.«

9. Der streunende Kater

Das Beispiel Frank Sinatra

Frank Sinatra heiratete Nancy Barbato im Jahre 1939. Er kämpfte damals noch um seinen Aufstieg, und in den ersten Jahren ihrer Ehe wurde das meiste Geld in seine Karriere gesteckt. Später behandelte er Nancy sehr großzügig, kaufte ihr zwei palastartige Häuser und gab ein Vermögen für Kleider und Schmuck aus. Doch schon lange vorher hatte er begonnen, mit anderen Frauen zu schlafen – von Schulmädchen bis zu Filmschauspielerinnen. Nur wenige bedeuteten ihm etwas. Wenn er nach Hollywood kam, stellte er eine Liste mit den schönsten Berühmtheiten auf, mit denen er schlafen wollte, und hakte sorgfältig jede neue Eroberung ab. Er war sehr höflich und korrekt zu diesen Frauen, ehe er mit ihnen schlief, doch anschließend behandelte er sie oft brutal und warf sie weg wie ein benutztes Taschentuch.

Er hatte ununterbrochen außereheliche Affären, die mit zunehmender Berühmtheit auch immer häufiger bekannt wurden. Jede neue Liaison wurde in den Gazetten breitgetreten, und es nützte wenig, wenn er sie abstritt. Lange gelang es Nancy, sich mit Franks Untreue abzufinden, und sie sagte einmal zu einer Freundin: »Die anderen lieben Frank vielleicht, aber ... ich bin die einzige, zu der er nach Hause kommt.« 1951 ließ sich Frank von Nancy scheiden, um Ava Gardner zu heiraten, seine neueste und anspruchsvollste Geliebte. Doch bald darauf erlebte seine erste Ehe eine Art zweiten Frühling: Nach seiner Scheidung von Ava ging Frank häufig zu seiner ersten Frau zurück, um sich trösten zu lassen. Einer seiner Freunde meinte: »Wenn Frank Rat braucht, wenn er mit jemandem reden will oder sich einfach einsam fühlt, ruft er immer Nancy an.«

Sam: »Ich hatte immer gute Vorsätze.«

Sie sind permanent untreu und legen dabei eine erstaunliche Unverfrorenheit an den Tag, doch paradoxerweise sind sie gleichzeitig ihrer Gattin und dem Zuhause ergeben – *streunende Kater* sind die häufigsten und glanzlosesten Casanova-Typen. Ihre Frechheit und ihr offensichtlicher Mangel an moralischen Hemmungen sind verblüffend. »Wie kommen sie damit nur durch?« fragen wir uns. Im Gegensatz zu den Eroberern, bei denen die Promiskuität mit Gefühlskälte und Einsamkeit verbunden ist, scheinen die Kater die erfreulichen Seiten der beiden Lebensbereiche, zwischen denen sie hin- und herstreunen, zu genießen – die sexuelle Vielfalt und die Annehmlichkeiten eines Zuhauses.

Kater sind Männer, die augenscheinlich nur wenig Schwierigkeiten mit den äußeren Bedingungen einer festen Bindung haben. Sie bleiben oft ihr ganzes Leben bei einer Ehefrau. Sie begleichen ihre Rechnungen pünktlich und zahlen Steuern. Sie zeugen Kinder. Zugleich scheinen sie aber auch ein Spielball ihrer Antipathie gegen das »lebenslängliche Eingesperrtsein« zu sein und probieren ständig die Grenzen der Institution Ehe aus. Sie sind chronisch untreu und haben viele verschiedene Partnerinnen. Es ist wichtig, die Kater von den Ehebrechern zu unterscheiden, die fremdgehen, weil sich ihre Ehe in einer Krise befindet. Sie geben nicht einer großartigen, heimlichen Leidenschaft nach oder gehen in der Midlife-crisis plötzlich auf einen Eroberungstrip. Die meisten begannen als Eroberer, Mitmacher oder Romantiker, doch dann heirateten sie. Viele waren mehrere Male verheiratet, ohne jemals auf außereheliche Affären zu verzichten. Für die Kater ist die Untreue ein Teil ihres normalen Sexualverhaltens, das lange vor der Ehe begann und sich wohl auch dann fortsetzen wird, wenn die Ehe scheitert.

Sam, dreiundvierzig, ist Manager bei einer Versicherungsgesellschaft in San Francisco. Er strahlt mehr Macht und Autonomie aus, als seine Position eigentlich mit sich bringt, und er erzählt Frauen oft, er sei Topmanager in seiner Firma. Seine erste Ehe endete, als seine Frau herausfand, daß er ihr untreu war. »Ich war froh, als es vorbei war«, sagt Sam. »Denn meine erste Frau haßte Sex. Sie hatte keinerlei Spaß an oralem Sex, und das ist sehr wichtig für mich. Ihre

Haltung war: ›Wo bitte soll ich dich streicheln?‹ Dabei hatte ich schließlich keine unmoralischen oder anomalen Bedürfnisse.«

Nach vier Jahren erneuten Junggesellendaseins, in denen er kurze Beziehungen mit Dutzenden von Frauen hatte, heiratete Sam abermals. Er beschreibt Elaine, seine zweite Frau, als eine »wunderbare Person – meine Vertraute und meine beste Freundin. Sie kümmert sich großartig um das Haus und um die Kinder. Sie tut alles, was eine gute amerikanische Hausfrau tun sollte.« Aber auch Elaine scheint den Anforderungen seiner Libido und sexuellen Neugier nicht gewachsen zu sein. »Sie hat kein besonderes Verhältnis zum Sex. Ihre Vorstellung von Sex hat mehr mit Umarmen, Streicheln, Zärtlichkeiten zu tun. Sie will körperliche Nähe – und das will ich natürlich auch, verstehen Sie mich nicht falsch. Aber ich habe auch Spaß am Verkehr, während meine Frau nicht besonders scharf darauf ist. In den ersten sieben Jahren unserer Ehe hatten wir im Durchschnitt nur alle zwei Wochen einmal Sex.«

Sam braucht mehr oder glaubt dies zumindest, und so hat er seit kurz nach der Hochzeit außereheliche Beziehungen. In den ersten paar Jahren bevorzugte er »einmalige Gastspiele«, wie er es auch früher praktiziert hatte. Er ging dreimal in der Woche in Bars oder Nachtclubs, sprach eine Frau an und schlief mit ihr in ihrer Wohnung oder gelegentlich in einem Auto. Nach einer Weile wurden ihm die körperlichen und emotionalen Kosten zu hoch: »Ich fühlte mich ausgepowert und heruntergekommen. Nicht, daß ich keinen Verkehr mehr wünschte, aber ich wollte auch Unterhaltungen, Wärme, Verständnis, und das bekommt man bei so einem ›einmaligen Gastspiel‹ nicht. Außerdem machte ich mir Sorgen, mir etwas dabei zu holen. Damals war es Herpes, heute ist es AIDS.«

Im Augenblick verabredet sich Sam regelmäßig mit zwei Frauen, die in seiner Firma arbeiten. Mit jeder von beiden trifft er sich mindestens einmal in der Woche und manchmal auch an Wochenenden. Seiner Frau erzählt er, er sei auf Geschäftsreise. Die Geliebten wissen nichts voneinander, und eine weiß nicht einmal, daß er verheiratet ist. Außerdem gibt es vier Frauen, die er in unregelmäßigen Abständen aufsucht, um mit ihnen zu schlafen. Er betrachtet keine dieser Beziehungen als unverbindliche Affäre, sondern behauptet, daß jede eine wichtige Bedeutung für ihn hätte.

Natürlich hatten auch noch andere Frauen eine wichtige Bedeutung für ihn. Einmal hätte er fast seine Frau verlassen, um eine Mitarbeiterin zu heiraten. »Doch schließlich«, erinnert er sich, »bin ich einfach nach Hause gerannt. Ich war wie ein kleiner Junge, der von daheim fortgelaufen ist und plötzlich merkt, daß er nicht allein die Straße überqueren kann. Ich hatte gute Vorsätze, nun ein treuer Ehemann zu werden etcetera, aber nach zwei Wochen hatte ich sie alle wieder vergessen. Ich rief die Freundin wieder an. So geht das immer, und ich weiß nicht, warum das so ist. Vielleicht bin ich neurotisch. Oder vielleicht ficke ich einfach nur gern.«

Sam ist grob und sentimental, schuldbewußt und unbekümmert – er verkörpert also die gegensätzlichen Denk- und Verhaltensweisen des streunenden Katers. In vieler Hinsicht ähnelt er anderen Casanovas. Wie der Eroberer hat er unpersönlichen Sex mit vielen verschiedenen Partnerinnen gehabt. Wie der Romantiker hat er »mehr als das« gesucht und es gelegentlich in kurzen, durch eine rosarote Brille erlebten Beziehungen gefunden. Wie der Jongleur benutzt er Liebesgeschichten als Gegengewicht und spielt mit beträchtlichem Geschick die eine gegen die andere aus. Er ist ein vielseitiger Ehebrecher, der sowohl zufällige Geliebte als auch ständige Freundinnen hat, der manchmal seine Ehe verschweigt und manchmal die Wahrheit erzählt. Er ist ein Manipulator, der sich oft von sexuellen und romantischen Zwängen überwältigt fühlt. Er ist vorsichtig, verstrickt sich aber zuweilen in Situationen, die seine Ehe und seine Karriere ernsthaft gefährden. Er freut sich an der Beziehung mit seiner Frau und an dem geordneten Leben mit ihr, scheint aber immer unter dem Zwang zu stehen, alles in Frage zu stellen. »Es gibt einen Teil in mir, der gern gefährlich lebt«, sagt Sam. »Ich bin nicht sicher, ob ich mit meiner Frau zusammenbleiben möchte. Ich fühle mich zerrissen, ich weiß nicht, ob ich meine Ehe aufgeben oder dableiben soll. Manchmal denke ich, ich warte nur darauf, daß mich jemand in den Abgrund stößt.«

Für Kater scheint die Untreue Bestandteil einer Ökonomie der Begierde zu sein. Irgend etwas fehlt ihnen zu Hause, erklären sie. Sex, Wärme, Gespräche – das alles wollen oder können ihnen angeblich ihre Frauen einfach nicht ausreichend bieten. Und deshalb, so argumentieren sie, sind sie gezwungen, sich anderswo umzusehen. Wie ein typischer Romantiker sucht auch Sam die Erfüllung bei Spezialistinnen. Für den schnellen, unkomplizierten und von Gefühlen unbelasteten Sex wendet er sich an Judiths. Zärtlichkeit, Verständnis und die Sicherheit einer länger währenden Beziehung sucht er bei den Lukretias. Dieses Verhalten konnte ich bei verschiedenen der Männer, mit denen ich sprach, beobachten. Sie erwiesen sich als Konsumenten, die ganz genau wußten, was sie wollten, und die es hervorragend verstanden, sich immer das zu beschaffen, was ihnen gerade fehlte.

Dennoch sind diese gewieften Konsumenten in einem fort unbefriedigt. Die sexuelle Beziehung zu einer Judith, wie beiläufig sie auch immer empfunden werden und ablaufen mag, hat einen versteckten Preis, einen Nachgeschmack von puritanischer Schuld und Angst. Diese Frauen, die nur wenig mehr verkörpern als einen Mund, Brüste und Vaginas, bergen die Gefahren des Wahnsinns und der Ansteckung in sich, wecken die Angst, erpreßt oder verschlungen zu werden. Exemplarisch zeigt dies John Cheevers Geschichte *The Five-Forty-Eight*, in der eine einsame Frau ihren Chef in ihr Zimmer bittet, um mit ihm zu schlafen, und ihm am Ende mit dem Gewehr auflauert. So ist denn Untreue für streunende Kater unbewußt befleckt, und der Makel des Beflecktseins trifft gerade auch die Frauen, die sich mit ihnen einlassen. Da Kater nicht bereit sind, die Verantwortung für ihre Seitensprünge zu übernehmen, projizieren sie ihre Begierden auf die Frauen, die sie ihnen erfüllen, und verkehren diese so zu Verführerinnen, zu Evas, die ihnen den fatalen Apfel entgegenhalten. Wenn ein Kater mit einer Judith schläft, so findet weniger ein gegenseitiger Austausch von Lust statt, sondern eine gegenseitige Erniedrigung, bei der jeder Partner das Objekt des anderen wird – ein bloßes Stück Fleisch, das man genüßlich aussaugt und dann einfach wegwirft. Die Angst, die

Kater auf ihre Partnerinnen für eine Nacht projizieren, ist die Angst des Sünders vor der Strafe: Man darf nicht vergessen, daß Judith, die Kriegerhure, eine entfernte Verwandte der Furien ist, der schrecklichen Rächerinnen der griechisch-römischen Mythologie.

Von unbewußten Schuldgefühlen gepeinigt, aber unfähig zur Treue, müssen Kater ihre verbotenen Begierden erhöhen und sie mit der süßen Reinheit romantischer Sehnsucht verbrämen. In Sams Beziehungen mit Lukretias rangiert die sexuelle Erregung nur an zweiter Stelle: Seine längerfristigen Partnerinnen sind gewöhnlich weniger erfahren als er, und so spielt er wie Alan die Rolle ihres erotischen Lehrmeisters. Die Lukretia ist ihm keine Schlampe, sondern der Inbegriff jungfräulicher Tugendhaftigkeit – zumindest zu Beginn ihrer Beziehung. Sams Beschreibung der Frauen, die er im Augenblick am anziehendsten findet – »beredt, intelligent, dynamisch und erfolgreich« –, spiegelt sein eigenes idealisiertes Selbstbild wider und legt den Verdacht nahe, daß das, was er und seine Freundinnen nachts zusammen treiben, eher mit einer innigen Bindung als mit Sex zu tun hat. Wie in einer schwärmerischen Schülerliebe treibt der Kater die Idealisierung so lange auf die Spitze, bis er schließlich mit seiner Partnerin schläft. Einer meiner Gesprächspartner erzählte mir von einer Beziehung, die damit begann, daß eine Frau ihm die Hand vor Dankbarkeit küßte, nachdem er sie mit einer tüchtigen Ohrfeige von einem hysterischen Heulkrampf befreit hatte – eine Geste, die einem Film von Cecile B. de Mille oder Erich von Stroheim entsprungen sein könnte. Die Tränen, der Schlag, der Kuß: »Nichts rührt mich mehr oder zieht mich mehr an als eine Frau, die weint.«

Wie die Judith sein Bedürfnis nach »reinem«, unkompliziertem Sex erfüllt, erfüllt Lukretia ein Bedürfnis nach »reiner«, also unwandelbarer und unkritischer Zuneigung. Sie ist unendlich verständnisvoll, geduldig und unendlich dankbar für die wöchentlichen Besuche ihres Liebhabers. Und sie ist gewillt, eine Ewigkeit auf die eventuelle Chance zu warten, daß er seine Frau verläßt – aber auch dann bereit, bei ihm zu bleiben, wenn dieser Fall nicht eintritt. In vieler Hinsicht betrachten Kater diese Frauen als die perfekte Ausgabe ihrer Gattinnen, die aber viel großzügiger und toleranter sind – und natürlich viel dankbarer für die Zuneigung, die für sie abfällt. Lukretia spielt die Rolle der Mutter, die für alles Verständnis hat; sie ist Zufluchtsort für den Mann, der sich von seiner Arbeit und seinem Zuhause erholen muß. Sie ist die Schulter zum Anlehnen und der Busen zum Ausweinen – also alles, was die Ehefrau nicht ist.

Natürlich werden diese Eigenschaften niemals als selbstverständlich hingenommen. Wie die Romantiker stellen auch die Kater ihre Geliebten ständig auf die Probe, um zu ergründen, ob ihre Gefühle tief und echt und ihre Liebe auch rein sei. Wenn Sam eine Beziehung mit einer Frau beginnt, setzt er Maßstäbe, als ob er es mit der Märchenprinzessin zu tun hätte: »Ihr muß klarsein, daß sie mich nicht zu Hause anrufen kann. Wenn wir im Büro miteinander arbeiten, darf es nicht zu intim zwischen uns werden. Außerdem muß sie begreifen, daß wir höchstens zweimal in der Woche zusammensein können.«

Nur wenige Frauen halten solcher Prüfung stand. Wie geduldig und ergeben sie sich auch verhalten mögen, letztendlich fühlt sich Sam auch durch die Lukretias unter Druck gesetzt: »Wenn ich mich an eine Frau binde und sie häufig sehe, bekomme ich bald das Gefühl, erdrückt zu werden«, klagt er. »Jede versucht sich an mich zu klammern und will mich öfter sehen. Und ich kann einfach den Druck nicht aushalten, den sie auf mich ausübt.« Ob dieser Druck nun echt oder eingebildet ist, jedenfalls ergreifen die Kater die Flucht, beenden ihre Affären und ersetzen die alte Geliebte durch eine neue.

Gute Mütter, schlechte Mütter

Judith und Lukretia: Beide Typen von Beziehungen sind Konstrukte, die auf Projektionen des Unterbewußtseins beruhen, und werden Frauen aufgezwungen, die in der Regel gar nicht merken, daß sie vorbestimmte Rollen spielen. Besonders die Rolle der Lukretia ist sehr instabil: Sie beginnt als Jungfrau, wird aber dann zum pflichtbewußten und bedingungslos liebenden Ersatz für Ehefrau oder Mutter. Schließlich wird sie im Unterbewußten des Katers einer weiteren Transformation unterzogen und zur schlechten Frau/Mutter, die ständig Forderungen an ihren rebellischen Ehemann/Sohn stellt.

Die Ursachen dieser Spaltungen und Transformationen sind in der frühen Kindheit dieser Männer zu suchen. Nach John Money ist die Spaltung der Frauen in Huren und Jungfrauen ein Erbe der mediterranen Anfänge unserer westlichen Zivilisation. In den antiken Stadtstaaten des Nahen Ostens war das Sklavensystem ebensosehr von sexuellen wie wirtschaftlichen Erfordernissen geprägt. Wie die Reichen von der Arbeit vieler Sklaven profitierten, nahmen sie die sexuellen »Dienste« vieler Sklavinnen in Anspruch. Je größer der Reichtum eines Mannes, um so mehr Frauen und Geliebte konnte er in seinem Harem halten. Natürlich mußte es für die Massen eine Alternative geben: Während sich die Reichen an den exklusiven Gunstbeweisen ihrer Konkubinen verlustierten, durften sich die Armen die Huren teilen. »Das Hurenhaus, der öffentliche Harem, ist das Gegenstück zum Serail, dem Privatharem«, sagt Money. »Damit ist die Doppelmoral geboren: Frauen sind entweder Huren oder Madonnas.«[44] Diese Doppelmoral geht zwar auf vorchristliche Zeiten zurück, doch sie wird von der christlichen Moral übernommen und ist besonders in katholischen Gesellschaften präsent.

Das bedeutet nicht, daß jeder Mann in unserer Kultur nun zwangsläufig untreu sein muß. Die Maßnahmen gegen Untreue wirken ebenso stark. Sams Ehebrüche mit ihrer zwanghaften Wiederholung und den inszestuösen Untertönen scheinen einer primitiveren, unterbewußten Quelle zu entstammen. Die Psychoanalytikerin Melanie Klein hat die Theorie aufgestellt, daß der Säugling es nicht ertragen kann, wenn die gleiche Mutter ihm das eine Mal Nahrung anbietet und sie ihm das andere Mal verweigert.[45] Wie kann eine Frau, die soviel Liebe und Dankbarkeit hervorruft, solche Frustration und Wut erzeugen? Und was wird aus ihr, wenn das Kind zu wütend auf sie wird? Was wird aus ihm, dessen Leben von ihr abhängt? Melanie Klein behauptet, daß das Kind diese Ambivalenz löst und die unangenehmen Gefühle abwehrt, indem es die Mutter in zwei Teile aufspaltet. Die »gute« Mutter wird erstes Objekt seiner Lust, die »schlechte« Mutter wird nach außen projiziert, so daß sie das Bild der liebenden, nährenden guten Mutter weder bedrohen noch vergiften kann.

All dies geschieht sehr früh im Leben eines Menschen, Melanie Klein zufolge im ersten Lebensjahr. Gewöhnlich versöhnt das heranwachsende Kind diese primitiven Bilder miteinander und kann sich dann auf die komplexe Persönlichkeit eines wirklichen Menschen einstellen. Doch manchmal, besonders in Fällen von pathologischem Narzißmus und Borderline-Störungen, bleibt das Bild der Mutter gespalten. Der Erwachsene trägt immer noch das imaginäre Konstrukt seiner Säuglingszeit mit sich herum. Wenn er sich verliebt, dann immer in eine *gute Mutter*, und seine Liebe wird immer von einem Haßimpuls begleitet, den er nach außen projizieren muß. Dieses Szenarium beschreibt erstaunlich genau die Art und Weise, wie streunende Kater ihre außerehelichen Partnerinnen abwechselnd idealisieren und herabwürdigen.

Die versagende Mutter

Die Art und Weise, wie Kater ihre Geliebten einstufen, spiegelt ihre Haltung den Ehefrauen gegenüber wider, die in ihnen die extremsten Empfindungen – große Liebe und tiefen Haß, Gefühle der Abhängigkeit und der Angst – hervorrufen. Sie suchen bei ihren Ehefrauen emotionale Zuwendung und empfinden oft tiefe Zärtlichkeit und Liebe für die Frauen, die sie zwanghaft betrügen. Sam betet Elaine offensichtlich an und glaubt, daß »sie alles tut, was eine gute amerikanische Hausfrau tun sollte«. Diese Phrase enthält das Stereotyp der perfekten Gattin. Man gewinnt von diesen Männern den anachronistischen Eindruck, daß es Legionen von pflichtbewußten und aufmerksamen Frauen gibt, die einen makellosen Haushalt führen, gesunde Mahlzeiten bereiten und fröhliche und gehorsame Kinder heranziehen.

Kraft, Pflichtbewußtsein und Fleiß – das sind die Eigenschaften einer *guten Mutter*, und die Zuneigung, die Kater für ihre Ehefrauen empfinden, ist eher geschwisterlich als geschlechtlich und besitzt keine eindeutig erotische Komponente. Sie klagen oft, ihre Frauen seien nicht an Sex interessiert und vor allem nicht für Experimente zu haben. Ihren Erzählungen nach handelt es sich um Frauen, die lieber »schmusen« als den gefürchteten »Akt« vollziehen. Vielleicht schlägt sich hier die Neigung der Kater zu Frauen nieder, die sexuell schüchtern oder gehemmt sind. Doch sie treiben diese »Entsexualisierung« ihrer Frauen aktiv voran; sie sprechen ihnen beharrlich jegliche erotische Ausstrahlung ab und projizieren diese großzügig auf die Geliebten, besonders auf die einmaligen Gastspiele. »Bei meiner Frau«, sagt Sam, »habe ich nicht den gleichen Drang. Deshalb werde ich von Schuldgefühlen geplagt: Warum kann ich bei ihr nicht den gleichen Spaß haben wie bei anderen Frauen?« Die sexuelle Begierde schwindet im Verlauf einer langen Ehe häufig, doch dieser Prozeß erfolgt fast zwangsläufig, wenn die Frau nur eine mütterliche Rolle spielt: In einer solchen Verbindung wird der Liebesakt zum Inzest. Kater haben es nötig, daß ihre Frauen die Rolle der *guten Mutter* spielen, und daher berauben sie sie symbolisch ihrer Sexualität – und sich selbst der sexuellen Befriedigung, die andere Männer in der Ehe finden.

Nur wenige Kater akzeptieren ihren Anteil bei der Entsexualisierung ihrer Ehe. Sie schieben die Schuld fast immer den Frauen zu, die als zu prüde, zu passiv oder, was am verdammendsten ist, als »zuwenig sexy« verurteilt werden. So werden die guten Mütter in schlechte verwandelt. Wie gut sie auch den Haushalt führen, wie loyal sie den Ehemann unterstützen, sie scheinen ihnen die Liebe in der einzigen Form zu versagen, die den Katern etwas bedeutet. Von »Versagen« ist in den Erzählungen der Kater immer wieder die Rede. Wenn die Frauen ihnen nicht den Sex versagen, dann ist es Zuneigung oder Verständnis. Selbst die Klagen über Langeweile klingen so vorwurfsvoll, als würden die Gattinnen ihnen aus Bösartigkeit ihren Unterhaltungswert vorenthalten. Hinter dem Bild der pflichtbewußten, liebevollen Mutter, vielleicht auch nur teilweise davon verhüllt, verbirgt sich das Gegenstück: das herzlose Monster, die *schlechte Mutter*, die die Brust verweigert.

Doch selbst die *gute Mutter* ist für diese Männer eine problematische Gestalt. Wie die Romantiker und Jongleure brauchen Kater unaufhörliche bedingungslose Liebe – die Art von Liebe also, die nur eine Mutter geben kann. Doch diese Liebe kann schreckliche Folgen haben: die Mutter »verschlingt« den geliebten kleinen

Jungen vielleicht wieder. Es ist für streunende Kater einfacher, die Ehefrau als Gegenspielerin zu sehen, denn sie meinen, wenn sie sie zu nahe an sich heranließen, könnten sie sich selbst verlieren – so, wie Fred es formulierte: »Wenn ich komme, kommt sie auch. Wenn ich nicht komme, kann sie auch nicht. Manchmal weiß ich nicht, ob ich ficke oder onaniere.«

Kater sind in ihrer Ehe ständig darum bemüht, ihre Eigenständigkeit und Macht zu beweisen, Grenzen zu errichten, die die Frau nicht überschreiten kann. Diese Männer neigen zu Heimlichtuerei; sie haben vor ihren Frauen Geheimnisse, aber einfach nur deshalb, um etwas ausschließlich für sich zu haben. Die andere Methode ist natürlich Untreue, die für Kater sowohl eine Suche nach Zuneigung und Bestätigung als auch eine Flucht vor der Mutter bedeutet, die sich ihnen versagt und sie gleichzeitig zu verschlingen droht. Doch die Flucht bleibt ein »symbolischer« Akt: nur wenige streunende Kater verlassen ihre Ehefrauen freiwillig. Wenn die Ehe eines Katers zusammenbricht, dann oft, weil die Frau die Untreue des Partners nicht mehr aushält.

Die Ehe als Kollusion

Gewöhnlich will der streunende Kater, daß seine Frau von seiner Untreue erfährt, denn seine Seitensprünge sind ja sexuelle »Unabhängigkeitserklärungen«. Bei seiner Zwanghaftigkeit wäre es vermutlich auch unmöglich, sie geheimzuhalten. Oft macht er seine Übertretungen auf gleiche Weise wie der Jongleur offenkundig. Es überrascht nicht, daß die Fehltritte eines Katers oft gerade dann »herauskommen«, wenn er sich seiner Frau besonders eng verbunden fühlt. Einer meiner Interviewpartner brachte unmittelbar nach dem fünften Hochzeitstag zum ersten Mal eine andere mit in die Wohnung, und seine Frau kam dann natürlich »mittendrin« nach Hause. Auf jedes Ereignis, das die emotionale Distanz des Katers von seiner Frau zu verringern scheint, folgt eine solche sexuelle »Unabhängigkeitserklärung«.

Hinter einem solchen Verhalten verbirgt sich nicht allein Trotz, sondern auch Schuldbewußtsein. Im Gegensatz zu vielen Casanovas leiden Kater unter den Konflikten, die ihr Sexualverhalten auslöst. Sie fühlen sich schuldig gegenüber ihrer Frau, der sie sich wirklich verbunden fühlen. Sie erfahren vermutlich Überreste der Urschuld, die Kinder erleben, wenn sie sich von der Mutter trennen. Schuldgefühle sind im Leben dieser Männer allgegenwärtig, daher müssen ständig Mechanismen der Rechtfertigung, Rationalisierung und Verdrängung bemüht werden. Manche Kater bringen ihre Ehefrauen dazu, die Untreue zu dulden, oder drängen sie sogar, selbst eine Affäre zu haben. Besonders in den liberalen siebziger Jahren experimentierten viele Paare mit offener Ehe und Partnertausch. Die Schuldgefühle dieser Männer sind um so niederschmetternder, weil sie ihre Treulosigkeit nicht verringern, nicht verringern können. Sie verschärfen sie häufig sogar noch und schaffen somit eine endlose Spirale aus Betrug, Schuldgefühlen und kämpferischem Trotz, der sich wiederum in Seitensprüngen niederschlägt.

Wir werden die Art und Weise, wie Frauen auf wiederholte Untreue des Ehemannes reagieren, ausführlich im vierten Teil dieses Buches behandeln. Hier sei nur soviel gesagt, daß die Ehen von Katern oft auf Kollusion beruhen, weil beide Partner den ehebrecherischen Zyklus fortsetzen. Diese Kollusion nimmt drei Hauptformen an: Verdrängen, Überwachen und Dulden. Das wird jedem vertraut vorkommen, der Familien mit Drogensüchtigen und Alkoholikern kennt.

In manchen Ehen wird das Thema Untreue einfach tabuisiert. Kater geben sich oft größte Mühe, eine Fassade der Normalität aufrechtzuerhalten, und nehmen dafür auch Freunde und Mitarbeiter in Anspruch. Die Ehefrauen stammen häufig aus einem Elternhaus, in dem ein Elternteil Alkoholiker oder drogenabhängig war. Sie waren vielleicht als Kind Opfer körperlicher oder sexueller Mißhandlung und haben bereits Erfahrung damit, eine schmerzhafte Realität zu ignorieren. Zwischen Betrüger und Betrogenem herrscht eine Atmosphäre des Stillschweigens und der ungelösten Spannung, Vorspiel zu einem Gewitter, das nie ausbricht. Am besten wird dieses Verhalten von einer Frau geschildert, die sich nach langer Therapie schließlich von ihrem Mann scheiden ließ: »Ich konnte nie der Tatsache ins Auge sehen, daß Ed mich betrog. Ich weiß immer noch nicht, warum ich solche Angst hatte, ihn zur Rede zu stellen. Er war ja kein gewalttätiger Mann. Ich glaube, er hatte sogar Angst vor mir. Aber mein Vater war gewalttätig, und ich habe vermutlich gedacht, Ed würde mich genauso schlagen wie er. Jahrelang haben wir dieses Spiel gespielt: Ich fragte ihn, wohin er abends gehe, und er antwortete: ›Aus.‹ Und ich sagte darauf nur: ›Oh.‹ Nur: ›Oh.‹ Es hat Jahre gedauert, bis ich aufhörte, so zu tun, als ob ich schliefe, wenn er nach Hause kam. Ich habe immer seine Kleider durchsucht, und wenn ich die Telefonnummer einer Frau oder ein fleckiges Taschentuch fand, habe ich es einfach weggeworfen. Das war meine Rebellion – seine Taschentücher wegzuwerfen, anstatt sie zu waschen. Hin und wieder sagte er mir, er habe keine Taschentücher mehr, und dann mußte ich ihm neue kaufen.«

Häufiger versucht die Frau eines Katers, seine Untreue zu überwachen und ihn zur Rede zu stellen, in der Hoffnung, daß sie ihn dazu bewegen kann, auf seine Affären zu verzichten. Das Problem bei dieser Strategie ist jedoch, daß sie lediglich Widerwillen auslöst. Es stellt den Kater und seine Frau auf die gleiche Ebene wie einen unverbesserlichen Kriminellen und einen Polizisten, der ihn immer wieder verhaftet. Die Frauen, die diese Politik verfolgen, sind selten bereit, sich scheiden zu lassen, und ihre Männer wissen das mehr oder weniger genau. Die Konfrontationen fordern sie weit eher heraus, den Ehebruch noch demonstrativer zu praktizieren, als dem Druck nachzugeben. Für beide Partner wird »der Stolz« zum wichtigsten Thema, während die Untreue ungehemmt weitergeht. Die Frau weigert sich, »wie der letzte Dreck behandelt zu werden«, der Mann weigert sich, »zum Pantoffelhelden zu werden«. Die Überwachung verkommt also zu einem leeren Ritual von Drohungen, Gegendrohungen und Anschuldigungen, wobei jeder Partner nur seine oder ihre Würde zu wahren versucht.

Einer der schmerzhaftesten Aspekte in einer solchen Ehe ist das Gefühl von Hilflosigkeit bei beiden Partnern. Der Kater kann mit seiner Untreue nicht aufhören; seine Frau kann ihn weder zwingen, sich zu ändern, noch sich dazu durchringen, ihn zu verlassen. Manchmal versucht sie, sich selbst zu ändern. Duldung ist die letzte Waffe gegen die Hilflosigkeit. Dabei verlagert sich die Verantwortung für die Untreue vom Kater auf die Ehefrau, die sich nunmehr einredet, wenn sie nur attraktiver, hilfsbereiter oder verständnisvoller wäre, würde ihr Mann ihr treu bleiben. Der Kater unterstützt diese Fiktion natürlich nur allzu gern, denn sie befreit ihn von Schuldgefühlen und zeigt zugleich einen Ausweg: vielleicht kann sich seine Frau soweit ändern, daß er kein Bedürfnis mehr hat, sie zu betrügen. Diese Haltung gehört auch zur Philosophie der »absoluten Frau«, die Frauen drängt, sich den sexuellen Phantasien ihrer Männer anzupassen, zugleich Ehefrau und »andere« zu werden. Dies scheint der Hauptgedanke in vielen neueren Büchern und Artikeln zu sein, in denen man Frauen beibringt, wie man mit den Bedürfnissen schwieriger Männer umgeht. Sogenannte Autoritäten erzählen den Frauen, wie sie mit ihren Männern Spaß haben, ihnen zuhören, sie verwöhnen, sie bestätigen und sich mit ihnen abfinden sollen – kurz, wie man alles tut, außer seine eigenen Bedürfnisse zu erkennen und zu befriedigen.

Es gibt noch andere Raster der Komplizenschaft zwischen Katern und ihren Frauen. In einigen Ehen scheint die Frau die Untreue des Mannes zu akzeptieren. Sie schimpft mit ihm wegen seiner Eskapaden, wie sie mit ihm schimpfen würde, wenn er zehn Dollar verspielt hätte. Doch dies ist auch nur eine andere Form der Verdrängung. Ohne Frage ist es möglich, mit der ständigen Untreue eines Partners zu leben. Wir kennen viele derartige Verbindungen – wie die von Henry Miller und John F. Kennedy –, die »hielten«, obwohl das Eheversprechen ständig gebrochen wurde. Die Frage ist nur, ob man damit leben *will*. Die Antwort darauf müssen sich Männer und Frauen selbst geben.

In einer *kollusiven Ehe* wird es keine Veränderungen geben. Sie ist ebenso resistent wie der Kater selbst. Er wird weiterhin Ehebruch begehen, während die Frau weiterhin die Beweise seines Verhaltens negiert. Und der Schmerz, den die Untreue verursacht, wird durch eine immer breiter werdende Kluft aus Schweigen, Angst und unterdrückter Wut nur vergrößert. Die *Überwachungsstrategie* verstärkt lediglich die inzestuöse Natur der Beziehung zwischen der betrogenen Frau und dem betrügenden Ehemann: Sie wird zur zeternden *schlechten Mutter*, er wird zum bösen Jungen, der die von der Mutter abgesteckten Grenzen überwinden muß, um ein Mann zu werden. *Duldung* verringert vielleicht vorübergehend die Schuldgefühle des Katers, doch sie bürdet der Frau die unmögliche Last auf, eine andere Person zu werden, und zwar ohne die Garantie, daß sich die Veränderung lohnt. Eine nachgiebige Frau versucht vielleicht ihr ganzes Leben, sich in die Geliebten zu verwandeln, die ihr Mann sich (möglicherweise nur vermeintlich) wünscht, ohne jemals seine Bedürfnisse zu befriedigen, denn er wird nie mit nur einer Frau zufrieden sein. Die Komplizenschaft zwischen Katern und ihren Ehefrauen produziert ein geschlossenes System, das vermutlich stabiler als manche Ehe ist.

Die Angst ist wie ein Stich ins Herz

Auch bei den streunenden Katern sehen wir, wie hartnäckig der Casanova-Komplex wirkt. Diese Männer flüchten vor ihrer Promiskuität in eine Ehe – doch nur, um herauszufinden, daß ihr Trieb sie weiterhin ebenso tyrannisch beherrscht wie zuvor. Und zu dieser Obsession kommen nun noch das Gefühl, ein Gelöbnis gebrochen zu haben, und das Bewußtsein, eine geliebte Frau zu verletzen. Gerade die Kater strengen sich besonders an, ihr Verhalten zu ändern, aber ihre Versuche sind gewöhnlich ebenso erfolgreich wie die Neujahrsversprechen eines Alkoholikers. Sie probieren alles aus, von einmaligen Gastspielen zu längeren Beziehungen; sie versuchen ihre Schuld zu mildern, indem sie die Untreue »zähmen« und zum Partnertausch übergehen. Einige Kater reden sich ein, daß ihre Probleme mit ihrer Ehefrau zu tun haben und verschwinden würden, sobald sie eine neue, mitfühlendere Partnerin gefunden haben. Sie finden aber nur neue Mütter, die die geflohenen ersetzen. Die Dichotomie zwischen *guter* und *schlechter Mutter* ist ein ebenso verwurzeltes Schema wie die Zwangsvorstellungen der anderen Casanovas.

»Ich versuche mich zu ändern«, sagt Sam. »Ich mache eine Therapie, damit ich mich ändere. Ich weiß, daß ich ein Problem habe, aber irgendwie gefällt es mir auch, wie es ist, und wie wird man ein Problem los, das einen gar nicht so sehr stört? Mir macht das, was ich tue, immer noch Spaß. Aber es stört mich, daß ich mich nicht beherrschen kann. Ich habe keinerlei Selbstdisziplin. Ich habe alle möglichen guten Vorsätze für meine Ehe, aber keinen Funken Selbstdisziplin. Wenn ich eine Frau auf der Straße sehe ... das ist einfach der Reiz des Neuen. Warum kann ich den nicht überwinden? Ich kann es einfach nicht lassen, etwas Neues zu suchen, es mir auszumalen, mich danach zu sehnen. Ich weiß nicht, wie lange ich noch so weitermachen kann. Ich werde langsam älter. Wie lange werde ich noch Frauen finden, die sich für mich interessieren? Ich habe große Angst, daß ich eines Tages ganz allein dastehe. Und diese Angst ist wie ein Stich ins Herz.«

Dritter Teil

Die Entwicklung zum Casanova

10. »Ich versuche alles, damit jemand mich liebt« – Die Familie des Frauenhelden

Das Beispiel Lord Byron

»... mein ganzes Leben habe ich immer alles versucht, nur damit mich jemand liebt.«

Lord Byron

George Gordon, der sechste Lord Byron, wurde 1788 in ärmlichen Verhältnissen mit einem Klumpfuß geboren. Sein Vater war ein besessener Spieler und Frauenheld. Er hatte aus Geldgründen geheiratet, und als er das Erbe seiner Frau verschleudert hatte, verließ er sie mit ihrem kleinen Sohn. Seine Haltung der Familie gegenüber wird in einem Brief an seine Schwester deutlich, den er 1791 schrieb, als George drei Jahre alt war: »... [Mrs. Byron] ist aus der Ferne sehr erträglich, aber ich trotze lieber dir und allen Aposteln, als länger als drei Monate mit ihr zusammenzuleben ... Was meinen Sohn angeht, so höre ich mit Freude, daß es ihm gutgeht, aber er kann doch sicher unmöglich laufen mit seinem Klumpfuß.«[46]

Byrons Mutter, Catherine Gordon, war eine unsichere, unscheinbare Frau, die niemals über ihre Vernarrtheit in ihren Mann hinwegkam und niemals vergaß, wie er sie behandelt hatte. Der Sohn wurde zum Objekt ihrer verqueren, wild demonstrierten Liebe und ihrer eifersüchtigen Wut auf den Mann, der sie verlassen hatte. Sie kümmerte sich aufopferungsvoll um ihren Sohn, schikanierte ihn aber auch wegen seiner Behinderung. Er wurde abwechselnd verhätschelt und unterdrückt.

Der Junge war eigenwillig und widerspenstig, und sie warf ihm vor, er sei herzlos. In der Jugend brachten ihn ihre emotionalen und oftmals zornigen Ausbrüche oft aus der Fassung, und er gab sich große Mühe, sie auf Abstand zu halten.

Der Vater war zwar in Byrons Leben nicht anwesend, doch er wurde dem Sohn ständig als negatives Beispiel vorgehalten. Mrs. Gordon hielt dem Jungen ständig vor, er sei wie sein Vater. Byron erinnerte sich in späteren Jahren: »Wenn meine Mutter wütend auf mich war ... sagte sie immer: ›Ah, du kleiner Hund, du bist durch und durch ein Byron und genauso schlecht wie dein Vater.‹«[47] War es die mütterliche Indoktrination, die Byron zu einem Verschwender und Frauenhelden machte? Wieweit können wir seinen späteren Charakter daraus erklären, daß er im Alter von neun Jahren von einem Hausmädchen verführt wurde? Klar ist, daß Byron ohne eine eindeutige männliche Bezugsperson aufwuchs, nur mit einer Mutter, die ihn narzißtisch liebte – als Ersatz und Sündenbock für den verschwundenen Ehemann und als bequemes Objekt für Begierde und Wut. Hinzu kam seine Behinderung. Das schillernde Verhalten seiner Mutter und ihre ständigen Hinweise auf die Ähnlichkeit zwischen Vater und Sohn vermittelten dem jungen Byron zwei Botschaften: daß Männer grausame, unverantwortliche Wesen sind, die Frauen weh tun, und daß Frauen sie dennoch beständig lieben.

Der Casanova-Komplex ist mehr als nur ein Rollenspiel. Es handelt sich vielmehr um eine Charakterstörung, die durch zwanghafte, fast suchtartige Eroberung von Frauen oder durch die symbolische Flucht in Untreue und Mehrfachbeziehungen gekennzeichnet ist. Männer mit dieser Störung beschreiben ihre Beziehungen mit Frauen ausschließlich in sexuellen Kategorien und legen in geradezu besessener Weise Wert auf Quantität, Vielfalt und Leistung im sexuellen Bereich. Oft neigen sie darüber hinaus zu Suchtverhalten in Verbindung mit Drogen, Alkohol, Arbeit oder Glücksspiel. Im emotionalen Bereich weisen sie eine verminderte Fähigkeit auf, Nähe zu einer Partnerin herzustellen und Bindungen einzugehen. Die Ursache dafür liegt in einem tiefverwurzelten Gefühl der Minderwertigkeit und Impotenz. Unter den Casanovas – besonders bei den Romantikern, Nestbauern und Jongleuren – erkennen wir eine Spaltung zwischen »echter« und »falscher« Persönlichkeit: die eine ängstlich und abhängig, die andere selbstbewußt und verführerisch. Häufig fällt es ihnen schwer, Wut auszudrücken, und sie reagieren Aggressionen im sexuellen Bereich ab. Casanovas scheinen Frauen nicht als autonome, selbständige Wesen zu betrachten, sondern als Objekt narzißtischer Bedürfnisse, Quelle der Selbstbestätigung und Zuflucht vor psychischer Ruhelosigkeit. Für diese Männer hat Sex die gleiche Funktion wie Drogen oder Alkohol, die ein Hochgefühl bewirken, das zugleich anregend und betäubend ist. Frauen werden so zugleich in den Himmel gehoben und rachsüchtig degradiert, manchmal beides gleichzeitig. Sie werden abwechselnd zu Jungfrauen und Huren, Lukretias und Judiths, guten Müttern und schlechten Müttern. Casanovas reagieren auf diese Archetypen mit einem Verhalten, das ständig zwischen Bindung und Lösung, zwischen Romantik und Zynismus, Verfolgung und Verlassen hin- und herschwankt.

Im folgenden möchte ich meine Ansichten über die Gründe für diese Störung in der Kindheit der Casanovas darlegen. Es handelt sich eher um die Hypothese eines psychologisch interessierten Laien als um ein wissenschaftliches Modell; ich bin weder Psychiater noch Psychoanalytiker und letztendlich nur ein Betroffener. Außerdem kann eine einzige Erklärung nur unzureichend alle Casanovas einschließen. Einige sind gestörter als die anderen; das Spektrum reicht von gewöhnlichen Neurosen zu pathologischem Narzißmus und Borderline-Fällen. Mir scheint weiterhin, daß die traditionelle Psychologie nur teilweise die Verhaltens- und Denkweisen von Menschen erklärt.

Als eine Störung, die starke Ähnlichkeiten mit einer Sucht besitzt, könnte der Casanova-Komplex auch erbliche oder physiologische Gründe haben. Bis heute können wir nicht beurteilen, ob es einigen Menschen genetisch oder chemisch »vorbestimmt« ist, zu Frauenhelden zu werden. Eine weitere Problematik liegt meiner Ansicht nach darin, daß die an Freud geschulte Psychologie das Erwachsenenverhalten oft zu deterministisch mit Erfahrungen in der Kindheit begründet. Man zieht nur selten in Betracht, daß Menschen mit bemerkenswert ähnlichen Lebensumständen bemerkenswert verschiedene Wege einschlagen und manchmal sogar ihre Neurosen ablegen können.

Die folgenden Fallbeschreibungen und ihre Deutungen sind daher eher deskriptiv als wissenschaftlich-analytisch: keine Landkarten, sondern nur Wegweiser.

Ed

Wir kennen Ed bereits aus dem Kapitel über die Mitmacher. Mit seinen sechsunddreißig Jahren hatte er noch nie eine Beziehung, die länger dauerte als fünf Monate. Er hat sich noch nie verliebt und niemals einer der vielen Frauen nachgetrauert, die er verließ. Er wirkt nach außen hin glücklich und zufrieden und scheint ein unerschütterliches Selbstbewußtsein zu besitzen. Doch er gesteht, daß er oft unterschwellige Depressionen hat. Nach Jahren der sexuellen Abenteuer macht er sich allmählich Sorgen, daß er für den Rest seines Lebens allein bleiben könnte.

Eds Eltern entstammen der Mittelklasse und sind schottischer, irischer und deutscher Herkunft. Er ist in Detroit geboren, wo sein Vater eine kleine Firma besaß. Ed war ihr erstes Kind. Zwei Jahre später bekam er eine Schwester. Da er der älteste Sohn war, einen wachen Verstand und ein sonniges Gemüt hatte, wurde er von beiden Eltern verwöhnt, auf Privatschulen erzogen und mit Geschenken überhäuft. Seine Eltern waren während der Depressionszeit aufgewachsen und wollten, daß ihre Kinder es besser hätten. So war Ed bis zu seiner Collegezeit ziemlich pummelig.

Die Ehe seiner Eltern beschreibt Ed als harmonisch und liebevoll. Sein Vater, ein großer, bärenhafter Mann mit dichter Körperbehaarung, war das unumstrittene Familienoberhaupt. Er arbeitete viel, oft bis zehn Uhr abends, doch er überwachte auch die Finanzen der Familie und die Erziehung der Kinder. Er und seine Frau schienen ein erfülltes Sexualleben zu haben. Ed erinnert sich, daß er von frühester Kindheit an Geräusche aus dem Schlafzimmer gehört hatte. »Als ich vier war«, erinnert er sich, »fand ich ein Kondom vom Alten in einer Schublade. Ich fragte: ›Daddy, was ist das denn?‹, und er antwortete: ›Oh, ein Ballon.‹ Ich erfuhr erst mit fünfzehn, als ich das erste Mal mit einem Mädchen schlief, was ein Kondom ist.« Eds Vater erweckte bei seinem Sohn Respekt und Angst, denn er forderte strikten Gehorsam und war sehr temperamentvoll. Beide Kinder wurden bereits für kleine »Vergehen« geschlagen. Als Ed fünfzehn war, schlug ihn sein Vater einmal, als er zu spät von einer Verabredung nach Hause kam.

Eds Mutter stand deutlich im Schatten dieses mächtigen und vitalen Mannes. Als Ed klein war, überließ sie alle Entscheidungen über die Erziehung der Kinder ihm. Wenn Ed sich nicht entsprechend benahm, rief sie ihren Mann bei der Arbeit an und fragte ihn um Rat. Gewöhnlich wurde die Strafe aufgeschoben, bis er nach Hause kam. Sie konnte oder wollte den Kindern nicht bei den Schularbeiten helfen. Von Anfang an mußten Ed und seine Schwester stets den Vater um Hilfe bitten. Als Ed sechs war, ging die Firma seines Vaters pleite. Ed wußte damals nichts davon, denn die Eltern verheimlichten den Bankrott vor den Kindern, und die Familie behielt den vorherigen Lebensstandard bei. Doch unter dem Druck der finanziellen Unsicherheit erlitt die Mutter einen Nervenzusammenbruch. Das folgende Jahr verbrachte sie im Bett und stand stets unter starken Beruhigungsmitteln. Die Kinder wurden von Babysittern und Kindermädchen versorgt.

Eds Vater begann nun eine neue Karriere, um den Unterhalt seiner Familie zu sichern; er baute eine kleine Motelkette in Atlanta auf. In den folgenden fünf Jahren verbrachte er einen Großteil seiner Zeit in Georgia und kehrte nur für kurze Besuche zurück oder zitierte Frau und Kinder während der Sommermonate zu sich. Die Beziehung der Eltern scheint weiterhin sehr eng geblieben zu sein, doch nun trug die Mutter die ungewohnte Bürde der Verantwortung. Eds Erzählungen zufolge war sie eine sehr besorgte Mutter, »der Typ, der den Lehrer anruft und fragt, warum das Kind nur eine Drei geschrieben hat. Ihr Problem war, daß sie nicht wußte, wie sie mit einem Jungen umgehen sollte, besonders da ich ein sportliches und aufgewecktes Kind war. Sie ließ mich nicht draußen Fußball spielen, ohne mir Heftpflaster in die Tasche zu stecken. Ich weiß noch, als ich mich einmal mit einem anderen Jungen prügelte – und auch noch gewann –, kam sie dazu und riß uns auseinander, weil sie Angst hatte, ich würde mir weh tun.« Gleichzeitig aber betrachtete sie ihn als Gefährten und Freund, als »den Mann im Haus«. »Das war natürlich ein Privileg«, sagt Ed, »aber manchmal wurde es auch zum Problem für mich, denn sie behandelte mich abwechselnd als kleinen Jungen und als Mann.«

Als Ed zwölf war, zog er mit Mutter und Schwester nach Georgia. Die Familie war nun wieder vereint. Doch bei Ed begann nun die Phase der pubertären Rebellion. »Mein Dad spielte verrückt, weil ich plötzlich schlechte Noten bekam. Er sagte immer, ich müsse etwas Ordentliches werden. Und als ich mich mit Mädchen einließ – ich war zwar pummelig, aber ganz nett anzusehen, und die Mädchen standen auf mich –, rief das die Besorgnis meiner Mutter hervor. Sie hatte Angst, ich würde mich mit der falschen Sorte einlassen. Wenn sie erfuhr, daß ich mich mit einer traf, sagte sie: ›Die ist nicht gut genug für dich.‹ Aber wer wäre schon gut genug gewesen?« Auf diese Weise war Eds Pubertät von bitteren, lautstarken Streitereien mit beiden Eltern gekennzeichnet, bis der Vater an einem Herzanfall starb. Ed war sechzehn. Er mußte das College drei Jahre hinausschieben, bis alles geregelt war. Doch seine Mutter hat den Tod ihres Mannes nie ganz verkraftet. Sie starb zwei Jahre später.

Eric

Eric ist achtundvierzig Jahre alt und Mathematiker bei einer Computerfirma im Silicon Valley. Er ist geschieden und hat zwei Kinder, die er nur selten sieht. Bis vor drei Jahren gehörte er einer asiatischen Sekte an und lebte eine Zeitlang in einem Kommunedorf in Gruppenehe mit sieben anderen Personen. Jetzt wohnt er mit einer Frau zusammen, die er in dem Dorf kennengelernt hat; daneben aber hat er noch eine »feste« Partnerin, mit der er die Wochenenden verbringt. Er schläft gelegentlich mit anderen Frauen, die er durch seine Kontakte mit anderen Sektenangehörigen und Science-fiction-Fans kennenlernt. Er betrachtet Sexualität als Bestandteil seiner geistigen und politischen New-Age-Wertvorstellungen und scheint die Monogamie aus den gleichen Gründen abzulehnen, aus denen er sich nicht an Wahlen beteiligt. »Das würde bedeuten, daß ich mich an dieses System verkaufe.« Er hat eine panische Furcht vor dem

Alter – vor allem davor, daß sich seine sexuellen Optionen »erschöpfen« könnten. Seine gegenwärtigen Geliebten gehen ihm auf die Nerven und langweilen ihn, doch auf der anderen Seite hat er Angst, »auf den Markt zu gehen«, wie er es nennt. Er glaubt, daß sein Aussehen (er hat etwa dreißig Pfund Übergewicht) und seine unkonventionelle Einstellung die meisten Frauen abstoßen würden und daß es nicht einfach wäre, innerhalb seines begrenzten Spektrums neue, interessante Partnerinnen zu finden.

Eric kann sich nur an wenige Ereignisse aus seiner frühen Kindheit erinnern. Er wuchs in einer texanischen Kleinstadt auf, als jüngstes Kind und einziger Sohn eines zeitweiligen Versicherungsagenten und einer streng religiösen Hausfrau. Die meiste Zeit lebte die Familie am Rand der Armut; sein Vater trank und war meistens arbeitslos. Wenn er einen Job hatte, ging ein Großteil seines Gehalts für die Abzahlung von Schulden drauf. Eric verbrachte seine Kindheit in einer ganzen Reihe gemieteter Häuser, die stets »vom Verfall bedroht« waren.

Als einziger Sohn genoß Eric in der frühen Kindheit besondere Aufmerksamkeit. »Meine Mutter sagte mir, ich sei ihr Lieblingskind gewesen.« Doch als er älter wurde, verwandelte er sich in einen eifrig lernenden, zurückgezogenen und körperlich unbeholfenen Jungen, eine ständige Beleidigung für den Vater, der sich einen aufgeweckten und sportlichen Sohn wünschte. Er beschimpfte Eric häufig als Memme und Eigenbrötler und stellte ihn vor seinen Trinkkumpanen bloß. »Ich weiß noch, wie er einmal mit einer Gruppe von Freunden aus der Kneipe kam – ich muß etwa sechs gewesen sein – und verlangte, daß ich mit ihnen Ball spielte. Ich konnte nicht werfen, und er wußte das. Er warf mir den Ball zu, und ich habe ihn irgendwie aufgefangen, aber als ich versuchte, ihn zurückzuwerfen, ach, es war jämmerlich. Alle lachten, und er sagte etwas wie: ›Seht ihr, ich habe es euch doch gesagt, der Junge ist noch schlimmer als ein Mädchen.‹«

Wenn Erics Vater betrunken war, wurde er oft gewalttätig. Er schlug alle Familienmitglieder, doch Eric glaubt, daß er am meisten abbekommen hat. Während er den Sohn verdrosch, betete seine Mutter ununterbrochen laut vor sich hin. Danach kümmerte sie sich um Erics Verletzungen, sagte ihm, er müsse dem Vater vergeben, und hieß ihn, neben ihr zum Gebet niederzuknien. Wenn er auf seinen Vater wütend war, nannte sie das eine Sünde: ein wahrer Christ empfinde keinen Zorn. Sie forderte Eric auf, dem Vorbild ihrer Frömmigkeit und Duldung zu folgen und im Glauben Trost zu finden. Eric führt seine unkonventionellen Überzeugungen auf diese Erfahrungen mit dem Christentum seiner Mutter zurück. »Es hieß immer nur: Jesus hier und Jesus da, aber Jesus hat meinen Vater nicht davon abgehalten, mich grün und blau zu prügeln. Und getröstet hat er mich anschließend auch nicht. Ich gelangte sehr früh zu dem Schluß, daß Jesus ein Hirngespinst sei oder aber absolut gleichgültig gegenüber dem, was seine Kinder einander antaten.«

Als Eric sechzehn war, verließ sein Vater die Familie, und sie zogen nach Kansas zu Verwandten seiner Mutter. Er war zwar erleichtert, nicht mehr vom Vater mißhandelt zu werden, doch das Klima strenger Frömmigkeit empfand Eric als gleichermaßen unerträglich. Kurz darauf ging er von zu Hause fort, verpflichtete sich bei der Armee und bekam dort ein Stipendium. Er denkt immer noch mit Bitterkeit an seine Kindheit zurück und hat praktisch keinen Kontakt mit seiner Familie. »Meine Mutter betrachtet mich als einen Heiden, und vermutlich bin ich das auch«, sagt er. »Schon die Tatsache, daß ich geschieden bin, reicht ihr. Gott weiß, was sie sagen würde, wenn sie wüßte, was ist seitdem alles getrieben habe.«

Saul

Ich habe Saul bereits als Beispiel für den *Kitzeljäger* beschrieben, jenen Typus, der so häufig unter den Casanovas anzutreffen ist. Er weist aber auch Züge des Romantikers auf, dessen Beziehungen mit Frauen kurz und flüchtig sind, begeisternd beginnen und in Langeweile und Vorwürfen enden. Wie die meisten Romantiker ist er ein Perfektionist. Er erwartet, daß seine Frauen immerzu willig, schön und verständnisvoll sind. Er selbst hat den Anspruch, stets zuvorkommend und männlich zu sein. Jede Abweichung von diesen Idealen erfüllt ihn mit Angst und Bitterkeit. Mit seinen sechsunddreißig Jahren hat er mit vielen attraktiven Frauen gelebt, doch niemals dauerte die Beziehung länger als sechs Monate. Wie Ed macht er sich Sorgen, daß er niemals eine feste Beziehung erleben und im Alter zur Einsamkeit verdammt sein könnte.

Heute strahlt Saul kultivierte Eleganz aus. Seine Kindheit verbrachte er jedoch in Levittown, New York. Er war der jüngere Sohn von jüdischen Emigranten polnischer Abstammung. Sein Vater war Juwelier, die Mutter Hausfrau. Saul denkt nur ungern an seine Kindheit und das Milieu, in dem er aufgewachsen ist, zurück. Er haßte das Haus, in dem er aufwuchs, weil es von den anderen Häusern der Gegend nicht zu unterscheiden war. Er haßte es, mit seinem älteren Bruder ein Zimmer zu teilen; der starke Akzent seiner Großeltern, ihre Provinzmanieren und die Orthodoxie des Vaters waren ihm peinlich. Sein Vater hatte gehofft, er würde Rabbiner werden, eine Idee, die Saul entschieden zurückwies. Er verkörpert jenen tragikomischen jüdischen Selbsthaß, der so viele Protagonisten in Philip Roths Romanen heimsucht.

Saul beschreibt die Ehe seiner Eltern als lieblos. Er kann sich nicht erinnern, daß sie sich in seiner Gegenwart jemals geküßt oder umarmt hätten. Als ich ihn fragte, ob er sich vorstellen könne, daß sie miteinander geschlafen hätten, lachte er: »Absolut nicht. Ich muß entweder Jesus Christus sein – oder sie haben mich adoptiert. Sie hatten nie eine sexuelle Beziehung, davon bin ich überzeugt.« Sein Vater arbeitete viel, vermutlich um dem Genörgel seiner Frau zu entgehen, in dem sich die Kommunikation zwischen den beiden erschöpfte. »Ansonsten«, meint Saul, »verhielten sie sich wie zwei Fremde. Sie haben kaum miteinander geredet.« Ihre Scheidung, als er vierzehn war, kam für ihn nicht überraschend.

Saul wurde während seiner Kindheit abwechselnd vernachlässigt und starkem elterlichem Druck ausgesetzt. Sein Vater war die Woche über nicht da, außer samstags, wenn er den Sohn mit in die Synagoge nahm. Das war das einzige, was sie gemeinsam unternahmen. Seine Mutter ging völlig in der Sorge um Gesundheit, Sauberkeit und Schulerfolg der Kinder auf. Wenn sie sich über Saul freute, lobte sie ihn überschwenglich und nannte ihn ihren Prinzen. Wenn sie wütend auf ihn war, beschuldigte sie ihn, grausam und egoistisch zu sein. Sie beklagte sich oft bei ihm über den Vater, der als Gatte und Ernährer versagt habe. »Meine Mutter vermittelte mir, daß mein Vater eine völlige Null sei, ein Nebbich.«

Die Scheidung seiner Eltern empfand Saul als Befreiung. Er ging nun nicht mehr in die Synagoge und hörte auch nicht mehr auf seine Mutter. »Ich habe sie einfach völlig *abgestellt*.« Er flüchtete sich in sexuelle Erlebnisse. Bereits als Neunjähriger hatte er von seinen Freunden alles Nötige erfahren und suchte jetzt erste sexuelle Erfahrungen mit dem Eifer eines Mannes, der sich aus seiner Zelle freigräbt. »Schmusen, Küssen, Fummeln, ich machte alles, was ich konnte, gleich, mit wem. Mit siebzehn hat es zum erstenmal richtig geklappt. Ein Freund von mir hatte eine Freundin. Sie muß entweder absolut in ihn verliebt gewesen sein oder eine Vollidiotin, denn er hat sie auf Teufel komm raus ausgenutzt: ›Wenn du mich liebst, schläfst du mit meinen Freunden.‹ Es waren drei hintereinander. Wir waren am Strand, und sie war in einer dieser Hütten, und wir kamen alle der Reihe nach dran – rein, raus, kein Vorspiel. Hinterher hat es mich geekelt.«

Auch heute scheint Saul immer noch gegen die Einschränkungen seiner Kindheit anzukämpfen. Seine Eltern sieht er nur selten. Seine Mutter will, daß er heiratet und eine Familie gründet, aber die wenigen Male, als er ihr Frauen vorstellte, ließ sie ihn deutlich ihre Mißbilligung spüren. »Sie will, daß ich ein nettes, ordentliches jüdisches Mädchen heirate, das ihr Enkel schenkt, und ich bringe immer wieder diese Schicksen an. Sie ist nie besonders enttäuscht, wenn ich ihr erzähle, daß ich mich wieder getrennt habe.« Sauls einziger Bruder ist ebenfalls ein Casanova und mit neununddreißig zum zweiten Mal geschieden. »Der ist noch schlimmer als ich«, sagt Saul. »Sein Ehrgeiz besteht darin, von jedem Mädchen in Miami einen geblasen zu kriegen.« Saul hat manchmal das Gefühl, daß sein Sexualverhalten eine Reaktion auf die Lieblosigkeit seiner Eltern und ihre puritanischen Wertvorstellungen ist. »Ich sehe mir meine Familie an, und es gibt nur Pflicht, Pflicht, Pflicht. Keine Zärtlichkeit, keine Leidenschaft, nur Pflicht. Man heiratet, man bekommt Babys, geht arbeiten und bringt die Brötchen heim – am besten mit Schinken. Und deine Frau beklagt sich, daß du nie da bist, und erzählt deinen Kindern, du wärst ein Nebbich. Das ist nicht das, was ich vom Leben erwarte. Selbst Einsamkeit ist besser als das.«

Freudlose Kindheit

So stark sich diese Kurzbiographien auch unterscheiden, sie weisen doch einige gemeinsame Züge auf. Die Gemeinsamkeiten liegen weniger in einzelnen Ereignissen als in dem durchgängigen Muster, das sich hinter allen diesen Geschichten zeigt: der anomalen Beziehung zu mindestens einem Elternteil, die auf das Kind verstörend wirkte. Ich fand ähnliche Faktoren in den Kindheitsbeschreibungen fast aller Casanovas, die ich interviewte, unabhängig von Rasse, Alter, Klasse, Religion und geographischer Herkunft. In der Regel stammen diese Männer aus dysfunktionalen Familien, in denen ein Elternteil für längere Zeit abwesend war oder das Kind anomal behandelte. Die Mütter vermochten ihm häufig nicht genügend Liebe zu geben: In Eds früher Kindheit verließ sich die Mutter auch bei den kleinsten Entscheidungen auf ihren Mann. Sie konnte ihn nicht vor der Wut des betrunkenen Vaters schützen und ihn anschließend nicht einmal trösten. Ihre Fürsorge wirkte oft erdrückend und war von übergroßer Besorgtheit und ständigem Genörgel gekennzeichnet. Die Liebe, die diese Männer in ihrer Kindheit erfuhren, wurde oft von mütterlichem Narzißmus beeinflußt: Ihre Mütter liebten sie nicht als selbständige Wesen, sondern projizierten ihre eigenen Probleme und Psychodramen auf sie. Als Eds Vater fortzog, um ein neues Geschäft zu gründen, wandte seine Mutter sich ihm zu: der Sohn ersetzte den Vater. Sauls Mutter scheint ähnliche Erwartungen an ihren jüngeren Sohn gestellt zu haben; sie vereinnahmte ihn als Verbündeten im Guerillakampf gegen den Ehemann und verlieh ihm in Momenten der Zärtlichkeit den Status eines Prinzen. Wenn Erics Mutter darauf bestand, daß ihr vom Vater verprügelter Sohn anschließend mit ihr zusammen betete, und ihm legitime Gefühle wie Wut und Trauer verwies, zwang sie ihn, sich ihrem eigenen starren Wertesystem anzupassen, das die Leiden des Kindes kaum lindern konnte. Die Botschaften dieser Mütter an ihre Söhne erscheinen oft sehr widersprüchlich: Waren sie nun *gut* oder *böse*, verachtet oder geliebt? Sollten sie sich wie Männer verhalten oder wie Kinder? Die Casanovas waren *mutterlose Söhne*, die ohne wirkliche Gewißheit, daß sie geliebt wurden, aufwuchsen und denen ein höchst widersprüchliches Bild von ihrem Wert als Kinder und Individuen vermittelt wurde.

Die Liebe der Väter schenkte ihnen nur wenig Trost, denn sie waren in den kritischen Jahren der Söhne entweder physisch oder emotional abwesend. Eds Vater lebte lange Zeit aus geschäftlichen Gründen von der Familie getrennt. Sauls Vater setzte sich schon lange vor der Scheidung aus der Familie ab und hatte auch vorher, abgesehen von den samstäglichen Synagogenbesuchen, nur wenig Kontakt zu seinem Sohn. Die Söhne empfanden ihre Väter oft als schwach und unzulänglich, und die Mütter verstärkten diesen Eindruck, indem sie die Kinder an den ehelichen Problemen teilnehmen ließen. Wie kann man einen Mann respektieren, den die Mutter als »Nebbich« bezeichnet? Oft erschien der Vater nicht nur als unzulänglich, sondern auch noch als Bedrohung. Ein hoher Prozentsatz dieser Väter waren Alkoholiker, *Workaholics* oder zwanghafte Spieler, was sie ebenso unberechenbar wie unzugänglich machte. Die Casanovas, die ich interviewte, wuchsen nicht nur ohne weibliche, sondern auch ohne männliche Bezugsperson auf, an der sie sich hätten orientieren können. Das Resultat war eine freudlose Kindheit: An die Stelle von elterlicher Liebe trat Besitzgier, Gewalt an die Stelle von Autorität, Vernachlässigung oder ein lebensfernes Normensystem an die Stelle von elterlicher Fürsorge.

Um die Folgen solcher deformierter Beziehungen besser einschätzen zu können, sollten wir uns ein normales Kindheitsszenarium vor Augen führen. Vor der Geburt und in der Säuglingsphase genießt jedes Kind die typische Verschmelzung mit der Mutter, deren Körper es umfängt und nährt. Auch nach der Geburt erfährt das Baby die Bindung zwischen ihm und der Mutter als eine abgeschlossene, symbiotische Einheit. In der narzißtischen Welt der Kinderphantasien ist der Säugling Nährer und Genährter, allmächtig, pansexuell und unsterblich. Die universelle Tragödie der Kindheit liegt in der Notwendigkeit, dieses Paradies zu verlassen. Dieser Prozeß dauert gewöhnlich ein ganzes Leben lang, und er ist mit ständigen Spannungen und Versuchen, zwischen widerstrebenden Trieben zu vermitteln, verbunden – zwischen dem Wunsch nach Einheit und dem Bedürfnis nach Getrenntsein, der Sehnsucht nach der ewigen Kindheit und dem Kampf um ein autonomes Erwachsenendasein.

Drei Generationen von Psychologen und Psychoanalytikern waren nötig, um uns begreiflich zu machen, wie quälend dieser Prozeß ist. Für den Säugling ist jede neue Entdeckung seiner Grenzen ein Grund für Wut, Schrecken und Scham. In den verschiedenen Entwicklungsstadien träumt er, seine Mutter zu besitzen und zu verschlingen, fürchtet, sie zu vernichten und von ihr ausgelöscht zu werden. Später, den Freudianern zufolge im Alter zwischen drei und fünf Jahren, nimmt der Wunsch des männlichen Kindes nach der Verschmelzung mit der Mutter sexuelle Züge an und wird von der Angst vor der Kastration durch den rächenden Vater begleitet. Noch verstörender wirkt es, wenn es erkennt, daß es nicht in der Lage wäre, die Rolle des Vaters einzunehmen. Wie liebevoll und fürsorglich die Eltern auch sein mögen, das Erwachsenwerden stellt eine Reihe brutaler Schocks dar, so als würden sie schrittweise aus dem Paradies hinausgetrieben.

Orthodoxen Psychoanalytikern zufolge ist der erste Puffer eines Kindes gegen das Gefühl von Einsamkeit und Abhängigkeit die Phantasie omnipotenter Verschmelzung, bei der es die Mutter als Ausweitung seiner selbst und Beweis für seine Allmacht sieht. Der Säugling meint, die Brust sei für ihn da, weil sie Teil seiner selbst sei. Es wurde bereits gezeigt, auf welche Weise das Kind später mit den widersprüchlichen Erfahrungen mit der Mutter fertig wird: Es spaltet sie in zwei Personen auf. Die *schlechte* Mutter wird nach außen projiziert, das Bild der *guten* wird verinnerlicht. Die gute Mutter ist nun »in ihm«, im sicheren Gehäuse seiner Psyche, und wenn sie das Zimmer verläßt, kann es sich mit dem Wort »Mama« trösten. Ein ähnlicher Mechanismus hilft dem Jungen, die ödipale Konkurrenz mit dem Vater zu lösen: Wenn sein eigener kleiner Penis der Mutter kein Baby machen kann, nimmt er einfach auf magische Weise den seines Vaters an und identifiziert sich so mit der maskulinen Potenz. Konkurrenz verwandelt sich in Verschmelzung. Im Idealfall versöhnt das Kind schließlich seine frühen Phantasien und inneren Bilder mit der Wahrnehmung seiner wirklichen Eltern. Es erkennt die Getrenntheit von der Mutter und seine Abhängigkeit von ihrer Fürsorge. Vielleicht behält es ein Restbild seiner Allmacht in sich, doch es erkennt auch, daß seine wirkliche Mutter sowohl gut als auch schlecht ist – nicht so gut, wie es sie sich einst vorstellte, aber auch nicht so schrecklich, wie es einst befürchtete. Der Sohn imitiert weiterhin seinen Vater, aber in dem Bewußtsein, noch ein kleiner Junge zu sein. Im Laufe der Zeit – und das trifft für uns alle zu, unabhängig vom Geschlecht – lernt das Kind, selbst Mutter und Vater zu sein.

Bemerkenswert an diesem Prozeß ist, daß das Kind die meiste Arbeit allein leistet. Abgesehen vom Beschützen, Lieben und Nähren besteht die Rolle der Eltern überwiegend darin, ihm die notwendige Unterstützung zu geben. Sie müssen ihm die Rollenvorbilder an die Hand geben, die es schließlich in seine innere Welt einverleibt, und ihm helfen, mit seiner Individualität und Abhängigkeit fertig zu werden. Oft müssen sie ihm die Sprache geben, die es braucht, um seiner Angst, Wut und Kummer Ausdruck zu verleihen, die seine Entdeckungen verursachen, und um ihm dabei die nötige Sicherheit zu geben, damit es diese Gefühle akzeptieren und annehmen kann. Am wichtigsten aber ist vielleicht, daß die Eltern fähig sein müssen zurückzutreten, wenn sich das Kind von ihnen entfernt. Sie müssen ihm nicht nur als hilflosem Säugling, sondern auch als künftigem Erwachsenen Zuneigung entgegenbringen. Der Psychologe D. W. Winnicott reflektiert die Vorurteile seiner Gesellschaft, wenn er diese Aufgabe als »ausreichende Bemutterung« beschreibt. Er summierte es so: »Es geht darum, die Omnipotenz des Säuglings zu akzeptieren und in gewissem Maße zu begreifen.«[48]

Das Baby als König

Unglücklicherweise war die »Bemutterung« bei den meisten Casanovas unzureichend. Wir können einen großen Teil ihrer Störungen auf die Unzulänglichkeiten in der frühen Kommunikation mit den Müttern zurückführen. Auf den ersten Blick scheinen viele dieser Männer eine Bemutterung empfangen zu haben, die eher *zu gut* war

– theatralisch, fürsorglich, übertrieben und in ihrer Intensität fast inzestuös. Eds Mutter sorgte sich zwanghaft um die Gesundheit ihres Sohnes und brachte ihn damit mehr als einmal in Verlegenheit. Während der Abwesenheit des Vaters wurde er zum verhätschelten Gefährten und Vertrauten der Mutter. Auch Saul hatte seinen Vater in den Augen der Mutter entthront und war zu ihrem kleinen Prinzen geworden. Es ist normal, wenn Mütter ihre Kinder lieben, aber diese Frauen scheinen sich in ungewöhnlich hohem Maße mit ihren Söhnen zu identifizieren. Sie sehen in ihnen so etwas wie Erfüllung, Bandagen für seelische Wunden, Stellvertreter für die fehlenden Ehemänner und die eigenen Mütter und Väter.

Die Söhne reagieren auf die übertriebene Fürsorge der Mütter auf zwei verschiedene Weisen: Auf der einen Seite empfinden sie die narzißtische Liebe der Mutter als eine Art Gier, das Bedürfnis, sie zu ersticken und zu verschlingen. So kommt es nie zu wirklicher Loslösung von der Mutter, diesem Meilenstein in der Entwicklung jedes Kindes. Das Kind kann die eigene Person nie wirklich von der Mutter abgrenzen. Oft, besonders wenn die Väter abwesend sind, entsteht im Unterbewußtsein ein Bild von der Frau als einem unersättlichen Vakuum, das zu erfüllen ihre hoffnungslose Aufgabe ist. Die Überreste dieses Bildes erkennen wir in den Kastrationsängsten des erwachsenen Casanovas und in seiner Zwangsvorstellung, jede Frau erwarte von ihm, daß er eine permanent erigierte Fickmaschine oder ein unterwürfiger Mister Wonderful sei. Für diese Männer beschwört jede Begegnung mit Frauen die Angst herauf, von der Mutter verschlungen zu werden, die sie so gierig und narzißtisch liebte und die Grenzen zwischen sich und dem Kind nicht wahrhaben wollte.

Zugleich geben Casanovas niemals das größenwahnsinnige Bild des allmächtigen Säuglings auf. Sie sehen sich immer noch als das, was man ihnen damals beibrachte: als wunderbare, einzigartige Wesen, von denen das Wohlbefinden der Mutter abhängt. Dieses übertriebene Selbstbild bildete einst den Schutzwall gegen die Ängste vor dem Verschlungenwerden. Die einzig mögliche Verteidigung gegen ein omnipotentes und omnipräsentes Elternteil ist es, sich selbst als allmächtig zu begreifen. Beim Erwachsenen stellt sich dieser Größenwahn als übertriebenes Selbstbewußtsein oder kaum verhüllte Arroganz dar. Sie sagt Ed, daß er mühelos Frauen erobern kann, gibt Alan das Gefühl, etwas ganz Besonderes zu sein. Casanovas sind Männer, die niemals ihre Grenzen erkennen; im Kern ihres Wesens bleiben sie *König Baby*, Mittelpunkt des Universums ihrer Mutter und Objekt von deren anbetender Liebe.

Wahres und falsches Ich

Man fühlt sich versucht, Casanovas als Produkte übertriebener Mutterliebe zu sehen. Doch beim näheren Hinschauen entpuppt sich die Liebe, die sie als Kinder erfahren haben, als schmerzhaft unbeständig. So fürsorglich sich die Mütter um ihr körperliches Wohlergehen kümmerten, so seltsam hart reagierten sie auf deren emotionale Bedürfnisse. Wie Eds Mutter schienen sie oft nicht zu wissen, was sie mit den Söhnen anfangen sollten. Noch verstörender wirkte, daß diese Frauen starre Bedingungen an ihre Liebe knüpften und feindselig und abweisend reagierten, wenn die Söhne nicht ihren überzogenen Erwartungen entsprachen. Eric wurde ausgeschimpft, wenn er Wut oder Trauer zeigte; wenn Saul seiner Mutter nicht gehorchte, verwandelte er sich vom angebeteten Prinzen in ein grausames und undankbares Kind. Wenn diese Frauen ihre Söhne nicht verschlangen, dann verließen sie sie, entzogen ihnen Anerkennung und Liebe.

Nach Winnicott bewirkt derart ambivalente Fürsorge im Ich des Kindes eine Spaltung. Ein Ich – das »falsche« – gibt sich gefällig und verbindlich: Es handelt sich dabei um die Fassade, mit der das Kind den unrealistischen Forderungen seiner Eltern begegnet. Das andere Ich – das »wahre« – zieht sich nach innen zurück. Das Kind wird nur geliebt, wenn es sich ruhig und wohlerzogen verhält, und deshalb identifiziert es sich zunehmend mit dem »falschen« Ich. Als Erwachsener fühlt sich der Casanova daher oft unausgefüllt und leidet unter einem nagenden Gefühl, daß ein Teil in ihm unerkannt und ungeliebt bleibt. Er mag darunter leiden, daß Frauen nur sein falsches Ich wahrnehmen, sieht sich aber gezwungen, das andere Ich zu verbergen. Er fürchtet vielleicht, daß seine Partnerin ihn nur wegen seiner Fähigkeit liebt, sie sexuell zu befriedigen oder ihre romantischen Sehnsüchte zu erfüllen. Er wagt es nicht, die Fassade fallen zu lassen, denn er glaubt, nur diese Fassade mache ihn liebenswert. Sein wahres Ich – hilflos, bedürftig und wütend – wurde vor Jahren zurückgewiesen, und er hat nicht den Mut und oft auch nicht die Fähigkeit, sich dazu zu bekennen. Das aufgeblasene Selbstbild des Casanova ist eine dünne, bis zum Platzen gespannte Haut, die ein ungeliebtes Ich umgibt.

Wenn das falsche Ich des Casanova selbstbewußt und unabhängig wirkt, so ist das wahre ängstlich und begierig auf Trost und Anerkennung. Casanovas suchen auch als Erwachsene beständig nach mütterlicher Fürsorge und projizieren diese Sehnsucht auf Muttererersatz-Figuren. Die Verzweiflung, die hinter dieser Suche liegt, bleibt gewöhnlich im verborgenen. Die größenwahnsinnigen Egos verbieten sich selbst, abhängig oder bedürftig zu erscheinen, und da in ihrem Unterbewußtsein das Bild von der Mutter als Kannibalin weiterwirkt, scheuen sie davor zurück, sich dem Objekt ihrer Begierde allzu dicht zu nähern. Das einzige Mal, als Ed Sehnsucht nach einer bestimmten Frau – seiner Schulfreundin – empfand, war sie auf Urlaub in einem anderen Bundesstaat. Casanovas müssen sich hinter einer Fassade der Selbstgenügsamkeit verschanzen und die eigenen Bedürfnisse mit der Vorstellung von Auslöschung durch die gierige Mutter in Einklang bringen, doch insgeheim suchen sie Bestätigung und Anerkennung, während sie sich gleichzeitig als unermüdliche Spender von Liebe und sexueller Lust gerieren. Trotz der augenscheinlichen Großzügigkeit sind sie im Grunde genommen »unersättlich gierig auf emotionale Erfahrungen, mit denen sie die innere Leere ausfüllen können« (Christopher Lasch).

Die Geliebte als Droge

Eine Besonderheit bei der Suche des Casanovas ist, daß das wahre Ziel nicht die Mutter ist, sondern ein Übergangsobjekt, das die Illusion mütterlicher Fürsorge bietet.[49] Übergangsobjekte, wie etwa Schmusedecken, Puppen oder Stofftiere, spielen bei der Entwicklung des Kindes zum autonomen Wesen eine wichtige Rolle. Die

Objekte werden zum ersten Ersatz für die abwesende Mutter. Übergangsobjekte sind zudem die ersten Dinge, die es »in der Hand hat«, das heißt, sie bieten ihm die ersten Beweise, daß es Macht über seine äußere Umwelt besitzt. Wir alle haben schon erlebt, wie abhängig ein Kleinkind von einer fadenscheinigen Decke oder einem zerfetzten Teddybären sein kann. Die gleiche Abhängigkeit zeichnet alle aus, die in dieser Übergangsphase steckenbleiben – Drogensüchtige, Alkoholiker und Casanovas. Die Verlockung dieser tröstenden, beruhigenden Objekte ist die gleiche, die Alkohol für den Trinker und Heroin für den Süchtigen darstellen. Sie versprechen nicht nur die Befriedigung, nach der diese gespaltenen und emotional verarmten Menschen sich sehnen, sie bieten auch ein Gefühl von Erfüllung, von Authentizität, das ihnen sonst fehlt. Das Problem ist natürlich, daß eine Babydecke oder ein Beutel Heroin keine Mutterbrust ist. Beide bieten nur die Illusion von Nahrung und Fürsorge, eine Illusion, die verschwindet, sobald die Decke außer Sichtweite gerät und die Droge den Kreislauf verlassen hat. Da diesen Menschen die Fähigkeit fehlt, für sich selbst zu sorgen, und sie nur ein sehr labiles Selbstgefühl haben, müssen Männer wie Ed, Eric und Saul sich immer wieder neue Übergangsobjekte suchen, wenn sie nicht unter der Panik und Verzweiflung verlassener Kinder leiden wollen.

Es überrascht nicht, daß so viele Casanovas gleichzeitig Drogen- oder Alkoholprobleme haben, daß sie sich in die Arbeit oder an den Spieltisch flüchten, um ihr psychisches Gleichgewicht aufrechtzuerhalten. *Doch die Hauptdroge für diese Männer ist die Frau.* Wir haben bereits gesehen, wie zwanghaft sie stets nach neuen Sexualpartnerinnen suchen. Das Objekt ihrer Begierde ruft bei ihnen die gleiche Haßliebe hervor wie Drogen beim Süchtigen. Im Anfangsstadium einer solchen Beziehung, wie flüchtig sie auch sein mag, sind die Frauen die langersehnten *guten Mütter*, die zugleich Erregung und Erleichterung zu bieten scheinen. Innerhalb weniger Monate, Wochen oder Stunden verwandeln sich die gleichen Frauen dann in abstoßende, bedrohliche *schlechte Mütter*, die ihre Liebhaber nicht befriedigen, sondern nur aussaugen können. Hinterher werfen sich die Casanovas vor, wieder einmal dem brutalen Verlangen ihrer Hormondrüsen nachgegeben zu haben (»Wenn der Schwanz steht, liegt der Verstand brach«), oder bereuen ihre »idiotischen romantischen Vorstellungen«, wie Derek sich ausdrückt. Sie geloben sich, so etwas nie wieder zu tun. Sie suchen unbewußt um Bestrafung durch die Ehefrau oder Freundin nach und versprechen ihnen das gleiche: »Schatz, das war das letzte Mal – ich schwöre es!« Der endlose Zyklus von Sehnsucht, Haß und Schuld wird jedem vertraut erscheinen, der mit Alkoholismus oder Drogenabhängigkeit zu tun hat. In jedem Fall liegt das wirkliche Drama in der frustrierten Suche nach mütterlicher Fürsorge und Anerkennung, die nie erlangt werden kann, weil sie niemals erfahren wurde.

Casanovas sind zwar hilflos ihren sexuellen Zwängen ausgeliefert, doch die besondere Form ihrer Sucht verleiht ihnen die verführerische Illusion von Macht. Casanova zu sein bedeutet, Frauen zu erobern und zu manipulieren, sie zu *behandeln.* Welche Erleichterung für diejenigen, die sich in der Kindheit von den allmächtigen Müttern beherrscht und manipuliert fühlten und als Erwachsene immer noch fürchten, unterworfen zu werden! Jedesmal, wenn diese Männer Frauen verführen, verwandeln sie sie in eine Droge – in ein unbelebtes Objekt, das man verschlingt und dann ausscheidet. Das Problem ist nur, daß die Partnerinnen sich oft weigern, unbelebte Objekte zu bleiben. Sauls Fotomodelle demonstrieren immer wieder ihre störende Individualität; Eds Freundinnen zeigen früher oder später menschliche Schwächen. Das heißt, sie sind keine guten Drogen mehr. Auf der Suche nach dem beruhigenden, kontrollierbaren Mutterersatz treffen diese Männer immer wieder auf die verschlingenden schlechten Mütter der frühen Kindheit.

Söhne ohne Väter

»Einelternfamilien« werden in den Vereinigten Staaten immer häufiger. Gewöhnlich bestehen sie aus einer Frau und ihren Kindern. Für ein alleinstehendes Elternteil ist es zwar schwieriger, Kinder großzuziehen, aber es gibt keinen Grund, warum eine Frau nicht erfolgreich Rollen übernehmen könnte, die früher ausschließlich mit dem Vater identifiziert wurden. Im psychischen Bereich spielt der Vater jedoch besonders bei Söhnen in zweifacher Hinsicht eine wichtige Rolle. Er fungiert als Trennwand zwischen Sohn und Mutter und liefert ihm die früheste Vorstellung, was es bedeutet, ein Mann zu sein. Die meisten der von mir interviewten Männer wuchsen in Familien auf, in denen der Vater körperlich oder emotional abwesend war oder gar als eine Bedrohung empfunden wurde. Sie wurden zwar angemessen versorgt und lernten allmählich, mit anderen Kindern zu spielen, aber es gab für sie keine Zuflucht vor der drängenden Einmischung der Mütter und später kein wirksames männliches Rollenvorbild.

Alle Kinder sehen zu irgendeinem Zeitpunkt ihre Mutter als allmächtig und verschlingend. Ohne die vermittelnde Präsenz eines Vaters dauert diese Phase vermutlich länger. Für Jungen kann das Fehlen dieser »Barriere« die Furcht vor dem Versinken im Schoß der Mutter verstärken. Wenn die Väter abwesend sind, identifizieren sich Söhne oftmals übermäßig mit der Mutter. Diese Identifikation beschwört nicht nur die Gefahr des Selbstverlusts, sondern auch die Gefahr des Geschlechtsverlusts herauf. Viele Casanovas fürchten, von den Ehefrauen und Geliebten entmannt zu werden – nicht allein kastriert, sondern feminisiert. Daher rühren Sauls Ekel beim Anblick der Wäsche seiner Freundin im Badezimmer und Waynes Zwangsvorstellung, seine Sexualpartnerinnen beherrschen zu müssen.

Um diese Angst loszuwerden, muß der Casanova die Macht der Mutter verleugnen – und damit gleichzeitig alles Weibliche in sich selbst. Er gibt sich Frauen gegenüber zwar häufig verständnisvoll – dies ist ein Ergebnis der frühen Identifikation mit der Mutter und ein Hauptgrund für dieser Männer »Erfolg« beim anderen Geschlecht –, doch dahinter verbirgt sich zumeist triumphierende Verachtung. So verachtet Eric seine Partnerinnen, weil sie seiner Meinung nach unlogisch denken und »hyperemotional« reagieren. Wenn diese Männer Frauen als schwach, passiv, emotional und abhängig einstufen, so unterdrücken sie ebenso kategorisch diese Züge in sich selbst und klammern sich an ein Männlichkeitsideal, mit dem sie Kraft, Aktivsein, Unabhängigkeit und Coolness verbinden. Hinter der Starre dieser Normen verbirgt sich die heimliche Angst vor dem Weiblichen. Ein Grund, warum diese Männer beständig auf der Flucht vor ihren Partnerinnen sind, könnte sein, daß sie fürchten, von ihrer Weiblichkeit »infiziert« zu werden.

Manchmal wird alles *Weibliche* so vehement negiert, daß bestimmte Gefühle vollständig tabuisiert werden. Weder Ed noch Eric haben jemals mehr als nur einen Hauch von Trauer bei der Trennung von einer Frau erlebt. Statt dessen besteht ihre typische Reaktion darin, sich mit Alkohol, Drogen, Essen und vor allem mit der panischen Suche nach einer neuen Geliebten zu betäuben. In extremen Fällen scheint der Casanova das eine Gefühl mit dem anderen zu verwechseln: Verletztsein mit Wut, Angst und Kummer mit sexueller Lust. Die Unfähigkeit, bestimmte Gefühle zu erfahren oder voneinander zu unterscheiden, ist die Folge einer Erziehung, in der bestimmte Empfindungen wie Wut und Ärger tabu waren; sie entsteht vielleicht auch aus der zwanghaften Abwehr weiblicher Züge, die beim Casanova nicht nur verleugnet, sondern auch nach außen gedrängt werden. In ihrer Beziehung mit Frauen folgen sie strengen Regeln und erlauben sich nur, das zu tun und zu fühlen, was sie für *männlich* halten, während sie alles sogenannte *Weibliche* auf die Partnerin projizieren.

Die Erfindung von Männlichkeit

Eine derartig defensive und verzerrte Männlichkeit weist auf eine brüchige Identifikation mit dem wirklichen »Mannsein« hin. Für diese Männer gab es auch in der Tat keine vernünftigen Rollenvorbilder. Nicht nur, daß ihre Väter die meiste Zeit fort waren, sie waren auch keineswegs nachahmenswerte Beispiele. Wie hätte Eric sich jemals mit einem Vater identifizieren können, der ihn prügelte, wenn er betrunken war, und ihn demütigte, wenn er nüchtern war? Wie konnte Saul sich an einem machtlosen »Nebbich« ausrichten? Da positive Bilder von Männlichkeit fehlten und sie auf der anderen Seite mit der schrecklichen Angst vor der Verschmelzung mit der Mutter konfrontiert waren, mußten sie sich ihre eigene Männlichkeit »erfinden«. Das machten sie auf gleiche Weise, wie Frankenstein sein Monster baute: Sie setzten es aus Teilaspekten des Vaters, anderer Männer und männlicher Rock- oder Filmstars zusammen.

Bei Ed wird man ein wenig an den frechen Charme von Jack Nicholson erinnert, während Saul sich mit seinen romantischen Posen an Leslie Howard und Bryan Ferry ausgerichtet zu haben scheint. Doch in erster Linie definierten sich diese Männer als Kontrast zu den Müttern und legten alles ab, was irgendwie nach Weiblichkeit roch – Zärtlichkeit, Verletzlichkeit, »Schwäche«. Das Problem liegt darin, daß dieses maskuline Frankenstein-Ungeheuer ein äußerst labiles Wesen ist. Daher sind die permanente Kontrolle und die ständige Selbstbestätigung durch immer neue Eroberungen so notwendig für diese Männer.

Wenn ein Junge sich ein psychisches Bild von seinem Vater macht, spielt zunächst der Phallus eine dominierende Rolle, nicht nur als Sexualorgan, sondern auch als Archetyp von Stärke, Ordnung und männlicher Zeugungskraft. Diese Attribute fehlen augenfälligerweise jedoch in der Männlichkeit der Casanovas. Sie scheinen sogar eher ein gespaltenes Bild vom Phallus zu haben. Sie verbinden Rachsucht und Sadismus damit – der Penis erscheint als Haken oder Rammbock. Dies leistet der aggressiven und manchmal grausamen sexuellen Natur dieser Männer Vorschub, ihrer Neigung, Frauen als Wegwerfobjekte zu betrachten.

Es fehlt die Funktion des Phallus als Instrument der Vereinigung und Fruchtbarkeit. Dieser Mangel ist ebenso quälend wie das Fehlen einer fürsorglichen Mutter und löst eine Suche aus, die ebenso verzweifelt ist wie die Suche nach der Ersatzmutter. Wenn ein Casanova eine Sexualpartnerin sucht, dann sucht er in ihr auch ein Zeichen seiner fehlenden Männlichkeit. Die gleiche Suche scheint auch hinter der zwanghaften Sexualität mancher Homosexueller zu stehen, und es überrascht daher nicht, wenn viele Casanovas zu Bisexualität neigen: Was sie suchen, können Partner beiderlei Geschlechts ihnen bieten. Für sie geht es nicht um Liebe, nicht einmal um sexuelle Bestätigung per se, sondern eher um das Gefühl, erfüllt und genährt zu werden. Diese gespaltenen Geschöpfe können sich nur dann als Männer fühlen, wenn sie das tun, was »echte Männer« eben tun: *Frauen verführen.*

Die Geliebte als Fetisch[50]

Doch die Droge Frau schenkt nur vorübergehend Trost. Das Ritual der Verführung muß daher ständig wiederholt werden. Zum Szenarium der Sucht tritt das Szenarium des Fetischismus, bei dem Frauen die gleiche Funktion ausüben wie Leder und Reizwäsche. Bei der klassischen Psychoanalyse wird Fetischismus als umgekehrte Phobie betrachtet, eine Möglichkeit, der lähmenden Angst vor der Kastration durch den Vater oder der Verschlingung durch die Mutter Herr zu werden. Der Fetisch ist weniger ein Objekt der Begierde als eine Abwehr gegen Angst, und Casanovas weisen alle charakteristischen Merkmale des Fetischisten auf: Ihre anfängliche Faszination durch die Sexualpartnerin verwandelt sich rasch in Ekel oder ist ständig damit vermischt. Sie fühlen sich oft von der eigenen Lust überwältigt, von Frauen verhext oder den eigenen Genitalien versklavt. Zugleich fühlen sie sich getrieben, ihre Herrschaft über die Geliebten zu beweisen, was sich in manipulativen Spielchen oder in dem Bestreben äußert, der Frau zu Orgasmen zu verhelfen, bis sie erschöpft ist. Wie viele Fetischisten betrachten sich Casanovas oft als erotische Pioniere, die die Triebe ausagieren, die furchtsamere Männer unterdrücken. Es ist ein wilder und besessener Tanz, in den diese Männer durch ihre tiefverwurzelten Ängste gestürzt werden.

Im Naturwissenschaftlichen Museum in Boston sah ich einmal eine kleine Eisenkugel, die genau in der Mitte zwischen zwei entgegengesetzt geladenen Magneten in der Luft schwebte. Die Spannung hielt den Ball in einem eigenen Feld in der Schwebe. In der Kleinfamilie wächst ein Kind zwischen den Spannungsfeldern von Vater und Mutter auf, identifiziert sich zunächst mit der Mutter und dann mit dem Vater und entfernt sich schließlich von beiden. Die Casanovas mit ihren zudringlichen Müttern und den abwesenden Vätern befinden sich in der gleichen Lage wie eine Kugel, die an dem einen Magneten klebt, da der zweite fehlt. Als menschliche Wesen müssen sie sich trennen, doch dazu bedarf es beständiger Anstrengung, eines zwanghaften, endlosen Kampfes, um dem Bild der verschlingenden Mutter zu entkommen und es zu beherrschen und um die

Macht des fehlenden Vaters anzunehmen. Der Kampf des Casanova ist letztendlich ebenso leer wie die Jagd des Süchtigen nach dem permanenten Highsein oder die Suche des Fetischisten nach dem perfekten Objekt der Begierde: Es gibt in seiner Seele eine unendliche Leere, die keine Geliebte jemals füllen kann.

11. Die Kultur der Libertinage

Zwei Szenarien aus meiner Kindheit

1. Ich bin elf Jahre und sehe mir einen der frühen James-Bond-Filme an, entweder Goldfinger oder Dr. No. Es muß schon lange her sein, denn ich kann mich kaum noch an die Handlung erinnern. Es geht um eine Superwaffe und einen grotesk entstellten Oberschurken, der plant, damit die Welt zu unterjochen. Und dann ist da natürlich Bond selbst, dieser unerschütterliche Killer, der selbst dem totalen Chaos noch den Glanz eines Tangosolos verleiht. Die Technik ist grandios – glänzende, haiförmige Autos, unter deren Scheinwerfern wärmegeleitete Raketen hervorschießen, explodierende Attachéköfferchen und natürlich Bonds zierliche Pistole. Und dann die Frauen. Es gibt viele Frauen in diesem Film, alle braungebrannt und stromlinienförmig wie Bonds Ferrari. Manchmal unterbricht er sein Liebesspiel, um einen Bösewicht zu erledigen, der im Schrank lauert. Manchmal erledigt er auch eine von ihnen, wenn sich herausstellt, daß sie auf der falschen Seite steht. Im Umgang mit diesen Wesen ist kein Platz für Gefühle. Er betrauert sie ebensowenig wie ein Auto, das er bei einer Verfolgungsjagd zu Schrott fährt. Er hat keine Schwierigkeiten, beides zu ersetzen. Für James Bond sind weder Frauen noch Autos wahre Objekte der Begierde. Sie sind für ihn mehr die Begleiterscheinungen von Männlichkeit: das braucht man, wenn man ein Mann sein will. Den Rest jenes Jahres las ich nur noch James-Bond-Romane, die ich diskret in Kunstlederhüllen versteckte.

2. Ungefähr im gleichen Alter sehe ich mir eine Episode aus der amerikanischen Fernsehserie *Bewitched* an. Wer würde sich unterfangen, die Handlung zusammenzufassen? Darrin bringt sei-

nen bärbeißigen Boß zum Abendessen nach Hause, doch Samantha verdirbt fast den Abend mit einem ihrer falsch plazierten Ausbrüche. Anstatt die Kartoffeln in Püree zu verwandeln, verwandelt sie das Wohnzimmer in ein Tohuwabohu und die Frau des Chefs in ein Huhn. Natürlich stellt sie die normale Ordnung ebenso rasch wieder her. Ein Zucken ihrer bewundernswerten Nase, und das Zimmer ist wieder piekfein, das Huhn wird wieder zur Frau des Chefs. Niemand ist zu Schaden gekommen, und Samantha hat für alles eine Erklärung: Sie wollte einen neuen Inneneinrichtungsstil ausprobieren oder übte gerade für den Hypnosekurs. In meiner Erinnerung sind nur Darrin und Samantha hängengeblieben. Samantha hatte für mich stets etwas Mütterliches. Nicht, daß sie pummelig war, aber ihr Busen hatte jene kissenartige Beschaffenheit, die Ruhe verspricht, und wie eine Mutter, die sich an die Wandmalereien ihrer Dreijährigen gewöhnt hat, schien sie stets von den chaotischen Folgen ihrer Zaubersprüche ungerührt. Wenn sie gelegentlich schlecht gelaunt war, fegte das Tempo, mit dem sie alles wieder in Ordnung brachte, jeglichen Eindruck von Inkompetenz beiseite. Wie konnte man auch, wenn man so mächtig war, gleichzeitig inkompetent sein? Doch York als Darrin strahlte die traurige Dümmlichkeit eines Jungen aus, den man in einen guten Anzug gesteckt hat. Seine Ohren standen unter dem Bürstenschnitt kläglich ab. Seine Stimme klang ebenso hysterisch wie die von George Bush. Und in Momenten der Verzweiflung nannte er seine Frau »Honeee«, was wie »Mammiii!« klang.

Inzwischen sollte deutlich geworden sein, daß der Casanova-Komplex weder ein »Lebensstil« ist, etwas, das man sich aussucht wie ein neues Haus oder einen Kleiderschrank, noch ein moralischer Fehltritt. Es handelt sich vielmehr um eine zwanghafte Störung, die verblüffende Parallelen zu Alkoholismus und Drogensucht aufweist. Wie jene Krankheiten scheint sie in Verbindung mit narzißtischen Störungen in der Kindheit zu stehen und wird von einem verdrehten Selbstgefühl begleitet, das zugleich größenwahnsinnig und zerbrechlich ist. Dazu tritt ein gieriger Hunger nach Bestätigung und Anerkennung. Wie Alkoholismus und Drogensucht kann der Casanova-Komplex drastische Folgen haben, von zerrütteten Ehen bis zum Tod durch AIDS.

Diese Störung ist lange unerkannt geblieben, weil sie wie der Alkoholismus so haargenau in den größeren kulturellen Rahmen paßt. In den Vereinigten Staaten ist Alkohol zum Beispiel überall erhältlich, und es wird viel dafür geworben. Getrunken wird fast überall; es ist Standardritual bei Geschäftsessen, Familienfeiern, Sportveranstaltungen und Rendezvous. Wir trinken bei Hochzeiten und bei Geburten. Wir trinken, um uns angesichts des Todes zu stärken. Selbst Betrunkenheit wird manchmal toleriert, etwa am Silvesterabend oder nach der Promotion. Daher erscheinen die Grenzen zwischen »Trinken in geselligem Beisammensein« und Alkoholismus, zwischen Schwelgerei und Krankheit diffus. Auf gleiche Weise paßt sich der Casanova einer Gesellschaft an, die zugleich hocherotisiert und frauenfeindlich ist, in der die Doppelmoral zwar erschüttert ist, aber immer noch hochgehalten wird, und in der man Bindung, sei es an eine Partnerin, die Arbeit oder Wertvorstellungen, mit einem gewissen Naserümpfen betrachtet. Wenn einer neueren Meinungsumfrage zufolge 66% aller amerikanischen Männer außereheliche Beziehungen haben oder hatten[51], wie sollen wir dann den chronischen vom gelegentlichen Ehebrecher unterscheiden können? Wenn die Helden der Fernsehserien zur Hauptsendezeit gewandte Verführer wie Sonny Crockett und Arnie Becker sind, wie können wir dann den einen Mann als Casanova bezeichnen und den anderen als Möchtegernimitator?

Ich glaube, daß der Casanova-Komplex eine »gesellschaftskonforme« Störung ist. Mögen seine Ursprünge auch in der psychischen Vergangenheit des einzelnen liegen, so spiegelt er sich doch in Einstellung und Verhalten von Millionen »normaler« Männer und wird unterschwellig von unseren ethischen, rechtlichen und religiösen Institutionen, unserer Wirtschaftsstruktur und den Massenmedien bestätigt und bestärkt. Der Casanova ist in vieler Hinsicht der Erbe einer Gesellschaft, deren offizielle Ethik zwar die Monogamie fordert, doch nur halbherzig ein Phänomen verurteilt, das der Sozialwissenschaftler Robin Fox »Polygynie der Mächtigen« nennt[52]: Männer sind zwar nicht mehr mit mehreren Frauen verheiratet, aber sie suchen häufig sexuelle Begegnungen außerhalb der

Ehe – mit Erfolg, besonders wenn sie finanziell dazu in der Lage sind. Die Einteilung der Frauen in Lukretias und Judiths reflektiert die tradierte Sichtweise dieser Gesellschaft: Frauen werden in die starren und sich gegenseitig ausschließenden Rollen von Jungfrau und Hure, Mutter und Geliebter hineingezwängt, und auf diese Weise wird gleichzeitig eine entsprechende Dichotomie zwischen Liebe und Lust, Zärtlichkeit und Begierde festgeschrieben. Die Ansicht des Casanova, Bindung sei steril und demütigend, kennen wir bereits aus der *Odyssee* und *Ilias*, den Lehren der frühen Kirchenväter und den populären westlichen Medien bis hin zum *Playboy*-Magazin. Schließlich ist der Casanova die perfekte Verkörperung von Christopher Laschs »Kultur des Narzißmus«, einem Zustand, in dem das äußere Image von entscheidender Bedeutung ist, in dem alles, eingeschlossen Gefühle und Beziehungen, Konsumgegenstände sind und die »Wertvorstellungen« des Unternehmertums alle menschlichen Interaktionen als suspekt und vergänglich erscheinen lassen.

Die Söhne der Scheichs

1968 fand eine Studie heraus, daß von 807 Kulturen 708 – also mehr als zwei Drittel – in Polygynie lebten, bei der der Mann die sexuellen und reproduktiven Dienste von mehreren Frauen und Konkubinen genießt.[53] Manche mögen behaupten, daß Polygynie die ideale männliche Evolutionsstrategie sei, denn sie ermöglicht ihm, so viele Frauen wie möglich zu begatten, um ein Maximum an Nachwuchs zu zeugen. In der Praxis können natürlich nur diejenigen polygyn leben, die sich mehrere Frauen und Kinder leisten können und die Macht haben, deren Legitimität zu sichern. Es bleibt also die Option der Reichen und Mächtigen, von Stammeshäuptlingen, arabischen Scheichs und führenden Mormonen.

Die *Polygynie der Mächtigen* brachte zwei Institutionen hervor. Die erste war der Harem, in dem der reiche Mann sich seine Frauen und Konkubinen hielt, die gewöhnlich von Eunuchen bewacht wurden. Zweck war nicht nur, die Frauen zu bewachen, sondern auch, ihre Treue zu gewährleisten und sicherzustellen, daß die Kinder auch vom Herrn stammten. Doch der Harem stellte das sexuelle Monopol der älteren reichen Männer dar, daher mußte es auch einen Ausweg für die Jüngeren und Ärmeren geben, die kaum *eine* Frau ernähren konnten. So entstand das Hurenhaus, die Antithese des Harems. Hier konnten mehrere Männer die sexuellen Dienste einer einzigen Prostituierten in Anspruch nehmen. John Money bemerkte dazu, daß die Unterteilung der Frauen in Madonnen und Huren mit dieser Doppelstruktur beginnt: Ein Teil der Frauen dient der Zeugung von Nachwuchs, der andere der »Erholung« (der Männer).

Die Polygynie der Mächtigen ist natürlich auch Bestandteil der judäisch-christlichen Tradition. Es war die Ethik von Abraham, Isaak und Jakob, von David und Salomon. Trotz seiner Strenge duldete der Gott des Alten Testaments jegliches sexuelle Fehlverhalten unter den Vorvätern Israels, solange es sich als fruchtbar erwies. Lot durfte mit seinen eigenen Töchtern schlafen, und Jakob konnte mit Leah und ihrer Schwester Rachel ins Bett gehen, ohne sich den göttlichen Zorn zuzuziehen. Das Siebte Gebot, das den Ehebruch verbietet, scheint weniger dazu aufgestellt, die männliche Sexualität einzuschränken, als die Reinheit der israelischen Blutslinien aufrechtzuerhalten, die immer noch patrilinear verliefen. Es hielt aber gewiß die Könige Israels nicht ab, sich eine neue Frau zu nehmen, wenn sie sexuelle Abwechslung, eine günstige Verbindung mit einem anderen Stamm oder einfach mehr Kinder wollten. Im Neuen Testament finden wir die Prostituierte Maria Magdalena und einen Hinweis auf Eunuchen (Matth. 19, 12), was bedeutet, daß sowohl Hurenhaus als auch Harem in der hebräischen Gesellschaft existierten. Bei den Juden gab es Polygynie bis zum Mittelalter; sie wurde erst im Jahre 1000 durch die Rabbinate des Westens verboten.[54]

Theoretisch gesehen war Monogamie im Abendland seit der Durchsetzung des Christentums die einzig anerkannte Form der Ehe. Die Kirchenväter führten Ehebruch und Unzucht unter den vier Hauptsünden gegen den Körper auf.[55] Doch in der Praxis war die Monogamie im Westen eine Art Sieb, das aber nur für die Männer durchlässig war. Der Kulturhistoriker André Bejin charakterisiert diese Doppelmoral folgendermaßen: »Ein strenges Treuegebot für die Frau, ein eingeschränktes für den Mann. Diese heute so geschmähte Doppelmoral war ... der Lebenswelt und den kulturellen Techniken aller vorindustriellen Gesellschaften durchaus angemessen. Letztlich gründete sie in der Tatsache, daß die Mutterschaft gewiß, die Vaterschaft aber eine Frage des Glaubens war.«[56] Die katholische Kirche erklärte Ehebruch und Unzucht zu Vergehen, für die Männer wie Frauen bestraft werden müßten, doch sie scheint diesen Moralkodex nur selektiv angewendet zu haben, denn die Männer wurden für ihre vor- und außerehelichen Aktivitäten nur selten zur Rechenschaft gezogen.

Der Harem verschwand in der westlichen Welt, doch das Hurenhaus blieb trotz gelegentlicher Verbote erhalten. Im Frankreich des fünfzehnten Jahrhunderts zum Beispiel wurde die Prostitution nicht nur geduldet, sondern als öffentliche Einrichtung gefördert. Die meisten Städte unterhielten ein öffentliches Huren- oder Badehaus. In den größeren Städten standen ganze Stadtviertel im Zeichen der Prostitution. Die Frauen, die dort arbeiteten, genossen den Status von öffentlichen Bediensteten, und Prostitution galt als respektable Arbeit für Frauen der Unter- und Mittelklasse, auch wenn sie verheiratet waren. Diese städtischen Hurenhäuser waren theoretisch den ortsansässigen Ehemännern verschlossen, doch niemand konnte einen verheirateten Mann abhalten, eine *prostibula* in der Nachbarstadt zu besuchen. Unter den Ehrenbürgern im Venedig des sechzehnten Jahrhunderts befanden sich auch Kurtisanen, die nicht nur einen Teil des Reichtums der Stadt kontrollierten, sondern auch Einfluß auf die Umgangsformen und Sitten hatten, weshalb der Schriftsteller Aretino bemerkte, »daß zwei stramme Popobakken mehr vermögen als alle Philosophen, Astrologen, Alchimisten und Nekromanten, die je auf der Welt waren«.[57]

Selbst in den moralisch restriktivsten Gesellschaften gingen männliche Ehebrecher gewöhnlich straffrei aus. Während die edlen *frouwen* des Mittelalters unter dem Keuschheitsgürtel litten, durften die Gatten das *droit de seigneur* ausüben: Wenn die Töchter ihrer Vasallen heirateten, stand ihnen die »erste Nacht« mit der Braut zu. Casanova merkt in seinen Memoiren an, daß Kaiserin Maria Theresia im achtzehnten Jahrhundert untreue Frauen einsperren ließ, während sie bei den Affären des eigenen Gatten beide Augen zudrückte. Auch im puritanischen Amerika gab es ein Nebeneinander von Pranger und Prostitution. Masters und Johnson zufolge gab es am Vorabend des amerikanischen Bürgerkriegs 106 Bordelle in New York und 57 in Philadelphia.[58] Das viktorianische England, das uns stets als Hort engstirniger Prüderie erscheint, hatte eine blühende Prostitution und Pornographieindustrie.

Für Männer, besonders wenn sie reich und mächtig waren, war es stets möglich, einer unbequemen Ehe zu entkommen. Im frühen Mittelalter zum Beispiel zögerte die Kirche, Scheidung und Wiederheirat zu verdammen.[59] Sie nahm ihre gegenwärtige Funktion als Hüterin der Ehe erst im zwölften Jahrhundert ein. Durch päpstliche Annullierung war es dem Adel weiterhin möglich, sich scheiden zu lassen, um sich eine neue Frau zu nehmen – solange er bereit war, für dieses Privileg zu zahlen. Als Heinrich der Achte mit der Papstkirche brach, geschah dies weniger, weil der Pontifex sich weigerte, seine Ehe mit Catharina von Aragon aufzulösen, sondern weil es den englischen König nach kirchlichem Land gelüstete. Nachdem die Scheidung zivilrechtlich legalisiert wurde, verteidigten die Gerichte die männlichen Vorteile noch eine Zeitlang. Im England des neunzehnten Jahrhunderts konnte sich ein Mann von seiner Frau wegen Untreue scheiden lassen, eine betrogene Frau hingegen mußte dem Mann zusätzlich Grausamkeit, Vergewaltigung oder Sodomie nachweisen.[60] Auch in den Vereinigten Staaten von heute, in denen Scheidungen ziemlich geschlechtsneutral ausgesprochen werden, lassen sich mehr Männer als Frauen wegen Ehebruchs scheiden, und wesentlich mehr geschiedene Männer als Frauen heiraten dann nach kürzerer Zeit wieder. Angesichts der wirtschaftlichen Folgen einer Scheidung und des fortdauernden Unterschieds zwischen männlichem und weiblichem Verdienst gibt das gegenwärtige System den Männern immer noch einen Vorteil den Frauen gegenüber: mit genügend Geld können sie so oft heiraten und sich scheiden lassen, wie sie nur wollen.

Der Kodex der Polygynie hat auch Eingang in die Literatur und die Populärmythen gefunden. In den mittelalterlichen *fabliaux* ist der Ehebrecher eine komische, aber letztendlich triumphierende Figur – Held im Reich der Sexualität. Häufig ist er ein aristokratischer Lüstling, aber oft auch ein subversiver Emporkömmling aus der Unterklasse, der aufbegehrt, indem er Frauen und Töchter von sozial Höhergestellten verführt. Er erreicht seinen Status nicht durch das Schwert, sondern durch den Penis, jene permanent erigierte Waffe, mit der er Frauen aufspießt und die Autorität von Vätern, Ehemännern, Gesetzen und Kirche untergräbt. Rebellen dieser Art sind Till Eulenspiegel, der schelmische Nicholas aus Chaucers »Millers Tale« und die Helden in Dutzenden von Bauernkomödien. In diesem Jahrhundert erlebte er eine Wiedergeburt als Rudolph Valentinos Scheich, Warren Beattys unersättlicher Friseur in *Shampoo* und in einer Generation von aufgeplusterten Rock-'n'-Roll-Sängern, von Chuck Berry bis zu Mick Jagger und Prince. Der Penis eines Rockstars ist ebenso wichtig wie das Mikrofon. Manchmal ist der Casanova nicht nur ein Zuchtbulle, sondern Mantel-und-Degen-Satyr wie John Barrymores François Villon oder Errol Flynns Captain Blood, der mit Schwert und Glied gleich geschickt umgeht.

Der heldenhafte Frauenliebling verliebt sich nur selten, außer auf höchst flüchtige oder komische Weise. Niemals muß er für seine Übertretungen bezahlen. Wenn er aus dem Schlafzimmerfenster springt, landet er unverletzt auf den Füßen. Er ist ein Mann, der mit Frauen spielt, und er scheint immer schockiert und leicht entsetzt, wenn sie seine Aventüren zu ernst nehmen. Leichtfertigkeit im Umgang mit der Geliebten ist ein grundsätzlicher Bestandteil ihrer Männlichkeit. Der Filmkritiker John Mellen bemerkte zu den Typen, die von Humphrey Bogart und Clark Gable gespielt wurden: »Er ist immer bereit, eine Beziehung aufzugeben oder sich der Bindung an eine Frau zu verweigern. Seine zynische Vorsicht und Unzugänglichkeit sollen ihn natürlich um so anziehender machen.«[61] Clark Gable meint in einem Film einmal: »Das haut mich immer um, daß Frauen nie lachen können, wenn es vorbei ist.«

Die Polygynie besteht weiter – in Koexistenz mit unseren gegenwärtigen Prinzipien der Monogamie und sexuellen Gleichberechtigung. Bis vor kurzem durften Jungen »ihre Unschuld« viel früher als Mädchen »verlieren«: Man erwartete von ihnen, daß sie mit einiger sexueller Erfahrung in die Ehe gingen, über die »anständige« Mädchen nicht verfügten. Diese Doppelmoral beeinflußt unser Bild vom »Junggesellen« (anziehend, verlockend) und von der »Jungfer« (verwelkt, verbittert). Nur Frauen werden als »Schlampen« bezeichnet. Nach dem verborgenen Kodex der Polygynie war es akzeptabel, wenn Millionäre wie Paul Getty und Huntingdon Hartford sich zahllose Ehefrauen und Geliebte zulegten, während die mehrfach verheiratete Barbara Hutton Zielscheibe öffentlicher Empörung war. Für viele ist Hugh Hefner ein moderner Held, der die Phantasien auslebt, die er den Lesern seines *Playboy* serviert. Das weibliche Gegenstück dagegen, Helen Gurley-Brown von *Cosmopolitan*, ist für ihr inniges Verhältnis zu ihrem Gatten bekannt. In den achtziger Jahren hat sich die Doppelmoral nur so weit gelockert, daß Madonna und Alexis Carrington auf den Plan treten konnten, ehe das Schreckgespenst AIDS zu einer Renaissance der Monogamie führte. Man kann noch nicht absehen, wie lange diese Renaissance dauern wird. Wann wird der polygyne Mann endlich *out* sein? Für die meisten Männer ist er immer noch ein Vorbild. Als ich mit einem Bekannten über die Casanovas sprach, rief er: »Diese Glückspilze! Wo kann man das lernen?«

Madonna und Hure

Es wurde bereits erwähnt, daß die Aufteilung der Frauen in Madonnen und Huren aus der antiken Dualität zwischen Harem und Hurenhaus entstand. Die Frauen des Serails waren nicht nur Geliebte, sondern auch Mütter, Eigentum eines Mannes, der eifersüchtig ihre Keuschheit bewachte. Die Prostituierten des Hurenhauses waren rein sexuelle Wesen, zugleich niemandes und jedermanns Besitz. Beide sind ein Prototyp mit einer langen Ahnenreihe. Im Alten Testament werden die Nebenfrauen der nomadischen Viehtreiber als die Mütter des Volkes Israel dargestellt. Im Neuen Testament wird die Prostituierte zur *Scharlachroten Frau*, zur *Hure von Babylon*.

Wahrscheinlicher aber ist, daß die ambivalente Einstufung von Frauen in unserer Kultur über die bekannte Geschichte hinausgeht und ihr frühestes Modell in der Beziehung des männlichen Säuglings zu seiner Mutter hat. Wir haben beschrieben, daß diese Beziehung als eine perfekte symbiotische Einheit beginnt und zu einer Reihe traumatischer Trennungen führt. Das Kind reagiert auf jeden Schock mit einer Phantasie, deren Ziel darin besteht, die ursprüngliche Einheit wiederherzustellen. Es träumt in verschiedenen Phasen, wieder in den Schoß seiner Mutter zurückzukriechen, sie zu verschlingen, sie sexuell zu besitzen. Und natürlich projiziert es diese Bedürfnisse auf die Mutter und fürchtet, verschlungen oder verführt zu werden. Anstelle der wirklichen Frau, die es gebar und nährte, erfindet das Kind eine idealisierte gute Mutter und eine schreckliche; die erstere ist zugleich ätherisch und immerdar nährend, die letztere ein fleischliches Wesen, aber ihre Brust ist verdorrt und ihr Schoß unfruchtbar oder von Monstern bewohnt. Diese frühkindlichen Vorstellungen bleiben auch im Unterbewußtsein des Erwachsenen präsent und finden ihren Ausdruck im gesellschaftlichen Leben, in der Kunst und in anderen Bereichen. Die gute Mutter wird zur Madonna, nach der man sich immerfort sehnt und die man idealisiert. Die schlechte Mutter wird zur begehrenswerten und gefürchteten Hure.

Gleich, wo die Ursprünge liegen, die Aufspaltung der Frau in zwei sich ausschließende Aspekte ist tief in die westliche Kultur und Mythologie eingebettet, zusammen mit dem Schisma von Liebe und Lust. Die Mutterschaft[62] wird im römischen Kult der vestalischen Jungfrau und im christlichen Kult der Maria, der jungfräulichen Mutter Jesu, symbolisch vom Sexualakt getrennt. Sex war aus dem Wochenbettzimmer verbannt, und christliche Ehefrauen wurden ermutigt, sich mit jungfräulichen Heiligen und Märtyrerinnen zu identifizieren. Die Kirche erklärte Sex zwar zur ehelichen Pflicht, bezeichnete ihn aber zugleich als Nebensächlichkeit. Es stand einer Frau besser an, zurückhaltend zu sein als leidenschaftlich. In den Dörfern des mittelalterlichen Frankreich lobte man die Braut, die sich wehrte, ins Haus des Bräutigams getragen zu werden. Die Ehebücher des neunzehnten Jahrhunderts, die vornehmlich von Männern für Frauen geschrieben wurden, stellten Sexualität als etwas dar, das Frauen vielleicht tolerieren, aber niemals genießen können.

Die jungfräuliche Mutter war ein unirdisch strahlendes Wesen. Das Gegenbild zu ihr, die Hure, wird somit zur Teufelin. Die echten Prostituierten im Mittelalter waren oft geachtete Frauen, die im Laufe der Zeit heirateten und Kinder bekamen. Die *Hure*, dieses

Zerrbild der Phantasie, war zu solcher Häuslichkeit nicht fähig. Sie war ausschließlich ein sexuelles Wesen, wie die Madonna ausschließlich die Frau als Mutter verkörperte. Sie war Eva, das verachtete Werkzeug bei der Verführung des Mannes zur Sünde, sie war Ischtar und Cybele, Dalilah und Salome, die die Männer vernichteten, indem sie sie verführten. Die Bacchantinnen der griechisch-römischen Mythologie rissen Männer mit bloßen Händen in Stücke. Hexen wurden beschuldigt, das Vieh zu vergiften und die Pest zu verbreiten. Die Hure war zwar das Produkt des kollektiven Unbewußten in der westlichen Kultur, doch die Metapher wurde nur allzuoft auf echte Frauen übertragen: Die Töchter Evas litten für die Sünden der Urmutter, wie die Juden für die vermeintliche Rolle ihrer Vorväter bei der Kreuzigung Christi verfolgt wurden. Vom fünfzehnten bis zum siebzehnten Jahrhundert, in der gleichen Phase, in der die Reformation die Jungfrau Maria entthronte, wurden Hexen in Europa und Amerika zu Opfern einer hysterischen Verfolgung. Gewöhnlich waren es alleinstehende und verwitwete Frauen, die als die Huren Luzifers verfolgt wurden.

Die Männer betrachteten die Madonna mit Ehrfurcht und Zärtlichkeit und die Hure mit Lust, Schrecken und abwehrender Verachtung. Die Spaltung zwischen Madonna und Hure spiegelte sich in der Spaltung zwischen Ehefrau und Geliebter, Mutter und Liebhaberin. »Ein Mann, der zu leidenschaftlich in seine Frau verliebt ist, begeht Ehebruch«, predigte der heilige Hieronymus. »Nichts ist so niedrig, wie die Gattin zu lieben, als sei sie eine Hure.« Eine strikte Ökonomie der Gefühle regierte bald alle Kontakte zwischen den Geschlechtern, wies der Mutter Anbetung zu, den Ehefrauen Zuneigung und den Huren und Nebenfrauen sexuelle Lust. Frauen, die von ihrem sozialen Status her nicht in dieses System starrer Kategorien paßten, mußten das Schlimmste befürchten. Im Frankreich des fünfzehnten Jahrhunderts wurden Prostituierte, Tagelöhnerinnen, Witwen und alleinstehende Mädchen aus der Unterschicht allesamt als »gefallene Frauen« eingestuft; wer sie vergewaltigte, blieb straffrei.[63] Zwei Typen von Literatur, die sich im England des neunzehnten Jahrhunderts großer Beliebtheit erfreuten, schrieben die Unterscheidung zwischen Madonna und Hure fest: Die Ehejournale stellten junge Bräute als prüde und absurd naive Wesen dar, die ihrer Hochzeitsnacht entgegenzittern, und die Pornographie der gleichen Epoche zeigt uns Frauen, deren einziger Zweck darin liegt, zu befriedigen und befriedigt zu werden, und die keine anderen als sexuelle Gefühle haben.

Da Frauen nun zunehmend für sich selbst sprechen, sehen auch Männer sie mittlerweile etwas realistischer. Doch ich wurde in meiner Kindheit in den fünfziger Jahren ständig mit den Bildern von Madonna und Hure konfrontiert. In den Filmen und Fernsehshows, die ich sah, waren die Schauspielerinnen in starre Rollen gepreßt: Donna Reed, June Lockhart und Doris Day waren Jungfrauen, die, ohne jemals einem Penis begegnet zu sein, zu Müttern wurden. Marilyn Monroe, Kim Novak und Ava Gardner waren die verführerischen *femmes fatales*, nach denen ich mich sehnte und vor denen ich Angst hatte. Christina Crawfords schauriger Bericht über ihre Kindheit, *Mommy Dearest*, bestätigte nur, was ich intuitiv bereits wußte: Joan Crawford konnte niemals die Art von Mutter sein, die Schokoladenkuchen bäckt und in den Schlaf wiegt. Seit den fünfziger Jahren wurde der Mythos der Mutter drastisch abgebaut: Autoren wie Philip Wylie und Philip Roth rissen ihr den unirdischen Schleier ab und stellten sie als kastrierende Medusa mit schriller Stimme dar. Pornographie war nun jedoch allgegenwärtig wie nie zuvor. Die Hure winkte nicht mehr aus dunklen Gäßchen und besonderen Buchläden, sondern war die Ikone an jedem Zeitungsstand.

In unserer Kultur wird das Schisma zwischen Leidenschaft und Lust weiterhin ausgetragen. Ratgeberspalten zeigen sich noch immer besorgt um den »guten Ruf« der jungen Mädchen und mahnen sie, ihre Jungfräulichkeit zu bewahren. In reißerischen Filmen stirbt das »verdorbene« Mädchen immer noch als erste. Frauen werden gedrängt, sich ihre eigene Sexualität zurückzuerobern, aber wenn sie das tun, stellen sie nur fest, daß ihnen immer noch die gleichen Strafen drohen wie früher. Bis vor kurzem brauchte ein Staatsanwalt nur zu beweisen, daß das Opfer einer Vergewaltigung ein aktives Sexualleben geführt hatte, um einen Freispruch für den Angeklagten zu erreichen. Casanovas sind in vieler Hinsicht die aggressivsten Vertreter eines Denkens, das Frauen in ein starres Rollenschema preßt. Der so erfolgreiche Film *Fatal Attraction* macht die Spaltung zwischen Madonna und Hure offensichtlich. Als Michael Douglas' perfekte Ehefrau (gespielt von Anne Archer) für ein Wochenende wegfährt, schläft er mit Alex (Glenn Close), die sich als mitleiderregende, aber mordlustige Psychopathin entpuppt, eine Frau, die nur zu bereit ist, zu zerstören, was sie nicht haben kann. Die Hure ist erregender als die unschuldige Frau, aber der Preis einer Nacht mit ihr ist dem Ehemann denn doch zu hoch.

Vom Leid in der Ehe

Erfahrung, nicht Autorität berechtigt mich, vom Leid in der Ehe zu sprechen.

Geoffrey Chaucer, *Canterbury Tales*

Wenn Polygynie eine reale Möglichkeit für jene darstellt, die es sich leisten können, und Liebe und Lust durch eine unsichtbare Barriere getrennt sind, ist es eine logische Konsequenz, daß viele Männer die monogame Ehe bestenfalls als notwendigen Kompromiß und schlimmstenfalls als widerwärtiges Gefängnis betrachten. Folgt man dieser Logik, so bedeutet Heiraten, die natürliche Neigung, mit so vielen Frauen wie möglich zu schlafen, zu verleugnen und die Leidenschaft zugunsten der Liebe und Kameradschaft aufzugeben. Für unsere Ahnen war das kein so schlechter Handel; die Ehe erschien ihnen als die vorteilhafteste aller zwischengeschlechtlichen Beziehungen.

Bis vor zweihundert Jahren wurde die Ehe weitgehend als Vertrag betrachtet, wobei ökonomische Fragen und die Sicherung des Nachwuchses im Vordergrund standen. Demgegenüber war die Sexualität zweitrangig, und Liebe in unserem Sinne spielte überhaupt keine Rolle. Das altgriechische Wort für Frau, *gyne*, bedeutet: Gebärerin, und die Griechen betrachteten die Ehe ausschließlich als ein Instrument, um Nachwuchs zu sichern. Es gab natürlich noch den zusätzlichen Anreiz der Mitgift, der materiellen Werte, die die Heirat einem Manne »einbrachte« – von der Kuh bis zum Königreich.

Als das Christentum alle Sexualität mit dem Bann des Mißtrauens belegte und das mönchische Leben als Ideal vorschrieb, gewann die Ehe neue Bedeutung als einziges legitimes Ventil für die Neigungen des Fleisches. Denjenigen, die am Zölibat nicht interessiert waren, wies der Apostel Paulus einen gangbaren Weg: Es war besser zu heiraten, als in der Hölle zu verbrennen. Doch dann mußte innerhalb der Ehe der Sex anders sein als außerhalb. Seine Frau zu überschwenglich zu lieben, bedeutete nach der Lehre des heiligen Hieronymus Ehebruch. Mehr als elfhundert Jahre später legte Montaigne in seinen *Essais* einen ähnlichen Gedankengang dar: »Diese unehrbaren Liebesbeweise, zu denen uns die erste Hitze in diesem Spiele treibt, werden nicht bloß unanständiger-, sondern sehr schändlicherweise gegen unsere Weiber verursacht. [...] Der Ehestand ist eine fromme heilige Verbindung. Das ist der Grund, warum das Vergnügen, welches man daraus zieht, ein bedächtliches, ernsthaftes und mit einiger Strenge vermischtes Vergnügen sein muß.«[64]

Dies soll nicht heißen, daß es in den Ehen der Vergangenheit keine Liebe gegeben hat, sondern nur, daß Liebe innerhalb der Ehe keine Selbstverständlichkeit war. Männer gaben nur selten zu, ihre Ehefrauen zu lieben – außer vielleicht in ihrem Testament.[65] Man sprach ebensowenig über seine Gefühle für die Frau wie über das Sexualleben. Natürlich konnte in einer Ehe Liebe entstehen – nur gab es keine Garantie dafür. Mann und Frau gewannen einander vielleicht im Laufe der Zeit lieb, weil sie so viele Jahre miteinander verbracht hatten – so, wie man einen Leidensgenossen auf einer einsamen Insel zu lieben beginnt. Diese Liebe mag ganz überraschend für sie kommen – Jahre nach der Heirat. Allerdings gibt es auch noch heute ein ähnliches Phänomen: Wenn die Ehepartner merken, daß ihre erste Leidenschaft sich zu etwas anderem, Ruhigerem verwandelt. Wir merken es vielleicht erst nach Jahren oder Jahrzehnten, wenn wir die Person neben uns im Bett ansehen und denken: »Ja, ich liebe sie noch. Ich liebe sie mehr als je zuvor.«

So notwendig und angenehm dieser Zustand vielleicht sein mag, die monogame Ehe ist jedoch meilenweit von der sinnlichen Erfüllung der Polygynie oder der fröhlichen Unbekümmertheit der Junggesellenjahre entfernt. Und schon seit frühester Zeit wurde sie als relativ unbedeutender Bestandteil im Leben eines Mannes betrachtet – als Ablenkung sogar von seiner wahren Verantwortung. Für die Griechen war die Homosexualität die edelste Form von Leidenschaft, bei der Körper und Geist eine Einheit bildeten. Männer konnten Männer lieben und immer noch den Geschäften des Kriegführens, Herrschens und der Philosophie nachgehen. Die Verliebtheit, die Achilles der Frau Briseïs entgegenbringt, wirkt sich störend auf den Kampf um Troja aus. Doch die Liebe zu seinem Freund Patroklus führt ihn wieder seinem heroischen Schicksal zu. Heterosexuelle, besonders die eheliche Liebe wird als enttäuschende, einlullende und manchmal gefährliche Unterbrechung im Drama der Männlichkeit dargestellt. Odysseus' Aufenthalte bei Kalypso und Nausikaa bleiben Leerstellen bei seiner Reise übers Meer, und obwohl das Ziel seiner Fahrt Penelope heißt, passieren die wesentlichen Dinge vor ihrer Wiedervereinigung.

Auch in der christlichen Lehre ist die Ehe für die wahre Berufung des Mannes, die Verehrung Gottes, nebensächlich. Die Schriften des Apostels Paulus und des heiligen Hieronymus vermitteln eine pragmatische, doch resignative Sicht der Ehe als eines Kompromisses für jene, die zu sehr von den Anfechtungen des Fleisches verfolgt werden, um ein rein geistiges Leben zu führen. Es ist kein Zufall, daß die großen Abhandlungen über Sexualmoral und Sünde von Mönchen für Mönche geschrieben wurden.[66] In der Artussage wie in griechischen Epen hat die Ehe nichts mit Heldentum und Kampf zu tun. Eine Frau ist ein passives Etwas, zu dem ein Mann nach Hause kommt, wenn die Abenteuer bestanden sind, und alles, was hinterher geschieht, faßt man zusammen unter dem Motto: »Und wenn sie nicht gestorben sind ...«

In der Literatur des Mittelalters blühte schließlich die romantische Liebe auf, doch sie war stets zwangsläufig mit Ehebruch verbunden – wie bei Lanzelot und Guinevere oder Tristan und Isolde. Im Gegensatz zum ökonomischen und prokreativen Band der Ehe entstand die Idee der Leidenschaft, die nur existieren konnte, wenn die Gesetze Gottes und der Menschen aufgehoben wurden. Doch Gottes Gesetze konnte man nicht unendlich lange aufheben: Chrétien de Troyes und Marie de France sahen recht genau, daß die romantische Liebe vergänglich ist, eine Wahrheit, die Generationen von Liebenden immer wieder vergessen. »Die leidenschaftliche Liebe«, schreibt Philippe Ariès, »kam wie ein Blitz; man verfiel ihr. Die Pfeile des Eros waren ebensowenig voraussehbar, erschienen ebenso plötzlich wie der Stachel des Todes. Ein bereits fiebriger Anfang, ein Höhepunkt und ein Ende. Die leidenschaftliche Liebe kennt keine Dauer, die eheliche Liebe, die man ihr angeglichen hat, ist auch nicht mehr von Dauer.«[67]

Die epische Literatur der Griechen und die höfische Ästhetik des Mittelalters ließen eine lange und dauerhafte Tradition entstehen, die Heldentum gegen Häuslichkeit und romantische Leidenschaft gegen eheliche Liebe setzte. Der Mann der Tat mag verheiratet sein, doch seine Frau bleibt diskret im Hintergrund. Ansonsten kam sie ihm gewiß in die Quere: Gary Coopers Quäkergattin will ihn in *Zwölf Uhr mittags* zu einem Krämer zähmen; nur gegen ihren Widerstand gelingt es ihm zu tun, was ein Mann tun muß. Häufiger noch ist der Held ein einsamer Abenteurer – Ritter, Cowboy oder Privatdetektiv. Er mag im Verlauf der Handlung die eine oder andere Geliebte haben, aber solche Frauen wird man immer rasch wieder los. Humphrey Bogarts Sam Spade liebt die verräterische Brigid O'Shaughnessy (Mary Astor), doch am Ende des Films *Der Malteser Falke* liefert er sie der Polizei aus: »Es ist völlig egal, wer hier wen liebt«, bellt er sie an. »Ich spiele doch nicht den Esel für dich.«[68] Häufig ist er aber auch ein unverhüllter Frauenhasser. Wild Bill Hickock (Gary Cooper) verachtet die Zuneigung von Calamity Jane (Jean Arthur). Als sie ihn impulsiv küßt, wischt er sich den Mund ab. Wenn ein Held heiratet, dann erst auf dem Höhepunkt der Geschichte. Eine zweite Möglichkeit: Die Ehe endet tragisch, und er steht am Ende wieder allein da. Man kann sich kaum vorstellen, daß John Wayne vor einer Schießerei umkehrt, weil seine Frau ihn zu Hause braucht.

Um im Film oder in der Literatur dramatische Resonanz zu erzielen, mußte es sich um heimliche, verbotene Liebe handeln, um eine Herausforderung an die irdischen, wenn nicht sogar die himmlischen Autoritäten. Außerdem mußte die Liebesbeziehung zeitlich begrenzt sein. Gewöhnlich wird eine solche Liebe vom Standpunkt der Frau aus geschildert – wie in Emily Brontës *Die Sturmhöhe,* in Thomas Hardys *Tess of the D'Urberville* oder Charlotte Brontës *Jane Eyre*. Aber es gab auch eine Variante für Männer, bei der Leidenschaft eine Abart von Heldentum wurde, vielleicht dem Untergang geweiht, aber bewundernswert, gerade weil sie verdammt war. Während Ritter und Cowboys gegen grimmige Widersacher kämpfen, stellen sich romantische Helden gegen gesellschaftliche Normen und umwerben Frauen, die der falschen Klasse oder dem falschen Mann angehören. Die Reihe der Protagonisten der verbotenen Liebe reicht von Tristan über Romeo zu Jay Gatsby, Laurence Oliviers Heathcliffe und Leslie Howard in *Of Human Bondage*. In den letzten Jahrzehnten lebte diese Figur wieder auf: in Gestalt von Omar Sharifs spanieläugigem Ehebrecher in *Doktor Schiwago*, von Jean Paul Belmondos tragikomischem sexuellen Außenseiter in *Pierrot-le-Fou* und Marlon Brandos alterndem Helden im *Letzten Tango in Paris*. Ein solcher Mann mag Junggeselle, Witwer oder Ehebrecher sein – jedenfalls ist das Objekt seiner Begierde niemals seine Ehefrau. Die Frau zu lieben, mit der man verheiratet ist, hat nichts Edles oder Aufregendes.

Und was ist mit den Ehemännern, den *treuen* Ehemännern? Auch sie tauchen in Literatur und Film auf, aber selten in einem epischen oder tragischen Kontext. Eheliche Liebe mit ihrer Mühsal, ihren Streitereien und vor allem ihrer lähmenden *Alltäglichkeit* ist nur Stoff für Komödien. Die Komödie bestätigt ja schließlich die natürliche Ordnung, und was könnte natürlicher und ordentlicher sein als die Ehe? Vom Mittelalter an war der Ehemann überwiegend ein komischer Typ, der Hahnrei, der Prahlhans oder der unterdrückte Trottel. Er gewann bestenfalls Statur als Lehrer seiner Söhne, doch in diesen Fällen wurde er als alt und ehrwürdig dargestellt, nicht als Gatte, sondern als Patriarch, dessen Weisheit unterschwellig mit seinem Abgang aus der sexuellen Arena in Verbindung steht: Um einen klaren Kopf zu bewahren, mußte man der Sklaverei des Herzens und der Genitalien entkommen sein. Dementsprechend werden auch heute Ehemänner in Filmen und Fernsehsendungen dargestellt: Sie sind entweder Patriarchen oder komische Käuze. Als Patriarchen erlebten wir Lewis Stone in Andy Hardys Filmen, Robert Young in *Vater ist der Beste* und Fred McMurray in *Meine drei Söhne*. Darrin in *Bewitched* war der typische Kauz. Diese Porträts enthalten eine sublime Botschaft an Generationen männlicher Zuschauer: Ehemann zu sein heißt, die traditionell männlichen Bereiche der Tat und der Macht zu verlassen – also entweder den Geist oder die Eier aufzugeben.

Besonders interessant ist dabei, daß solche subversiven Porträts von Ehemännern extrem häufig in den Filmen der fünfziger und sechziger Jahre vorkamen – in einer Zeit also, in der die Ehe hoch im Kurs stand. Die entgegengesetzten Strömungen von romantischer und ehelicher Liebe waren in der Theorie miteinander versöhnt worden; die Leute heirateten nun vornehmlich aus Liebe. Und die Ehe, weit davon entfernt, ein Nebengleis in der Karriere der Männlichkeit zu sein, wurde als grundsätzliche Verantwortung neu definiert, als eine Aufgabe, die ein Mann zu erfüllen hat, wenn er vermeiden will, daß seine Reife oder seine Heterosexualität in Frage gestellt wird. Männer mußten heiraten, eine Familie gründen und Kinder großziehen, ebenso wie sie in angesehenen, gutbezahlten Berufen arbeiten mußten. Andernfalls setzten sie sich der Mißbilligung von Familie, Arbeitgebern, Kirche und Psychiatern aus. Eine Studie aus dem Jahre 1957 enthüllte, daß 53% der amerikanischen Öffentlichkeit glaubten, unverheiratete Männer seien »krank«, »neurotisch« oder »unmoralisch«.[69]

Das Problem war, daß diese Verantwortung zunehmend lästig und sogar überflüssig erschien. Die Ehe betrachtete man zwar allgemein als Partnerschaft nach dem Vorbild einer Firma, doch sie verschaffte den Männern einseitige Vorteile: Sie verdienten das Geld, während die von den Ehefrauen verrichtete Hausarbeit aufgrund von Automation und Dienstleistungsbetrieben größtenteils als überflüssig erachtet wurde. Es herrschte kein Zweifel, daß Frauen Ehemänner brauchten, aber brauchten Männer Ehefrauen? Die feministische Kulturhistorikerin Barbara Ehrenreich bemerkt dazu: »Ein Mann konnte allein leben. Er war vielleicht einsam und ungepflegt und sehnte sich nach einer warmen Mahlzeit, aber er kam mit großer Wahrscheinlichkeit allein zurecht.«[70] Kaum war die Ehe zum Eckpfeiler der amerikanischen Gesellschaft geworden, geriet sie schon wieder unter Beschuß. Der *Playboy* stellte die Ehe als eine Falle dar, in der unglückliche, domestizierte Männer sich abrackern, um parasitische Xanthippen zu ernähren. Die vom *Playboy* propagierte Alternative war das ewige Junggesellendasein – sorglos, wohlhabend und polygyn. Psychologen wie Abraham Maslow und Fritz Perls und Psychounternehmer wie Werner Erhard behaupteten, die Ehe könne ein Hindernis für »Wachstum« und »Selbsterfüllung« sein. Die Beatniks und später die Hippies lehnten sie als überholtes Produkt einer Gesellschaft ab, die ihre Bürger mit ordentlichen Jobs, neuen Autos und B-52 ausgerüstet hatte. Ende der siebziger Jahre war der »Eckpfeiler der Gesellschaft« ziemlich ausgehöhlt. Die Zahl alleinlebender Männer stieg innerhalb dieses Jahrzehnts von 3,5 Millionen auf 6,8 Millionen.[71]

Jeder Mann, der in den letzten vierzig Jahren volljährig geworden ist, muß irgendwann mit dieser vehementen Kritik an der Ehe in Berührung gekommen sein. Seine Vorstellung von Männlichkeit dürfte durch Rollenvorbilder wie Sean Connery, Marlon Brando oder Mick Jagger beeinflußt worden sein. Er wuchs mit den Bildern solcher Männer auf und fragte sich, ob er jemals werden würde wie sie. Aller Wahrscheinlichkeit nach las er den *Playboy* und *On the Road.* Wenn er nicht tatsächlich ausbrach und sich einer Kommune anschloß, tat er es doch zumindest in seiner Phantasie. Wenn er jemals geheiratet hat, dürfte er mittlerweile wieder geschieden sein. Natürlich erlebt die Ehe heute dank der Neuen Rechten und der AIDS-Epidemie eine (in dieser Form fragwürdige) Aufwertung. Bindung heißt das Reizwort der achtziger Jahre, doch es klingt etwas kläglich. Man sucht es öfter, als daß man es findet. Man erkennt dieses Dilemma anhand der Bücher über Frauen, die zu sehr lieben, und über Männer, die das gar nicht können. Und selbst die Literatur betrachtet den gegenwärtigen Trend zur Bindung eher als Verpflichtung für die Frau, nicht als Option, zu der sich ein Mann freiwillig bekennen kann. Wie können solche moralischen Appelle mit den Verheißungen von Abenteuern und sexueller Erregung konkurrieren, auf die ein Mann jedesmal stößt, wenn er den Fernseher anstellt oder an einem Zeitungsstand vorbeikommt?

Diese letzte Frage ist besonders aktuell in einer Gesellschaft, die die unmittelbare Erfüllung jeden Wunsches verspricht und neue Bedürfnisse ebenso rasch schafft, wie man in Detroit neue Chryslers vom Band fährt. Die Erfüllung jeden Wunsches ist im heutigen Amerika sozusagen zur Pflicht geworden und spiegelt sich in der Aufforderung »Go for it!« wider, die zum nationalen Slogan wurde. Nach Christopher Lasch ist das gehetzte Streben nach sofortiger Bedürfnisbefriedigung – neben dem Starkult, der Furcht vor Alter und Tod und einer verzweifelten Sehnsucht nach menschlicher Wärme, verbunden mit besessener Angst vor Abhängigkeit – ein Symptom der gegenwärtig herrschenden »Kultur des Narzißmus«. Narzißmus, jene Störung, an der so viele Casanovas leiden, ist zur seelischen Hauptkrankheit unserer Zeit geworden, ebenso wie Hysterie und Obsessionsneurosen die vorherrschenden Störungen des neunzehnten und beginnenden zwanzigsten Jahrhunderts waren. Wenn Casanovas immer häufiger werden, kann das daran liegen, daß sie eine Pathologie repräsentieren, die sich in unserer Gesellschaft epidemisch ausbreitet.

Leider ist die Familienkonstellation, die die Entwicklung eines Casanovas begünstigt, in den Vereinigten Staaten recht verbreitet. Der Vater, einst die herrschende Gestalt der Familie, ist praktisch verschwunden. Seit der Nachkriegszeit machten ihn seine Rolle als Geldverdiener und die Forderung der Gesellschaft, darin sein Bestes zu geben, zu einem Gefangenen seiner Karriere, die oft zum Mittelpunkt seines Lebens wurde. Man erwartete von ihm, daß er abends und an Wochenenden arbeitete, und so löste sich die Grenze zwischen seiner Arbeit und seinem Privatleben allmählich auf. Ob er seinen Chef zum Abendessen mit nach Hause brachte oder mit einem Kunden Golf spielte, seine Freizeit wurde oft von der Karriere aufgezehrt, während die Kommunikation mit der Familie zu kurz kam. Der Karrieremann schaute zu Hause stets auf die Uhr. Und eine wachsende Anzahl von Vätern war nicht nur anderweitig orientiert, sondern einfach abwesend. Aufgrund zunehmender Scheidungsraten und der Tatsache, daß immer mehr uneheliche Kinder geboren werden, stieg die Zahl der Einelternfamilien mit nur einer Mutter dramatisch an. Immer mehr Kinder aus allen Klassen und Rassen wachsen ohne Väter auf. Wie kann ein Junge in einem solchen Umfeld ein sicheres Gespür dafür entwickeln, was es bedeutet, ein Mann zu sein?

Das Verschwinden des Vaters bürdete der Mutter immer mehr auf. Selbst in einer intakten Familie mußte sie oft auch noch die Rolle des Vaters übernehmen. Und eine wachsende Armee von Experten erzählte ihr, daß Kindererziehung eine erlernbare Fähigkeit sei, die man entweder »gut« oder »schlecht« ausführen könne. Oft fühlte sie sich in beiden Rollen schrecklich verunsichert. Die Belastung nahm noch zu, wenn sie selbst arbeitete. Sie konnte kein Baby bekommen, ohne ein Dutzend Bücher zu diesem Thema gelesen zu haben, und Entscheidungen, die sie zuvor instinktiv traf, waren nun mit Ängsten verbunden: Sollte sie der Lamaze- oder der Leboyer-Methode folgen? Sollte sie das Kind stillen, und wenn, wie lange? Wie konnte sie das Kind zur Sauberkeit erziehen, ohne es zum Neurotiker zu machen? Welches Spielzeug stimulierte es am besten? In welchem Alter sollte es lesen lernen? Ihre Vorfahren hatten mit der Angst leben müssen, ihre Kinder aufgrund von Typhus und Diphtherie zu verlieren; die Nachkriegsmutter war von Ängsten besessen, die viel diffuser waren und größere Ansprüche stellten als Waschen und Desinfizieren. Diesen Müttern fehlte jegliche echte Unterstützung – denn wer konnte sich schon auf die eigene Mutter verlassen oder sich ein Kindermädchen leisten –, und sie wurden zugleich von allgegenwärtigen und sich häufig widersprechenden Experten beeinflußt. Die Folge war eine Welle angelernter Mütterlichkeit, besessen, aber trotzdem grimmig mechanisch, besorgt, aber emotional distanziert.

Die Eltern beugten sich zunehmend den neuen kulturellen Normen der Gesellschaft, in der sie lebten. Wenn die Arbeit zum neuen Lebensziel und zur Hauptquelle von Selbsterfüllung und -bestätigung erklärt wird, verrät ein Mann, der sich nicht ausschließlich seiner Karriere widmet, nicht nur seine Familie, sondern auch seine Männlichkeit. Wenn Mütter gezwungen sind, ihre Kinder ohne echte Hilfe und unter den Argusaugen der Schulbehörden und Kinderpsychologen aufzuziehen, wie kann es dann anders geschehen als unsicher und gehetzt? Die Gesellschaft unserer Urgroßeltern, in der Verpflichtungen und Repressionen allgegenwärtig waren, produzierte unterdrückte, »schuldbewußte« Individuen. Die Gesellschaft unserer Eltern, wohlhabend, tolerant und bürokratisiert, produzierte eine andere Art von Persönlichkeit, den »tragischen Mann«, der unter einem Mangel an Verbindlichkeiten leidet und dessen Psyche von einer solchen Leere erfüllt wird, daß kein noch so starker Stimulus sie ausfüllen kann.[72] Der Casanova ist eine tragische Figur, ein typischer Vertreter einer Gesellschaft, in der alles erlaubt und nichts wichtig ist.

Die sexuelle Unternehmerpersönlichkeit

Die Vereinigten Staaten gegen Ende des zwanzigsten Jahrhunderts werden durch drei Tendenzen gekennzeichnet, und jede einzelne trägt ihren Anteil bei der Entwicklung eines Casanova bei: die Zwangsvorstellung der unmittelbaren Bedürfnisbefriedigung, die Verwandlung von Sex in einen Konsumartikel und eine Leistung und die Ethik des Unternehmertums, die alle Formen von Loyalität suspekt und altmodisch erscheinen ließ.

Dabei spielt der »amerikanische Mythos« eine wichtige Rolle, die Vorstellung, daß man es in diesem Lande automatisch »zu etwas bringt«. Dieser Mythos hat seinen Ursprung in einer verklärenden Geschichtsbetrachtung: Kolonisten kamen als religiöse Flüchtlinge hier an und wurden bald zu Verfechtern einer neuen Moral; die Juden, die man in der ganzen Welt als Außenseiter verachtete, kamen nach Amerika und wurden assimiliert; jene, die als Bauern und Arbeiter hier landeten, wurden bald reich. So entstand der Glaube, daß in diesem Lande alle Wünsche sofort in Erfüllung gingen: Man brauchte nur amerikanische Luft einzuatmen, um ein freier Mann zu werden, man mußte nur über die Straße gehen, um einen goldenen Pflasterstein zu finden. Dieser Mythos wirkt fast ebenso überzeugend auf diejenigen, die in diesem Land geboren werden. Die allgegenwärtige Möglichkeit, einen Kredit aufzunehmen, gibt einem die Chance, sich innerhalb kürzester Zeit ein Auto, ein Haus oder eine gute Ausbildung zu kaufen und die Bezahlung jahrelang aufzuschieben. In der populären Vorstellung ist Amerika eine riesige Umkleidekabine, in der jeder seine Lumpen gegen einen feinen Anzug austauschen kann.

Dieser Drang nach einer schnellen und rücksichtslosen Befriedigung aller Bedürfnisse beeinflußt unser Vorgehen in allen Bereichen des gesellschaftlichen und privaten Lebens. Wir beleben das Nationalgefühl, das durch Niederlagen in Vietnam und im Iran arg gebeutelt wurde, durch eine Operetteninvasion in der Karibik aufs neue. Wir schlucken Tabletten, die uns helfen, im Schlaf abzunehmen, und andere, die unsere Stimmung verändern, sobald sie in unseren Kreislauf eindringen. Wir finden unsere Sexualpartner, ohne monatelang zu werben, zum Preis für ein paar Drinks in der richtigen Kneipe, und sie verschwinden auch angenehmerweise am nächsten Morgen wieder. Wir können nach Reno fliegen (das Flugticket kaufen wir direkt vor dem Abflug) und uns von einem langweiligen Partner allein aus dem Grund scheiden lassen, daß wir nicht wie eine Schraube und eine Mutter »zusammenpassen«. Eine solche Gesellschaft erscheint wie maßgeschneidert für den Casanova, jenen Anhänger von Intimität und Leidenschaft auf Knopfdruck, der sich ebenso leicht ver- und entliebt, wie man das Fernsehprogramm wechselt.

In einer Gesellschaft, in der man alles kaufen kann, wird Sex einfach zu einer Ware. Das ist eigentlich nichts Neues: Prostitution ist immerhin das älteste Gewerbe der Welt. Neu aber ist, daß sexuelle Freizügigkeit mittlerweile kein Privileg der Reichen, sondern eine Chance für jeden ist. Es gibt eine Branche, die dem sexuellen Konsum dient: Sexclubs, Single-Bars und Schwulenkneipen, immer glänzendere und ausgefallenere Pornographie und Sexshops, in denen von der Peitsche bis zum Vibrator alles erhältlich ist. Diese Firmen zielen nicht darauf ab, die Sexualität spielerischer und entspannter zu gestalten, sondern haben sich dem Eros der Massenproduktion unterworfen, in der Quantität, Tempo und Effizienz von oberster Bedeutung sind. All dies sind einem kritischen Beobachter zufolge »Ausdrucksformen einer deplazierten ›sexuellen Sozialität‹: Formen, die aus der Nivellierung geboren sind und Gleichgültigkeit erzeugen, Formen, die sich auf zwei Grundmuster zurückführen lassen: auf die Menge (zugehöriges Befehlswort: Weitergehen!) und auf die Warteschlange (zugehöriges Befehlswort: Der nächste bitte!).«[73] Die Furcht vor AIDS hat vielleicht die Promiskuität eingedämmt, doch andererseits das Gewerbe des Telefonsex gefördert, der zugleich billiger, sicherer und weniger anstrengend ist. Wenn das wahre Produkt der Erotikindustrie der Orgasmus ist, dann aber bitte in rauhen Mengen und ohne überflüssiges Beiwerk wie Verführung, Bindung oder Intimität. Die Telefonprostituierte bietet dies in der reinsten Form.

Die Sexualität selbst wurde ihres erotischen Inhalts beraubt, während andere Gebiete erotisiert wurden. Mit Sex verkauft man jetzt alles, von Autos bis zu Rockgruppen, Limonade und Politikern. In Anzeigen wird deutlich gemacht, daß jeder, der die richtige Weinbrandsorte trinkt, die richtigen Jeans trägt und sich das richtige Parfüm hinter die Ohren tupft, mit einem wunderbaren Sexualpartner belohnt wird. Der kommerzielle Erfolg des *Playboy*-Magazins beruhte teilweise auf der Art und Weise, wie jede Anzeige darin mit erotischer Patina überzogen wurde, so daß eine Armbanduhr oder eine Stereoanlage als ebenso bedeutsam für den sexuellen Erfolg erscheint wie ein großes Bett oder Handschellen mit Pelzfutter. Manchmal wird Sexualität zur bloßen Verpackung, die man benutzt, um irgendein Produkt verführerischer zu gestalten, ebenso wie Glyzerinspray welkes Obst und Gemüse wieder frisch wirken läßt. Gibt es denn Zweifel, daß der Erfolg von Ronald Reagan und Gary Hart weniger auf ihren Ansichten beruht als auf ihrem unterschiedlichen Sexappeal? Gibt es noch Autos und Gebäude, die nicht an erigierte Penisse erinnern? Die öffentliche Moral neigt zwar immer mehr zur Repression, doch die Nation im allgemeinen gibt sich eine Atmosphäre der freischwebenden Großzügigkeit, in der selbst Gesetzesvorlagen als »sexy« bezeichnet werden.

Sexualität ist nicht länger eine Privatangelegenheit. Jeder Akt der Liebe wird zu einem öffentlichen Ereignis und unterliegt der gleichen Leistungsethik, die andere Aktivitäten bestimmt. Was einst Austausch zwischen zwei Personen war, braucht nun Dutzende von imaginären Zuschauern – unsere früheren Partner, die Partner unserer Partner und eine Armee von Experten und Autoritäten, die »Maßstäbe setzen«. Sex ist nun eine ebenso zielgerichtete Angelegenheit wie die Arbeit, und das Ziel ist der Orgasmus. Wir beurteilen unsere Fähigkeit als Liebhaber anhand der Zahl und Intensität der Orgasmen, die wir auslösen. Männer, die der Arbeitsethik bereits in vielen anderen Lebensbereichen verpflichtet sind, neigen besonders dazu, das Leistungsprinzip auch auf sexuelle Beziehungen auszudehnen – sie werden auch auf diesem Gebiet zu »Experten«. Dazu muß man freilich verschiedene Bücher lesen – *The Joy of Sex, The Sensuous Man, How to Make Love to a Woman* – und möglicherweise einen Sextherapeuten konsultieren. Und man muß seine Methoden eben vielleicht an verschiedenen Partnerinnen ausprobieren, so daß Promiskuität zum obligatorischen Übergangsritual auf der Suche nach der richtigen Gefährtin wird. Jede Begegnung wird zur »Lernerfahrung«, und das Lernziel ist die erotische Fertigkeit, die zukünftige Begegnungen noch zufriedenstellender machen wird. Der Casanova ist das Paradigma einer Gesellschaft, die Sex in eine Massenware und Sexualität in eine Leistungseinheit verwandelt hat. Er ist *professioneller* und *zielorientierter* Verführer, hat bei den *meisten* Frauen *Erfolg* und gibt ihnen die *meisten* Orgasmen. Selbst seine Unbeständigkeit gilt noch als Vorteil, denn sie befähigt ihn, schneller von einer Partnerin zur anderen zu wechseln.

In dieser Hinsicht ähnelt der Casanova weniger einem Fließbandarbeiter, als einem jener gnadenlosen Unternehmertitanen der heutigen amerikanischen Geschäftswelt. Er verkörpert weniger Wirtschaftlichkeit und Fleiß als Gewinnsucht und Selbstanpreisung. Sein Aufstieg hat weniger mit Loyalität als mit Opportunismus zu tun, und hängt von der Fähigkeit ab, Verbindungen von einem Moment auf den anderen einzugehen und zu lösen. Er gehört keiner Organisation an, sondern ist ein Selfmademan der neuen amerikanischen Tradition. Christopher Lasch definiert diesen Typus so: »Er übt die klassische Kunst der Verführung aus und hofft, gleichgültig gegenüber moralischen Verpflichtungen, dein Herz zu gewinnen, während er dir gleichzeitig die Tasche ausraubt.«[74]

Wenn es in den achtziger Jahren immer mehr Casanovas gibt, liegt das daran, daß viele seiner Werte von den Meinungsbildnern der Gesellschaft geteilt werden. Trotz ihres lautstark verkündeten Konservatismus höhlt diese Gesellschaft die alten Werte und Verbindlichkeiten, die sie wiederbeleben wollte, immer weiter aus. In Reagans Amerika feiern die Habsucht und der Zynismus neue

Triumphe. Die Regierung der Vereinigten Staaten hat eine wachsende Zahl von Bürgern einfach abgeschrieben: die Armen, die alten Menschen, die Frauen und die ethnischen Minderheiten. Ein Teil der Regierungsverantwortung wurde privatisiert und meistbietend verkauft: Das Land wird nun von Ölgesellschaften verwaltet; die Verteidigung wurde an militärische Konzerne verschachert. Selbst die Außenpolitik scheint nun in den Händen pensionierter Offiziere und zwielichtiger Geschäftsleute zu liegen. Gesetze und Vorschriften werden geringschätzig behandelt, und wenn man sie übertritt, ist man kein Außenseiter mehr, sondern ein Held wie Ollie North.

Die amerikanische Öffentlichkeit, erstaunt über die monolithische Struktur ihrer Institutionen, verherrlicht aufs neue das Individuum. Aufgrund einer sonderbar verdrehten Logik ist das neue Paradigma des Individualismus nicht der Außenseiter und Anarchist, sondern der Unternehmer, der die Gesetze oft ebenso notorisch bricht und durch nichts anderes als Habsucht getrieben wird. Nach diesem neuen Moralkodex sind John DeLorean und Ivan Boesky die Rollenvorbilder; ihre ethischen Übertretungen werden durch ihre persönliche Lebensweise und ihren überwältigenden Erfolg gerechtfertigt. Wenn also Loyalität gegenüber Angestellten, Verbrauchern und Aktionären als altmodisch betrachtet wird, welche Bindungen bleiben dann noch intakt? In einer Kultur, die die Kosten-Nutzen-Rechnung verherrlicht und alle Bindungen als suspekt betrachtet, ist das eheliche Gelöbnis ebenso angreifbar wie der Amtseid. Der Casanova wird zum erotischen Unternehmer, der nach einem absolut privaten Verhaltenscode lebt und sich geschickt und prinzipienlos jeder neuen Situation anpaßt.

Der Casanova steht für Tendenzen, die in unserer Kultur stets virulent waren, und agiert die Phantasien aus, die in deren Mythen, Literatur und elektronischen Medien popularisiert wurden. Seine Pathologie ist privat und hat ihre privaten Ursprünge, aber sie reflektiert die »Werte« seiner Umwelt. Wenn Frauen als Besitz und Sex als Ware betrachtet werden, erscheint der Casanova nur mehr als ein besonders erfolgreicher Konsument. In einer Gesellschaft, die die Ehe als öden, aber notwendigen Kompromiß betrachtet und alle Formen der Bindung verleugnet, stuft man seine Flucht vor der Liebe als Triumph ein.

Vierter Teil

Casanovas Frauen

Ich liebte ihn bald mehr als die Tugend …
Er brach mir das Herz, aber ich liebe ihn immer noch.

Lady Caroline Lamb

12. »Er bricht mir das Herz, doch ich liebe ihn.«

Das Beispiel Lee Hart

In ihren letzten Monaten ähnelte die Gary-Hart-Affäre immer mehr einer Komödie der Restaurationszeit, die man in die Politik des heutigen Amerika verpflanzt hat. Davor konnte man sie mit ein wenig Großzügigkeit wie eine Shakespeare-Tragödie sehen. Ein ehrgeiziger Mann, der aufgrund seines Aussehens, seines Temperaments und seines Charismas der ideale Kandidat für das wichtigste Amt seines Landes zu sein scheint, wird von seinem einzigen Fehler aus dem Sattel gehoben: seiner blinden und selbstzerstörerischen Neigung, alle sexuellen Chancen zu nutzen.

Aufgrund von Harts Persönlichkeit und der Tatsache, daß wir bei jedem Ehebruchdrama den Scheinwerfer stets auf den Mann richten, neigen wir dazu, seine Frau Lee zu übersehen. Doch dies gehört untrennbar zur Rolle der Politikerfrau: Sie bleibt meistens im Hintergrund und dient als implizite Versicherung der sexuellen Präferenz, Potenz und Verantwortlichkeit ihres Gatten. Die Frau des Kandidaten ist für den Mann wie der Rahmen zu einem Bild, etwas, das ihn heraushebt und gleichzeitig an Ort und Stelle hält. Lee Hart scheint diese Rolle ungewöhnlich gut ausgefüllt zu haben; sie stellte sich der Karriere ihres Mannes zur Verfügung, während sie sich zugleich sanft aller öffentlichen Neugier entzog. Sie war anziehend und modebewußt, wirkte aber nicht so aufdringlich wie Jackie Kennedy. Sie blieb ganz im Schatten ihres Mannes. Wie Dorian Grays Bild alterte sie, während er jung blieb. Sie war ihm ergeben genug, um nach zwei Trennungen zu ihm zurückzugehen, aber ihre Ergebenheit wirkte nie so aufdringlich und anbetungsvoll wie bei Nancy Reagan. Als sie gelassen die Gerüchte über Harts Untreue von der Hand wies, wirkte sie wie der Inbegriff von Toleranz und stummem Leid, doch sie legte nie jene stoische Aggressivität einer Pat Nixon an den Tag.

Als man sie nach ihrer Ehe fragte, bekräftigte sie immer wieder ihre Liebe zu ihrem Mann, den seine Ratgeber oft daran erinnern mußten, sie bei öffentlichen Auftritten zu küssen. Jeder Aspekt von ihr schien ihn zu ergänzen wie ein nachträglicher Einfall, der seine besten Eigenschaften scharf heraushob und seine schlechten vergessen ließ. Die Loyalität einer Lee Hart war stets »nachträglich«.

In den Tagen, als Harts außereheliche Affären bekannt wurden, verlor Lees Ergebenheit diesen Charakter. Sie wurde vielmehr fast ebenso emblematisch wie die Untreue ihres Mannes. Allen Berichten zufolge drängte sie ihn, weiter im Rennen zu bleiben. Hart reagierte trotzig auf die Vorwürfe der Presse, während sie dazu neigte, seine Handlungen herunterzuspielen. Wenn ein Mann fortwährend seine Frau betrügt, drängt sich immer die Frage auf: »Wie hält sie das nur aus?«

Für Lee Hart mag der politische Ehrgeiz das entscheidende Motiv gewesen sein – eine Vorstellung, die sie allerdings von sich wies: »Wenn wir derart politisch orientiert wären, warum haben wir uns dann jemals getrennt?«[75] Ihre einzige öffentliche Reaktion auf die Frage nach der Treue ihres Ehemannes verriet eine so extreme Loyalität, daß es fast pathologisch wirkte: »Wenn es mir nichts ausmacht, sehe ich keinen Grund, warum es anderen etwas ausmachen sollte.«[76]

Diese Antwort war zugleich genial – sie deutete an, es gehe eher um Harts Moral als um seine mangelnde Urteilsfähigkeit – und provokativ: Sie versuchte, die Tat ihres Mannes in die Privatsphäre ihrer Ehe zu verlegen, und deutete an, es sei nur wichtig, wie sie selbst darauf reagierte. In diesem Augenblick meldete Lee Hart vielleicht zum ersten Mal den Anspruch an, ihrem Mann ebenbürtig zu sein, indem sie sich zur einzigen Richterin seines Verhaltens erklärte. Sie demonstrierte darüber hinaus einen Besitzanspruch, der zuvor nicht aufgefallen war: Sie verteidigte ihren Mann gegenüber Fragestellern, als seien sie ihre persönlichen Rivalen. Sie reagierte auf die Kreuzverhöre, als wolle sie sagen:

»Gary Hart gehört euch nicht, er gehört mir. Und ich will ihn so sehen, wie ich es will, auch wenn das bedeuten sollte, den Rest der Welt auszuschließen.«

Es gab einmal eine Zeit – und unglaublicherweise ist das noch gar nicht so lange her –, in der eine Frau durchs Leben ging, ohne mehr als nur eine zufällige Begegnung mit einem Casanova zu haben. Es war vielleicht ein Kollege, der sie zum Mittagessen einlud, obwohl er wußte, daß sie verheiratet war, oder der Nachbar, der für sein Benehmen bei Partys berüchtigt war. Die gleichen Faktoren, die das Leben einer Frau einschränkten, schützten es auch: Zwischen der Sicherheit ihres Elternhauses und der Sicherheit der Ehe verstrich nur eine kurze Zeitspanne. Die Entfernung, die sie als junge, ungebundene Erwachsene zurücklegte, war nicht größer als der Abstand zwischen zwei Trapezen, und an beiden Enden war ein Paar starker Arme und darunter ein Fangnetz: die Regeln der herrschenden Sexualmoral. Diese Sitten haben vermutlich die voreheliche Keuschheit, die eheliche Treue gefördert, aber einer Frau auch die Gewißheit vermittelt, daß kein anständiger Mann versuchen würde, »sich ihr gegenüber etwas herauszunehmen«, es sei denn, er habe »ernste Absichten«. Darüber hinaus gab es zuverlässige Normen, um von vornherein den Charakter eines Mannes einschätzen zu können. Ein Bursche mit einer Kette von Geliebten oder mehr als nur einer Beziehung zur gleichen Zeit war »nicht anständig«. Bis in die sechziger Jahre galt selbst ein geschiedener Mann als suspekt. Solche unausgesprochenen Regeln garantierten gewiß nicht das Wohlverhalten eines Mannes nach der Hochzeit – aber sie boten einer Frau zumindest die Illusion von Sicherheit.

Die Distanz, die die meisten Frauen heute zurücklegen müssen, hat sich vom kurzen Sprung zu einer langen, oft verwirrenden Wegstrecke vergrößert, und die Normen, die einst ihre Kontakte zu Männern regelten, sind zum größten Teil verschwunden. Die Frauen müssen heute in diesem Bereich ihren Fahrplan selbst bestimmen und sich selbst über die Grenzen, in denen sie sich bewegen wollen, klarwerden. Je häufiger eine Alleinstehende Beziehungen mit Männern eingeht, um so wahrscheinlicher ist es, daß sie schließlich auf einen Casanova stoßen wird. In einem Zeitalter, in dem die Auffassungen über Sexualmoral sehr subjektiv geworden sind, kann man Don Juans nicht mehr sofort als verdächtig oder gefährlich erkennen. Der bloße Gedanke an einen gefährlichen Charakter scheint ebenso antiquiert wie das Bild eines Schurken mit Schnurrbart und Brillantine im Haar. Bis vor kurzem reagierten wir eher mißtrauisch auf einen Mann, der zu schüchtern wirkte, als auf einen Draufgänger mit bewegter sexueller Vergangenheit. Auch jetzt, wo die Sexualität wieder suspekt wird, scheinen die Casanovas oft bloß die Privilegien einer verlängerten Jugend zu genießen – die Freiheit, unverbindlichen Sex bei der ersten Begegnung zu haben, ohne an die Zukunft zu denken, die Freiheit, die erotische Vielfalt zum Selbstzweck zu machen, Beziehungen offen und flexibel zu halten und nach Belieben zu beenden.

Der Liebhaber als Dessert

Bislang haben wir diese Männer aus so dichtem Abstand betrachtet und ihre Obsessionen so in allen Einzelheiten analysiert, daß wir uns erst wieder bewußtmachen müssen, wie attraktiv sie auf das andere Geschlecht wirken. Wir sind wie die Zuschauer bei einer Vorstellung von *Don Giovanni*, die alle Monologe und Nebenbemerkungen des Helden mitbekommen haben und sich fragen, wie in aller Welt irgendeine Frau auf so etwas hereinfallen kann. Aber die Züge, die einen Don Juan oder Casanova ausmachen, sind oft genau diejenigen, die sie zu erfolgreichen Verführern machen. Welche Frau hat nicht mindestens einmal auf die sexuelle Direktheit eines Eroberers, die geschickten Manipulationen eines Jongleurs oder die funktionale Leidenschaft eines Romantikers reagiert? Man definiert einen Alkoholiker als jemanden, dem es Freitag abends in Teheran noch gelingt, an ein Bier zu kommen. Ebenso sind Casanovas Männer, die unter allen Umständen Frauen finden und selbst die argwöhnischsten herumkriegen können. Diese Männer sind nach sexuellen Eroberungen süchtig, weil sie die gleiche oberflächliche Tröstung und Bestätigung bieten wie der Alkohol dem Trinker. Ihre Sucht verleiht ihnen eine starke Affinität zu ihrem Objekt; daher nehmen sie auch die fürchterlichsten Unannehmlichkeiten in Kauf, um ihr Ziel zu erreichen. Ein Eroberer sucht so lange nach einer Partnerin, bis die letzte Kneipe geschlossen hat, und am nächsten Abend nimmt er trotz eines grauenhaften Katers diese Suche wieder auf. Ihr Erfolg bei Frauen hat nichts mit ihrem Aussehen, ihrer Intelligenz oder ihrem persönlichen Prestige zu tun; er entspringt direkt ihrer Krankheit, die ihnen jenes romantische Ungestüm und die Überzeugungskraft verleiht, über die andere Männer einfach nicht verfügen. Sie sind die lebendigen Verkörperungen des Sprichworts, daß man etwas nur stark genug wünschen und bereit sein muß, etwas dafür zu opfern, um es auch zu bekommen.

Aus meinen Interviews mit Frauen geht hervor, daß der anfängliche Reiz dieser Männer eine totale Wirkung auf sie besitzt. Casanovas ziehen Frauen aus jeder wirtschaftlichen Schicht, jedem ethnischen Hintergrund und aus allen Berufen an. In ihrem Werbeverhalten verkörpern sie so viele populäre Stereotypen von romantischer Liebe, daß die Partnerinnen sie oft unwiderstehlich finden. Sie sind leidenschaftlich und ungestüm und drücken ihre Begierde ohne Umschweife aus. Casanovas reißen Frauen mit ihrem zwanghaften Streben nach romantischer und sexueller Erfüllung völlig vom Stuhl. Im Frühstadium der Beziehung idealisieren sie ihre Partnerinnen oft als Lukretias und beten sie auf eine Weise an, die man leicht mit Liebe verwechseln kann.

Gesunder Menschenverstand richtet gegen diesen Zauber nichts aus. Viele Frauen berichten vielmehr, daß sie sich sexuell und romantisch von Männern überrumpelt fühlten, denen sie niemals trauten. Helen Gurley-Brown schrieb vor kurzem: »Casanovas sind so romantisch und rennen einem bis zum Flugzeug nach, um sich zu verabschieden. Gleich, welche Motive sie haben, sie sind herrlich.«[77] Frauen scheinen bei solchen Begegnungen ebenso bereit wie Männer, den Verstand abzuschalten und aus reinem Gefühl und sinnlichem Vergnügen heraus zu reagieren. Casanovas verdanken heutzutage einen Teil ihres Erfolgs der Tatsache, daß viele Frauen ihre Grundannahmen teilen: Sex ist eine Form von zwischenmenschlicher Kommunikation wie jede andere. Wenn ein Bestseller den Frauen beibringt, daß Männer nur eine Nachspeise sind, wird die Liebesgeschichte mit einem Mann, der einen im Stich läßt oder sich als untreu herausstellt, zu Zuckerwatte, die sich im Mund auflöst und nur einen Hauch von Geschmack hinterläßt.

Die Opfer der Ladykiller

Damit will ich den echten Schmerz und die Desillusionierung nicht herunterspielen, die Casanovas so vielen Frauen zufügen, besonders jenen, die in ihrer Zärtlichkeit und Begeisterung die Anfänge für eine dauerhafte Beziehung sahen. Manche Frauen scheinen besonders von Casanovas angezogen zu werden, aus Gründen, die eher mit den eigenen ungelösten Emotionen zu tun haben als mit einer angeborenen Verlockung ihrer Partner. Es handelt sich um die Frauen, die sich immer wieder in den Falschen verlieben, die immer wieder betrogen und verlassen werden. Sie lassen sich auf Casanovas ein wie auf einen Kreuzzug, für den jedes Opfer recht ist. Wenn sie sich verlieben, dann geschieht es mit einer Leidenschaft, die alles andere in ihrem Leben überdeckt und weder Zögern noch Nachdenken duldet. Oft idealisieren sie den Casanova und ignorieren oder rationalisieren seine auffälligsten Fehler. Sie behandeln seine Untreue, Unzuverlässigkeit und Lügenhaftigkeit als kleine Unannehmlichkeiten, die man im Laufe der Zeit durch Liebe und Ergebenheit zum Verschwinden bringen kann. Oft schieben sie sich selbst die Schuld am Scheitern der Beziehung zu. Wenn er untreu ist, geben sie sich Mühe, ihm zu gefallen. Wenn er sie verläßt, verfolgen sie ihn, wenn er sagt, er liebe sie nicht mehr, lieben *sie* ihn nur *noch* mehr. Wenn er nicht mehr anruft, warten sie neben dem Telefon, die Gefangenen einer Hoffnung, die sich kaum noch von Verzweiflung unterscheidet. Für die meisten Frauen ist die Verlokkung eines Casanovas stark, aber kurzlebig. Wenn wir allerdings über die *Opfer* der Ladykiller sprechen, haben wir es mit nichts weniger als gebrochenen Herzen und Obsessionen zu tun.

Manche Frauen sind meiner Meinung nach Opfer einer Störung, die noch ernsthafter ist als der Casanova-Komplex. Freud diskutiert das männliche Gegenstück dazu in seinem Aufsatz: »Eine besondere Objektwahl bei Männern« (1910), einer Studie über Männer, die sich von den damals sogenannten »gefallenen Frauen« angezogen fühlten. Jede Frau, die eine Reihe von Affären mit Casanovas erlebt hat oder eine längere und unangenehme Beziehung mit einem Nestbauer, Jongleur oder Kater hatte, sollte entweder diesen Aufsatz lesen oder Robin Norwoods Buch »Frauen, die zu sehr lieben«, in dem die Gründe für ein ähnliches, aber weitaus destruktiveres Verhalten bei Frauen, die Gestalt, die es annimmt, und Vorschläge für eine Veränderung beschrieben werden. Die Opfer der Ladykiller haben eine spiegelgleiche Affinität zu Casanovas. Wie jene stammen sie aus dysfunktionalen Familien, in denen sie nur wenig oder gar keine Bestätigung erfuhren. Wie sie behandeln sie ihre Partner als Ersatzobjekte der Befriedigung, die sie in der Kindheit niemals erlebten und sich daher nie selbst verschaffen konnten. Die Dynamik des Casanova-Komplexes treibt jene Männer von einem Objekt zum anderen, während die Opfer der Ladykiller sich auf *einen* Liebhaber fixieren und keine Mühe scheuen, um ihn zu behalten. Ich lernte eine Frau kennen, die zuließ, daß ihr Freund mit einer anderen Frau ins Bett ging, während sie im Nebenzimmer fernsah. Eine andere unterstützte weiterhin ihren Mann, nachdem er mit seiner neuen Freundin zusammengezogen war. Mehrere von mir interviewte Frauen blieben emotional an die Männer gebunden, von denen sie schon vor Monaten verlassen worden waren, und verzehrten sich in der vergeblichen Hoffnung, daß die Liebhaber zu ihnen zurückkehren würden.

Für die meisten Frauen verliert ein Casanova nach ein paar Episoden der Untreue unwiederbringlich seinen Reiz. Man trauert keinem Mann lange nach, dem man nie vertraut hat. Die Opfer der Ladykiller hingegen reagieren auf andere Züge in diesen Männern, und ihre Anziehungskraft scheint sich direkt proportional zu Schmerz und Frustration in der Beziehung zu verstärken. Ein Großteil dieser Anziehungskraft scheint auf der sonderbaren Affinität der beiden Störungen zu beruhen. Diese Frauen erkennen im Casanova das eigene Bedürfnis nach sofortiger, müheloser Intimität und einer so allumfassenden, intensiven Verschmelzung, die weniger reifer Liebe ähnelt als der Verbindung zwischen Mutter und Kind. Seine buntgescheckte sexuelle Vergangenheit und seine Unbeständigkeit schrecken sie keineswegs ab. Diese Frauen empfinden die Herausforderung als erregend, ihn den anderen Frauen in seinem Leben zu entreißen, und sie fühlen sich belebt durch die Gefahr, ihn an andere Rivalinnen zu verlieren. Mit der Einsicht der Mitleidenden durchschauen sie die Fassade des Casanova aus Männlichkeit und Autarkie und erkennen den verwundeten Kern seiner Persönlichkeit. Aufopfernd widmen sie sich der Aufgabe, ihn wieder gesund zu pflegen. Hinter der Fähigkeit dieser Frauen für uneingeschränkte Ergebenheit und Selbstaufopferung verbergen sich ein grundsätzliches Unbehagen gegenüber der Ruhe, die wahre Nähe vermitteln könnte, und der unbewußte Glaube, daß man Liebe nur in Leid und Kampf erfährt – und davon gibt ihr der Casanova reichlich.

Die Störung dieser Frauen entspringt den Umständen ihrer Kindheit. Die Familien der Opfer von Ladykillern waren oft von Alkoholismus, Drogensucht, Inzest, Untreue oder Geisteskrankheit gekennzeichnet. Eine meiner Interviewpartnerinnen war die Tochter eines Alkoholikers und einer Mutter, die entschlossen alle Anzeichen seiner Trunksucht ableugnete. Eine andere war mit einer Mutter aufgewachsen, die manisch-depressiv war, ohne sich jemals behandeln zu lassen, und abwechselnd ihre Kinder mißhandelte oder in katatonische Starre verfiel. Eine andere war vom Vater sexuell mißbraucht worden. Die Töchter in solchen Familien erhielten nur wenig emotionale Zuwendung oder auch nur Anerkennung. Was sie sahen und hörten, wurde tabuisiert und abgeleugnet: »Daddy ist nicht betrunken«, sagte die Mutter, »er ruht sich nur aus.« Sie wuchsen in einem Klima permanenter Notsituationen auf. Oft mußten sie frühzeitig die Verantwortung einer Erwachsenen übernehmen, sich um jüngere Geschwister oder kranke Eltern kümmern oder den Haushalt führen, weil die Erwachsenen jegliche Autorität aus der Hand gegeben hatten. Durch das tagtägliche Chaos wurde ihnen praktisch die Kindheit gestohlen, und sie lernten sehr früh, sich wie Erwachsene zu verhalten, während sie die kindlichen Ängste und Sehnsüchte verbargen.

Als Erwachsene sind die Opfer der Ladykiller oft ausgesprochen verantwortungsbewußt und haben die Gabe, mit ihrem Leben zurechtzukommen und anderen zu helfen. In anderen Bereichen scheinen sie allerdings sonderbar unterentwickelt, so daß sie einen

Beobachter an nichts so sehr erinnern wie an die tapferen »fraulichen« Waisenkinder aus den Romanen von Charles Dickens. Sie verhalten sich absolut reif und erwachsen, doch ihr Inneres wird von kindlichen Bedürfnissen nach Anerkennung, Zuwendung und emotionaler Verschmelzung heimgesucht. Daß sie sich wiederholt zu Männern hingezogen fühlen, die ihnen genau das nicht geben können, scheint paradox. Aber sie suchen eben immer wieder die Erfahrungen der Kindheit, in der sie um die Liebe der sie nicht akzeptierenden, unfähigen oder infantilen Eltern bettelten – aber sie nur selten erlangten – und in der sie die Elternrolle übernahmen. Auf diese Frauen üben die nur dünn verhüllte Schwäche und Abhängigkeit des Casanova eine starke Anziehungskraft aus und erinnern unbewußt an die schwachen und abhängigen Eltern. Eine Affäre mit einem solchen Mann gibt ihnen die Gelegenheit, Verhaltensmuster auszuagieren, die verlockend vertraut sind. Sie ermöglicht ihnen, die einzige Form von Liebe nachzuvollziehen, die sie kennen.

Die Tatsache, daß diese Liebe ihnen nur wenig gibt, spielt eine geringe Rolle. Wenn diese Frauen eine Enttäuschung in der Liebe erleben, verfolgen sie den vertrauten Pfad der Fürsorge, Hilfe und Rettung nur mit um so größerer Hartnäckigkeit. Als Kinder wurden die meisten von ihnen konditioniert, die Schuld für das Versagen der Eltern auf sich zu nehmen. Wenn die Väter sie ignorierten, die Mütter sie mißhandelten, konnte der Grund nur sein, daß sie selbst Fehler begingen. Wie schmerzlich eine solche Erklärung auch sein mochte, sie beließ ihnen zumindest die Hoffnung, eines Tages die Liebe zu erringen, die sie wollten. Als Erwachsene klammern sie sich unbewußt an den Gedanken, daß die Ziele der Kindheit mit ein wenig Mühe immer noch erreichbar seien; sie müßten nur einen Ersatz für ihre Eltern finden, einen Mann, um den man sich Mühe gibt, den man umsorgt und mit unablässigem selbstlosem Eifer liebt, bis er einen schließlich wiederliebt.

Der Grat, der die »normalen« Frauen von den Opfern der Ladykiller trennt, ist oft schmal, und selbst die vernünftigsten Frauen verhalten sich manchmal auf eine Weise, die sie später als irrational erkennen. Wer würde sich nicht für die hitzige Leidenschaft eines Casanovas erwärmen oder sich nicht geschmeichelt fühlen, das momentane Zentrum seines Universums zu sein? Und wer wollte nicht irgendwann einmal in der Umarmung eines Liebhabers vergehen, das Leid der Trennung zumindest für eine Weile abwerfen? Die folgenden Zitate und Auszüge aus meinen Interviews zeigen, wie unterschiedlich Frauen auf Casanovas reagieren, und beleuchten sowohl die normalen als auch die pathologischen Aspekte in der Anziehungskraft dieser Männer:

Heiße Verfolgungsjagd

Don Juan: Wenn du mich liebtest, würdest du meine Seele trösten.
Thisbe: Ich bin die deine.
Don Juan: Wenn du wahrhaft die meine wärest, aus ganzem Herzen, wie kannst du mich dann so quälen und warten lassen?
Thisbe: Es ist die Strafe der Liebe, die ich endlich fand in dir. Sie läßt mich zögern.
Don Juan: Wenn, meine Liebste, ich nur in dir lebe und ewig dir dienen will, mein Leben dir schenke, weshalb zögerst du noch?

Tirso de Molina, *Der Spötter von Sevilla*

Joanne, 32: »Ich traf Gary in einem Rockclub in Boston. Er fragte mich, ob ich ihm einen ausgebe. Das war zumindest etwas Neues, daher ging ich darauf ein. Nach dem halben Glas sagte er, daß er mit mir schlafen wolle. Wenn das jemand anderer gesagt hätte, wäre ich aufgestanden und weggegangen. Doch ich fragte: ›Wie kommst du darauf, daß ich mit dir ins Bett gehe?‹ Er antwortete: ›Weil ich dich will, und ich bin es gewöhnt zu bekommen, was ich will.‹ Ich fand das ungeheuer aufregend. Er war so arrogant und direkt, als sei er so auf mich abgefahren, daß es ihm völlig egal war, welchen Eindruck er machte. Ich ging mit ihm nach Hause.«

Linda, 27: »Mein erstes Treffen mit Brad war okay, nichts Besonderes eigentlich. Aber er tat so, als sei es ganz toll, und rief mich an, nachdem er mich nach Hause gebracht hatte, um sich wieder mit mir zu verabreden. Nach einem Monat trafen wir uns zweimal in der Woche und verbrachten die Wochenenden zusammen. Ich brauchte nie auf einen Anruf zu warten – erst später, als er den Rückzug antrat, änderte sich das. Doch am Anfang war er vollkommen begeistert. Vermutlich hat seine Begeisterung uns beide mitgerissen. Man lernt ja in der Jugend, daß man einen Mann nicht anruft und ihn nicht drängt und ihm nicht sagt, daß man an ihm interessiert sei, weil ihn das in die Flucht jagt. Nun, Brad rief an und drängte. In unserer dritten Nacht sagte er, er liebe mich. Wenn ich mich daran zurückerinnere, wird mir bewußt, daß es die erste Beziehung war, in der ich keine Angst hatte. Die kam erst später.«

Lynne, 43: »Wie hätte ich merken sollen, daß Ray ein Typ war, der sofort wegrennt? Bei unserem zweiten Treffen steckte er mir eine Perlenbrosche an. Bei der dritten Verabredung sprach er davon, mich seiner Mutter vorzustellen! Er plante einen gemeinsamen Sommerurlaub und machte Vorschläge, was wir mit den Kindern anfangen sollten. Alles an ihm sagte: ›Ich liebe dich, ich will bei dir bleiben.‹ Und dann sagt er mir ganz unverhofft, daß er keine Bindung eingehen kann.«

Eines der Kennzeichen von Casanovas ist unvermitteltes, romantisches Ungestüm, das sofortige Befriedigung sucht. Ob es ihm nun um eine Nacht oder um eine längere Beziehung geht, er verfolgt das Ziel eifrig und durchrast die verschiedenen Stufen der Werbung wie ein Makler, der einen potentiellen Kunden durch die Zimmer eines verfallenden Hauses hetzt. Eine derart manische Verfolgung entspricht einer Reihe von Klischeevorstellungen von romantischer Liebe. Niemand, der in dieser Kultur großgeworden ist, ist gegenüber dem Gedanken immun, daß wahre Liebe plötzlich auftaucht, als sei man von einem Pfeil getroffen worden. Die Wirbelwindromanze ist fester Bestandteil unserer Literatur, von Theater, Filmen und Schlagern. Die Frauen sehen in der ungestümen Hast des Casanova ein Kennzeichen von Leidenschaft, vergessen aber, daß man mit einer Lüge ebenso rasch herausplatzen kann wie mit der Wahrheit. Für viele Frauen macht diese Verwegenheit einen ansonsten ganz gewöhnlichen Fremden geheimnisvoll und anziehend und verleiht ihm eine Aura romantischer Erregung, die sie zuvor nur mit den großen Liebenden in Filmen und Büchern in Verbindung brachten. Sie verlieben sich in Männer, die sich nur wie Liebende verhalten.

Ein Großteil der Erregung, die Frauen verspüren, wenn sie so bedrängt werden, hat weniger mit Verliebtsein zu tun als mit einem Prozeß, über den sie keine Kontrolle zu haben scheinen. Es bleibt kaum Zeit, sich den nächsten Schritt zu überlegen, ganz zu schweigen davon, die eigenen Gefühle einzuschätzen. Wieder folgen sie einer anerzogenen Klischeevorstellung, der Idee, daß Liebe gleichbedeutend mit Hingabe sei. Unsere Kultur gibt uns seit Jahrhunderten die Botschaft, wahre Liebe sei irrational, ein Kurzschluß des Willens. Diese Ideologie verbirgt sich hinter allen Geschichten, in denen Männer und Frauen durch Zauber oder andere Mittel zueinander geführt werden, und prägt das Bild von der Liebe in Schlagern wie *You Made Me Love You.* Sich jemandem hinzugeben ist zugleich bedrohlich und aufreizend, und für einige Frauen wird in solchen Situationen die Grenzlinie zwischen Angst und Erregung verwischt. Die Empfindungen, die man mit Leidenschaft assoziiert – trockener Mund, Magenflattern, das Herz, das einem in der Kehle schlägt –, sind gleichzeitig Symptome für Panik. Es ist gefährlich, den eigenen Willen aufzugeben, besonders wenn der Mann, dem man sich hingibt, eine unbekannte Größe ist. Ist dieser Fremde ein Liebhaber oder ein Mörder? Wenn Frauen sich in eine Wirbelwindromanze fallen lassen, verlieben sie sich teilweise auch in die Gefahr der Situation, die in mancher Hinsicht etwas von einer Vergewaltigung hat. Auch diese beginnt unvermittelt und mit einer abrupten und unmißverständlichen Forderung nach totaler Willensaufgabe des Opfers.

Es kann sehr beruhigend wirken, wenn man sich vom Schwung der Werbung eines anderen hinreißen läßt, denn man meidet so die schwierigen Entscheidungen, die alle Liebenden schließlich treffen müssen. Frauen haben vielleicht ihre Zweifel an Männern, die sich so unvermutet und heftig für sie interessieren, aber deren Tempo und Aggressivität fegen diese Zweifel rasch hinweg; sie bekommen das Gefühl, sie könnten unverbindlich »einen Ritt mitmachen«.

Eines der großen Risiken beim Lieben liegt in der Verantwortung für das, was geschieht, wenn es schiefgeht. Wenn wir uns der Leidenschaft eines anderen hingeben, entledigen wir uns dieser

Verantwortung; dies gestattet uns, uns als unschuldige Opfer von Kräften zu betrachten, die außerhalb unserer Kontrolle liegen. Sich verlieben ist unendlich viel einfacher als lieben. Es hängt nicht von einer Entscheidung ab, sondern von Höhenangst, die Milan Kundera »Trunkenheit durch Schwäche« nannte.[78] Außerdem ersetzt es mühsame Entscheidungen durch die rasche Unbedachtheit des Reflexes.

Wenn eine Frau ihrer selbst nicht sehr sicher ist und ihr Selbstvertrauen durch eine andere unglücklich verlaufene Beziehung erschüttert wurde, reizt es sie noch mehr, zum Objekt einer Wirbelwindwerbung zu werden. Einer der Gründe, warum sich Casanovas immer wieder in Liebesaffären stürzen, ist die Gewißheit, daß ihre Leidenschaft nie andauern kann. Sie haben vermutlich als Kinder gelernt, daß die Liebe ihrer Mutter unzuverlässig war und jeden Moment entzogen werden konnte. Als Erwachsene erfuhren sie, wie die eigenen Gefühle plötzlich schwanden und welkten. Die einzige Möglichkeit, ein Gefühl wenigstens zeitweise unter Kontrolle zu halten, ist, zuzugreifen und alles aus ihm herauszupressen, ehe es wieder verschwindet. Dies trifft jedoch beileibe nicht nur auf Männer zu. Jede/r Liebhaber/in fürchtet, die Geliebte/den Geliebten zu verlieren, und Frauen, die als Kinder verlassen, vernachlässigt oder nur unzureichend geliebt wurden, sind dieser Furcht besonders ausgesetzt. Als Erwachsene müssen sie immer dagegen ankämpfen, sich in Beziehungen zu stürzen, ohne deren Tiefe vorher ausgelotet zu haben. Ein solcher Widerstand ist natürlich besonders schwierig, wenn ein Casanova sie bedrängt, sich ihm hinzugeben, also zu tun, was natürlich sei. Jede Andeutung über die Zukunft, jede erotische Eskalation ist zugleich ein Versprechen weiterer Intimitäten und eine subtile Drohung. Hier stoßen zwei Ängste zusammen, verbinden sich und schaffen ein Klima romantischer Hysterie, in dem Vorsicht als Verrat betrachtet wird. Bei jeder Wirbelwindromanze gibt es einen gewöhnlich vom Casanova festgesetzten Termin – *Deadline!* –, der die Frau vor die Wahl stellt, entweder rasch zu handeln oder die Chance auf Liebe zu verspielen.

Der atemlose Schwung der Werbung eines Casanovas ist wie eine Flutwelle, die die Partnerin mitreißt. Sie spricht die tiefverwurzelten Vorstellungen der Frauen von romantischer Liebe an. Die Wirbelwindromanze ermutigt sie, statt des schweren Wegs – der Liebe – den leichten Weg zu wählen und sich zu *verlieben.* Statt selbständig zu urteilen und sich zu entscheiden, geben sie sich hin. Zugleich wohnt der Wirbelwindromanze eine Art verdeckter Erpressung inne, bei der die Alternativen lauten, entweder vor dem Angriff der Liebe die Waffen zu strecken oder auf immer verlassen zu werden.

Zauberspiegel

Wenn mir damals jemand gesagt hätte, daß all dies nur ein brillantes Spiel sei, eine Laune des Augenblicks, um seine Überlegenheit zu zeigen, eine grenzenlose, leichtsinnige Sucht zu gewinnen und das Gewonnene im nächsten Moment wieder fortzuwerfen: Wenn mir das an jenem Abend jemand gesagt hätte, ich weiß nicht, in welcher Form ich meiner Entrüstung Ausdruck verliehen hätte!

Charles Dickens, *David Copperfield*

Linda: »Am Anfang wurde Brad nichts zuviel. Er machte meilenweite Umwege, um mich von der Arbeit abzuholen. Wenn wir uns am Abend nicht treffen konnten, kam er ins Büro zum Mittagessen. Wenn er geschäftlich unterwegs war, rief er mich jeden Abend an, um mir zu sagen, wie sehr er mich liebte, denn er wußte, daß ich dann besser schlief. Wie sollte ich wissen, daß in den Hotelzimmern immer eine andere Frau bei ihm war? Bis heute wüßte ich gern, ob er die anderen auch so verwöhnt hat wie mich. Ach, streichen Sie das besser. Ich möchte gern glauben, daß er nur bei mir so war.«

Claire, 38: »Ich kann immer noch nicht glauben, daß Hank mich nicht liebte. Ich weiß nicht, vielleicht hatten wir einfach verschiedene Definitionen von Liebe. Ich hätte mich nicht in ihn verliebt, wenn er nicht so völlig von mir überzeugt gewesen wäre. Er wollte immer bei mir sein, auch als ich an einer dringenden Sache arbeitete und kaum mit ihm sprechen konnte. Solange wir zusammen waren, konnte ich einfach nichts falsch machen. Das war ein Mann, der mich schon morgens beim Aufwachen schön fand! Er war sehr, sehr großzügig: teure Restaurants, die besten Weine, Geschenke wie diese

Crèpe de Chine-Bluse für unsere erste Liebesnacht. Er kannte keine Grenzen, wenn es um Zeit und Aufmerksamkeit für mich ging. Wie kann denn das alles Lüge gewesen sein?«

Jeder Betrüger weiß, daß alle Menschen am liebsten das Beste über sich glauben. Wenn uns eine Wahrsagerin erzählt, wir hätten ein leidenschaftliches Herz, verborgene Talente und tiefes Verständnis für die menschliche Natur, holen wir tief Luft und erklären: »Da haben Sie mich haargenau beschrieben!« Nur zu oft reagiert die Geliebte auf den Casanova, weil er das Beste in ihr zu sehen scheint – ja er sieht sie als perfekte Verkörperung von allem, was ihm selbst zu fehlen scheint. Seine Erregung, die Erregung eines Mannes, der vermeintlich seine fehlende Hälfte erspäht, überwältigt alle Gleichgültigkeit, die sie empfinden mag. Er ist vielleicht körperlich nicht sonderlich aufregend, nur von normaler Intelligenz und hat den Stil eines Feuermelders, aber diese Fehler werden von seiner Begeisterung für sie wettgemacht. Eine Frau *verliebt* sich weniger in einen solchen Mann, als daß sie seiner Liebe für sie *nachgibt* und sich in einen Rausch fallen läßt, der ebenso verführerisch wie diffus ist. Die Talente eines Casanovas, seine Geschenke, seine Bereitschaft, ihr all seine Zeit zur Verfügung zu stellen, überzeugen sie davon, wie wichtig sie für ihn ist. Und nach einer Weile wird er ebenso wichtig für sie.

Der Gedanke, für jemanden wichtig zu sein, ist für Frauen sehr verführerisch, die sich als Kinder vernachlässigt fühlten. Jedes Kind will Anerkennung, doch viele Kinder standen im Schatten der Geschwister oder wurden von Eltern vernachlässigt, die entweder zu beschäftigt, krank oder unfähig waren, ihren Nachwuchs, den sie ja selbst in die Welt gesetzt hatten, gebührend zu schätzen. Die für Casanovas anfälligen Frauen jagen häufig immer noch der Anerkennung nach, die sie als Kinder nie bekamen. Der Casanova scheint sie ihnen zu bieten. Dies ist eine weitere spiegelgleiche Symmetrie zwischen Casanovas und den Frauen, die sie lieben. Diese Männer werden von ihrer eigenen kindlichen Sehnsucht nach Aufmerksamkeit und Zuwendung verzehrt und wissen daher intuitiv, daß man zum Zentrum der Welt einer Frau wird, indem man sie selbst zu einem Zentrum macht, und wenn auch nur auf kurze Dauer. Das Band zwischen Casanovas und ihren Partnerinnen besteht zwischen ähnlich gestörten Individuen, die im jeweils anderen das Potential für eine Heilung der Wunden aus der Kindheit sehen.

Derartige Beziehungen sind per se narzißtisch, und Narzißmus ist oft stärker als Liebe. Die Liebenden dienen einander als Zauberspiegel, die ein Ich wiedergeben, das ewig jung, bewundernswert und verführerisch bleibt. Wenn man intensiv begehrt wird und Zentrum besessener Aufmerksamkeit ist, wirkt das wie eine Droge, wie so viele Berühmtheiten entdeckt haben: Stars wie Judy Garland schienen oft ihre Fans ebenso zu brauchen wie die Fans sie. Diese Anbetung vermittelt einem ein emotionales Highsein, das man leicht mit der Euphorie der Liebe verwechselt. Es ist zudem sehr leicht, diese Euphorie mit der Person zu verwechseln, die sie hervorruft. Casanovas geben Frauen ein Gefühl, wunderbar zu sein, daher muß *er* auch wunderbar sein. Genau wie er seine Partnerinnen idealisiert, idealisieren sie ihn und seine Fehler. Casanovas verwandeln ihre Geliebten vorübergehend in Stars, und diese Stars sind natürlich unendlich dankbar für den Fan, dem sie diese »Eigenschaft« verdanken.

In Extremfällen kann die idyllische Erinnerung an die Verehrung eines Casanova dazu führen, daß eine Frau nicht wahrhaben will, daß er sie nicht mehr liebt. Während die Beziehung zu ihm auseinanderbricht, verdrängt sie die immer unerfreulichere Gegenwart und klammert sich an die Erinnerungen. In ihren nostalgischen Phantasien wirkt seine zunehmende Interesselosigkeit bloß wie eine momentane Entfremdung. Sie versucht verzweifelt, eine Erklärung dafür zu finden, und hofft, daß die Entfremdung wieder verschwindet. Seine Aufmerksamkeit ist für sie wie eine Droge, die noch Monate nach dem Entzug wirkt. Ihre euphorische Erinnerung an die Affäre, ihre hartnäckigen Klagen, daß er sie doch geliebt haben muß, sind ebenso eine Selbsttäuschung wie die Erinnerung des Süchtigen an das letzte Highsein.

Zu Beginn der Liebesbeziehung machen Casanovas ihren Partnerinnen häufig teure Geschenke. Diese Art von Zuwendung ist verführerisch und wird leicht mit Liebe verwechselt. In der Lust, geliebt zu werden, ignorieren Frauen manchmal ihre innere Stimme und die genauere Wahrnehmung der Männer, die sie zu lieben vermeinen. Mit Robin Norwoods Worten fragen sie schließlich:

»Wie sehr liebt (oder braucht) er mich?« und nicht: »Wieviel bedeutet er mir?« Dankbarkeit wird für Liebe gehalten und nimmt allmählich ihren Platz ein.[79]

Die Orgasmusspezialisten

Er will unbedingt Frauen gefallen, denn wenn er ihnen gefällt, gefällt er sich selbst ... sein Geheimnis beim Liebesspiel ist eine ägyptische Technik mit Namen Imsak. Ganz gleich, wie erregt er ist, er gestattet sich nicht, zum Höhepunkt zu kommen. Ihm gefällt daran das Gefühl von Herrschaft über den eigenen Körper, während er die Frau bis zur Besinnungslosigkeit erregt. Er gewinnt Lust daraus, die Partnerin zur völligen Hingabe zu treiben, während er beherrscht bleibt, absoluter Herr der Lage.

Barbara Hutton über ihren Liebhaber und späteren fünften Ehemann Porifirio Rubirosa

Joanne: »Er war sehr gut im Bett. Damit meine ich, daß er mir und meinem Körper eine Menge Aufmerksamkeit widmete, damit ich meinen Spaß hatte. Bei vielen Männern hatte ich immer das Gefühl, benutzt zu werden. Gary hat mich mehr oder minder angeregt, ihn zu benutzen. ›Ich weiß, was du willst, laß es mich dir geben.‹«

Claire: »Wie weiß man, ob ein Mann einen liebt? Das frage ich mich heute noch. Hank verhielt sich körperlich zu mir nämlich, als liebe er mich wirklich. Er sagte immer, er schwelge in mir. Ich fand meinen Körper nie sehr attraktiv. Ich dachte immer, ich sei an einigen Stellen zu dick und an anderen zu dünn. Ich fand meine Brüste zu klein. Bei Hank mochte ich meinen Körper, weil er ihm gefiel. Er schlief gern mit mir. Er konnte gar nicht genug bekommen. Nie hörte ich: ›Ach, ich bin müde, laß uns schlafen.‹ Gewöhnlich war ich es, die aufhören mußte. Und so war es bis zum Tag unserer Trennung. Wie konnte ich erkennen, daß er nicht mehr in mich verliebt war? Im Bett hat sich das sicher nicht gezeigt.«

Christine, 27: »Gegen Ende wollte mich Stewart nur noch jede zweite Woche sehen – dazwischen machten wir zwar Pläne für ein

Treffen, aber er sagte immer ab. Er hat kaum noch mit mir gesprochen, und alles, was ich sagte, betrachtete er als Bettelei oder Manipulation. Mir hätte klarsein sollen, daß unsere Beziehung am Ende war. Aber im Bett war es immer noch gut. Es war sogar besser als am Anfang. Alle Differenzen zwischen uns, das Mißtrauen und die Verletzungen verschwanden im Schlafzimmer immer sofort. Es war nur ein endloses Lieben. Das war schließlich alles, was mir blieb, aber daran habe ich mich panisch geklammert.«

Das Bett ist die wahre Arena des Casanova, der Ort, an dem er sich am mächtigsten und erfolgreichsten fühlt, am sichersten vor der eigenen Qual. Es überrascht nicht, daß er oft ein »guter Liebhaber« ist, wenn wir einen erfolgreichen Spender von Orgasmen als guten Liebhaber bezeichnen wollen, wie es so oft geschieht. Guter Sex ist natürlich an sich enorm anziehend, besonders in einer so erotisierten Gesellschaft wie der unsrigen.

Wir sehen sexuelle Befriedigung in zunehmendem Maße und unabhängig vom Geschlecht als unser Geburtsrecht, als selbstverständlich in jeder Beziehung zwischen Mann und Frau. Von dort aus ist es nur ein kurzer Schritt zu der Ansicht, daß guter Sex der wichtigste Gesichtspunkt einer Beziehung sei, der Aspekt, der sie als *gut* oder *schlecht* ausweist. Wenn Eros an die Öffentlichkeit tritt, wird sexuelle Erfahrenheit mit Liebe verwechselt; Bestätigung und Lust, die ein Mann einer Frau im Bett schenkt, werden als Zeichen seiner Liebe für sie gewertet. Orgasmen signalisieren dann Gefühle, die vielleicht gar nicht existieren. Casanovas sind, wie wir gesehen haben, fähig, Spaß an Sex mit Partnerinnen zu haben, für die sie nichts empfinden, und ziehen oft größte Befriedigung aus dem Gastspiel der einen Nacht. Für sie stimmt die Gleichung *Sex gleich Liebe* nicht: Eine Frau, die die sexuelle Virtuosität des Casanova für das Zeichen seiner Liebe hält, könnte genausogut die Blütenblätter von einem Gänseblümchen abreißen und dabei singen: »Er liebt mich, von Herzen mit Schmerzen ...«

Leider schließen auch viele Frauen von der Sexualität auf ihre eigenen Gefühle. Im Bett werden die Unwägbarkeiten der zwischenmenschlichen Beziehungen durch scheinbar »handgreifliche« Fakten ersetzt. Wieviel leichter ist es, jemandem zu sagen, daß wir einen Orgasmus hatten, als daß wir ihn lieben! Insbesondere die Opfer der Ladykiller scheinen von ihren Gefühlen losgelöst: Für sie ist der Körper oft das Barometer des Herzens. Eine Frau erzählte mir: »Ich wußte, daß ich Al liebte, denn ich konnte es kaum ertragen, wenn er nicht bei mir war. Ich wollte nie, daß er mein Bett verließ. Sexuell hat er mich in ein wildes Tier verwandelt. Und das bedeutete für mich Liebe.« Wieder erkennen wir die Verwechslung zwischen einem Körpergefühl und einem emotionalen Zustand, eine Reduktion der Liebe auf ein paar erogene Reaktionen. Es überrascht nicht, daß viele Frauen große sexuelle Lust bei Casanovas empfinden – diese Männer sind ja schließlich »Orgasmusexperten«. Doch die Frauen, die sich ihnen hingeben, identifizieren oft das träumerische Entzücken des ausgedehnten Liebesspiels und die vielen Orgasmen mit Liebe.

Das wird besonders deutlich, wenn sich die Beziehung ihrem Ende nähert. Wenn die Kommunikation zwischen dem Casanova und seiner Partnerin zusammenbricht, wenn Verabredungen abgesagt werden und Unterhaltungen verebben, kann Sex an Bedeutung gewinnen: Er ist das einzige, was »noch klappt«. Besonders die Opfer der Ladykiller benutzen Sex häufig als Lösungsversuch für die zahlreichen Probleme in der Beziehung. Für diese Frauen wie auch für die Casanovas selbst ersetzt der Geschlechtsverkehr mit der Zeit Sprache, nichtsexuelle Berührung, Zärtlichkeit und Nähe. Nur im Bett fühlen sie sich sicher, denn nur hier scheinen ihre Partner sie zu begehren. Sie spüren, daß die Liebhaber sich von ihnen entfernen, und klammern sich, entsetzt angesichts dieser Vorstellung, um so enger an den Partner, wenn sie mit ihm schlafen. Sex birgt eine Reihe unausgesprochener Botschaften, und zwischen dem Casanova und dem Opfer des Ladykillers ist es in der Tat oft »gut«. Schließlich handelt es sich um die Verteidigung der letzten Bastion.

Doch manchmal kommt es auch vor, daß sich der Sex in der Endphase einer Casanova-Beziehung verschlechtert. Wenn Gefühle der Anziehung sich in Panik und Vorwürfe auflösen, leidet er zuweilen unter Impotenz oder zieht sich einfach von der Partnerin zurück. Wenn es bei ihm einmal »nicht klappt«, kommt es häufig vor, daß der Casanova den Verkehr ganz meidet, um eine Wiederholung der Demütigung zu vermeiden. Die Geliebte des Casanova schiebt sich dann oft selbst die Schuld zu, besonders wenn er ihr Vorwürfe macht, wie es oft geschieht. Sie behandelt den Mann nun als sexuellen Invaliden und bemüht sich ängstlich, seinen Penis zu »heilen« und die Leidenschaft neu zu entfachen, die er auf so geheimnisvolle Weise verlor. Sie experimentiert mit neuen Positionen, exotischen Verkleidungen und dem ganzen üblichen Arsenal. Sie wirkt ebenso panisch erfinderisch wie eine überbesorgte Mutter, die ihr Kind »richtig« ernähren will. Dabei übersieht sie zumeist völlig, daß ihr Partner sie nun nur noch als Fürsorgerin akzeptiert.

Sex ist die Form, in der sich der Casanova seinen Geliebten mitteilt. Es überrascht daher nicht, daß Sex die einzige Möglichkeit der Geliebten wird, ihn zu halten. Eros wird zur Ersatzsprache, zum Vehikel für Gefühle und Bedürfnisse, die kein Partner direkt auszudrücken wagt. Daher gewinnt Sex in diesen Beziehungen große Macht und eine Bedeutung, die jeden Partner zwingt, alle »Äußerungen« des anderen zu interpretieren und in seinen oder ihren sexuellen Reaktionen Bedeutung zu erkennen. Ihr Orgasmus sagt ihm, daß sie ihn liebt, seine Erektion sagt ihr, daß er sie noch begehrt. Wenn die anderen Kommunikationskanäle zusammenbrechen, wird Sex zum Schrei nach Zuwendung, zum Flehen um Liebe und zur Rechtfertigung für eine Beziehung, die eigentlich schon lange zu Ende ist.

Die Intrige der Selbstliebe

Du kannst tanzen. Du bringst mich zum Lachen. Du hast Röntgenaugen. Du kannst singen. Du bist ein Diplomat.
Jeder liebt dich.
Du bezauberst die Vögel im Himmel.
Aber ich weiß eines: Ich liebte dich mehr.

Laurie Anderson, *Gravity's Angel*

Claire: »An Hank faszinierte mich das gleiche, was ich bei Lewis gut fand. Sie ruhten beide in sich selbst. Sie erinnerten mich an die Jungen in der High-School, die gut aussahen oder sehr sportlich waren und es genau wußten. Sie konnten mit niemandem etwas anfangen, der nicht gut aussah oder ebenso beliebt war wie sie. Natürlich wollte ich sie darum um so mehr. Hank und Lewis waren so, wie jene Jungen als Erwachsene gewesen wären. Sie waren zwar nicht so gut aussehend oder erfolgreich, aber sie strahlten das gleiche Selbstvertrauen und Selbstbewußtsein aus. Und als sie sich für mich interessierten, war es, als habe mich der Kapitän der High-School-Fußballmannschaft um eine Verabredung gebeten.«

Christine: »Obwohl er mir immer sagte, daß er mich liebe, kümmerte sich Stewart letztendlich nur um sich selbst. Er war absolut selbstbezogen: Es interessierte ihn nur, wie er aussah, wie andere ihn fanden und eine Zeitlang auch, wie ich ihn fand. Wenn ich wütend auf ihn wurde, weil er eine Verabredung platzen ließ oder eine andere Frau ansprach oder mich tagelang nicht anrief, dann war das immer *mein Problem*. Er hat sich kaum jemals für etwas entschuldigt. Ich mußte ihn so nehmen, wie er war, oder es lassen. Er konnte einen damit wahnsinnig machen, doch er war gleichzeitig so charmant und leidenschaftlich. Und irgendwie wirkte er auf eine seltsame Weise ehrlich. Was immer er sonst gewesen sein mochte, ein Schwächling war er nicht.«

In einer Gesellschaft, die seelische Gesundheit in der Regel mit der Abwesenheit von Konflikten gleichsetzt, wird Narzißmus oft mit Wohlbefinden verwechselt. Die Frauen, die sich mit Casanovas einlassen, jenen absolut narzißtischen Männern, finden sie oft bewundernswert »normal«. Und gewiß sehen sich viele Casanovas selbst so. Sie nähren sich von der Bewunderung ihrer Partnerinnen, bedürfen beständig äußerer Bestätigung und Bewunderung und bieten der Welt eine Maske gebieterischen Selbstbewußtseins dar. Sie ähneln darin Katzen, jenen liebenswerten Raubtieren, die von denen, die sie füttern, völlig unabhängig zu sein scheinen und uns irgendwie ungeheuer schmeicheln, wenn sie sich für einen Moment auf unserem Schoß niederlassen.

Diese offensichtliche Selbstzufriedenheit verleiht ihrer Galanterie eine Aura von Großzügigkeit. Die Zuwendung eines Casanova scheint nicht so sehr einem Bedürfnis zu entstammen, sondern eher einem Gefühl der *noblesse oblige*. Auf ähnliche Weise legt er aristokratische Verachtung für die Ausdrücke des Mißbehagens seiner Partnerinnen an den Tag. Frauen, die ihn wegen Untreue oder Vernachlässigung zur Rechenschaft ziehen wollen, werden oft beschuldigt, besitzergreifend und unsicher zu sein. Oft glauben sie am Ende diesem Mann, dem Unentschiedenheit oder Selbstzweifel Fremdwörter zu sein scheinen. Seine entwaffnende, unerschütterliche Art weckt oft Bewunderung. Wir brauchen nur die Interviewauszüge am Anfang dieses Abschnitts noch einmal zu lesen, um die grollende Bewunderung zu erkennen, die Casanovas bei den Frauen hervorrufen, die sie so bitterlich enttäuscht haben.

Ich glaube, diese Bewunderung ist in Wirklichkeit nostalgischer Neid. Freud bemerkt in seinem Aufsatz *Zur Einführung des Narzißmus*, daß der Narzißmus einer Person große Anziehungskraft auf jene ausübe, die dem eigenen Narzißmus entsagt haben und sich der Objektliebe zugewandt haben. Der Charme eines Kindes beruhe zum großen Teil in seinem Narzißmus, seiner Selbstzufriedenheit und Unzugänglichkeit.[80] Casanovas wirken in der Tat oft sehr jugendlich – wie Dorian Gray. Sie sind dabei keineswegs dem Alterungsprozeß gegenüber immun, sondern wirken deshalb so jung, weil sie in gewisser Weise die Haltungen der Kindheit bewahrt haben. Jeder Casanova bleibt im Grund seines Herzens entweder der kleine Prinz oder der ungezogene kleine Schlingel seiner Mutter. Diese Jugendlichkeit macht den typisch amerikanischen Sexappeal aus, die Haltung des ewigen Kindes. Casanovas scheinen einer Frau eine zweite Jugend zu versprechen, in der es ohne Folgen oder Verpflichtungen nur ums Vergnügen geht. Diese Einladung wirkt besonders auf jene Frauen so verlockend, die am stärksten den Pflichten des Erwachsenendaseins unterliegen. Gewiß aber zieht sie die Opfer der Ladykiller an, die das Leben oft nur in Kategorien von Pflicht und Verantwortung betrachten. Niemand reagiert auf die Phantasie der zurückgegebenen Kindheit stärker als jene, die der Kindheit allzu früh entsagen mußten.

Die Abhängigkeit des Casanova wird durch die narzißtische Fassade der Selbstzufriedenheit und Autonomie verborgen. Er scheint Frauen zu wollen, ohne sie jemals wirklich zu brauchen, und liebt sie von seinem Olymp aus ohne Unsicherheit, Schuldgefühle oder Zweifel. Von einem solchen Mann geliebt zu werden, mit dem

Gefühl, daß man irgendwie seine Mauer der Selbstzufriedenheit durchbrochen hat, kann ungeheuer schmeichelnd wirken. Es ist, als sei man von einem Gott auserwählt worden. Der Narzißmus eines Casanovas erinnert zudem an den seligen Solipsismus der Kindheit. Wenn er Frauen seine Liebe anbietet, bietet er die symbolische Rückkehr in eine Zeit an, in der auch sie ohne Sorgen und Nöte waren. Eine Affäre mit einem Casanova stellt daher die zweite Chance zur Kindheit und der damit verbundenen narzißtischen Freiheit und Verantwortungslosigkeit dar.

Der Mythos sofortiger Nähe

Und dazu begehre ich alles, es reicht ... daß wir beide ohne festen Platz sind und zaubrisch einander austauschen können, daß das Königreich des »einen für den anderen« komme, ... als seien wir die Vokabeln einer neuen, seltsamen Sprache, in der es ganz üblich wäre, das eine Wort anstelle des anderen zu benutzen. Diese Vereinigung wäre grenzenlos. Roland Barthes, *A Lover's Discourse*

Marylin, 40: »Von dem Moment an, als unsere Unterhaltung begann, war es, als würden der Raum und alle Personen ringsum versinken. Gregory erzählte mir alles über sich, seine Hoffnungen, seine Träume, seine tiefsten Ängste, wie seine Ehe auseinanderbrach, seine Glücksspielprobleme. Er hielt mit nichts hinterm Berg. Ich dachte daher, ich könnte mich ebenfalls öffnen – und zwar auf der Stelle.«

Phyllis, 52: »Wenn ich daran zurückdenke, fällt mir auf, wie einseitig meine Beziehung mit Joe war. Es ging immer nur um seine Ziele, seine Prioritäten, seine Karriere. Wir versuchten seine Anwaltskanzlei wieder aufzubauen, und ich stellte meinen Beruf zurück und tippte nächtelang seine Korrespondenz. Ich war ausgebildete Anwältin und spielte seine Sekretärin! Die Ironie war, daß ich seine Kanzlei leitete, während er sich mit anderen Frauen herumtrieb. Die größere Ironie aber liegt darin, daß ich das immer noch machte, als ich schon über alles Bescheid wußte.«

Janet, 34: »Jim zog mit Marissa zusammen, aber er bat mich immer noch regelmäßig um Geld, und ich habe es ihm nie abgeschlagen. Er rief mich an, war betrunken und heulte, weil sie irgend etwas getan hatte, und dann kam er zu mir. Ich habe vermutlich immer geglaubt, er käme dieses Mal endgültig zurück, aber das hat er nie getan. Und auch nachdem mir das klargeworden war, konnte ich nicht nein zu ihm sagen. Ich spürte seinen Schmerz. Ich wußte, wie demütigend es für ihn war, ständig den Job zu wechseln. Ich erinnerte mich, wie er unter seinem Alkoholismus litt. Ich konnte sogar nachempfinden, was er mit seiner Freundin durchmachte, und wahres Mitleid aufbringen – auch wenn *er mir* ja schließlich genauso weh getan hatte! Wir waren uns dreieinhalb Jahre sehr nah gewesen, und da konnte ich nicht so tun, als habe diese Zeit niemals existiert. Und so hatte ich das Gefühl, daß alles, was mit ihm geschah, mir zustieße.«

Hinter dem ständigen Wechsel zwischen Eroberung und Verlassen verbergen sich die Sehnsucht eines Säuglings nach Verschmelzung mit seiner Mutter und eine ebenso starke Furcht vor den Folgen einer derartigen Verschmelzung. Zu einem anderen zu werden bedeutet, sich selbst zu verlieren. Zu Beginn seiner Liebesbeziehungen verspricht er den Frauen, was er selbst wünscht und fürchtet – eine verführerische Illusion von Nähe. Sehr viel von seinem Verhalten strahlt die Botschaft aus: »Ich will dir nahe sein.« Und in nichts wirkt diese Botschaft direkter als im Klima sofortiger verwegener Intimität mit der Partnerin, das er bewußt gestaltet. Er öffnet sich ebenso leicht, wie er sich die Krawatte aufbindet, und verleiht jeder Lüge den Wahrheitscharakter eines geflüsterten Bekenntnisses. Vom Augenblick des ersten Treffens an gibt er der Frau ein Gefühl von Komplizenschaft: unvermittelt, exklusiv und erotisch aufgeladen. Sie hat am Geheimnis seines Ichs teil.

Das Versprechen unmittelbarer Nähe wirkt in einem Land besonders verlockend, wo das Credo des Individualismus viele Menschen einsam macht. Als menschliche Wesen sehnen wir uns nach müheloser Nähe zu anderen. Das Bedürfnis nach sofortiger Intimität steht hinter unserer Bereitschaft, Fremde beim Vornamen zu nennen, unserer Vorliebe für Encounter-Therapie und sogar unserem besessenen Interesse für das Privatleben bekannter Persönlichkeiten. Wenn wir das Magazin *People* lesen, gewinnen wir einseitig eine momentane Nähe zu den Menschen, die wir nie kennenlernen werden. Wenn der Casanova sich einer neuen Frau eröffnet, besteht ihre Reaktion oft in einer Mischung aus Neugier und Dankbarkeit. Er hat sie auserwählt, ihm zuzuhören, und daher fühlt sie sich nicht wie ein Voyeur, sondern wie eine Mitverschwörerin. Sie glaubt, daß er sie zu seiner Vertrauten macht, weil er in ihr einen ihr unbekannten Wert entdeckt hat.

Die *Opfer* der Ladykiller sind für diese Auserwähltheit besonders empfänglich, denn ihre Einsamkeit beruht darauf, daß sie nie wirkliche menschliche Nähe erfahren haben. Ihr Sehnen nach Intimität ist ebenso zwanghaft wie das des Casanova. Wie er sind sie gezwungen, mit einer Maske zu leben. Doch aufgrund der verschiedenen Umstände in ihrer Kindheit und der unterschiedlichen Gebote unserer Kultur an Männer und Frauen fehlt ihnen die Fähigkeit des Casanova, sich zu öffnen. Der Casanova lernte als Kind, sich vor seinen Eltern zu produzieren, die entsprechenden Frauen mußten dagegen in ihrer Kindheit meistens eher gehorchen. Sie betteln um Anerkennung, fürchten sich aber gleichzeitig vor Zurückweisung, und daher fällt es ihnen schwer, sich zu öffnen. Sie können es nur gegenüber Personen, denen sie vertrauen – und ein Casanova versucht sofort alles, damit sie ihm vertrauen.

Angespornt von erotischer Erregung und der tröstenden Illusion des Vertrauens, eskalieren die Beziehungen bald zu einer emotionalen Verschmelzung. Der Casanova wird rasch von der Unterstützung und Zuwendung seiner Partnerin abhängig. Doch ebenso rasch identifiziert sie sich mit ihm, teilt seinen Schmerz, seine Hoffnungen, seine Ängste, seine Ziele. Ihre Launen verändern sich mit seinen. Sie will, was er will, und opfert bereitwillig ihre emotionalen Wünsche und beruflichen Ziele, um ihm zu gefallen. Wie Phyllis vernachlässigen diese Frauen ihre Karriere, um Briefe für einen Mann zu schreiben, der sie unablässig betrügt. Dem Tempo, mit dem eine solche Verschmelzung eintritt, kommt nur ihre Hartnäckigkeit gleich. Ein Casanova löst sich rasch und fast mühelos von seinen Partnerinnen, die Frau eines Ladykillers vernachlässigt ihre Bedürfnisse und ihr Wohlbefinden vielleicht nach dem Ende der

Beziehung oft noch monatelang. Janets »Symbiose« mit Jim beanspruchte sie so stark, daß sie sich selbst nach der Trennung noch seiner Schmerzen annahm, als wären es ihre eigenen. Sie reagierte auf jede Krise mit mehr Geld und emphatischer Wut.

Die starke Anziehungskraft einer Verschmelzung ist teilweise ein Relikt einer traditionellen Vorstellung von romantischer Liebe. Einen Mann zu lieben, bedeutete für eine Frau, mit ihm eins zu werden und ihr Leben dem seinen unterzuordnen. Ihr Leben, ihre Bedürfnisse hatten nie viel gezählt. Im viktorianischen England gab es unter Ehemännern einen beliebten Scherz: »Meine Frau und ich sind eins, und ich bin wie er.«[81] Man setzte Liebe mit Leidenschaft – *compassion* – im wörtlichen Sinne gleich: als »miteinander fühlen«. Das wachsende Bewußtsein, daß die romantische Verschmelzung gewöhnlich einseitig verlief (denn wie viele Männer identifizierten sich schon mit ihrer Frau?), führte zur Abschaffung dieses Mythos, und vom zeitgenössischen Standpunkt aus gesehen wirkt diese Art selbstverleugnender Liebe altmodisch und ein wenig bedrohlich: als emotionaler Selbstmord. Wir können eine andere Person nicht lieben, wenn wir nicht unsere eigene Identität wahren und ihr treu bleiben. Wenn wir Liebe als eine Beziehung definieren, in der zwei getrennte Wesen kurzfristig ihr Getrenntsein überwinden, bedeutet die Ableugnung dieses Getrenntseins nicht weniger als den Verrat der Liebe.

Für das prädestinierte *Opfer* ruft die Aufforderung zur Symbiose, wie sie vom Casanova ausgeht, eine Reaktion hervor, deren Wurzeln in früheren Erfahrungen von Selbstverleugnung liegen. Wenn ein Kind gezwungen wird, sich wie ein Erwachsener zu verhalten, zur Mutter der Mutter oder der Geliebten des Vaters zu werden, gibt es seine eigenen Bedürfnisse zugunsten der der Eltern auf. Auch eine weniger dramatische Forderung – die überstarre Haltung einer Mutter, damit die Tochter ihre Wertvorstellungen übernimmt – verlangt häufig das gleiche Opfer. Die Identität des Kindes ist noch im Begriff, sich herauszubilden; daher kann es noch nicht verstehen, was es aufgibt. Es weiß nur, daß es gelegentlich so etwas wie Liebe bekommt, wenn es sich den Vorstellungen der Eltern fügt. Jahre später, wenn die erwachsene Frau einem Casanova begegnet, von dem das Versprechen einer romantischen Verschmelzung ausgeht, reagiert sie wie damals. Nichts ist leichter und erregender, als die Unsicherheit der eigenen Bedürfnisse für die Befriedigung derjenigen einer anderen Person aufzugeben.

Casanovas sind zwar kaum zu wirklicher Nähe fähig, doch sie verstehen es sehr geschickt, sie zu imitieren. Sie scheinen sich rasch und mit einstudierter Natürlichkeit zu öffnen, was viele Frauen überzeugt und ihre Phantasie von unmittelbarer, müheloser Intimität anregt. Was sie jedoch bieten, ist keine Liebe, sondern ein kurzes Intervall symbiotischer Einheit, in dem allein *ihre* Bedürfnisse, Gefühle und Ziele eine Rolle spielen. Für die Opfer der Ladykiller birgt dieses einseitige Versprechen einen stark regressiven Appell. Sie wuchsen in Familien auf, in denen ihre Bedürfnisse beständig negiert wurden, setzten daher unbewußt Liebe mit Selbstverleugnung gleich und suchen nichts so sehr, als ihre Bedürfnisse aufzugeben, um das Kindheitsszenarium nachzuspielen. Jede Beziehung zwischen einem Ladykiller und seinem Opfer hat daher Züge von einem Geschäft: Wenn sie ihre Autonomie aufgibt, liebt er sie vielleicht.

Das Schreckgespenst der anderen Frau

Dann kam sie auf die Idee, daß es vielleicht einen Weg gab, die Vorwürfe zu vermeiden, die sie in Tomas' Untreue sah: Er brauchte sie ja nur mitzunehmen, wenn er seine Geliebten besuchte! Vielleicht würde ihr Körper dann zum besten und einzigen unter all den anderen. Ihr Körper würde zu seinem zweiten, seinem Assistenten, seinem Alter ego werden.

Milan Kundera, *Die unerträgliche Leichtigkeit des Seins*

Marylin: »Zuallererst sprachen wir über eine andere Frau, seine Exgattin. Zwei Stunden lang erzählte mir Gregory, wie sie ihn verrückt gemacht habe, um ihn dann zu verlassen. Und ich dachte natürlich: ›So eine verdammte Ziege!‹ und: ›Du armer, armer Mann! Marylin wird alles besser machen.‹ Es war wie eine Herausforderung für mich, sein Selbstvertrauen wiederaufzurichten nach allem, was sie ihm angetan hatte. Ich wollte siegen, wo sie versagt hatte.«

Janet: »Ein paar Monate nachdem wir zusammengezogen waren, beschloß Jim, zurück zu Trudy, seiner Exfrau, zu gehen. Sie waren damals zwar noch nicht geschieden, aber ich war völlig schockiert. Vorher hatte ich über sie nur erfahren, daß sie (mit Jims Worten) ein kastrierendes Monstrum sei, das er nie wiedersehen wolle. Und dann erzählt er mir ganz unverhofft, daß Trudy sich wieder mit ihm versöhnen wolle. Er meinte, als Katholik könne er sich nicht einfach so von ihr scheiden lassen und er liebe mich zwar, aber er müsse verantwortungsvoll genug sein, um seiner Ehe noch eine Chance zu geben. Als er sagte, es sei seine Verantwortung, konnte ich ihm nicht mehr böse sein. Ich bin schließlich auch katholisch und weiß, was ein Sakrament bedeutet. Ich war aber wütend auf sie und tief getroffen, doch ich sagte: ›Ja, gut, mach, was du für richtig hältst.‹ Wie konnte ich ihm Vorwürfe machen? Als er drei Monate später zurückkam, empfand ich nur Erleichterung.«

Carol, 33: »Es gab eine Menge Anzeichen, daß Paul andere Beziehungen hatte oder zumindest mit anderen Frauen schlief. Er war immer von Frauen umgeben und wurde Tag und Nacht von ihnen angerufen. Wir konnten nirgendwohin gehen, ohne eine Frau zu treffen, die ihn kannte. Jedesmal, wenn ich mit ihm einen Raum betrat, schätzte ich die Bedrohung ab und fragte mich: ›Hat er was mit ihr? Oder mit der da? Was hat die da im Sinn?‹ Ich war so aufgedreht vor Angst, daß ich mich nirgendwo amüsieren konnte. Das Unglaubliche aber war, daß mir nie in den Sinn kam, daß er mich betrog. Ich dachte immer nur: Er könnte mit der und der und hat vielleicht mit jener. Ich habe ihn nie zur Rechenschaft gezogen. Für mich war es immer der Fehler der Frauen. Ich betrachtete Paul als kostbaren Preis, den mir alle anderen wegnehmen wollten, und gestand ihm nie die Macht zu, zu entscheiden, ob er mir nun treu war oder nicht. Ich bewachte ihn wie ein Hund seinen Knochen. Und ich wagte nicht, wütend auf ihn zu werden, weil er mich dann sicher verlassen würde.«

Die meisten Frauen werden von Männern angezogen, die auch andere Frauen attraktiv finden. Die wachsende Angst vor AIDS unter Heterosexuellen macht vielleicht eine bewegte erotische Vergangenheit zum Risiko, aber die meisten Frauen sind weiterhin der Meinung, daß ein Mann eine gute Grundlage an erotischer Erfahrung und ein lebhaftes, aktives Interesse am anderen Geschlecht haben sollte. Unter den Opfern der Ladykiller finden wir diese Haltung oft in übertriebenem Maße. Sie scheinen sich besonders von Männern angezogen zu fühlen, die erst vor kurzem mit anderen Frauen zusammen waren. Diese Männer sind häufig gerade erst geschieden oder haben sich von den Freundinnen getrennt, mit denen sie zusammenlebten. Oft sind sie »halb in festen Händen«, winden sich in den Fängen einer unmöglichen Beziehung und suchen verzweifelt einen Ausweg. Einige dieser Frauen beginnen als »Dritte« bei einer Dreiecksbeziehung und werden dann von den dankbaren Casanovas »befördert«.

Es ist leicht, mit einem »gefangenen« oder verlassenen Mann Mitleid zu haben. Die Opferfrauen reagieren oft auf die Klagen eines Casanovas über eheliche Mißverständnisse, Feindseligkeit und Vernachlässigung mit einem Sympathieausbruch. Viele der interviewten Frauen behaupteten, ihre eigene unglückliche Vergangenheit mache ihnen die Identifikation mit Männern leicht, die ähnlich behandelt worden seien. Doch dieses Mitgefühl scheint aus einer tieferen Gefühlsquelle zu stammen: einer verhüllten, aber heftigen Rivalität anderen Frauen gegenüber. Wenn sie ihre Vorgängerinnen beschreiben, geschieht das in ebenso frauenfeindlichen Begriffen wie bei den widerlichsten Casanovas: »eklig«, »kaltherzig«, »kastrierend«. Immer sind andere Frauen an seinem Unglück schuld. Sie betrachten sich selbst nicht so sehr als mitleidige Trostspenderin, sondern als Rächerin. Wenn sie die Casanovas lieben, triumphieren sie, wo die andere Frau versagt, und gewinnen, was keine andere Frau bislang halten konnte. Für diese Frauen stellen die Casanovas den Preis in einem Kampf dar, der um so heftiger ausgetragen wird, als er sich gegen unsichtbare Rivalinnen wendet.

Wenn wir einer Frau mit einer ausgeprägten Neigung zu Rivalitäten gegenüber anderen Frauen begegnen, stoßen wir gewöhnlich auf Merkmale von Konflikten, die bis in die Kindheit zurückreichen. Es handelt sich um zwei Grundkonflikte. Die Feindseligkeit kann sich aus der Wut gegen eine mißhandelnde oder gleichgültige Mutter entwickelt haben oder direkt aus ungelösten ödipalen Gefühlen dem Vater gegenüber stammen. Die meisten Mädchen treten zu irgendeinem Zeitpunkt in einen Wettstreit mit der Mutter um die Liebe des Vaters. Der Kampf wird gewöhnlich auf die gleiche Weise gelöst wie unter Jungen: durch Identifikation mit dem gleichgeschlechtlichen Elternteil. Aber manchmal findet diese Identifikation niemals statt: Die Mutter ist vielleicht zu grausam oder bedrohlich, oder der Vater ermutigt die Tochter und reagiert vielleicht sogar auf ihre inzestuösen Phantasien. Auf einer unterbewußten Ebene rivalisiert das Kind dann weiterhin mit der Mutter um die Anerkennung des Vaters. Jede Frau, deren Ödipus-Szenarium ungelöst bleibt, wird sich auf Kämpfe mit anderen Frauen einlassen und sich Männern zuwenden, die sie als »Besitz« anderer Frauen betrachtet. Wenn sie sie ihren Ehefrauen oder Freundinnen ausspannt, kann sie das alte Familiendrama in einer sicheren Kampfbahn austragen, in der die Inzesttabus nicht mehr wirksam sind.

Doch Problem ist, daß der Casanova niemals wirklich erobert werden kann. Keine Frau, wie liebevoll, großzügig oder verständnisvoll sie auch sein mag, kann seine süchtigen Bedürfnisse erfüllen und ihn davon abhalten, andere Partnerinnen zu suchen. Sobald seine Partnerin die eine Rivalin besiegt hat, treten andere an ihre Stelle. Die Erkenntnis, daß ihr Partner chronisch und gewohnheitsmäßig untreu ist, ist oft schwer zu ertragen. Daher »absolviert« sie ihn von jeglicher Verantwortung für seine Affären und betrachtet alle anderen Frauen als kaltblütige Raubkatzen. Die ständige Bedrohung durch andere Frauen verleiht der Beziehung Reiz und Dramatik, die die Fehler des Partners kompensieren. Der Mann wird – um mit Carol zu sprechen – zu einem »kostbaren Preis« und um so begehrenswerter, je mehr ihn andere Frauen begehren.

Das Opfer eines Ladykillers zieht sich, um mit der Untreue des Partners fertig zu werden, zumeist auf die drei verschiedenen Formen der Kollusion zurück, die wir zuvor im Kapitel über die streunenden Kater und ihre Partnerinnen diskutiert haben. Die eine Möglichkeit ist: Sie streitet seine Rolle bei diesen Vorfällen ab und *ignoriert* alle Beweise für seine Untreue. Oder sie nimmt seine Entschuldigungen, er müsse Überstunden machen oder mehr Zeit mit den Freunden verbringen, für bare Münze und versteift sich darauf. Sie tut, als ob die Beziehungen mit seinen »Freundinnen« ganz unschuldig seien, oder betrachtet ihn als passives Opfer: »Diese Huren können einfach nicht die Finger von ihm lassen.« Ich sprach mit einer Frau, bei der die Verdrängung so extrem ausfiel, daß sie nicht wahrhaben wollte, daß sie selbst die Kleider einer anderen Frau in der Wohnung ihres Freundes gefunden hatte. Die Frau, die einen Casanova zu *überwachen* versucht, verwendet viel Zeit darauf, ihn zu verfolgen, seine Telefonate abzuhören und seine Alibis zu überprüfen. Wenn sie den Beweis findet, den sie gleichzeitig sucht und fürchtet, explodiert sie wütend, beendet aber die Beziehung nur selten. Er betrügt sie weiterhin, sie warnt, überwacht, schimpft. Schließlich läßt sie sich auf die leeren und demütigenden Rituale der *Beschwichtigung* ein. Sie betrachtet das Verhalten des Casanova als Reaktion auf ihre eigene Unzulänglichkeit und bemüht sich, die Rolle der Geliebten, Haushälterin oder Therapeutin zu spielen, je nachdem, was ihr Mann vermeintlich bei »der anderen« sucht. Bei jeder Enttäuschung verdoppelt sie ihre Anstrengungen: Sie glaubt, wenn sie zu der Frau werden kann, die ihr Mann wirklich begehrt, wird er schließlich wie durch Zauber der Liebhaber sein, den sie sich wünscht.

Doch keine dieser Verhaltensweisen kann einen Casanova »kurieren«. Ein Erwachsener kann eben das Verhalten eines anderen Erwachsenen nicht ändern. Solange die Frau das aber versucht, ersetzt die Illusion, sie könne ihren streunenden Partner kontrollieren, mit die reale Perspektive, sich um sich selbst zu kümmern und ihn vielleicht zu verlassen.

Doch für diese Frauen ist die Kollusion als Reaktion auf Leid so vertraut, daß sie immer wieder auf dieses Verhaltensmuster zurückgreifen. Oft verhalten sie sich in ihren Beziehungen mit Casanovas genauso wie zuvor als Kinder in ihren dysfunktionalen Familien. Damals war die Kollusion notwendig, denn sie waren zu schwach, um die Menschen zu verlassen, die destruktive Macht über ihr Leben hatten. Diese Kinder waren oft gezwungen, den Alkoholismus oder die Geisteskrankheit der Eltern zu verleugnen. Wir wissen von Familien, in denen die Kinder gezwungen waren, die Whiskyflasche der Mutter zu verstecken oder einen gewalttätigen Vater abzuhalten, die Geschwister zu sehr zu prügeln. Und wir sehen, wie diese Kinder sich abstrampeln, um die Unfähigkeit der Eltern zu kompensieren, und für die sorgen, die sich eigentlich um sie kümmern müßten. Sie vergelten Mißhandlung mit Gehorsam, Unbeständigkeit mit Verantwortung, Vernachlässigung mit Ergebenheit. Trotz der äußeren Reife haben die Opfer von Ladykillern oft keine andere Wahl, als das in der Kindheit erlernte Verhaltensmuster zu kopieren. Sie fühlen sich zu Männern hingezogen, die ihnen die Gelegenheit geben, sich so zu verhalten. Die Verleugnung, Überwachung und Beschwichtigung, einst lebensnotwendige Verhaltensweisen, werden nun zu Gewohnheiten, die zugleich schmerzlich und seltsam tröstend sind.

Wenn man sich mit einem Casanova einläßt, wird man zu einer von vielen Frauen in seinem Leben. Es ist ziemlich herabwürdigend, eine von vielen zu sein, es sei denn, man hofft, die letzte zu sein, diejenige, die triumphiert, wo so viele andere Frauen scheiterten. Sich mit einem Mann einzulassen, der gewohnheitsmäßig untreu ist, bedeutet unvermeidlich, sich auch mit seinen anderen Frauen einzulassen, mit Dutzenden von Rivalinnen in Vergangenheit und Gegenwart. Für manche Frauen ist ein solcher Kampf vertraut und erregend. Hier besteht die Chance, den ödipalen Konflikt der Kindheit in anderer Umgebung wiederaufzunehmen. Die anderen Geliebten des Casanova verstärken seine Anziehungskraft und schaffen eine Atmosphäre von Spannung und endlosem Kampf. Sie dienen als bequeme Objekte für Wut und Enttäuschung, Empfindungen, die sich eigentlich gegen den Frauenhelden richten müßten. Die Beziehungen des Casanova mit anderen Frauen machen ihn daher perverserweise oft für seine »Hauptfrau« attraktiv, die sich vielleicht manchmal fragt: »Würde ich ihn so sehr begehren, wenn es die anderen nicht gäbe?«

Der große Mann war ein Ausbund an Bedürfnissen; er war ein Abgrund, der ihr das Herz aus der Brust saugte.

John Updike, *Die Hexen von Eastwick*

Phyllis: »Joe war ein schwacher Mann. Wirklich schwach. Aber genau das wollte er vermutlich auch sein. Als ich ihn kennenlernte, war er irgendwo herausgeflogen und lebte bei seinen Eltern. Mich hat das aber nicht abgehalten. Im Verlauf unserer Ehe hat er zwei Anwaltskanzleien, ein Geschäft und ich weiß nicht wie viele Freundinnen durchgebracht. Ich war immer diejenige, die sein Leben wieder auf die Reihe brachte. Ich half ihm bei der Arbeit und beglich seine Schulden. Wann immer Not am Mann war, war ich für ihn da. Doch am verblüffendsten ist, daß mir das ausnehmend gut gefiel! Ich hatte das Gefühl, daß ich gebraucht wurde!«

Janet: »Was mich an Joe so faszinierte? Er war brillant und wild und absolut unpraktisch, aber auf eine sehr charmante Weise. Er war leicht verletzlich, leicht entmutigt. Es lag an mir, alles zusammenzuhalten. Ich stand zwischen ihm und der Welt, weil er nicht wußte, wie er sonst weiterleben sollte. Er hatte nie gelernt, wie man Rechnungen bezahlt oder mit Kritik an der eigenen Arbeit fertig wird. Da er trank, war natürlich alles noch schwieriger für ihn. Er brauchte jemanden, der sich um ihn kümmerte, und das war ich. Oft, nachdem ich ihn verlassen hatte, rief er mich an, weil er sich irgendwo betrunken hatte und nicht mehr nach Hause fahren konnte. Ich habe ihm oft Geld gegeben – irgend jemand mußte sich schließlich um ihn kümmern. Er sagte immer, ohne mich hätte er sich schon lange umgebracht.«

Diana, 43: »Unsere Beziehung beruhte auf einem unausgesprochenen Vertrag: Bret würde mein Leben romantischer machen, und ich gab ihm dafür Stabilität. Da er sehr offen über seine Probleme sprach, dachte ich, endlich gäbe es jemanden, der sich meine anhören würde, den legendären ›sensiblen Mann‹. Es war mir wichtig, gebraucht zu werden, seine Wäsche zu waschen, sein Essen zu kochen und ihm in seinem Beruf zu helfen. Und ich dachte, wenn ich etwas brauchen würde, würde ich das auch von ihm bekommen. Doch genau in dem Augenblick, in dem ich ihn brauchte, war er verschwunden. Einmal sagte er: ›Werd mit deiner Scheiße selbst fertig.‹ Aber mit seiner mußte ich fertig werden.«

Der Casanova wirkt nach außen hin oft dynamisch und selbstsicher, gepflegt, beruflich kompetent und sexuell erfahren. Diese Eigenschaften kompensieren aber nicht die Mängel, die er in seinem Kern spürt. Früher oder später gibt selbst der erfolgreichste Casanova sein Gefühl von Leere und Verlust zu, gewöhnlich in einem verschleierten Rettungsappell an eine geeignete Frau. Ein wohlhabender Geschäftsmann vertraut seiner Sekretärin an, daß er unglücklich verheiratet sei. Lord Byron seufzt: »Ich habe keinen einzigen Freund in der Welt!« – in Hörweite eines leicht zu beeindruckenden Mädchens. Die Intimitäten des Casanova enthalten einen verführerischen Hilferuf auf einer Frequenz, die nur die dafür prädestinierten Frauen empfangen: die Opferfrauen, die selbst an seelischen Verletzungen leiden. Sie spüren deutlich *seine* Verletzlichkeit und reagieren darauf galvanisch, während andere Frauen das Weite suchen würden. Die Opferfrau empfindet Alkoholismus, Drogensucht und emotionale Instabilität nicht als Bedrohung; sie sieht darin nur Folgen der Leiden, die ihm herzlose Frauen oder eine kalte Welt zugefügt haben. Sie rühmt seine Verletzlichkeit und Sensibilität und sein menschliches Potential, das nur zum Vorschein kommen kann, wenn sie sich verpflichtet, diesen Verwundeten mit Liebe wieder gesund zu pflegen. Doch das bedeutet, daß sie mehr als nur eine Geliebte sein muß: Sie muß auch die Rollen einer Mutter, Krankenschwester, Sekretärin und Beichtigerin annehmen. Wenn die Beziehung sich verschlechtert, denn er wird sich früher oder später von ihr zurückziehen und sich anderen Frauen zuwenden, werden diese Rollen noch wichtiger. Die Tatsache, daß er sie offenkundig braucht, läßt sie die Möglichkeit, daß er sie vielleicht nicht liebt, gar nicht in Betracht ziehen. Oft scheut sie sich sogar, sich selbst zu fragen, ob sie ihn liebt – denn bei ihr treten zunehmend Panik, Wut und Enttäuschung an die Stelle der Zuneigung. Die Schwäche des Casanova erlaubt seiner Partnerin, ihre eigene lähmende Abhängigkeit zu verleugnen und die eigene Machtlosigkeit zu kompensieren. Janet erinnerte sich: »Manchmal drohte ich Jim, ihn zu verlassen, und dann weinte er und bat mich zu bleiben. Als er mich verließ, dachte ich, er würde irgendwann zurückkommen, weil sich ja wohl niemand so um ihn kümmern würde wie ich.«

Robin Norwood meint, daß die Anziehungskraft eines versehrten Mannes auf der sexuellen Verkehrung der »Rolle von Dornröschen« beruhe, das unter einem Zauberbann schlief und auf den befreienden Kuß wahrer Liebe wartete.[82] Diese Phantasie ist nicht einseitig: Casanovas sehen sich selbst oft als Verletzte und suchen Partnerinnen, die sie gesund machen. Die Opferfrauen reagieren auf diesen Appell und stürzen sich auf die Rolle des Prinzen. Die dauerhafte Gültigkeit von Mythen und Märchen besteht darin, daß sie Ausdruck kollektiver Bedürfnisse, Ängste und Wahrheiten sind, verschlüsselte Botschaften. Was erkennen wir im Märchen »Dornröschen«? Zunächst einmal, daß Liebe selbstlos und hartnäckig ist und jedes Hindernis überwindet, selbst den stärksten Zauberbann. In der Logik der Märchen wird solche Liebe erwidert: Wenn Dornröschen erwacht, verliebt es sich in seinen Retter. Der Verwundete übt einen noch stärkeren Zauberbann auf die Phantasie seiner Partnerin aus: Er versichert ihr, gebraucht zu werden, appelliert an ihr Bedürfnis, die Beziehung zu beherrschen, und dient als symbolische Ersatzfigur für die Eltern und das beschädigte Ich.

Wenn man sich verliebt, gelangt man oft zu der unglücklichen Erkenntnis, daß die Liebe ebenso ungerecht ist wie das Leben. In der Welt außerhalb unserer Märchen werden Freundlichkeit, Geduld und eine schöne Seele nicht immer belohnt. Wie tröstend dagegen die »ausgleichende Gerechtigkeit« in Dornröschen, wo Liebe mit Liebe vergolten wird. Niemand sehnt sich stärker nach Gerechtigkeit als jene, denen sie beständig verweigert wurde. Und wenn wir uns die Kindheit von Opferfrauen ansehen, fällt auf, wie absolut ungerecht sie häufig verlief. Als Kinder mußten sie oft ohne angemessene elterliche Fürsorge und ohne die Anerkennung auskommen, die für die meisten Menschen selbstverständlich ist. Die Liebe, die sie erhielten, war an Bedingungen geknüpft, und diese

Bedingungen veränderten sich oft ohne Warnung. Eine Folge einer solchen Erziehung ist ein starkes Bedürfnis nach Gerechtigkeit. Da die Opferfrauen sie in der Kindheit nicht erfuhren, neigen sie als Erwachsene dazu, Gegenseitigkeit zum Ziel ihrer Beziehung zu machen, und geben ihre Liebe in der Hoffnung, daß sie Gleiches zurückbekommen werden. Ihr Unglück beruht auf der Ironie, daß sie sich so oft zu Männern hingezogen fühlen, die sie nicht wiederlieben können.

Es geht nicht nur darum, daß die Opferfrau sich immer den falschen Mann aussucht, sie sucht auch nach der falschen Sache. Wenn wir uns wieder dem Märchen zuwenden, sehen wir, daß Dornröschen den Prinzen aus einem bestimmten Grund liebt: Sein Kuß hat es wieder zum Leben erweckt. Das verwundete Herz reagiert auf den, der es heilt. Diese Logik steht hinter der fatalen Anziehungskraft des Casanova für diese Frauen. Sehr oft fühlen sie sich genau aus dem Grund zu ihm hingezogen, weil er versehrt und daher bedürftig ist und sie unbewußt Bedürftigkeit und Liebe gleichsetzen. Jedesmal, wenn ihr Liebhaber sie ruft, jedesmal, wenn er sie bittet, die Trümmer seines Lebens zu ordnen, bestätigt das seine Liebe. Das Eingeständnis des Casanova, Bedürfnisse zu haben, bedeutet mehr für sie als das Interesse aller anderen Männer. Keine Zärtlichkeit rührt sie so sehr wie sein Hilferuf.

Opferfrauen verwechseln oft, genau wie die Casanovas, Abhängigkeit mit Bedürfnissen. Die Botschaft ihrer Kindheit lautete nicht, daß ihre Eltern sie liebten, sondern daß sie sie *brauchten*. Casanovas wurden gewöhnlich gebraucht, um die narzißtischen Wunden der Mutter zu heilen, doch diese Frauen erfüllten wesentlich elementarere Rollen. Sehr oft hielten sie die Familie zusammen. Wenn sie dabei scheiterten, wurden sie mit physischer oder psychischer Gewalt bestraft. Eine Frau erzählte, als sie sich einmal weigerte, sich um die bettlägrige Mutter zu kümmern, hätten beide Eltern wochenlang nicht mit ihr gesprochen. Solche Erfahrungen schädigen das Selbstwertgefühl eines jeden Kindes. Die unbewußte Überzeugung, daß sie keine Liebe verdienen und bestenfalls Abhängigkeit und gelegentliche Dankbarkeit von Menschen erwarten können, die ebenso verkrüppelt sind wie jene, die sie aufzogen, bleibt bis ins Erwachsenenleben bestehen. Auf dieser Ebene fühlen diese Frauen, daß nur ihre Nützlichkeit sie vor dem Verlassenwerden bewahrt. Ihre Bemühungen um den Partner werden zwar meistens nicht gedankt und erlegen ihnen große Belastungen auf, aber sie können Liebe anders auch gar nicht begreifen. Selbst wenn sie es könnten, sie würden die Unsicherheit echter Liebe, die ja keine Garantien kennt, unerträglich finden. Wenn ein Mann einen nicht braucht, wie weiß man denn dann, daß er einen nicht verlassen wird?

Dieser Vertrag ist, wie viele andere Transaktionen zwischen dem Casanova und der Geliebten, einseitig und zum Scheitern verurteilt. In der Welt außerhalb der Märchen erblüht ein pathologisches Bedürfnis nur selten zur Liebe auf, und die bedürftigsten Individuen sind oft am wenigsten zur Liebe fähig. Wenn man sie bittet, etwas zurückzugeben, reagieren sie vermutlich wie Bret: »Werd mit deiner Scheiße selbst fertig.« Auch ist Bedürftigkeit keine Versicherung gegen das Verlassenwerden. Es ist für den Casanova leicht, andere Frauen zu finden, auf die er sich stützen kann. Da die versehrten Männer niemals ihren Partnerinnen die Liebe zurückgeben können, müssen solche Beziehungen andere Befriedigungsmöglichkeiten bieten. Ein Großteil dieser Erfüllung liegt im Akt dieser Liebe selbst. Wenn man einen versehrten Mann liebt, beruhigt man ihn, wartet auf ihn, pflegt ihn, vor allem aber hilft man ihm. Hilfe ist aber oft nur eine andere Form der Kontrolle. Jedesmal, wenn eine Frau dem Casanova zu Hilfe eilt, versucht sie auf irgendeine Weise seine Lage zu kontrollieren. Doch jede Kontrolle, die sie erlangt, ist eine Illusion, denn all ihre Bemühungen, sein Leben in die Hand zu nehmen, können es nicht zusammenhalten oder ihn zur Treue bewegen. Doch wenn sie unaufhörlich am Partner arbeitet, kann sie zumindest ihre eigene Machtlosigkeit verleugnen. Ihre Rettungsversuche werden zur bedeutungslosen, aber tröstenden Beschäftigungstherapie, die so wirkt, als würde ein Matrose das Deck eines sinkenden Schiffes trockentupfen.

Das Bedürfnis nach Kontrolle erwächst wie die Empfänglichkeit für Magie und Religion einem Gefühl von Hilflosigkeit. Jedes Kind, das in einer chaotischen Umgebung groß wird, versucht vermutlich, diese zu kontrollieren. Es ist unwichtig, ob ihm dies gelingt: Kinder denken auf magische Weise und ziehen die gleichen Verbindungen zwischen ihren Handlungen und dem Verhalten der Eltern wie die Stammesmenschen zwischen ihren Ritualen und dem Wetter am folgenden Tag. Aller Wahrscheinlichkeit nach verbringen die Opferfrauen ihre Kindheit mit vergeblichen, aber hartnäckigen Versuchen, Ordnung in das Familienchaos zu bringen. Ungeachtet der Wirkung bilden diese Aktivitäten einen Puffer gegen Gefühle von Panik, Wut und Hilflosigkeit, die es sonst überwältigen würden. Solange die Tochter die Kranken pflegt, die Wütenden beruhigt und beim Streit der Eltern eingreift, ist sie nicht selbst Opfer des häuslichen Melodramas, sondern *Heldin*: das gute kleine Mädchen, dessen Tapferkeit und altkluger Fleiß die Familie zusammenhalten.

Der wahre Zweck solcher Kontrolle liegt aber niemals darin, den anderen wiederherzustellen. Das Kind ist ebenso unfähig, die Mutter zu heilen, wie die erwachsene Frau unfähig ist, den Casanova »gesund zu lieben«. Solches Verhalten dient nur der Abwehr von Gefühlen. Jedes Verhalten, das unseren Schmerz betäubt, führt vermutlich zur Sucht, wie das Trinken beim Alkoholiker und die Eroberungen beim Frauenhelden. Die Beziehung zwischen einem Casanova und seinen Frauen ist daher eine Allianz zwischen Süchtigen, wobei jeder den anderen als Ersatzobjekt benutzt. Der Casanova braucht Frauen, die ihm das momentane Gefühl von Zuwendung und Vollständigkeit geben, die Opferfrau braucht Männer, die sie heilen kann, Nachfolger der Eltern, die sie in der Kindheit pflegte. Wenn sie den Casanova heilt, hofft sie unbewußt, sich selbst zu heilen, denn was wäre das Ersatzobjekt, wenn es nicht für einen fehlenden Teil ihrer selbst stünde? Die Tatsache, daß eine Heilung nie eintritt – daß diese Männer sie immer betrügen oder verlassen, gleich, was die Partnerinnen für sie tun –, führt dazu, daß dieses Ritual unendlich oft wiederholt wird. Wir erleben dieses süchtige Spiel in den meisten längerfristigen Beziehungen zwischen Casanovas und *ihren* Frauen.

Fünter Teil

Der ungefesselte Casanova

13. Die Sicht von unten

Es gab während meiner Sexsucht einen Punkt – und zwar nach Jahren der Psychotherapie, deren unendlich diskutiertes und ausgeschöpftes Hauptthema meine Unfähigkeit war, Beziehungen aufrechtzuerhalten –, an dem ich mich gesund genug fühlte, um zu heiraten. Ich begriff inzwischen die verwickelten Ursprünge meines Mißtrauens Frauen gegenüber, mein neurotisches Bedürfnis nach ständiger Stimulierung, meine Angst, mich an jemanden zu binden, der mich möglicherweise verlassen würde. Aber der Eindruck war falsch. Ich beherrschte die Beziehungsstrategien, die meine Therapeutin mir beigebracht hatte, die gleichen, die viele andere Profis einer Generation von Casanovas verschrieben. Ich wußte, wie ich über meine Gefühle sprechen mußte, ehe ich ihnen nachgab. Ich wußte, daß guter Sex nicht eine Frage der Leistung ist und nur wenig damit zu tun hat, wie viele Orgasmen ich meiner Partnerin verschaffe. Ich wußte, daß ich einer Frau nahestehen konnte, ohne mit ihr zu schlafen, und daß ihre Weigerung, mit mir ins Bett zu gehen, nicht unbedingt eine Ablehnung bedeutete. Ich wußte, daß meine Männlichkeit nicht von der Anzahl meiner Partnerinnen abhängig war. Ich hatte das alles gelernt und betrachtete mich als erlöst, weil ich alles auswendig wußte.

Doch nach wenigen Wochen der Ehe merkte ich, daß meine Kenntnisse unvollständig waren. Vielleicht fehlte auch irgendeine Verbindung zwischen meinem Verstand und meinem Herzen. Wieder einmal fühlte ich mich unerträglich stark zu anderen Frauen hingezogen, die ich entweder kannte oder nur kurz im Vorübergehen erspäht hatte. Ich sage »unerträglich«, weil ich in ihrer Gegenwart zitterte, nach Luft schnappte und manchmal Tränen in den Augen hatte. Gott weiß, was diese Frauen dachten, wenn sie ein

Wildfremder mit derartiger Sehnsucht anstarrte. Ich fühlte ebenso zwanghaft, daß ich die Frau, die ich immer noch liebte, verlassen wollte. Ich sah sie nicht mehr als meine Partnerin, sondern als eine Belastung und Aufpasserin. Jedesmal, wenn sie mich um etwas bat, und wenn es nur ein Glas Wasser war, hatte ich das Gefühl, als gäbe ich ihr ein Stück meines Fleisches, einen blutigen Klumpen, der entsprechend meiner jeweiligen Stimmung aus einem bestimmten Körperteil stammte – entweder aus meinem Herzen oder aus meinen Hoden. Wenn wir auf Partys gingen, entfernte ich mich sofort von ihr und suchte neutrales Gebiet. Ich fürchtete den bloßen Gedanken, daß uns irgend jemand für ein Paar halten könnte. Ich wußte, daß ich ihr damit weh tat, und daher schlich ich mich ab und zu wieder zu ihr und schenkte ihr ein paar Momente. Nicht daß ich mich für meine Frau schämte, aber ich wollte einfach fort von ihr. Ich schämte mich, ihr Mann zu sein, überhaupt ein Ehemann zu sein.

Diese Gefühle konnte ich meiner Frau nicht mitteilen. Ich konnte sie auch nicht mit meiner Therapeutin diskutieren, denn kurz nach der Hochzeit hatte ich mich als geheilt bezeichnet und triumphierend ihr Büro verlassen. Ich konnte auch mit meinen Freunden nicht darüber reden, denn sie würden vermutlich entweder abgestoßen reagieren oder sich darüber lustig machen, daß mich das so entsetzte. Ich versuchte, meine Impulse mit Alkohol und Drogen zu betäuben, und gewöhnte mir bald an, mir immer etwas »reinzuziehen«, wenn ich mich von meiner Frau bedrängt oder von anderen Frauen angezogen fühlte. Und ich versuchte mit jenen Gefühlen zu feilschen, ihnen Grenzen zu setzen, innerhalb deren sie herrschen konnten. Mein Ehering gewann die gleiche Bedeutung wie die kleinen roten Hände, die die italienischen Bauern tragen, um den bösen Blick abzuwehren. Es kam vor, daß ich in einem Fitneßcenter meine Übungen machte und mir gegenüber eine Brünette sah, deren Schenkel sich in der Rudermaschine einladend öffneten und spreizten. Ich gestattete mir einen Blick, lächelte, und wenn sie mein Lächeln erwiderte, unterhielt ich mich mit ihr. Doch dann ließ ich meinen Ehering aufblitzen. Vielleicht dachte ich, daß dieses Zeichen an ihr Gewissen appellieren würde. Vielleicht dachte ich aber auch, sie würde sich daraufhin in eine Rauchwolke auflösen. Aus diesem Ritual wurde bald ein ausgewachsener Tick, eine Art moralischer Wettkampf, so daß meine Linke panisch alle Frauen fortscheuchte, mit denen ich gerade flirtete.

Später gestattete ich mir, Frauen zu einem Drink einzuladen – aber unter der Bedingung, daß ich ihnen erzählte, ich sei verheiratet, ehe die Dinge außer Kontrolle gerieten. Wieder verließ ich mich auf den Gedanken, daß Frauen irgendwie moralischer und edler seien und einen Trennungsstrich ziehen würden, wo ich es schon nicht mehr konnte. Diese Verabredungen begannen in aller Unschuld. Doch dann wurde ich betrunken und beichtete ihnen mein Elend und meine Sehnsucht. Manchmal endeten meine Begleiterin und ich in heftiger Umarmung in irgendeiner Kneipe oder einem Taxi. Doch wenn ich mich soweit hatte fallen lassen, geriet ich stets wieder in eine kurze Phase der Nüchternheit und erklärte, daß unsere Beziehungen trotz meiner Gefühle, die ich mittlerweile immer für Liebe hielt, freundschaftlich bleiben müßten und wir uns nie wieder auf diese Weise »näherkommen« dürften. Ich war bei diesen Entsagungsszenen bald ebenso gut wie Leslie Howard, der zu meinem Vorbild wurde, obwohl ich seine Filme immer nur als Nachtprogramm im Fernsehen gesehen hatte. Er war der Prototyp eines guten Menschen, der fast immer zuweitgeht.

Doch unvermeidlicherweise verschlechterte sich meine Position. Meine Krankheit war ausgefuchster als ich. Als ich ein Stückchen weiter nachgab und mit anderen Frauen zu schlafen begann, errichtete ich zunächst ein System aus Tabus, wie es für Ehen auf den Trobriandschen Inseln galt: keine Freundinnen von meiner Frau, Nachbarinnen oder Kolleginnen. Vorzugsweise waren sie verheiratet oder hatten Partner. Ich bestand darauf, daß wir uns nur gelegentlich sahen, um zu verhindern, daß sich eine engere Bindung entwickelte. Wir konnten einander nur selten und unter dem Siegel absoluter Verschwiegenheit sehen. Und die Affären hingen vom ausdrücklichen Einverständnis ab, daß sie weder lange dauern noch andere Beziehungen beeinträchtigen würden. Diese Tabus verringerten allerdings meine Schuldgefühle nicht. Ich fühlte mich von dem Moment an schuldig, als ich zuerst daran dachte, meine Frau zu verlassen oder mit anderen Frauen zu schlafen. Aber sie wirkten beschwichtigend, wenn die Schuldgefühle mich zu überwältigen

tigen drohten. In jenen Nächten, in denen ich schlaflos neben meiner Frau lag und mein Gewissen, das ich mir als einen uralten Polizisten auf einem langsamen, aber unaufhaltsamen Motorrad vorstellte, zahllose Vorwürfe murmelte, konnte ich um mildernde Umstände flehen: »Ich kenne das Mädchen doch kaum. Sie hat außerdem einen Freund, den sie keinesfalls verlassen will, bestimmt nicht aufgrund einer einmaligen Bettgeschichte, und mehr war nicht dran. Es war nicht einmal besonders befriedigend. Das geht bestimmt nicht weiter. Ich verspreche es.«

Diese Phase des Feilschens, Regelsetzens und Argumentierens dauerte ein ganzes Jahr. Mein Regelsystem der Untreue bot immer mehr Schlupflöcher und Ausnahmen. Die Diskussionen mit meinem Gewissen wurden immer schwächer und monotoner, als altere ich langsam wie der Motorradbulle, und sie hörten schließlich auf, als ich nichts weiter zu sagen hatte als: »Halt den Mund!« Anfang 1984, anderthalb Jahre nach unserer Hochzeit, verließ ich meine Frau. Der vorgeschobene Grund für die Trennung war meine Beziehung mit einer Frau, die gegenüber wohnte. Ich hatte sie in den vorangegangenen drei Monaten zweimal wöchentlich gesehen, ihr zu Anfang verboten, mich anzurufen, und ihr zu guter Letzt erklärt, daß ich sie liebte. Damals war ich sicher, diese Frau zu lieben, wie ich einst sicher gewesen war, meine Frau zu lieben. Ich wünschte mir nichts mehr, als eine ganze Nacht in ihrem Bett zu verbringen und mit dem Blick auf ihr Gesicht aufzuwachen. Ich sagte immer: »Ich will nur zusehen, wie du schläfst.« Doch sobald ich frei war, traf ich mich nicht mehr mit ihr und gab vor, ich brauchte Zeit für mich, um meine Gefühle zu ordnen. Als sie geordnet waren, hatte ich mich schon leidenschaftlich in eine andere verliebt.

Der Casanova-Komplex kann nicht durch Appelle oder Maßnahmen »abgestellt« werden, mit denen man sich das Rauchen oder Nägelkauen abgewöhnt. Es handelt sich nicht einfach um einen moralischen Fehler oder eine schlechte Angewohnheit. Wie andere zwanghafte Störungen schaltet die sexuelle Sucht die moralischen Gebote des Überichs (»ich darf nicht«) und den Pragmatismus des Ichs (»ich kann nicht«) aus. Casanovas verletzen die eigenen ethischen Normen, ihre Loyalität den Ehefrauen oder Freundinnen gegenüber, mißachten die Sorge um ihren Ruf und die Skrupel gegen Promiskuität und Betrug. Einer der von mir interviewten Männer ist ein Zeuge Jehovas und geht in der ständigen Furcht vor Gottes Strafe fremd. Schuldgefühle sind jedoch bei weitem nicht die einzigen emotionalen »Nebenwirkungen«. Die Casanovas, die von ihrem Gewissen nicht geplagt werden, weisen oft Symptome einer anderen gravierenden Störung mit den ihr eigenen korrodierenden Ängsten auf. Casanovas mit Borderline-Persönlichkeit zum Beispiel werden von der Angst vor Entdeckung und Schande gepeinigt, von der Furcht vor Impotenz und vor allem von der nur mühsam verhüllten Panik, daß ihre Geliebten sie entweder verschlingen oder strafen.

Casanovas sind zwar oft intelligent und erfolgreich, bringen aber beständig die ihnen wohlbekannten Eigeninteressen in Gefahr. Alle haben mindestens eine Ehe oder Beziehung der Krankheit geopfert. Viele haben Kompromisse mit der Karriere geschlossen, weil sie die falsche Frau zum falschen Zeitpunkt eroberten oder einer romantischen Intrige mehr Zeit widmeten als der Arbeit. Einige haben ihr Leben dem Zwang untergeordnet wie Anthony, der mit seinen sechsundzwanzig Jahren immer noch bei den Eltern lebt, damit er sein Geld für extravagante Abende mit seinen Freundinnen ausgeben kann. Alle diese Männer bestehen darauf, daß Sex eine unverbindliche und unschuldige Aktivität sei – das heißt, sie flirten mit AIDS. Nur wenige scheinen Kondome zu benutzen. Statt dessen beruhigen sie sich mit der Vorstellung, es würde schon nichts passieren, und der Idee, daß die Partnerinnen zu »anständig« sind, um sie in Gefahr zu bringen.

Man könnte anführen, daß Kranke meistens geheilt werden wollen, doch bei Casanovas ist dies nicht der Fall. Etwa die Hälfte der Männer, mit denen ich mich unterhielt, behauptete, ihre Frauengeschichten seien kein Problem. (Einer meinte: »Frauen finden, ja, aber Frauengeschichten – nein.«) Es fällt schwer, solche Behauptungen ernst zu nehmen. Wie kann man Sexualität als unproblematisch bezeichnen, wenn sie zu Scheidungen und Trennungen führt? Sucht man sich absichtlich eine Lebensweise aus, die einem häuslichen Unfrieden, Geldpleiten und sexuell übertragbare Krankheiten bescheren kann? Selbst die Glücklichsten unter meinen Befragten gaben zu, oft einsam, verängstigt und deprimiert zu sein. Im Licht solcher Eingeständnisse erscheint die Gleichmütigkeit, mit der manche Casanovas ihre sexuellen Beutezüge betrachten, wie eine andere Variante der Verdrängung, die alle Suchtformen begleitet. Ihre Argumente klingen oft wie die von Alkoholikern, die ihre Sucht rechtfertigen: »Ich kann damit umgehen«, »Nur dieses eine Mal«, »Es tut doch keinem weh«, »Meine Frau merkt es nie«.

Viele Casanovas versuchen allerdings, ihre zwanghafte Sexualität behandeln zu lassen oder ihr zumindest vernünftige Grenzen zu setzen. Einige haben mit Psychoanalyse oder einer anderen Therapie begonnen, andere haben sich Priestern oder Rabbinern anvertraut. Viele »rotieren« auch, wechseln von Frauen zu Alkohol, Drogen, Glücksspiel oder zwanghafter Arbeit, wann immer die Folgen ihres Verhaltens zu problematisch werden. Oft erfinden sie erstaunliche und bizarre Mechanismen, um ihre Frauengeschichten zu begrenzen. Alan zum Beispiel hat die einmaligen Gastspiele aufgegeben und weigert sich, mit Frauen zu schlafen, die er nicht als »entwicklungsfähig« betrachtet. Casanovas versuchen häufig, ihre Affären zu begrenzen und die Anzahl der Sexpartnerinnen einzuschränken. Ich sprach mit mehreren verheirateten Männern, die ihre Ehefrauen nur außerhalb des Wohnortes betrogen. Selbst Eric, jenes Paradigma des aufgeklärten Eros, sucht seine Geliebten nur in dem engen Zirkel der Science-fiction-Fans und New-Age-Spiritualisten. Ich gewann zuweilen den Eindruck, daß eine Legion von Casanovas ängstlich an der Maschine ihrer Sexualität bastelt, hier ein Ventil neu einstellt, dort mit einem Schalter spielt in der Hoffnung, sie schließlich dazu zu bringen, nicht mehr zu qualmen und zu spucken.

Die häufigste Täuschung bei den Casanovas und ihren Partnerinnen ist, daß die Krankheit von der »richtigen« Frau geheilt werden könne. Wir haben bereits über diesen Glauben an die heilende Kraft der Liebe mit seinen Ursprüngen in der Kindheit des Casanova und der Frauen, die sie lieben, gesprochen. Wir brauchen nur hinzuzufügen, daß die Casanovas ihren Zustand auf der Suche nach Heilung immer weiter verschlechtern und eine Frau nach der anderen für wiederum eine andere aufgeben, die liebevoller, großzügiger und toleranter erscheint. Doch sie wenden sich beleidigt ab, wenn auch sie sich als unfähig erweist, das Vakuum seines Ichs zu füllen. Es gibt Fälle extremer Verdrängung, in denen Männer ihren Partnerinnen vorwerfen, sie zur Untreue oder zum Verlassen zu zwingen, und die Frauen die volle Verantwortung für die Übertretungen dieser Männer übernehmen. Liebe ist für diese Störung kein Heilmittel, sie bleibt vielmehr als erste auf der Strecke.

Meiner eigenen Erfahrung nach sind alle diese selbstverordneten Heilungspläne keine Lösung für den Casanova-Komplex. Bestenfalls verleihen sie den Männern illusorische und momentane Selbstbefriedigung durch die Entschuldigung, daß sie versucht hätten, sich zu ändern, und eben das Unglück, das sie verursachen, nicht verhindern könnten. Schlimmstenfalls können die Versuche, ihr Verhalten zu ändern, ihre Schuldgefühle vergrößern und zu weiteren Krankheiten führen: Ich wandte mich dem Alkohol und anderen Drogen zu, um meine Frau nicht zu betrügen – und betrog sie, wenn ich zu berauscht war, um noch zusammenhängend reden zu können. Die meisten dieser Versuche scheitern, denn auch wenn der Zwang umgeleitet wird, bleibt er so verzehrend und destruktiv wie zuvor. Ich sprach mit vielen Männern, die sich von einmaligen Gastspielen auf längere Beziehungen verlagerten, die oberflächlich stabiler wirkten. Die meisten wurden jedoch weiterhin von den gleichen Schuldgefühlen und der gleichen sexuellen Angst heimgesucht. Die Tatsache, daß sie nun die Frauen verließen, an denen ihnen etwas lag, verschärfte diese Gefühle nur.

In der Einführung habe ich angedeutet, daß es sich hier nicht um ein »Selbsthilfehandbuch« im traditionellen Sinne handelt. Es schlägt keine Übungen oder Regeln vor, keine »todsicheren« Wege, um die Flammen der sexuellen Zwangsvorstellungen zu löschen. Alles, was ich über diesen Zustand erfahren habe, und alles, was ich bei meiner eigenen Sucht erlebte, legt den Schluß nahe, daß die Störung nicht auf die Kämpfe derjenigen reagiert, die in ihren Fängen zappeln. Die einzige Möglichkeit für einen Casanova, der sich ändern möchte, besteht in Hilfe von außen. Die beste und offenkundigste Hilfe bietet die Psychotherapie; hier gibt es spezifische Behandlungen für narzißtische und zwanghafte Störungen. Eine wachsende Zahl von Therapeuten betrachtet zwanghafte Sexualität als Verhaltensstörung, die man durch Techniken wie Desensibilisierung und Überflutung heilen kann. Diese Therapien versuchen die Symptome abzuschwächen, indem sie den Patienten allmählich oder unvermittelt den Quellen seines Unbehagens aussetzen und ihm beibringen, wie er seine Reaktion darauf ändert. Manchmal gehören Kurse in Meditation und Entspannung dazu wie auch angstdämpfende Medikamente. Ziel ist, die Reaktion des Patienten auf die alten Stimuli zu verändern.

Ich bin der Überzeugung, daß es zwar wichtig für den Casanova ist, sein Verhalten zu ändern, aber er muß auch seine verzerrten Gedankengänge und Gefühle verändern, die es begleiten und verursachen. Ein unterdrücktes Symptom neigt dazu, andere Symptome zu erzeugen. Ein Casanova verändert sich vielleicht von einem Eroberer zu einem Romantiker, Nestbauer oder streunenden Kater. Möglicherweise bekommt er sein Verhalten für einige Monate in den Griff, um es dann erneut in aller Heftigkeit aufleben zu sehen. Die Hartnäckigkeit der Symptome wird auch durch die vielen Casanovas bewiesen, die mehrfach süchtig sind, nicht nur nach Frauen, sondern auch nach Alkohol, Drogen oder Glücksspiel, und manchmal eine Milderung der einen Störung erreichen, indem sie sich kopfüber in die nächste stürzen. Eine strikt behavioristische Therapie kann dem Casanova unmöglich das Gefühl der Leere und Unwirklichkeit nehmen, das hinter seinen Frauengeschichten steht. Eine wirkliche Veränderung in seinem Leben muß von einer Veränderung in seinem Herzen begleitet werden.

Die traditionelle Psychotherapie zielt auf den Narzißmus ab, auf dem der Casanova-Komplex beruht, doch auch ihre Wirkung ist begrenzt. Meine eigene Therapie lehrte mich eine Menge über meine Krankheit, ohne mich davon zu befreien. Wie hätte das auch geschehen können, solange ich nicht bereit war, die Verantwortung für die Veränderung meines Verhaltens zu übernehmen. Die »Redekur« stößt bei Süchtigen oder Zwanghaften oft auf ein seltsames Hindernis, denn er will seine Schmerzen loswerden, ohne die Droge oder den Fetisch aufzugeben. Der Trost, den eine neue Geliebte, ein Tag beim Pferderennen oder eine Prise Kokain bietet, mag nur kurz sein und fatale Nebenwirkungen haben, aber es ist oft der einzige Trost, den er kennt. Das aufzugeben, auch nur für ein paar Tage, beschwört unerträgliche Angst herauf – dabei will er doch »angstfrei« werden. Der Zustand der Sucht ist vielleicht schrecklich, aber was passiert, wenn er seinen Schutzschild gegen die Herzlosigkeit der Welt und die Leere in seinem Innern aufgibt? So wird er vermutlich in seinem alten Verhalten fortfahren und unaufhörlich mit einem mitfühlenden Therapeuten darüber reden. Er redet immer weiter, der Therapeut hört zu, und beide hoffen, daß die bloße Anhäufung von Material eines Tages eine Lösung herbeiführt, daß der Schlüssel zum Herzen des Patienten auftaucht und ihn von seiner Sucht befreit. Doch solange er seinen Zwängen nachgibt, wird er unmöglich das Bedürfnis aufzuhören dort empfinden, wo es wirken könnte, nämlich im Bauch.

Der Casanova kann sich erst von seinem Zustand erholen, wenn er aufhört, Frauen als Drogen zu benutzen. Er wird dies aber kaum länger unterlassen können, es sei denn, es geht ihm besser – und das bedeutet, er ändert seine verquere Weltsicht und baut ein positives und dauerhaftes Selbstbewußtsein auf, das nicht von ständiger sexueller Bestätigung abhängt. Um dies zu erreichen, könnte er es mit einer kombinierten Therapie aus Behaviorismus und Analyse versuchen. Auch die Kombination aus Psychotherapie und einem Zwölfstufenprogramm, die von den Anonymen Alkoholikern empfohlen wird, kann nützen. Da viele Casanovas gleichzeitig zu Alkoholismus oder anderem Suchtverhalten neigen, empfehle ich, Hilfe bei einem Zwölfstufenprogramm zu suchen.

Meine eigene Rettung von der Sexsucht – die immer noch nicht abgeschlossen ist – vollzog sich in einem Zwölfpunkteprogramm und wäre ohne es nicht gelungen. Man kann nur schwer beschreiben, was in einem Programm wie bei den Anonymen Alkoholikern abläuft, denn ein Großteil der Heilung ist ebensosehr ein Mysterium wie der Prozeß geistiger Konversion. Die Organisation bietet dem Casanova einen sicheren Ort, an dem er seine Probleme frei diskutieren kann, ohne verurteilt zu werden, und er erhält dort den Zuspruch und die Ermutigung, Sex nicht länger als Droge zu benutzen. Der Prozeß ist nicht leicht. Der Casanova wird in den ersten Wochen vermutlich wie andere Süchtige von allen emotionalen Symptomen des Entzugs heimgesucht und erleidet gelegentlich Rückfälle. Doch es kann sehr wirksam sein, wenn man sich der Sache voll verschreibt und die Prinzipien nach bestem Vermögen verfolgt.

Die *Bereitschaft, sich zu ändern*, ist natürlich, gleich, welchen Weg man wählt, für die Heilung vom Casanova-Komplex unabdinglich. Das ist das einzige, was nicht von außen kommen kann. Kein Casanova wird seine Frauengeschichten aufgeben, wenn er nicht am Ende ist, in einer Krise, die endlich seinen Verdrängungsmechanismus aufbricht. Was muß geschehen, um einen Casanova zu bewegen, sein sexuelles Verhaltensmuster aufzugeben, das zum Nabel seiner Welt wurde? Er wird vermutlich nicht von Schuldgefühlen, Drohungen oder Bitten seiner Partnerin bewegt. Die Bitten rühren ihn vielleicht, und die Drohungen ängstigen ihn, aber die Zinnen seiner Zwanghaftigkeit sind so hoch, daß er aller Wahrscheinlichkeit nach hart bleiben wird. Wenn seine Geliebte ihn bittet zu bleiben, weist er sie als besitzergreifend und aufdringlich von sich. Wenn seine Frau ihm erklärt, sie würde ihn verlassen, wenn er nicht aufhört, sie zu betrügen, wirft er ihr vor, daß sie ihn nur einschüchtern will, und fühlt sich bei seiner Ehre verpflichtet, sich in der einzigen Weise männlich zu zeigen, die er gelernt hat. Und selbst wenn er Gefühle wie Scham oder Angst zuläßt, wird er auf diese Empfindungen vermutlich mit einem erneuten Anfall des vertrauten Verhaltens reagieren – wird seine Schuldgefühle hinter der Erregung einer neuen Eroberung verstecken. Schuldgefühle sind bei ihm nur ein Appell an das Gefühl, »was eigentlich sein *sollte*«, Angst ist die Befürchtung, »was sein *könnte*«. Meiner eigenen Erfahrung nach verändert sich der Casanova nur, wenn er erkennt, was *ist*.

Für viele Rekonvaleszenten ist die Bereitschaft zur Veränderung zunächst schwach und an Bedingungen geknüpft. Wir wollen zunächst nicht so sehr die Droge, sondern mehr ihre unangenehmen Nebenwirkungen, also das Leiden, das sie begleitet, loswerden. Schmerz kann zu einem starken Stimulans für Veränderungen werden – er ist vielleicht das einzige, das die verschiedenen Schichten der Verteidigungsstrategien und Rationalisierungen des Casanova durchbricht. Dieser Schmerz kann durch die endgültige Auflösung einer Beziehung, die er immer als selbstverständlich empfunden hat, ausgelöst werden – wenn die Frau, die in den verschiedenen

Phasen seiner Störung immer zu ihm gestanden hat, sich nun weigert, das weiter mitzumachen. Er kann sogar im Lauf seiner Sucht seine Arbeit oder die letzten und beständigsten Freunde verlieren. Für allzu viele dieser Männer wird der Schmerz erst unerträglich, wenn sie zu alt sind, um rasch eine neue Partnerin zu finden, und ohne eine tröstende Stütze für das Alter dastehen oder wenn sie von Bedürfnissen heimgesucht werden, die sie finanziell oder gesundheitlich nicht mehr erfüllen können. Aber selbst das mag nicht ausreichend sein. Fred sucht mit seinen dreiundsechzig Jahren immer noch verzweifelt nach neuen Sexualpartnerinnen, auch wenn dies bei seinem Herzleiden fatale Folgen haben kann.

In den letzten Jahren haben sich zusätzliche Probleme eingestellt. Im moralischen Klima der achtziger Jahre ist Ehebruch wieder zum Risiko geworden. Gary Hart konnte seine sexuellen Indiskretionen nicht so leicht verbergen wie John F. Kennedy (vielleicht weil er im Gegensatz zu JFK die Presse nicht auf seiner Seite hatte). Schlimmer noch ist, daß AIDS sich von den Gruppen der Homosexuellen und Drogenabhängigen in die heterosexuelle Bevölkerung ausgebreitet hat und zum Risiko bei allen sexuellen Begegnungen zwischen Fremden geworden ist.

Ich weiß nicht, welche Art von Leidensdruck oder Angst andere Männer treibt, Hilfe zu suchen. Ich kann nur beschreiben, wie es war, als ich am Ende war. 1985 merkte ich, daß die Maßnahmen, die ich immer angewendet hatte, um Leid von mir fernzuhalten, selbst unerträglich schlimm wurden: Das Erobern von Frauen »wirkte« bei mir nicht mehr. Ich hatte im Verlauf meiner Sucht viel verloren, und das Gefühl innerer Leere stellte sich nun stets wenige Augenblicke nach der letzten Eroberung ein. Sex schenkte mir nicht mehr als die physische Erleichterung der Ejakulation, und oft genug erreichte ich nicht einmal einen Orgasmus. Frauen waren keine Objekte der Liebe mehr und auch nicht der Lust. Ich war an dem Punkt angekommen, an dem ich meine Partnerinnen schon haßte, wenn ich in sie eindrang, und mein Haß war um so schlimmer, als mir klar war, wie dringend ich sie brauchte. Ich hatte versucht, meinen Zwang zu beherrschen, zu kanalisieren. Ich hatte versucht, ihn als schlechte Angewohnheit zu betrachten, die ich jederzeit ablegen konnte. Als ich alle vertrauten Verteidigungsmaßnahmen erschöpft hatte, erreichte ich einen Punkt, an dem ich endgültig bereit war, mich zu ändern. Aber was für mich galt, gilt vielleicht nicht für andere Männer. Der Moment, in dem ich Hilfe suchte, war der, in dem ich glasklar die Leere in mir erkannte und wußte, daß ich sie auch mit noch so großen Anstrengungen nicht ausfüllen konnte. Ich konnte von den Frauen in meinem Leben nicht mehr *nehmen*, was ich brauchte.

Keine Frau wird einen Casanova zu einer Änderung seines Verhaltens bewegen können. Wie dauerhaft oder intensiv die Bindung zwischen ihnen auch sein mag, sie steht seiner Sucht machtlos gegenüber. Jeder Frau, die eine Beziehung mit einem Casanova hat oder eingehen will, sollte dies von Anfang an klarsein. Wenn es in seiner Vergangenheit eine lange Reihe von Frauen gibt, besteht eine große Wahrscheinlichkeit, daß das auch in Zukunft so weitergeht. Wenn er darauf besteht, mit anderen Frauen zu schlafen, ist es unwahrscheinlich, daß man ihn zur Monogamie überreden kann. Wenn er seine Partnerin einmal verlassen hat und sie dann anfleht, ihn wiederaufzunehmen, besteht die große Möglichkeit, daß er wieder gehen wird. Die Frau sollte sich klarmachen, daß Methoden wie Verdrängen, Überwachen oder Beschwichtigen rein gar nichts bewirken. Der Casanova wird weiterhin Frauen nachstellen, bis er am Ende ist, und weder eine Ehefrau noch eine Geliebte können viel tun, um seinen Niedergang aufzuhalten.

Welche Möglichkeiten haben denn nun Frauen, die mit einem Casanova zusammen sind? Am besten ist es natürlich, eine solche Beziehung zu vermeiden. Dabei spielen vor allem gute Beobachtung und gesunder Menschenverstand eine wichtige Rolle. Eine Frau sollte Argwohn schöpfen, wenn ein Mann sich als Opfer vieler herzloser Hexen bezeichnet. Wenn er ihr übertrieben schmeichelt, sollte sie analysieren, ob seine Komplimente ihrem eigenen Selbstbild entsprechen oder eher seinem idealisierten Archetyp einer guten Mutter. Sie sollte vorsichtig auf einen Mann reagieren, der sich poetisch über Eigenschaften ergeht, die sie an sich selbst gar nicht kennt. Wenn er sich große Mühe gibt, ihr zu gefallen, sollte sie herausfinden, ob er sich Freunden gegenüber ebenso verhält. Es geht darum, aufmerksam zu beobachten, wer er ist, anstatt ein Bild zu bewundern, das er darstellt, und sein Verhalten so objektiv wie möglich zu beurteilen.

Es ist typisch für einen Casanova, sich kopfüber in eine Beziehung zu stürzen. Seine Partnerin tut gut daran, ihr eigenes Tempo auf dem Weg zur Intimität beizubehalten, also stets mit ihren eigenen Gefühlen und Bedürfnissen im Einklang zu handeln. Das bedeutet, daß sie weiß, ob ihr wirklich so viel an dem Mann liegt oder ob sie es nur genießt, Objekt seiner besessenen Aufmerksamkeit zu sein. Sie muß sich darüber im klaren sein, wieviel Vertrauen und Vertrautheit sie braucht, um sich mit einem neuen Partner im Bett wohl zu fühlen. Vor allem aber muß sie *ihre* Prioritäten im Leben verfolgen und darf sie nicht opfern, um einem Liebhaber zu gefallen, der sie in der einen Woche voll beansprucht, um in der nächsten zu verschwinden.

Solche Ratschläge kommen für Frauen zu spät, die mit einem Casanova verheiratet sind oder zusammenleben. Seine Neigung ist wahrscheinlich bereits zutage getreten, und an seinem Verhalten hat sich vermutlich seither nichts geändert. Ihr bleibt nur noch das Eingeständnis, daß es – zumindest von ihrer Seite aus – *unveränderbar* ist. Für die feste Partnerin eines Casanovas stellt sich die Alternative »bleiben oder gehen«. Wenn man einen Casanova verläßt, kann sich das positiv auf ihn auswirken, denn man entzieht ihm eine Hauptquelle der Verdrängung und läßt ihn allein mit den Konsequenzen seines Zwangverhaltens. Gewiß aber befreit die Trennung die Partnerin von den tagtäglichen Beweisen seiner Untreue und gibt ihr eine Möglichkeit, mit einem anderen Mann eine neue Beziehung aufzubauen. Einige Frauen jedoch können ihn anscheinend nicht verlassen, und noch schwieriger ist es für jene, die zudem finanziell von einem Casanova abhängig sind. Die Frau, die sich zu bleiben entschließt, muß einen Weg finden, mit chronischer Untreue und gelegentlichem Verlassenwerden zu leben. Sie muß sich von seinem Verhalten distanzieren und erkennen, daß der Fehler nicht bei ihr liegt und daß heroische Bemühungen, eine bessere Frau oder Geliebte zu werden, nichts ändern. Vor allem aber muß sie ihr Selbstbewußtsein so entwickeln, daß es nicht mehr von den Übertretungen des Partners berührt wird, und das ist eine übermenschliche Aufgabe für eine Frau, die mit der traditionellen Vorstellung von Liebe aufwuchs, bei der man »alles füreinander tut«. Für die meisten Frauen ist es schwer, dies allein zu schaffen. Glücklicherweise können Frauen, die Casanovas lieben, Hilfe von qualifizierten Therapeuten oder Selbsthilfegruppen bekommen, wie auch von den Frauengruppen, die sich aufgrund von Robin Norwoods Buch *Wenn Frauen zu sehr lieben* gebildet haben.

Ob sie nun bleibt oder geht, die Partnerin des Casanova sollte versuchen, den Frauenhelden dazu zu bewegen, sich einer Therapie zu unterziehen. Dies sollte sie nicht allein unternehmen, sondern sich der Hilfe anderer versichern, die ihn gut genug kennen, um sein Problem zu erfassen: Verwandte, Freunde oder Kollegen. Ein qualifizierter Therapeut oder Sozialarbeiter ist dabei sehr wichtig. Sie sollten Belege für die Störung des Casanova und die Wirkungen auf die Menschen sammeln, die ihn lieben. Sie sollten die Konfrontation mit ihm proben und unmittelbare Behandlung vorplanen. Meines Wissens ist diese Methode zuvor nur bei Alkoholikern und Drogensüchtigen ausprobiert worden, aber mit hoher Erfolgsquote. Mehr darüber in Vernon E. Johnsons *Intervention: How to Help Someone Who Doesn't Want Help* (Minneapolis 1986).

All dies zeichnet ein recht abschreckendes Bild von den Heilungschancen eines Casanovas. Ich kann nur wiederholen, daß eine Heilung möglich ist und Erfolg über das bloße Nachlassen des Sexzwanges hinaus verspricht. Der Casanova lebt in einer Traumwelt, in der Frauen austauschbare Objekte sind: Alle Frauen sind gute Mütter oder schlechte Mütter, Lukretias oder Judiths, die ausschließlich existieren, um ersehnt, verführt, erobert und verlassen, angebetet und verachtet zu werden. Durch die Heilung gelangt er in eine Welt, in der Frauen individuelle Wesen sind. Viele bleiben begehrenswert, aber aufgrund dessen, was sie sind, nicht dessen, was sie darstellen. Man kann sich das Erstaunen bei einer solchen Entdeckung kaum vorstellen. Es ist, als würde man nach Jahren in einem Warenhaus voller Schaufensterpuppen auf eine sonnige Straße treten, auf der sich Menschen bewegen. Die größte Freude aber ist, daß Herz und Geist nicht mehr als so leer empfunden werden. Wenn der Casanova einmal aufhört, panisch seine seelische Leere füllen zu wollen, wenn er sein Heilungsprogramm beginnt, füllt sich das Vakuum von allein und gibt ihm ein Selbstbewußtsein, das keine Eroberungen mehr nötig hat. Der Casanova wird erkennen, daß er eigentlich »ganz anders« ist, als er immer glaubte. Er ist keine herzlose Fickmaschine mehr und kein ängstliches Kind, das die Zuwendung und Anerkennung einer Mutter sucht, während es sich als Erwachsener verkleidet. Er ist ein Mann, der von einer schweren Krankheit genest und vielleicht gerade seine Fähigkeit zur Liebe entdeckt, von deren Existenz er nie wußte.

Während ich dies schreibe, lebe ich allein. Ich habe mich vor zwei Monaten von einer Frau getrennt, mit der ich anderthalb Jahre zusammenlebte. Wir kannten einander eine Zeitlang, ehe wir miteinander schliefen. Ich hätte sicher noch länger warten sollen, aber ich war mir meiner Gefühle für sie recht sicher, als wir zusammen ins Bett gingen. Wir trennten uns nicht, weil ich das Interesse an ihr verloren oder mich in eine andere verliebt hatte. Ich war ihr die ganze Zeit über treu – es war die längste Treuephase, die ich jemals erlebt habe. Sie kannte meine Vergangenheit und war verständlicherweise besorgt, daß ich ihr untreu werden würde. Es schien sie nur wenig zu trösten, als ich ihr sagte, sie zu betrügen, würde mir selbst den Seelenfrieden rauben. Wie konnte ich fortwerfen, was ich mein ganzes Leben als Erwachsener ersehnt und endlich im Alter von dreiunddreißig gefunden hatte? Treue war und ist immer noch ein wichtiger Teil meiner persönlichen Lösung für den Casanova-Komplex. Ich habe mir das nicht ausgesucht, weil es allgemein richtig wäre, sondern weil es gut für mich ist und mir behagt.

Ich betrachte den Casanova-Komplex zwar als einen Zustand mit einer starken moralischen Dimension, doch ich will hier keine Normen aufstellen, welches Sexualverhalten denn nun »moralisch geboten« sei. Ich vermag es auch gar nicht. Es scheint offensichtlich, daß man den anderen weder ausnutzen, täuschen noch betrügen sollte. Aber ich bestreite auch nicht, daß Männer und Frauen das Recht haben, ein aktives Sexualleben mit vielen verschiedenen Partnern zu führen, oder sexuell offene Partnerschaften wirklich ausgeglichen und liebevoll sein können. Ich möchte nicht, daß man dieses Buch als Plädoyer für Treue oder Monogamie heranzieht oder aber als nostalgisches Manifest für die Sexualmoral der fünfziger Jahre. Wenn ich beim Schreiben dieses Buches und aus meinem vorangegangenen Leben etwas gelernt habe, dann, daß es keine

Norm für rechtmäßiges Verhalten gibt, wenn es um Gefühle geht. Jeder muß durch Ausprobieren, Spaß und Liebeskummer selbst herausfinden, welches Sexualverhalten für ihn gut ist. Die Tragödie des Casanova liegt darin, daß er sein Sexualverhalten nie bewußt gewählt hat, sondern es ihm durch die Dringlichkeit seiner Sucht aufgezwungen wurde. Wenn man etwas verzweifelt und hoffnungslos braucht, hat man keine freie Wahl. Wenn dieses Buch etwas sein möchte, dann ein Plädoyer für die Fähigkeit, frei zu wählen.

Dank des Verfassers

Als erstes möchte ich meiner Agentin Gloria Loomis, Beth Vesel, ihrer Assistentin und meiner Verlegerin Elaine Pfefferblit danken, die dieses Buch in allen Phasen seiner Entstehung betreut haben. Sie sind im wahrsten Sinne des Wortes die »Patinnen« des »Casanova-Komplex«. Für ihre Hilfe bei der Formulierung der Fragen an meine Interviewpartner und bei der Auswertung der Antworten bin ich Dr. Michael Plautt, Dr. Eli Coleman, Dr. Jaime Nos, Dr. Barry Singer und Dr. Joseph Coltrera zu großem Dank verpflichtet. Besonderen Dank schulde ich außerdem Dr. Michael Weissberg, der mir bei der Übersetzung des Fachjargons der Psychoanalyse in eine mir verständliche Sprache half. Weiterhin bin ich Nancy Levine zu Dank verpflichtet, die sich der undankbaren Aufgabe unterzog, den Text von mehreren hundert Stunden Interviews abzutippen. Mark Rasmussen danke ich für seine literarischen Anregungen und sein Exemplar des Buches »Byron: A Portrait«, das ich völlig ruiniert habe. Während der Arbeit hat mich meine Familie – Mila Trachtenberg, Ellen Trachtenberg, Charlotte und Michael Weissberg und die verstorbene Bella Weissberg – mit Liebe, Geduld und Unterstützung bedacht. Ihnen danke ich ebenso wie meinen Freunden Charles Wyler, Cindy Bloom, Peter Leviton, Shelley Leviton, James McCourt, Midge Paxton, Frederic Tuten, Jenny Keith, Richard Aberbach, Robert Reichel, Christine Duke, Luther Miller, Raphael Rudnik, Marikje Rudnik, Gay Milius, Molly Flewharty, Will Bennett, Sheila Keenan, Helen Willis, Carol Steel, Mary Wallach, Marc Chimsky, Judy Schank, Cassi Loving, Emily Paine, Anne Trachtenberg, Mary Fuller und Dineke Blom. Sie haben mir zugehört und mir weitergeholfen. Ihnen verdanke ich alles, was ich über Liebe weiß; zum Glück war es nicht zu spät.

Anmerkungen

1 Vgl. Gail Sheehy, »The Road to Bimini«, in: *Vanity Fair,* September 1987, S. 135.
2 Ebd., S. 189.
3 Tom Morgenthau, Margaret Garrard Warner, Howard Fineman und Erik Calonius, »The Sudden Fall of Gary Hart«, in: *Newsweek,* Mai 1987, S. 25.
4 Sheehy, »Bimini«, a. a. O., S. 133.
5 Stanton Peele/Archie Brodsky, »Love and Addiction«, Taplinger Books, New York 1975, S. 7.
6 Jacques Casanova de Seingalt, »The Memoirs of Jacques Casanova. Ed. by Madeleine Boyd«, Modern Library, New York 1929, 1957, S. XI.
7 Ebd., S. 91.
8 Ebd., S. 91.
9 Ebd., S. 77f.
10 Ebd., S. IX.
11 Ebd., S. 188.
12 Ebd., S. IX.
13 Chantal Thomas, »Casanova: Un Voyage Libertin«, Editions Denoel, Paris 1985, S. 59.
14 Christopher Lasch, »The Culture of Narcissism«, W. W. Norton, New York 1979.
15 Sigmund Freud, »Die ›kulturelle‹ Sexualmoral und die moderne Nervosität«, in: Sigmund Freud, »Studienausgabe«, Bd. IX (Fragen der Gesellschaft/Ursprünge der Religion), hrsg. v. A. Mitscherlich, A. Richards, J. Strachey, Frankfurt a. M. 1982, S. 25.
16 Sigmund Freud, »Beiträge zur Psychologie des Liebeslebens II«, in: Sigmund Freud, »Studienausgabe«, Bd. V (Sexualleben), hrsg. v. A. Mitscherlich, A. Richards, J. Strachey, Frankfurt a. M. 1982, S. 202.
17 Vgl. William H. Masters, Virginia E. Johnson und Robert C. Kolodny, »Liebe und Sexualität«, Berlin, Frankfurt a. M., Wien 1987, S. 239.
18 Michael Liebowitz, »The Chemistry of Love«, Little, Brown, Boston 1983, zit. in: Masters, Johnson, Kolodny, a. a. O., S. 250.
19 Roland Barthes, »A Lover's Discourse«, Farrar, Straus, Giroux, New York 1978, S. 31.

20 Otto F. Kernberg, »Internal World and External Reality: Object Relations Theory Applied«, Jason Aronson, New York 1985, S. 137.
21 Philip Roth, »Professor der Begierde«, aus dem Amerikanischen von Werner Peterich, Carl Hanser Verlag, München 1978, S. 316.
22 Milan Kundera, »Die unerträgliche Leichtigkeit des Seins«, Aus dem Tschechischen von Susanna Roth, Carl Hanser Verlag, München, Wien 1984, S. 15.
23 Philip Roth, »Portnoys Beschwerden«, Rowohlt, Hamburg 1970, S. 121.
24 John Money, »Love and Love Sickness: The Science of Sex, Gender Difference and Pair-Bonding«, John Hopkins University Press, Baltimore 1981, S. 93–95.
25 Charles Bukowski, »Fuck Machine«, aus dem Amerikanischen von Wulf Teichmann, Fischer Taschenbuch Verlag, Frankfurt a. M. 4. Aufl. 1987, S. 33.
26 Vgl. David Herbert Donald, »Look Homeward: A Life of Thomas Wolfe«, Little, Brown, Boston 1987, zit. in: Monroe K. Spears, »Big Bad Wolfe?«, in: *The New York Review of Books,* 24. September 1987.
27 Tirso de Molina, »The Rake of Seville«, in: Eric Bentley (Hrsg.), »Life is a Dream and other Spanish Classics«, New York 1986.
28 Vgl. Sally Hibbin, »The Official James Bond Movie Book«, Crown, New York 1987, S. 32 ff.
29 Bruce Buschel, »Romeo Rising«, in: *GQ,* August 1987, S. 206–208.
30 Michel Leiris, »Mannesalter«, aus dem Französischen von Kurt Leonhard, Suhrkamp Verlag, Frankfurt a. M. 1983, S. 152.
31 Ebd., S. 144.
32 »The Memoirs of Jacques Casanova«, a. a. O., S. 128.
33 Zit. nach: Leslie Marchand, »Byron: A Portrait«, University of Chicago Press, Chicago 1970, S. 183.
34 Ebd., S. 157 f.
35 Michel Leiris, a. a. O., S. 76.
36 Zit. nach: Kenneth S. Lynn, »Hemingway«, Simon & Schuster, New York 1987, S. 135 f.
37 Ebd., S. 130.
38 Ernest Hemingway, »The Strange Country«, in: »The Complete Stories of Ernest Hemingway. Finca Vigia Edition«, Scribner's, New York 1987.
39 Zit. nach: Diana Trilling, »Mrs. Harris: The Death of the Scarsdale Diet Doctor«, Harcourt Brace Jovanovich, Orlando 1981, S. 261.
40 Ebd., S. 210.
41 Ebd., S. 279.
42 Roland Barthes, a. a. O., S. 10 f.
43 Steven Carter und Julia Sokol, »Men Who Can't Love: When A Man's Fear Makes Him Run from Commitment (And What a Smart Woman Can Do About It)«, M. Evans, New York 1987.
44 John Money, a. a. O., S. 57.

45 Vgl. Hanna Segal, »Introduction to the Work of Melanie Klein«, Hogarth Press and Institute for Psycho-Analysis, London 1973, S. 3–5, S. 27–30 u. S. 103–116.

46 Zit. nach: Leslie Marchand, »Byron«, a. a. O., S. 11 f.

47 Ebd., S. 11.

48 D. W. Winnicott, »The Maturational Processes and the Facilitating Environment: Studies in the Theory of Emotional Development«, International Universities Press, New York 1965, S. 145.

49 Für eine umfassendere Diskussion der »Übergangsobjekte« vgl. Joyce McDougall, »Theaters of the Mind: Illusion and Truth on the Psychoanalytic Stage«, Basic Books, New York 1985, S. 66–80.

50 Für eine umfassendere Diskussion des Fetischismus vgl. McDougall, »Theaters of the Mind«, a. a. O., S. 21 ff.; Janine Chasseguet-Smirgel, »Sexuality and Mind: The Role of the Father and the Mother in the Psyche«, New York University Press, New York 1986, S. 17, S. 24 u. S. 65–79; dies., »Creativity and Perversion«, Norton, New York 1984, S. 26, S. 43, S. 80–88; Sigmund Freud, »Drei Abhandlungen zur Sexualtheorie«, in: Sigmund Freud, »Studienausgabe«, Bd. V (Sexualleben), a. a. O., S. 63 f.; und Phyllis Greenacre, »Emotional Growth: Psychological Studies of the Gifted and a Great Variety of Other Individuals«, vol. 7, International Universities Press, Madison, Conn. 1971, S. 9–30, S. 58–66, S. 162–181 u. S. 300–352.

51 Vgl. Shere Hite, »Hite-Report. Das sexuelle Erleben des Mannes«, München 1982, S. 957.

52 Vgl. Robin Fox, »Bedingungen der sexuellen Evolution«, in: Philippe Ariès, André Bejin, Michel Foucault u. a., »Die Masken des Begehrens und die Metamorphosen der Sinnlichkeit. Zur Geschichte der Sexualität im Abendland. Hrsg. von Philippe Ariès und André Bejin«, aus dem Französischen von Michael Bischoff, Fischer, Frankfurt/Main 1984, S. 9–24.

53 Zit. nach: Jeremy Cherfas und John Gribbin, »The Redundant Male: Is Sex Irrelevant in the Modern World?«, Pantheon, New York 1985, S. 114.

54 Vgl. Lis Harris, »Lubavitcher Hasidim«, Teil 2, in: *The New Yorker,* 23. September 1985, S. 84.

55 Vgl. Michel Foucault, »Der Kampf um die Keuschheit«, in: Ariès/Bejin (Hrsg.), »Die Masken des Begehrens«, a. a. O., S. 25–39.

56 André Bejin, »Ehen ohne Trauschein heute«, in: Ariès/Bejin (Hrsg.), »Die Masken des Begehrens«, a. a. O., S. 197–208, hier: S. 201.

57 Zit. nach Achillo Olivieri, »Erotik und gesellschaftliche Gruppen im Venedig des 16. Jahrhunderts: die Kurtisane«, in: Ariès/Bejin (Hrsg.), »Die Masken des Begehrens«, a. a. O., S. 121–129, hier: S. 122.

58 Vgl. Masters, Johnson, Kolodny, a. a. O., S. 58.

59 Vgl. Philippe Ariès, »Die unauflösliche Ehe«, in: Ariès/Bejin (Hrsg.), »Die Masken des Begehrens«, a. a. O., S. 176–196.

60 Vgl. Peter Gay, »Erziehung der Sinne. Sexualität im bürgerlichen Zeitalter«, aus dem Englischen von Holger Fliessbach, Verlag C.W. Beck, München 1986, S. 192.
61 Joan Mellen, »Big Bad Wolves: Masculinity in the American Film«, Pantheon, New York 1977, S. 156.
62 Ausgezeichnet analysiert findet man den Mutterschaftsmythos und die Institutionen, die ihm entsprungen sind, bei Marina Warner, »Alone of All Her Sex: The Myth and the Cult of the Virgin Mary«, Vintage Books, New York 1983.
63 Vgl. Jacques Rossiaud, »Prostitution, Sexualität und Gesellschaft in den französischen Städten des 15. Jahrhunderts«, in: Ariès/Bejin (Hrsg.), »Die Masken des Begehrens«, a. a. O., S. 97–120.
64 Zit. nach: Jean-Louis Flandrin, »Das Geschlechtsleben der Eheleute in der alten Gesellschaft: Von der kirchlichen Lehre zum realen Verhalten«, in: Ariès/Bejin (Hrsg.), »Die Masken des Begehrens«, a. a. O., S. 147–164, hier: S. 161.
65 Vgl. Philippe Ariès, »Liebe in der Ehe«, in: Ariès/Bejin (Hrsg.), »Die Masken des Begehrens«, a. a. O., S. 165–175.
66 Vgl. Foucault, »Der Kampf um die Keuschheit«, a. a. O.; vgl. auch Foucault, »Sexualität und Wahrheit. Bd. 1: Der Wille zum Wissen«, aus dem Französischen von Ulrich Raulf und Walter Seitter, Suhrkamp, Frankfurt/Main 1983.
67 Ariès, »Liebe in der Ehe«, a. a. O., S. 173f.
68 Zit. nach: Mellen, »Big Bad Wolves«, a. a. O., S. 155.
69 Zit. nach: Barbara Ehrenreich, »The Hearts of Men: American Dreams and the Flight from Commitment«, Doubleday, Anchor Press, Garden City, N.Y. 1983, S. 120.
70 Ebd., S. 2.
71 Ebd., S. 121.
72 Vgl. Heinz Kohut, »Narzißmus. Eine Theorie der psychoanalytischen Behandlung narzißtischer Persönlichkeitsstörungen«, aus dem Englischen von Lutz Rasenköffer, Suhrkamp Verlag, Frankfurt a. M. 1973. Was das Konzept einer narzißtischen Kultur angeht, so bin ich Christopher Lasch, »The Culture of Narcissism«, a. a. O., sehr verpflichtet.
73 André Bejin, »Ehen ohne Trauschein heute«, a. a. O., S. 207.
74 Lasch, »The Culture of Narcissism«, a. a. O., S. 53.
75 Zit. nach: Michelle Green, »After Sticking with a Troubled Marriage, Lee Hart Watches a Dream Die«, in: *People*, , 25. Mai 1987, S. 40.
76 Zit. nach: Colleen O'Connor und Margaret Garret Warner, »Lee Hart's Ordeal«, in: *Newsweek*, 18. Mai 1987, S. 31.
77 Zit. nach: Michael Musto, »Out to Lunch with Helen Gurley Brown and Erica Jong«, in: *Vanity Fair*, Juli 1987, S. 132.
78 Vgl. Milan Kundera, »Die unerträgliche Leichtigkeit«, a. a. O., S. 74.
79 Robin Norwood, »Wenn Frauen zu sehr lieben. Die heimliche Sucht,

gebraucht zu werden«, aus dem Amerikanischen von Sabine Hedinger, Rowohlt, Reinbek b. Hamburg 1986, S. 59.

80 Vgl. Sigmund Freud, »Zur Einführung des Narzißmus«, in: Sigmund Freud, »Studienausgabe«, Bd. III (Psychologie des Unbewußten), Frankfurt a. M. 1982, S. 55.

81 Peter Gay, a. a. O., S. 193.

82 Robin Norwood, »Wenn Frauen zu sehr lieben«, a. a. O., S. 61.

Peter Trachtenberg wurde 1953 in New York geboren, wo er auch studierte und später Literaturwissenschaft und Kreatives Schreiben unterrichtete. Heute lebt er als Schriftsteller und Literaturkritiker in Baltimore.

1984 wurde Trachtenberg mit dem Nelson-Algren-Preis für Kurzgeschichten ausgezeichnet; 1985 erhielt er ein Stipendium der *New York Foundation for the Arts*. Derzeit schreibt Trachtenberg an einem Roman.